정치의 발명

일러두기
· 외래어 표기는 국립국어원 외래어표기법을 따랐으나 의미 전달이나 통일성, 어원에 가깝기 쓰기 위해 예외로 둔 것이 있다. 크리스처니티, 코스모폴리스 등이 그 예다.

정치의 발명

조홍식 지음

아테네 폴리스에서 EU까지 유럽의 정치 문법

글항아리

차례

1장 서론: 유럽의 정치 문법 _011

2장 고대 그리스의 폴리스

1. 폴리스의 문법 _032
자유의 가치
이소노미아: 법 앞의 평등
민주주의: 다수의 지배
폴리스: 강력한 시민 공동체
정치와 경제의 구분
스타시스(내전)와 폴레모스(전쟁)

2. 보편성의 사회적 배경 _065
'폴리스'의 시적 탄생: 호메로스
말의 향연: 수사학에서 철학까지
보편을 향한 노력과 장치

3. 폴리스 문법의 계승 _082
변방이 주도한 천하통일
개방과 융합: 로마와 기독교
르네상스와 근세: 폴리스의 유산

3장 고대 로마의 레스 푸블리카와 임페리움

1. 레스 푸블리카의 문법 _106
공화국인가, 제국인가
공화정의 출범: 자유의 탄생
나누고 제한하는 공화정의 정치 제도
민중의 비토: 로마의 선거 제도
로마의 개방성과 제국의 형성
법의 지배

2. 로마는 유럽의 모태 _140
로마의 이차성
레스 푸블리카의 도로와 건축
고대의 능력주의

3. 레스 푸블리카와 임페리움의 계승 _157
신성로마 제국과 도시 공화국
미합중국과 프랑스 공화국
현대 정치와 로마의 그림자

4장 중세 로마와 크리스천돔

1. 정치 문법의 화학 _184
    예루살렘과 하나의 신
    로마, 기독교를 품다
    서방의 가톨릭, 동방의 정교
    황제와 교황
    서구 법치 전통의 탄생
    사랑과 폭력의 기독교
    기독교의 혁명성

2. 기독교, 사회를 통제하다 _228
    가족 제도: 일부일처제의 강화
    기독교가 낳은 개인주의
    기독교의 보편 사랑과 자율 공동체

3. 기독교의 개혁과 계승 _244
    종교개혁과 민족주의
    공산주의와 인류 구원
    기독교 민주주의

5장 중세의 킹덤: 프랑스와 잉글랜드

1. 유럽 킹덤의 보편성과 특수성 _271
  비잔티움과 게르만의 전통
  외세의 침략과 봉건주의
  왕의 두 신체
  킹덤과 의회
  킹덤에서 근대로
  게르만권의 전통: 신성로마 제국
  '개인적 결합'과 제도적 통합

2. 국가와 사회의 분립 _322
  가산제와 유럽의 다원주의
  국가의 탄생과 관료 집단
  노블레스 오블리주

3. 킹덤의 생존 _343
  평등한 국제관계의 형성
  공동체의 의인화
  재위와 통치

6장 근대의 네이션: 영국, 미국, 프랑스

1. 네이션의 경로와 문법 _367
킹덤에서 네이션으로
네덜란드의 사례
네이션의 부상
반反네이션
네이션의 확산

2. 사회 통합의 용광로 _401
정치적 통합
사회문화적 통합
경제적 통합

3. 네이션, 계승과 변형의 문법 _422
아테네의 폴리스와 프랑스·미국의 네이션
로마의 레스 푸블리카/임페리움과 미국·프랑스
네이션과 크리스천돔
경쟁과 협력의 국제사회: 킹덤과 네이션

7장 현대의 코스모폴리스, 유럽연합

1. 인터내셔널: 네이션의 협력 _456

협력의 제도화

강대국 중심의 질서

주권의 풀

2. 수프라내셔널: 네이션의 초월 _482

정책적 통합, 무역에서 과학기술까지

새로운 단위의 탄생

유럽의 화폐와 데모스

3. 코스모폴리스: 새로운 질서와 문법 _504

새로운 제국, 중심에서 주변으로

새로운 원칙, 다수보다 소수를

새로운 과정, 효율보다 설득을

세계여, 유럽을 따르라

8장 결론: 다양한 문법과 발명의 정치 _533

1장
서론
: 유럽의 정치 문법

　외국어를 배우는 과정에서 우리는 두 가지를 함께 학습한다. 먼저 단어를 배우고, 그다음 문법을 익힌다. 단어를 많이 알수록 당연히 표현 능력은 향상되지만, 단어만 나열한다고 말이 되는 것은 아니다. 단어가 벽돌이라면 문법은 언어를 구성하는 설계도이자 구조다. 문법이 없다면 벽돌은 흩어진 조각에 불과하다. 정치도 언어와 마찬가지다. 유럽 정치를 이해하기 위해서는 '민주주의'나 '선거', '자유'와 '평등' 같은 단어만이 아니라, 이들이 어떻게 조합되고 작동하는지 원리와 구조, 즉 문법을 알아야 한다.
　이 책은 유럽의 정치 문법을 이해하려는 시도다. 문법은 원래 언어에 적용되는 개념이지만, 정치를 파악하는 데도 큰 도움을 준다.[1]

유럽의 정치 문법을 알아야 하는 이유는 무엇인가. 특히 지구 반대편에 있는 동아시아 한반도에서 굳이 유럽의 정치 문법을 파악해야 하는 배경은 무엇인가. 답은 간단하고 분명하다. 21세기 한국의 정치 현실은 유럽의 정치 문법에 뿌리를 두고 있기 때문이다. 2020년대 한국인은 2500년 전 동아시아 한반도 지역에 살던 지리적 선조, 혹은 만주나 연해주에 살면서 우리에게 유전자를 물려준 생물학적 조상들보다[2] 지중해의 그리스인과 로마인의 영향을 더 많이 받았다. 적어도 정치 영역에서 우리는 아테네 시민의 후예이고 로마 시민의 자손이다.

21세기 한국인이 기원전 5세기 아테네와 로마 시민의 후손이라는 주장은 도발적이다. 그러나 생각해보면, 우리의 기원이 반드시 한반도에만 국한되지 않는다는 사실은 자연스러운 진리다. 학술적으로 역사를 연구하는 이유 중 하나는 바로 다양한 기원의 층위를 밝혀내기 위해서다. 호모 사피엔스가 아프리카 대륙에서 나타나 지구의 여러 대륙으로 진출했다는 사실은 인류학의 기본 상식이다. 이런 점에서 우리 모두는 아프리카인의 후예다.

문명의 발전을 가능하게 한 다양한 기술의 전파가 유라시아의 종합적 발전을 이끌었다는 설명도 의심의 여지가 없다.[3] 농경 문화의 발전이나 도시의 등장은 서아시아에서 시작되었고 점차 유럽과 아시아로 확산됐다. 이런 관점에서 보면 한국인은 메소포타미아인의 자손이다. 한반도에서 문화를 꽃피우게 한 기반은 황하 유역에서 만들어진 한자이고 유교이며, 갠지스강 유역에 뿌리를 두고 있는 불교다. 한반도 사람들은 그래서 중국 공자의 자손이며, 인도 싯다르타 부처의 후예인 셈이다. 실제 유교의 사서삼경이나 불교의 경전은 1000년 넘게 한반도 문화의 핵심 토대가 되었다.

유럽의 정치 문법은 한반도에 가장 늦게 도달했지만, 오늘날 한국 사회를 규정하는 강력한 틀로 작동하고 있다. 외형만 보면 대한민국은 유럽 정치 문법의 정수를 보여주는 프랑스 공화국이나 영국의 입헌군주국, 또는 미합중국과 매우 유사하다. 하지만 실제로는 큰 차이를 보인다. 단어만 보면 비슷하지만, 문법 구조는 전혀 다르다는 느낌이다. 공화국이라는 간판으로 신생 국가를 출범시켰으나 공화주의에 대한 이해는 부족한 모습이다. 군주제가 아니라는 점에서 공화국이라 할 수 있으나, 실제 작동 방식은 오히려 군주제를 연상시킨다. 이 책은 긴 역사의 맥락에서 유럽 정치의 문법을 파악함으로써 한국을 비롯한 세계 많은 지역의 현대 정치를 지배하는 틀을 포착하려 한다.[4] 이 책은 많은 국가가 이미 수입해서 일상적으로 활용하는 정치 단어를 넘어, 그 단어들이 어떤 문법 아래 놓여 있는지를 탐색해보려는 시도다.

이 책에서는 유럽의 정치 문법을 여섯 가지 역사적 유형type을 통해 소개하고 분석한다. '타입'은 현실과 이상 사이, 즉 복합적인 역사적 현실과 이론적 모델 사이의 중간 지점으로 이해할 수 있다. 역사 현실은 워낙 복잡하고 다층적이기에, 이를 단순하게 이상형으로 환원하면 다양성이 지워지고 만다. 타입이라는 개념은 역사적 복합성과 이론적 단순성을 동시에 포착하려는 시도다. 막스 베버는 이상형이라는 방법론적 도구를 통해 사회과학의 토대를 놓으려 했고, 전통적·카리스마적·법적-합리적 지배라는 정치 유형을 제시한 바 있다.[5] 우리의 접근은 이론적 추상성을 인정하면서도, 유럽의 구체적인 역사 경험을 접목하려는 데에 초점을 둔다.

구체적으로 고대의 폴리스와 레스 푸블리카, 중세의 크리스천돔과 킹덤, 근대의 네이션과 코스모폴리스라는 여섯 가지 정치 유형을 시기별로 구분하여 살펴볼 예정이다. 유럽 역사에는 매우 다양한 정치 단위가 존재해왔기에, 이를 여섯 가지로 요약하고 유형화하는 일은 쉽지 않다. 우리의 목적은 현대 유럽 정치 문법의 핵심을 파악하는 데 있고, 오늘날까지 이어지는 그 영향의 주요 역사 경험만을 선별하여 제시하려 한다.

고대 그리스의 폴리스는 정치 개념을 발명해 유럽에 선사했다.[6] 폴리스는 원래 그리스에서 도시 단위의 정치 공동체를 부르는 용어다. 유럽에서 정치를 의미하는 단어(영어 Politics, 프랑스어 Politique, 독일어 Politik)는 모두 폴리스에서 유래했다. 정치란 폴리스에서 이뤄지는 공동의 일이라는 뜻이다. 아리스토텔레스는 인간이 폴리스라는 공동체의 틀 안에서 살아갈 때 비로소 완전해진다고 봤다. 그래서 인간을 '폴리스적 동물'이라 불렀다. "사소한 일까지 모두 정치적이다"라는 오늘날의 인식은 이런 고대 그리스 사고의 현대적 재현이다. 고대 그리스 사람들은 또 가족이나 생산 단위로서 가정의 영역을 오이코스라고 불렀다. 여기에 관리한다는 의미의 노미아를 붙여 오이코노미아라고 했는데, 이 표현이 이코노미, 즉 경제Oikonomia–Economy의 어원이 되었다. 공적인 일들이 정치를 구성한다면, 사적인 가정사는 경제의 기원이 된다는 그리스의 사고다. 정치와 경제라는 개념 자체가 그리스 폴리스 문명에서 비롯되었다는 뜻이다.

고대 그리스는 정치 체제를 '지배하는 사람의 수'에 따라 세 가지 형식으로 구분했다. 하나, 소수, 다수라는 단순한 수학적 구분은 곧 정치 체제의 분류 방식으로 이어졌다. 이러한 구분은 1인의 지배(모나키monarchy), 소수의 지배(올리가키oligarchy), 다수의 지배(데모크라시democracy)라는 이름으로 발전했으며, 이 모두가 고대 그리스에서 처음 정립된 정치 개념들이다. 특히 아테네는 다수 지배 체제를 발전시킨 대표적인 폴리스로, 시민들이 평등하게 정치에 참여해 거대한 해양 세력으로 성장했다. 아테네는 자유의 가치를 집단적 정체성으로 삼았고, 시민이라면 누구나 평등한 권리를 누린다는 원칙을 실현하려 했다. 정치 공동체 폴리스는 외부에 굴복하지 않고 독립과 자율성을 가져야 한다는 자유의 이상 역시 아테네에서 형성되었다. 고대 그리스의 정치 문법은 오랜 역사적 과정을 거쳐 살아 있는 유산이 되었다.

고대 그리스가 폴리스의 정치를 창출했다면 로마는 레스 푸블리카라는 정치 체제를 후대에 남겼다.[7] 오늘날 대부분의 국가가 채택하고 있는 체제는 공화국이다. 그러나 단지 왕이 없다고 해서 공화국이 완성되는 것은 아니다. 고대 로마의 레스 푸블리카는 공화국이라는 정치 체제가 지향해야 할 원형을 보여준다. 레스 푸블리카는 하나–소수–다수의 지배 체제가 각각의 장점과 위험을 절충해 균형을 추구하는 정치 체제다. 고대 로마 공화국은 집정관 - 원로원 - 민중의 삼중 구조로 이루어져 있었다. 집정관은 일종의 '1인 지배' 기능을 담당했으나, 이 권한은 두 사람이 공동으로 맡았고 임기도 1년으로 제한되었다. 로마에서는 그만큼 권력의 집중에 대한 경계가 강했다. 실질적인 권력 중심은 소수에 해당되는 귀족(수십에서 수백 명)으로 구성된 원로원이었으며, 민중은 이를 견제하는 다수의 힘이라 볼 수 있었다. 달리 말해 단지 군주제가 아니라고 해서 공화국이 되는 것은 아니며, 하나 - 소수 - 다수가 균형을 이뤄야만 레스 푸블리카의 형식을 갖춘다는 의미다.

고대 로마는 그리스가 만든 시민의 개념을 정치적 확장의 도구로 활용했다.[8] 그리스에서 시민이란 폴리스의 구성원으로서 갖는 권리의 집합이다. 아테네 시민권은 많은 특혜를 누릴 수 있는 권리였다. 로마는 지배하는 주변부의 주민들에게 시민권을 널리 인정해줌으로써 중심부의 특혜를 나눠주었고 공화국의 범위를 확장하는 전략으로 활용했다. 이처럼 시민권을 확산함으로써 제국주의적 팽창을 도모하는 '정치 공학'은 고대 로마에서 시작됐다. 그뿐 아니라 국민이라는 표현이 보편화된 오늘날에도 여전히 시민권, 시민운동, 시민사회 등 시민의 개념을 활용하는 이유는 바로 고대 그리스와 로마에서 만들어진 전통이 살아 있기 때문이다. 정치 참여를 보장하는 권리는 시민권이 되었고, 주체적이고 집단적인 활동이 시민운동으로 발전했으며, 국가 권력에 맞서는 사회적 기반으로서 시민사회를 상상할 수 있기 때문이다.

크리스천돔은 유럽에서 고대와 중세를 연결하는 고리이며 동시에 유럽의 역사를 현재까지도 뒤덮고 있는 거대한 지붕이자 구름이다.[9] 오늘날 인류가 공통으로 사용하는 시간조차 예수의 탄생을 기준으로 삼는다. 크리스처니티Christianity의 관점이 현재 인류를 지배한다는 뜻이다. 물론 시간의 표준은 유럽 제국주의가 세계에 강요한 산물일 수 있다. 그러나 인류의 진보를 하나의 방향성 있는 서사로 이해하는 방식 자체가 크리스천 전통이 남긴 강력한 유산이다. 유일신이 세상을 창조하고, 예수 그리스도를 보내 인류를 구원한다는 이야기. 이 역사 서사는 인류 전체의 역사를 하나의 방향으로 이끄는 서술 구조를 제공했다. 헤겔의 역사 발전 이론이나 마르크스의 공산주의 도래에 대한 확신도 결국 크리스천 역사 철학의 변형된 부활이라 할 수 있다.

유럽의 정치 문법에서도 크리스천돔의 영향은 결정적이면서 복합적이었다.[10] 세상을 창조하고 다스리는 전지전능한 유일신의 종교는 유대인들의 민족 종교에서 기독교를 통해 인류의 보편 종교로 거듭 태어났다. 세계를 하나로 묶는 보편성 덕분에 기독교는 로마 제국의 공인 종교가 되었고, 그 뒤 중세에는 정치와 종교를 구분하는 새로운 전통을 수립했다. 중세 유럽의 정치 문법이란 종교는 기독교로 통일되었으나, 정치 권력은 폴리스, 레스 푸블리카, 임페리움, 킹덤 등으로 분산된 복합 체제였기 때문이다. 이러한 종교와 정치의 분리는 유럽 중세사를 관통하는 교황과 황제의 대립을 초래하기도 했으며, 동시에 교회와 왕권의 대립 속에서 독립적인 사법부 부상의 발판을 마련하기도 했다. 정치와 종교가 분리된 상황에서 교회는 강력한 조직력을 바탕으로 왕권의 독점을 견제했다. 기독교는 또 사랑의 복음으로 약자를 보호하면서 사회 통합을 이루는 한편, 기존 질서와 기득권에 대해 도전하는 혁신적 정신의 원천이 되기도 했다. 질서와 저항, 안정과 혁신을 동시에 품은 사상이었던 셈이다.

고대의 폴리스와 레스 푸블리카가 유럽 특유의 정치 문법을 형성했다면 중세의 킹덤은 유럽과 타문명권이 공유하는 좀더 일반적인 정치 형식이었다.[11] 이는 그리스와 로마의 문명이 몰락한 이후, 외부의 다양한 세력이 유럽 내부로 진입하면서 나타난 현상이었다. 게르만, 바이킹, 마자르 등 다양한 주변 세력이 그리스·로마의 옛 영역으로 들어오면서, 다른 대륙에서 보편적으로 작동하던 킹덤의 문법이 유럽에서도 다시 자리 잡은 것이다. 그러나 유럽의 왕들은 구조적으로 취약했다. 새로 형성된 왕족과 귀족들은 서로 문화가 다른 지역 주민들을 통치해야 했고, 동시에 폴리스나 레스 푸블리카의 강력하고 권위 있는 정치 문법의 전통과 마주해야 했다. 이처럼 지배 계층과 피지배 주민들의 문화적 이질성은, 다른 대륙의 킹덤 질서와 비교할 때 유럽의 특이점으로 작용했다.

중세 유럽 킹덤의 정치 문법은 분열과 대립 속에서도 왕실 간에 혈연으로 형성된 대륙적 네트워크에서 그 특징을 찾을 수 있다. 로마 제국이 붕괴한 이후부터 제1차 세계대전까지 유럽의 정치 권력은 정략적인 혼인관계를 중심으로 구성되었다. 여러 왕실과 귀족 가문들이 마치 거미줄처럼 복잡한 혼맥을 형성하면서 권력을 이어갔고, 이러한 횡적 연대는 각 왕이 통치하는 주민들과의 문화적 유대보다 훨씬 더 강했다.

어니스트 겔너가 적절하게 지적했듯이, 유럽의 킹덤 질서는 지배 계층의 횡적 동질성이 피지배 대중과의 종적 민족성보다 월등하게 강한 문법이었다.[12] 잉글랜드 왕은 프랑스 왕과 피를 나눈 친척관계였지만 막상 잉글랜드 주민들과는 언어조차 달랐다. 예컨대 11세기 윌리엄 정복왕은 중세 프랑스어를 사용했으나 당시 잉글랜드 주민들은 바이킹이나 앵글로·색슨계의 언어를 사용했다. 유럽 중세 시기의 왕과 왕국의 관계는 필연적이기보다, 자본주의 세계에서 자본가와 회사의 관계처럼 도구적이고 전략적인 성격을 띠었음을 보여준다. 국가의 영토는 혼인이나 전쟁을 통해 얼마든지 주고받을 수 있는 재산처럼 취급되었고, 중세 유럽의 킹덤 체제는 어떤 면에서는 현대 재벌 가문의 혼맥 형성과 경쟁 체제의 특징을 드러냈다.

근대에 부상하는 네이션은 이런 킹덤의 문법을 근본적으로 바꾸었다. 킹덤이 1인 지배였다면 네이션은 다수의 지배다. 킹덤 시대에 왕족은 결혼과 전쟁, 조약을 통해 영토를 수월하게 주고받을 수 있었다. 그러나 네이션의 시대에는 왕족이나 귀족이 아닌 주민들이 정치 주체로 등장한다. 소수의 왕족이나 귀족이 동물처럼 자유롭게 이동했다면, 다수의 주민은 식물처럼 영토에 뿌리를 내리고 사는 사람들이었다. 영토와 주민이 왕·귀족의 재산으로 여겨지던 킹덤의 문법은 이제 주민들이 공동으로 영토를 소유하고 정치의 주인공이 되는 네이션의 주권재민主權在民 문법으로 바뀌었다. 1789년 프랑스 대혁명을 통해 선포된 '인권 시민 선언'은 명백하게 네이션의 시대를 공표한 변화의 귀결이자 출발점이었다. 프랑스는 이제 부르봉 왕가의 재산이 아니라 프랑스 영토에 사는 주민(住民)들이 주인(主人)인 정치 단위로 탈바꿈했다.

'네이션'이 동아시아의 '민족' 개념과 뚜렷이 구분되는 이유가 여기에 있다.[13] 동아시아에서 '민족'은 공통의 문화와 역사를 공유하고, 나아가 혈통적 유대를 강조하는 집단 개념이다. 그러나 유럽의 정치 문법에서 '네이션'이란 무엇보다 주어진 영토에 거주하는 사람들의 정치적 공동체다. 네이션의 모형을 제공한 프랑스는 골족, 로마인, 프랑크족 등 다양한 문화 집단의 결합이며, 그 영토는 왕실의 전략과 전쟁을 통해 형성된 것이다. 프랑스 네이션의 탄생은 이러한 종족 문화적 다양성을 통합하면서, 동시에 왕·귀족의 지배를 전복하는 혁명에 기반한다. 통합과 혁명, 바로 이것이 유럽 네이션 개념의 핵심이며, 우리가 굳이 '네이션'이라는 유럽어를 그대로 사용하는 이유다.

이처럼 근대 국가는 네이션을 중심으로 민족국가나 국민국가로 불리며 20세기에는 세계 보편의 정치 체제로 자리 잡았다.[14] 유럽뿐 아니라 아메리카, 아시아, 아프리카 전역이 국민국가의 틀을 수용했다. 하지만 이런 확산은 외형적 모방에 그치곤 했다. 국민국가라는 틀은 수입되었지만, 그 내부를 지탱하는 혁명성이나 통합성은 생략된 채, 권력의 집중과 배타성만 강화되는 왜곡된 이식이 이뤄졌다. 국민국가라는 단어는 널리 퍼졌지만, 그것을 작동시키는 문법은 따라오지 못한 셈이다.

유럽의 네이션 문법과 다른 지역의 국민국가 현실 사이의 차이는 유럽 통합이라는 실험을 통해 더 선명하게 드러난다.[15] 강한 주권과 배타성에 기초한 국민국가는 국제관계를 제로섬 게임으로 몰아간다. 반면 유럽의 네이션들은 대륙 차원의 새로운 정치 체제를 모색해왔다. 이는 프랑스나 이탈리아 같은 유럽의 네이션들이 처음부터 단일 민족 국가가 아니라, 다양한 문화 집단의 결합체였기 때문에 가능했다. 또한 네이션 이전의 시기로 거슬러 올라가면, 유럽 정치에는 단일성과 집중성보다는 다양한 정체성과 다중 소속감의 전통이 존재했다. 중세의 유럽인은 왕의 신민臣民이자 동시에 교황의 영적 지배를 받았다. 고대의 유럽인은 파리의 시민이자 동시에 로마의 시민이기도 했다. 고대 아테네와 코린토스의 시민은 서로 다른 폴리스에 속했으나 페르시아와 대항할 때는 자유를 갈망하는 하나의 그리스인이 되었다. 유럽연합이란 폴리스부터 네이션까지, 긴 역사를 통해 만들어진 독특한 정치 문법의 특수한 산물이다.

유럽연합은 이런 전통의 집약체로 새로운 정치질서를 만들어가고 있다. 우리는 이를 코스모폴리스라고 부른다.[16] 코스모스는 우주라는 보편성을, 폴리스는 단결력이 강한 소규모 정치 공동체를 뜻한다. 코스모폴리스는 보편적 코스모스와 특수한 폴리스를 아우르는 정치질서다. 여기서 말하는 폴리스가 반드시 도시국가일 필요는 없고 규모가 큰 민족국가일 수도 있으며, 결속력과 정체성을 지닌 정치 단위를 의미한다. 동시에 코스모스는 우주가 아니더라도 대륙 차원의 제도적 틀, 즉 유럽연합이 지향하는 보편 질서다. 고대 로마가 문명의 덮개를 지향했듯, 그리고 기독교가 보편성을 추구했듯, 유럽연합은 민주주의와 시장경제를 바탕으로 보편적 규범 질서를 지향하고 있다.

고대 폴리스와 레스 푸블리카, 중세의 크리스처니티와 킹덤, 근대의 네이션과 현대의 코스모폴리스는 유럽의 정치 문법을 구성하는 여섯 가지 유형이다. 언어의 문법에서 형태, 통사統辭, 음운音韻과 같은 기본 규칙을 바탕으로 여러 종류의 어족語族이 존재하듯, 유럽 정치의 문법은 이 여섯 개의 타입이 조합되어 만들어졌다. 21세기 유럽 정치는 고대부터 2000여 년 동안 누적된 전통의 반영이다. 다른 지역에서 이들의 정치 제도를 형식적으로 수입하기는 쉬워도, 실천을 따라하기는 무척 어렵다. 누적된 전통도 문화적 기반도 없기 때문이다.

이 책은 유럽연합이라는 독특하고도 신기한 정치 실험을 이해하려는 지적 여정에서 출발했다. 동아시아에서는 납득하기 어려운 "지역 통합을 유럽은 어떻게 성공시켰을까"라는 질문이 시작이었다. 유럽연합의 성공 요인을 추적하다보니, 네이션의 특성에서 시작해 크리스천돔이라는 공통 기반, 유럽 킹덤의 네트워크 연결성, 그리고 로마의 레스 푸블리카와 그리스의 폴리스라는 뿌리에 도달하게 되었다. 그 과정에서 협력과 통합의 정치에 대한 질문은 정치 영역 전체에 대한 의문과 고민으로 연결되었다. 이 여정은 결국 하나의 질문에서 출발해 정치 전체에 관한 탐구로 확장되었다. 이 책은 고대부터 현대까지 역사적 순서에 따라 서술되었지만, 내가 연구와 집필을 시작하게 된 동기는 '현대'였다. 이 사실을 기억한다면, 이 책을 쌍방향적이고 입체적으로 읽을 수 있다. 그렇다면 긴 역사의 흐름도 한결 인상적으로 다가올 것이다.

2장
고대 그리스의 폴리스

    기원전 12세기부터 기원후 2세기까지 지중해를 무대로 발전한 고대 그리스 문명은 현대 정치의 기원을 탐색하는 데 적합한 출발점이다. 2500년 전 그리스 문명의 전성기에 살던 사람들이 사용했던 용어와 개념이 현대까지도 막강한 영향력을 발휘하고 있기 때문이다.[1] 무엇보다 정치Politics라는 말은 고대 그리스에서 도시국가를 지칭했던 폴리스Polis에서 비롯되었다. 당시 그리스 사람들은 폴리스라는 단위의 비교적 작은 규모의 공동체를 형성하고 살았다.

    폴리스는 단순한 공간적 단위를 넘어, 폴리테이아Politeia라는 정치 체제를 뜻하는 복합 개념으로 발전했다. 이는 오늘날 영어의 폴리티Polity, 곧 '정치적 조직체'에 해당되는 개념이다. 고대 그리스인들에게 정치란 폴리스와 관련된 모든 사안을 아우르는 삶의 양식이었다. 아리스토텔레스가 인간은 정치적 동물이라 불렀을 때,[2] 이는 권력에 대한 좁은 의미가 아니라 공동체 속에서 살아가는 사회적 존재라는 인식을 반영한다. 아리스토텔레스는 『정치학』에서 폴리스의 기원을 설명한다. 인간은 가족 단위에서 태어나 살아가고, 가족이 모여서 마을을 이루며, 그 마을들이 다시 결합해 폴리스를 구성한다. 그의 정의에 따르면, 폴리스는 모든 면에서 '자율성'을 지니는 완결된 공동체다.

이런 관점에서 고대 그리스의 또 다른 중요한 특징이 드러난다. 폴리스에서 사회적 사안은 동시에 정치적 사안이었다.[3] 시민의 다수가 연관된 사회 문제를 공동으로 논의하고 결정하는 관습이 있었기 때문이다. 다른 문명권에서는 권력 중심의 문제만이 정치로 인식되었지만, 그리스에서는 사회적 문제 대부분이 정치화될 수 있는 토양이 존재했다.

사회의 정치화는 고대 그리스가 발전시킨 민주주의 덕분이다. 민주주의, 즉 데모크라시Democracy라는 개념도 그리스에서 만들어진 것이다. 데모스Demos는 민중 또는 인민을 뜻하고, 크라티아Kratia는 권력 또는 지배를 의미한다. 따라서 데모크라티아는 민중이 지배하는 체제, 곧 '민주주의'다. 그리스는 폴리스라는 틀 속에서 사회적 사안을 정치적으로 다루며, 현대와 유사한 정치 개념을 발명해낸 셈이다.

오늘날 세계는 민주주의, 독재, 권위주의 체제가 혼재하는 양상을 보인다. 그러나 놀라운 사실은 가장 권위주의적인 체제조차 공식적으로는 스스로 '민주주의'라 부른다는 점이다. 3대 세습 체제인 북한은 '조선민주주의인민공화국'이고, 과거 동독도 '독일민주공화국 GDR, German Democratic Republic'이었다. 미국의 양대 정당 중 하나는 '민주당'이고, 유럽과 멀리 떨어진 한국에서도 주요 정당 중 하나가 (더불어) '민주당'이다. 남북한, 공산주의 독일, 자유주의 미국을 막론하고 모두가 '데모스'라는 개념을 정치적 정당성의 근거로 내세운다. 그리스의 민주 개념이 21세기의 정치적 표준으로 확고히 자리 잡은 셈이다.

폴리스의 폴리틱스와 데모스의 데모크라시는 수천 년의 시간을 넘어 현대까지 전해진 개념이다. 이것은 그 자체로도 놀라운 유산이지만, 더 중요한 점은 이 개념들이 현대 정치 문법의 주춧돌로 작동하고 있다는 사실이다. 아테네에서 태동한 민주주의는 '자유'와 '평등'이라는 가치를 기반으로 '시민'의 권리를 규정하고, 임의적 권력 행사 대신 '법의 지배'를 상정하는 체제를 지향했다. 아테네 시민들은 회의에 모두 참여하고, 누구나 발언권을 가지며, '투표'로 결정을 내리는 혁신적인 제도를 운영했다. 이와 함께 고대 그리스에서 발달한 철학과 정치학은 로마와 중세, 근대를 거치면서 유럽을 넘어 세계로 확산됐다.

1

폴리스의 문법

 그렇다면 이처럼 정치 개념의 기원이 된 폴리스는 어떤 방식으로 작동했고, 고대 그리스인들은 이를 통해 무엇을 실현하고자 했는가. 이제 폴리스라는 정치 단위를 구성하는 내부 문법을 살펴보자. 폴리스의 문법이란 고대 그리스의 기본 단위였던 폴리스를 구성하고 지배하던 가치, 규칙, 그리고 이 가치와 규칙이 상호 작동하는 방식을 뜻한다. 오늘날 우리가 폴리스의 문법을 논의할 수 있는 문명적 조건은 크게 세 가지로 요약할 수 있다.

 우선, 고대 그리스인들은 현대 정치의 범주에 해당되는 활동에 관한 다양한 자료를 남겼다. 메소포타미아에도 설형문자로 된 방대한 고대 문헌이 남아 있지만, 대부분은 토지, 유산, 거래 등 경제 활동과 관련된 문서다. "설형문자는 시를 쓰기 위해서가 아니라 회계와 비즈니스를 위해 발명되었다"는 말은 이 문명의 특징을 잘 요약한다.[4] 이와 대조적으로 고대 그리스는 정치와 관련된 문헌이 매우 풍부하다.

둘째, 고대 그리스는 오늘날까지 이어지는 '정치 서술'의 문명을 남겼다. 호메로스의 『일리아스』와 『오디세이아』는 신화와 역사, 모험이 얽힌 방대한 규모의 서사시이며, 헤로도토스의 『역사』는 그리스와 페르시아의 전쟁을 중심으로 다양한 사회의 정치와 풍습을 묘사한 기록이다. 투키디데스의 『펠로폰네소스 전쟁사』는 고대 폴리스 간間 정치의 역학을 정밀하게 분석한 저작으로, 오늘날 국제정치학의 기본 틀로까지 활용된다. 폴리스의 흥망성쇠와 상호 관계는 그리스인들에게 중요한 관심사였던 셈이다.

끝으로, 그리스는 정치학 자체를 창출한 문명이다. 헤로도토스와 투키디데스가 이미 전쟁과 평화, 대립과 협력의 관점에서 역사를 분석했다면, 플라톤과 아리스토텔레스는 철학적 성찰과 함께 객관적 개념 도구를 개발하여 정치의 원리를 탐구했다. 이 책에서 활용하는 정치 유형화Typology라는 방식 또한 플라톤과 아리스토텔레스가 수천 년 전 정치를 분석하기 위해 제시한 방법론을 계승한 것이다.[5] 결국 정치적 문헌의 풍부함, 정치 서술의 전통, 그리고 분석 개념의 정교함은 오늘날 우리가 '폴리스의 문법'을 성찰할 수 있게 해주는 귀중한 문명적 자산이다.

자유의 가치

고대 그리스 문명이 현대 정치에 남긴 유산 중 가장 중요한 개념을 하나만 꼽기는 쉽지 않다. 고대 그리스는 현대 정치의 핵심 개념과 용어들을 다수 발명하고 남겼기 때문이다. 그럼에도 단 하나를 선택하라면 아마 '자유'일 것이다. 왜냐하면 자유는 그리스인들이 자기 정체성의 핵심 가치로 삼고 자랑했던 중심축이기 때문이다.

특히 기원전 5세기 페르시아 제국이 그리스를 침공했을 때, 그리스인들은 자신과 아시아인들의 차이를 '예속'과 '자유'의 대립을 통해 인식했다.

당시 이들[그리스인]에게 충격을 안겨준 첫 번째 사실은 자신과 적 사이에 정치적 차이가 존재한다는 점이며, 이 차이에서 나머지 모든 대립이 만들어진다는 점이었다. 페르시아인들은 절대 군주에게 복종하며 그를 두려워하고 그 앞에서는 엎드려 조아린다. 이는 그리스인의 관습과는 다른 점이다. 헤로도토스의 글에는 크세르크세스와 스파르타의 옛 왕 사이의 놀라운 대화가 소개되었는데, 스파르타 왕은 그리스인들이 주인에게 굴종하는 일을 언제나 거부하고 투쟁해왔기에, 크세르크세스에게도 항복하지 않을 것이라 말한다. 그리스는 적군의 숫자가 아무리 많더라도 싸울 것이라고 말이다.[6]

실제로 기원전 499년부터 449년까지 반세기가량 이어진 페르시아와의 전쟁에서, 소규모 폴리스들의 연합은 거대한 제국 페르시아를 상대로 패배하지 않았다.[7] 오히려 마라톤 전투(기원전 490), 살라미스 해전(기원전 480) 등에서 수적으로 열세였던 그리스 연합군이 결정적인 승리를 거두면서, 이 승리는 그리스인들뿐 아니라 이후 그리스의 후예를 자처한 유럽의 여러 세력에게도 귀중한 역사적 자산이 되었다. 다리우스 황제가 패배한 마라톤 전투, 그의 아들 크세르크세스가 무너진 살라미스 해전은 각각 육지와 바다에서 이룬 승리였고, 고대 그리스인들에게 커다란 자랑거리가 됐다.

페르시아와의 대립과 전쟁은 분열된 그리스인들에게 '자유'라는 가치를 중심으로 문명적 공동체 의식을 형성해주었다. 헤로도토스는 『역사』에서 다음과 같이 말한다. "우리는 공통의 조상과 언어를 갖고 있고, 우리가 공유한 신들에게 성소를 바치고 희생을 올린다. 우리는 공통의 생활 방식을 가지고 있다."[8] 그런데 그리스가 자유라는 가치를 중시하게 된 배경은 단지 이념적 선택이나 정치 제도의 발명만이 아니었다. 지리적으로 불리한 조건 속에서 살아야 했던 환경 또한 외부 억압에 저항하며 자율성을 중시하는 문화를 형성하는 데 크게 기여했다.

고대에 지중해 동부를 지배한 세력은 메소포타미아와 이집트 문명이었다. 티그리스와 유프라테스강 사이에서 바빌로니아와 페르시아 제국이 번성했고, 나일강 하류의 이집트는 아프리카 대륙 깊이까지 세력을 뻗었다. 이에 비해 그리스는 섬과 산악이 많고 평야는 드물어, 농업 생산력도 낮고 정치적 통일을 이루기 어려운 조건이었다. 자연환경이 제국을 만들기보다는 자율적인 소규모 공동체인 폴리스가 등장하게 된 배경이기도 하다.

이 지역의 가장 큰 지리적 특징은 육지와 바다가 서로 뒤얽힌 구성이었다. 육지 어디서나 약 100킬로미터만 가면 바다에 닿을 수 있었고, 바다에서는 60킬로미터 안에 육지를 찾을 수 있었다.[9] 육지보다 바다를 통한 이동이 훨씬 더 수월했던 이 지형은 활발한 교류와 이동을 가능하게 했다. 바다 건너편에는 메소포타미아와 이집트의 문명이 있었고, 그리스는 이들의 문명을 받아들이며 발전할 수 있었다. 하지만 자연 조건이 전혀 달랐기에 이들과 같은 정치경제 모델을 재현할 수는 없었다.

메소포타미아나 이집트의 문명을 유럽 대륙으로 전달하는 데 중간 다리 역할을 한 문명이 바로 페니키아였다. 고대 그리스의 알파벳 역시 페니키아에서 도입된 것으로, 문명의 확산과 변용 과정을 선명히 보여준다.[10] 메소포타미아는 설형문자를, 이집트는 상형문자를 발명해 활용했고, 페니키아는 이를 바탕으로 알파벳을 발전시켜 지중해 곳곳에 전파했다. 그리스는 페니키아의 알파벳 원리를 받아들여 새로운 문자 체계를 완성했다. 그뿐 아니라 페니키아는 지중해를 무대로 무역망을 형성하며, 육지의 제국과는 다른 해양 제국의 가능성을 보여주었다.[11]

고대 그리스는 하나로 통합된 왕국이나 제국이 아니라, 수많은 폴리스로 구성된 문화적 집합일 뿐이었다. 고대 그리스 역사에서 주

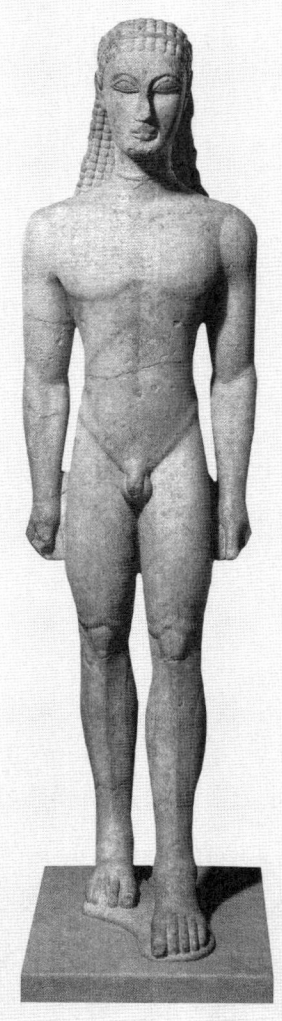

「쿠로스상」, 기원전 590~기원전 580년경.
그리스는 쿠로스라 불리는 익명의 벌거벗은 보통 사람의 조각상을 광장에 세웠다.

도적인 역할을 담당하는 아테네와 스파르타는 가장 규모가 큰 폴리스였지만 영토의 크기는 여전히 작은 편이었다. 그리스는 지역마다 방언이 존재했지만, 기본적으로 통합된 언어와 문자를 공유하면서 에게해를 둘러싼 하나의 문화권을 형성했다. 정치적으로는 분열되었으나 문화적으로는 통합된 이 그리스 세계는 어떤 면에서 오늘날 유럽연합을 연상케 한다.

자유를 누리는 그리스인과 절대주의에 복종하는 아시아와 아프리카의 문명적 대립은 예술이나 건축에서도 드러난다. 이집트에서 파라오는 인간이자 신으로 민중을 지배하면서 위에서 군림하는 모습이다. 페르시아의 페르세폴리스는 황제의 영광을 기리는 도시와 건축물, 기념물로 가득했다. 반면 그리스는 군주의 위엄보다는 쿠로스라 불리는 익명의 벌거벗은 보통 사람의 조각상들이 광장에 세워졌다.

자유를 찬미하고, 시민 개개인의 힘을 상징하는 그리스 조각들은 정치적으로도 분명한 메시지를 담고 있었다. 특히 자유를 억압하는 폭군에 대한 경계와 저항 정신은 예술 속에서도 구체적인 형태로 나타났다.

아테네의 아고라에는 심지어 폭군Tyrant을 살해한 두 남자의 조각상이 서 있다. 이집트에서 신이라 여겼거나 페르시아에서 절대 군주로 추앙받는 존재를 그리스에서는 오히려 폭군이라는 이름을 통해 부정적으로 인식했다. 통치자가 신과 인간의 경계에 존재하던 아시아·아프리카 문화와 달리, 그리스에서는 아무리 뛰어난 군주라도 결국 '죽는 자Mortal', 즉 인간일 뿐이라는 인식이 강했다. 인간과 신을 가르는 벽, 즉 죽는 자와 죽지 않는 자Immortal의 구분이야말로 그리스 문명의 기본 인식이었다. 독재자에 대한 반감은, 평등한 인간이 죽음을 망각하고 자신을 불멸의 존재로 착각하는 오만에 대한 저항이었다.

페르시아와의 전쟁에서 아테네가 일시적으로 점령당했을 때, 아고라에 세워졌던 '폭군 살해자'들의 조각은 철거되었다. 그러나 아테네가 승리를 되찾자 불과 3년 만에 다시 조각상이 세워졌다. 내부의 폭군에 대한 투쟁과 외부의 절대 군주에 대한 저항이 상징적으로 겹쳐졌던 역사다.[12] 자유와 예속의 대립은 자유인과 노예, 시민의 폴리스와 폭군의 폴리스, 그리고 그리스와 타문명권을 구분하는 중요한 기준이 되었다.

실제 자유를 향한 그리스의 집념은 아테네에만 국한된 현상이 아니었다. 부당하고 억압적인 권력에 대한 저항이야말로 그리스계 폴리스들이 상당 부분 공유하는 문화적 바탕이었다. 그리스 폴리스의 기원을 살펴보면, 개인의 혁명적 행동이나 집단의 봉기에서 비롯되곤 했다. 예를 들어 에레트리아라는 폴리스는 민주주의가 전제적 정치로 무너지면 모든 시민은 무기를 들어야 한다는 법을 가지고 있을 정도였다.[13]

그리스인들에게 자유란 무엇을 의미했을까. 자유는 무엇보다 공동체의 일에 대해 자기 생각을 말할 권리, 곧 정치적 참여의 권리였다. 아테네 시민에게 주어진 가장 기본적인 권리는 '말할 권리'였다.

국정을 결정하는 정치적 회의와 시민이 참여하는 재판에서, 아테네 시민은 사회적 지위나 경제적 재산의 크기와 상관없이 누구나 자유롭게 발언할 수 있었다.

이소노미아: 법 앞의 평등

고대 그리스의 정치 문법은 자유에서 평등으로 자연스럽게 연결된다. 자유롭게 말할 권리는 모두에게 주어졌을 때 진정한 의미가 있기 때문이다. 대중이 모인 자리에서 공개적으로 발언하는 일은 예나 지금이나 쉽지 않고, 최소한의 자신감과 리더십을 가진 사람들이 주로 행사하는 권리다. 하지만 원칙적으로 시민이라면 누구나 발언할 권리를 가졌다는 점에서 고대 그리스는 '말의 평등'을 실천했다.[14] 특히 폴리스의 시민이 모두 모이는 회의ecclesia에서 토의할 때 발언하는 사람은 머리에 관을 씌워주었다. 그리스에서 발언은 그만큼 중단하거나 훼방 놓을 수 없는 성스러운 권리였다.

공개적으로 발언하는 행위는 모든 시민에게 주어진 권리였지만 때로는 의무가 되기도 했다. 수천 명의 시민이 광장에 모여 진행하는 민회나 수백 명 단위로 형성된 의회에서의 발언은, 이론상 누구나 발언권이 있으나 실제로는 소수가 발언을 독과점하는 구조였을 것이다. 그런데 아테네에는 법관이나 행정관을 제비뽑기로 선택하는 제도가 있었다. 전문적인 지식이나 개별적인 능력과 별개로 시민이라면 누구나 공동의 일을 처리하는 데 참여해야 한다는 생각을 반영한 것이다. 따라서 제비뽑기로 당첨된 법관이라면 특정 사안에 대한 조사 결과나 자신의 의견, 판결 등을 대중에게 설명하고 자신이 주관하는 토론을 주도해야 하는 의무가 부여된다. 달리 말해 원하건 원치 않건 간에 폴리스의 시민이라면 공동체의 일에 대해 의견을 말하고 다른 사람을 설득하는 능력을 지녀야 한다는 뜻이다.

시민의 권리와 의무가 균등하게 보장된 아테네가 대표적이지만, 왕정 체제인 스파르타에서도 시민 간의 평등은 여전히 중요한 원칙이었다. 아테네에서는 시민이 구성하는 민회나 평의회에 정치 권력을 집중했으나 스파르타에서는 두 가문을 대표하는 두 명의 왕이 권력을 행사했다. 아테네에서 시민이 돌아가면서 행사하는 사법권을 스파르타에서는 게루시아Gerousia라는 원로원과 왕, 전문 법관들이 나누어 행사했다. 독재적 스파르타도 민주적 아테네와 결은 다르지만 시민의 평등은 여전히 폴리스의 핵심적인 가치였다. 폴리스 전체의 중대한 사안은 왕이나 게루시아의 제안에 대해 시민의 집단인 데모스가 최종적으로 결정을 내렸다.

앞서 인용한 스파르타의 옛 왕은 페르시아의 크세르크세스에게 주인에게 굴종을 거부하는 그리스인들에 대해 설명하면서 이들은 법 앞에 평등하며, 막강한 국왕이나 황제가 아닌 법에 복종한다고 말한다. 아테네에서도 "법률은 폴리스의 기초라고 여겨졌다".[15] 고대 그리스가 만들어낸 '평등한 법Equality of Law'을 뜻하는 이소노미아Isonomia는 시민이 법 앞에 평등하며 법은 누구에게나 평등하게 적용된다는 의미를 포함한다.

이 고대적 평등 개념은 역사적 유산일 뿐 아니라, 현대 정치철학자들에게도 여전히 유효한 문제의식으로 다가온다. 예컨대 20세기 민주주의와 전체주의에 관해 깊은 통찰력을 발휘한 한나 아렌트는 고대 그리스의 이상과 현대 정치 제도의 관계를 명백하게 설명하고 해석한 사상가다. 그의 목소리에 귀 기울여보자.[16]

> 이소노미아가 평등을 보장했던 이유는 모든 인간이 태어날 때부터 평등하거나 본질적으로 평등했기 때문이 아니라, 오히려 자연 상태에서 인간은 평등하지 않으며, 폴리스라는 인위적 제도institution가 법nomos을 통해 사람들을 평등하게 만들었기 때문이다. 따라서 평등은 사적 인간이 아니라 시민으로 서로 마주하는 특별한 정치 영역 안에서만 존재한다.

이퀄Equal과 같은 의미의 그리스어 이소Iso는 다양한 분야에 적용되어 당시 평등이 얼마나 광범위하게 공유되던 가치였는지를 상상케 한다. 이세고리아Isegoria는 앞서 논의한 정치 모임에서 누구나 갖는 평등한 발언권을 뜻한다. 이솝세포스 폴리스Isopsephos polis는 1인 1표를 의미하며, 이소크라티아Isokratia 또한 평등한 권력을 지칭한다. 그리스인들은 언어와 투표권에서, 권력부터 사회적 삶까지 모두 일관되게 평등을 추구했다는 의미다.

공동체 의식이 특별히 강했던 스파르타는 시민들이 모여 함께 식사했다. 같은 음식을 평등하게 나눠 먹는 습관을 통해 폴리스의 단결을 다졌던 것으로 보인다. 몰래, 숨어서 음식을 먹다가 들키기라도 하면 처벌을 받았다고 전해진다. 이 정도면 시민들 간에 평등의식이 얼마나 뿌리 깊었는지를 알 수 있다. 아테네에서도 시민들의 공동 식사는 전통이었다. 『영웅전』으로 유명한 2세기의 작가 플루타르코스는 그리스 아테네의 공동 식사에 대해 "이를 거부한다면 폴리스를 무시하는 것이고, 과도하게 이용한다면 횡령pléonexie에 해당된다"고 설명했다.[17] 스파르타와는 실천 방식이 조금 다르지만, 아테네에서도 공동 식사가 공동체의 중요한 의례라는 사실은 한결같다.

아테네에서는 평등에 대한 배려가 재정적 보상으로까지 확대했다. 부자들은 삶에 여유가 있었기에 한가하게 민회에 참여해서 국정을 논할 수 있으나, 가난한 자들은 생업에 종사하느라 정치 참여를 소홀히 할 수밖에 없었다. 평등의 정신에 충실하려면 빈부에 상관없이 누구나 적극적으로 정치에 참여할 수 있는 조건을 만드는 일이 중요했다. 따라서 폴리스는 정치·행정·사법에 참여하는 것에 대한 일당을 주기도 했다. 물론 응당 참여해야 하는 정치에 시민들의 관심이나 열정이 줄어들었기에 일당으로라도 유인했다는 해석 역시 가능하다.

고대 그리스가 보여주었던 시민 평등의 문법은 정치뿐 아니라 문화 영역에서도 살짝 드러난다. 앞서 보았듯 이집트, 바빌로니아, 페르시아 지역의 신이나 통치자에게서 나타나는 절대적이고 지배적인 위상과 달리 고대 그리스에서는 신과 인간의 차이조차 그리 크지 않았다. 물론 죽을 운명을 가진 인간과 달리 신은 영원한 삶을 누린다는 점에서 무척 큰 차이가 있다. 하지만 적어도 조각의 크기에서 드러나는 둘의 차이를 보면 신이 인간보다 조금 클 뿐이다. 예를 들어 아폴로나 헤라클레스는 종종 인간과 비슷한 크기(2~3미터)로 묘사되었다.

고대 그리스에서 시민의 평등을 가장 잘 드러내는 건축물은 극장과 경기장이다. 고대 그리스의 도시는 어디에나 극장과 경기장이 있다. 수천 명에서 1만 명이 넘는 시민들이 한 장소에 모여 공개적인 폴리스의 행사에 참여한다는 의미다.[18] 예를 들어 규모가 크기로 유명한 에피다우로스 극장은 1만5000명 정도의 시민이 입장할 수 있다. 아테네의 디오니소스 극장 규모는 1만7000명 수준이다. 이처럼 시민의 자유와 평등은 비단 정치나 사법의 영역만이 아니라 종교와 예술 분야에서도 극명하게 드러난다.

세계의 다양한 문명은 축제와 놀이, 연극과 공연을 즐겼다. 그러나 고대 그리스처럼 시민을 모두 한 장소에 모아 골고루 참여하고 즐기게 만든 경우는 드물다. 무엇보다 그리스는 극장이나 경기장을 짓기 위해 엄청난 노동력과 물자를 투자했다. 그만큼 극장과 경기장은 폴리스 공동체의 핵심적인 장소였던 셈이다. 반원형 그리스 극장의 무대와 관객과의 거리는 가까운 곳, 먼 좌석이 있었지만 어디에 있건 무대의 소리를 들을 수 있었다.

기원전 5세기 고대 아테네는 서양 연극의 기원을 형성하며 특히 비극 분야에서 아이스킬로스, 소포클레스, 에우리피데스 등의 쟁쟁한 극작가를 낳았다. 정치 문법의 관점에서 흥미로운 사실은 이들이 매년 개최되는 시나리오 대회에서 시민 관객이 지켜보는 가운데 심사위원들에 의해 우승자로 선발되었다는 사실이다. "우승 연극의 선정은 관객들의 반응을 유심히 지켜보는 일반 남자 시민들의 평가단에 의해 결정"[19]되었다. 관객 전체가 직접 최우수 작품을 선발하지는 않았으나, 공개적인 퍼포먼스를 통해 최소한의 공정성을 확보하려 했던 모양새다. 자유와 평등의 가치가 종교와 예술에서도 어떻게 민주적 사고를 실천했는가를 보여준다.

민주주의: 다수의 지배

고대 그리스가 인류 최초로 민주주의의 원형을 실천했다는 사실은 역사 상식이다. 시민들은 사람 사이에 존재하는 복종관계는 주인과 노예 사이와 같은 예속의 굴레라고 생각했다. 그래서 자유를 최고의 가치로 내세웠다. 다른 사람에게 고개 숙이고 무릎 꿇기보다는 추상적인 법에 복종한다는 생각, 법은 모든 사람에게 평등하게 적용된다는 사고는 고대 그리스 민주주의의 핵심이었다.

만일 고대 그리스에서 민주주의라는 이름으로 정치 체제를 개념화하지 않았다면 우리는 그 정치 문법의 유산을 이어받지 못했을 가능성이 크다. 달리 말해 고대 그리스에는 폴리스에 대해 고민하는 정치학이 존재했기에 민주주의라는 문법이 만들어졌고, 덕분에 후대는 민주주의를 수용·변용하거나 거부하면서 발전시킬 수 있었다는 뜻이다.

현실 정치가 정치학을 통해 개념화됐고 그 덕분에 하나의 문법으로 정리되면서 후대로 계승되었다는 의미다. 앞서 살펴보았듯이 원래 고대 그리스 세계에서의 대립은 폭군이 지배하는 상황과 자유로운 시민이 득세하는 시기 간의 대조적 형세였을 것이다. 예를 들어 같은 아테네의 역사가 폭군의 시절과 민주 시절로 나뉜다. 이런 점에서 폭정이나 민주 정부는 정치의 흐름을 일시적으로 반영하는 역동적인 변화의 한 모멘텀에 불과했을 것이다. 그러다가 시간이 지나면서 아테네는 자유로운 폴리스의 전형으로 발전했다. 기원전 5세기 전반부 50여 년 동안 페르시아와 그리스 도시의 연합이 대립하면서 양측의 차이는 문명적 성격으로 인식되기 시작했다. 즉, 자유와 평등의 사고가 지배하는 그리스 문화와 군림과 복종의 습관이 몸에 배어 있는 아시아 문화를 구분하는 계기가 되었다.

기원전 5세기 후반이 되면 그리스 세계 내부에서 자유로운 아테네를 중심으로 형성된 델로스 리그와 스파르타 중심의 세력이 펠로폰네소스 전쟁을 벌이게 된다.[20] 스파르타는 시민 간의 평등의식이 강했지만 국왕이나 지배 계급의 영향력이 막강한 소수 지배 체제였고, 스파르타와 동맹을 맺은 폴리스들도 사정은 비슷했다. 반면 아테네는 민주적 폴리스 운영에서 앞장서나갈 뿐 아니라 동맹 폴리스들도 아테네처럼 자유와 평등의 체제를 갖도록 강요·유도했다.

무엇보다 기원전 4세기 플라톤과 아리스토텔레스의 시대가 도래하면서 고대 그리스는 폴리스에 대한 이성적 사고와 토론을 활발하게 전개했다. 플라톤은 『국가』를 통해 폴리스의 가장 이상적인 형식을 추구했다.[21] 아리스토텔레스는 하나의 이상적 체제를 탐구하기보다는 현실에 존재하는 다양한 정치 체제를 구분하는 시스템을 만들어냈다.

일단 폴리스를 구분하는 기준은 통치하는 세력의 숫자다. 이성을 중시하는 고대 그리스의 문화적 배경을 반영하듯, 정치 체제를 구분하는 데도 숫자라는 객관적 척도를 적용했다. 하나, 소수, 다수로 분류해 하나의 지배, 소수의 지배, 다수의 지배로 구분했다. 헤로도토스가 처음 제시한 정치 체제의 유형은 플라톤에 의해 개선되었고, 아리스토텔레스에서 완성되었다.[22] 얼핏 보면 하나의 지배는 아시아나 아프리카의 제국에서 군주가 지배하는 정치, 또는 그리스 폴리스 중에서도 폭군이 권력을 독점하는 양상과 일맥상통해 보인다. 반면 다수의 지배는 아테네가 지향했던 시민들이 정치에 참여해 숫자를 바탕으로 결정을 내리는 체제에 가깝다.

고대 그리스의 정치 문법에서 중요한 특징은 소수의 지배를 도입한 점이다. 독재와 민주 간의 대립, 폭군 정치와 자유 체제 간의 알력뿐 아니라, 그 중간 지점에 적은 수의 지배자들이 전체를 다스리고 통치하는 현상을 간파한 셈이다. 올리가키라 불리는 소수의 지배는 사회가 귀족의 혈통, 관료의 전문성, 부의 집중 등 다양한 기준에 의해 나뉜다는 사실을 고대 그리스인들이 아주 일찍 깨달았음을 보여준다. 달리 말해 고대 그리스는 공동체 내부의 분열과 경쟁이 매우

『여섯 가지 정치 체제의 서두 삽화』 니콜 오렘, 1370년경.
14세기 프랑스 번역서에 등장하는 삽화로 아리스토텔레스의 6개 정치체제를 표현했다.
왕정, 귀족정, 폴리테이아가 올바른 정치체라면 폭정, 과두정, 민주정은 왜곡되고 변형된 결과였다.

자연스러운 현상이며 '사회적 불평등에 관한 정치적 고려'를 통해 폴리스의 성격이 결정된다는 사실을 발견했다.

또 하나, 소수, 다수의 지배로 수학적 구분을 했으나, 이것만으로 좋은 정치 체제를 판단할 수는 없다고 보았다. 각각의 체제는 장단점을 지니고 있기에 현실에서 좋은 결과나 나쁜 결과를 모두 낳을 가능성이 있다는 사실을 인정했다. 예를 들어 아리스토텔레스는 하나의 정치체는 왕정과 폭정으로, 소수의 정치체는 귀족정과 과두정으로, 그리고 다수의 정치체는 폴리테이아와 민주정으로 나눴다.[23] 왕정, 귀족정, 폴리테이아가 올바른 정치체라면, 폭정, 과두정, 민주정은 왜곡되고 변형된 결과였다.

아리스토텔레스는 지배자의 수가 1인, 소수, 다수인 것과 무관하게 공동의 이익을 위해 정치를 하면 올바른 체제지만, 지배자의 특수한 이익을 위해 봉사하면 왜곡된 체제라고 보았다. 이처럼 정치 문법의 관점에서 지배 세력의 수로 정치체의 특징을 구분한 것도 중요했지만, 똑같은 체제도 전혀 다른 현실로 나타날 수 있다는 사실을 이해했다. 다수의 지배도 타락할 수 있고, 1인 지배도 올바른 방향으로 운영될 수 있다는 설명이다. 이는 정치 분석의 발전에 결정적으로 기여한 부분이다.

미국과 프랑스의 혁명 이후 200여 년 동안 서양은 고대 그리스의 민주주의라는 유산을 중점적으로 논의했다. 그런데 어쩌면 민주주의 자체보다 더 중요한 유산은 민주주의가 포함된 정치 체제의 유형을 구분해 이미 2500년 전부터 체계적으로 수립했다는 점이다. 또한 아무리 좋은 정치체라도 운영하는 방식에 따라 심각한 문제점을 드러낼 수도 있다는 가능성에 주목했다.

폴리스: 강력한 시민 공동체

폴리스는 고대 그리스를 대표하는 정치 단위이고 형태였다. 앞서 살펴보았듯이 그리스인들은 자신들이 페르시아인이나 이집트인들의 제국과는 다른 정치 단위와 형태를 가졌다고 생각했다. 제국은 그리스의 폴리스와는 비교할 수도 없을 만큼 넓은 영토를 자랑했고, 신에 가까울 정도로 막강한 권력을 자랑하는 황제가 지배했다.

폴리스와 제국 사이에는 에트노스ethnos의 세계가 존재했다. 제국은 지리적으로 그리스 문명의 동쪽과 남쪽에 있는 아시아와 아프리카 지역의 특징이다. 이에 비해 에트노스는 그리스의 북쪽과 서쪽에 거주하는 사람들의 정치 단위이자 형태였다. 아시아와 아프리카에 신격 황제가 군림한다면 에트노스는 왕들이 지배하는 영역이라고 보았다. 에트노스는 고대에 존재했던 종족이나 부족으로 번역하는 것이 가장 적합해 보인다.

고대 그리스인들의 세계관에서 폴리스/에트노스/제국의 차이를 만든 주된 요인은 지리적 상황과 기후였다. 대부분 더운 지역인 아시아와 아프리카 제국의 영역에 사는 사람들은 복종적인 성격을 갖고, 북서쪽의 추운 지역에서는 의존적인 특징을 갖는 데 비해, 그리스 세계가 누리는 환경에서는 자유와 독립성을 추구하게 된다는 설명이다. 복종과 의존의 차이를 명확하게 알기는 어렵다. 그러나 그리스인들은 다른 지역 사람들이 복종하고 의존하더라도 자신들은 독립적이라고 보았다. 극단적인 더위나 추위가 아닌 온대 기후에서 폴리스라는 정치 단위와 형태가 발전했다는 자기중심적인 시각이다.[24]

그리스인들은 지리적으로 가까운 발칸반도의 종족이나 부족과도 문화와 관습에서 근본적인 차이를 인식했다. 고대 그리스는 매우 드문 일부일처제의 문화였다. 하지만 그리스 영역에서 조금만 벗어나 마케도니아만 가도 폴리스가 아닌 에트노스의 왕국이 존재했고, 일부다처제의 관습을 갖고 있었다. 마케도니아의 국왕 필리포스나 알렉산드로스 대왕은 다양한 점령 지역의 왕실과 혼사를 통해 지배력을 공고히 했는데, 그리스인들은 이런 제도와 행태를 이해하기 어려웠다. 변방 마케도니아가 강한 군사력을 통해 그리스를 비롯해 거대한 영토를 지배하게 되었으나 그리스인들은 이들이 여전히 야만적인 관습을 가졌다고 여겼다.

폴리스/에트노스/제국이라는 구분은 동시대에 존재하는 다양한 정치 단위와 형태라고 볼 수 있으나, 다른 한편으로는 역사 진화의 유형이라고 볼 수도 있었다. 고대 그리스 역시 폴리스라는 특별한 정치 단위가 만개하기 전에는 에트노스의 세계였다고 볼 수 있기 때문이다. 달리 말해 고대 그리스에서 역사의 방향은 에트노스에서 폴리스로의 진화다.

그렇다면 에트노스와 폴리스를 가르는 가장 커다란 차이점은 무엇일까. 에트노스가 의미하는 부족이나 종족의 기본은 실질적 또는 상상의 혈족 집단이다. 같은 조상으로부터 비롯된다는 현실이나 믿음에 바탕을 둔 집단이다. 반면 폴리스를 규정하는 기준은 영토다. 폴리스의 대표적 사례인 아테네의 역사는 아르카익 시대에서 고전주의 시대로 넘어오는 기원전 508~기원전 480년에 부족·종족에서 영토의 원칙으로 변화가 이뤄진 것을 볼 수 있다. 폴리스의 일원임을 의미하는 시민권이란, 특정 혈통의 자손이 아닌 특정 영토에 거주하는 사람들의 권리로 발전했다.

물론 에트노스가 완전히 자취를 감춘 것은 아니다. 여전히 고대 그리스의 폴리스를 구성하는 요소 가운데 종족적 부분은 어느 정도 남아 있었다. 또 시민권을 소유한 사람들을 부르는 일반적 명칭인 폴리테스politès와 조상 대대로 원래 시민권을 가졌던 사람들을 지칭하는 아스토스astos의 구분은 남아 있었다.[25] 아스토스가 혈통·종족적 계보를 나타낸다면, 폴리테스는 영토적 시민권을 의미했다고 볼 수 있다. 그러나 좀 더 엄밀하게 본다면 폴리테스와 아스토스의 차별화는 혈통보다는 시민권을 획득한 시간적 기준을 따랐다. 아테네처럼 외부 사람을 다수 받아들였던 대규모 폴리스에서는 새로운 시민권자 폴리테스와 원주 시민권자 아스토스의 집단이 공존했다.

고대 그리스의 멸망을 가져온 주체는 에트노스에 기반한 마케도니아 왕국의 필리포스 - 알렉산드로스 대왕 부자x f였고, 고대 그리스의 문명을 폭넓게 확산시킨 것도 에트노스에서 출범하여 아시아와 아프리카로 뻗어나간 거대한 제국을 형성한 알렉산드로스 대왕이었다. 주변 세력이 그리스를 멸망시킨 뒤 바로 그 그리스 문명을 확산시키는 데 결정적으로 공헌한 역사의 아이러니다. 알렉산드로스 제국은 그리스 문명의 영향을 받게 되고 이런 현상을 헬레니즘이라 부른다.

고대 그리스는 폴리스라는 정치적 발명품을 인류에게 선사했다. 제국이나 부족·종족, 왕국이라는 기존의 정치 체제에 완전히 새로운 유형을 도입한 셈이다. 폴리스는 놀라운 정치적 특징을 몇 가지 도입했다. 하나는 추상적 사고의 힘이다. 인간은 고도의 지능을 가진 이성적 존재지만 여전히 성관계라는 생물학적 교류를 통해 사회를 재생산한다. 따라서 사람들이 가장 기초적인 가족, 혈통을 공동체 형성의 원칙으로 하는 것은 당연하거나 자연스러워 보인다. 씨족–부족–종족 등은 실존하는 또는 상상의 혈통 공동체다. 이에 비하면 폴리스의 정체성을 구성하는 '지리적 특징'은 구체성과 추상성이 섞여 있으며, 추상적 요소는 이전 사회보다 더 강화된 모습이다. 아테네와 스파르타는 단지 어떤 혈통을 가진 사람들의 집합이 아니라 특정 '지역'을 상징하는 '정치체'다.[26] 특히 아테네는 다양한 기원을 가진 사람들을 시민으로 흡수하면서 지리적 범위를 따르는 정치적 정당성이 혈통의 정통성을 대체해간다고 볼 수 있다.

고대 그리스인들은 기원전 8세기부터 기원전 6세기 사이 지중해의 다양한 지역, 특히 에게해로부터 흑해나 지중해 서쪽으로 진출해 수많은 식민지를 세웠다. 특정 폴리스에서 출발해 새로운 정착지를 찾아 새로운 폴리스를 세우는 과정이라고 볼 수 있다.[27] 나폴리Napoli

라는 도시의 명칭은 '새로운 폴리스'라는 의미의 '네아폴리스Neapolis' 에서 유래한다. 고대 그리스 제국주의의 흥미로운 측면은 폴리스라는 정치 공동체도 함께 수출되었다는 점이다. 게다가 중심과 주변의 관계가 점차 대등해지는 경향을 보였다. 때로는 그리스인들이 만든 식민 폴리스가 발전해 독립적인 지위를 획득하고, 더 나아가 스스로 새로운 폴리스를 식민지로 개발하기도 했다. 대표적인 사례로 코린토스의 식민 폴리스로 출범한 시칠리아의 시라쿠사는 자신들의 역량으로 카마리나와 같은 식민 폴리스를 세웠다.

근대 유럽의 제국주의나 식민주의의 특징은 고대 그리스로부터 유래했다고 볼 수도 있다. 아메리카 대륙에 존재하는 뉴욕이나 뉴올리언스와 같은 수많은 도시, 대양주에 있는 뉴웨일스나 뉴질랜드는 유럽 지역의 상징적 재현이기 때문이다. 새로운 지역에 가서도 원래 문화를 유지하는 것은 인지상정이다. 하지만 출발한 지역의 정치 형태와 단위를 도착한 곳에 유사하게 재생하려는 관습은 분명 유럽인들의 독특한 특징이다. 그리고 그 출발점은 고대 그리스의 폴리스가 확산해나가던 전통이다.

폴리스의 정치 체제는 다양했으나 폴리스는 항상 강력한 시민 공동체를 형성했다. 그리고 혈통보다는 지리적 공동체로 정의한다. 따라서 폴리스 간의 식민관계는 시간이 지나면 지리적 거리를 반영해 서로 대등해지고 독립적으로 변한다. 구폴리스나 신폴리스 모두 각자의 시민 공동체를 갖기에 이런 경향은 더 강화된다고 볼 수 있다.

앞서 언급한 자유나 평등도 추상적 가치임은 명백하다. 사람은

고대 그리스와 식민지 확산

누구나 자기 뜻대로 행동하고 싶은 보편적인 본능을 가진다. 그러나 인간의 존엄성을 유지하기 위해 투쟁을 통해서라도 자유를 지켜야 한다는 생각은 매우 그리스적인 사고방식이다. 인간사회의 질서를 위아래로 규정하는 계급적 문화가 지배적이던 시절에 고대 그리스처럼 연령, 재산, 능력 등 구체적인 차이를 초월해 법 앞에서의 평등이라는 추상적 가치를 근본으로 삼은 태도는 혁명적이다.

또 다른 특징으로 폴리스는 공동체의 결속력을 강조했다. 플라톤이 그린 이상 국가는 오늘날의 전체주의 국가를 떠올리게 하는 공동체다. 그는 스파르타 폴리스의 전통을 모델로 삼은 것으로 알려져 있다. 아테네와 달리, 스파르타는 공동체의 강제력이 극단적으로 뿌리내린 폴리스였다. 실제 스파르타에서는 식사와 같이 가장 기본적인 욕구 충족조차 공동체를 중심으로 이루어졌다. 나아가 플라톤이 그린 부인과 아이들까지 공유하는 사회라면 개인은 사라지고 공동체만 남는다. 이런 전체주의적 발상은 그리스 특유의 생각하는 역량을 극단적으로 추구한 결과다.

세계적으로 잘 알려진 소크라테스의 죽음은 아테네라는 자유의 폴리스에서 일어난 일이다. 플라톤의 스승 소크라테스는 부당하게 사형을 선고받지만 덤덤하게 사약을 마시고 죽음을 맞는다. 이 사건에 대해서는 해석과 설명이 분분하다. 민주주의를 대표하는 폴리스 아테네에서 철학의 아버지 소크라테스가 사형을 당했다는 사실은 출발부터 복합적인 민주주의와 철학의 관계를 잘 보여준다. 우리 현대인은 아테네의 민주주의와 지혜의 학문을 창시한 소크라테스가 화목하고 친화적이기를 바란다. 하지만 지혜의 철학자를 사형시킨 것은 다름 아닌 민주주의다.

플라톤을 통해 우리에게 전해지는 소크라테스는 민주주의 폴리스를 만드는 기본적 가치는 자유라고 생각했다. 하지만 모든 시민의 자유로운 행동은 아나키, 즉 무정부 상태로 치닫고 결국은 폭정을 가져온다고 설명한다. "과도한 자유는 과도한 복종을 가져오는데, 그것은 개인이나 국가나 한결같다."[28] 소크라테스와 플라톤의 민주주의에 대한 비판적 시각은 세상과 인간사가 풀기 어려운 패러독스로 가득 차 있다는 그리스 문화의 특별한 관점을 반영한다.

소크라테스는 자신이 옳다고 생각했으나 시민들의 민주적 판결을 받아들였다. 이 패러독스도 두 가지 교훈을 남겼다. 하나는 소크라테스는 지혜로운 철학자로서 자기 자신이 부당한 행동을 저지르는 것보다 타자의 부당한 대접을 받아들이는 게 낫다고 생각했다는 점이다. 그는 철학자로서 행동과 인식의 관계를 중시했다. 자신에 대한 아테네 시민들의 부당한 판결은 무지에서 비롯되나 자신이 판결의 집행을 피한다면 알면서도 부당한 일을 저지르는 행동이라는 것이다.

다른 하나의 교훈은 시민과 공동체의 관계에서 찾을 수 있다.[29] 죽음을 요구하는 판결은 폴리스라는 공동체의 제도를 통해 내린 결정이기에 소크라테스는 시민으로서 수용해야 할 의무가 있다. 따라서 소크라테스의 행동은 '악법도 법'이라는 독재 옹호에 악용될 수 있는 구호보다는, '민주적 공동체라면 실수도 기꺼이 받아들이는 희생'이라고 보는 편이 더 정확하다.

소크라테스 - 플라톤 - 아리스토텔레스로 연결되는 그리스 철학의 계보에서 막내 아리스토텔레스는 '인간은 정치적 동물'이라는 표현으로 유명하다. 여기서 '정치적'은 '폴리스적'이라는 해석이 정확하다. 폴리스는 현대가 규정한 정치만 관리하는 공동체가 아니라 경제, 사회, 종교 등 폭넓고 다양한 공적인 일들을 다루는 단위다. 그래서 '인간은 사회적 동물'이라고 번역하는 것이 더 정확할지도 모른다. 물론 이 또한 원래의 뜻을 다 전달하지는 못한다. 왜냐하면 폴리스의 시민이라면 모든 공적인 일에 적극적으로 참여해야 한다는 의무를 포함하는 의미라야 하기 때문이다. 게다가 아리스토텔레스는 폴리스를 혈통을 가진 인간의 공동체가 아니라 헌법으로 구성된 공동체라고 봤으며, 헌법이 바뀌면 폴리스도 변한다고 설명했다.[30] 그만큼 정치가 인간을 규정하는 공동체를 이상理想으로 삼았던 셈이다.

폴리스는 그냥 몇 년에 한 번씩 투표나 하면서 사적 행복을 추구하는 사람들의 집합이 아니다. 폴리스는 공동체의 사안에 대해 쉴 새 없이 생각하고 고민하고 토론하는 적극적인 시민의 공동체다. 전 국민이 국회의원이자 재판관이면서 변호사인 세계를 꿈꿨던 셈이다.

정치와 경제의 구분

현대인에게 정치와 경제의 구분은 너무 당연하다. 사회과학을 배우는 학생에게 정치란 권력과 힘을 다루는 영역이고, 경제는 부와 가치를 취급하는 분야다. 정치와 경제의 구분은 가장 기초적인 사회의 분업 구조다. 그러나 이처럼 자연스레 여겨지는 것도 역사적으로 살펴보면 긴 뿌리를 가졌고, 장기간의 발전이나 변천 과정을 겪은 결과다. 현대의 정치와 경제가 구분되는 것은 적어도 고대 그리스까지 그 기원을 거슬러 올라갈 수 있다.

앞서 지적했듯 그리스인에게 인간의 중요한 본질은 사회적 동물, 정치적 존재라는 부분이었다. 인간은 폴리스라는 공동체의 일원으로서 자유와 평등을 누릴 수 있었고, 권리와 함께 의무를 져야 했으며, 그것이 인간성을 만개시킬 수 있는 조건이었다. 동시에 그리스인들은 인간의 사적인 영역 또한 확인하고 인정했다. 정치가 그리스의 폴리스에서 왔듯, 경제도 그리스의 오이코스oikos 즉 집에서 비롯된 용어다. 고대 그리스어에서 노모스는 법이나 원칙을 뜻한다. 오이코스와 노모스의 복합 용어인 이코노미는 '집의 법'이자 '가정의 원칙'이다.

현대인의 정치와 경제라는 용어의 어원이 그리스에서 비롯되더라도 고대 그리스가 지금과 유사한 정치와 경제에 대한 개념을 가졌다고 속단하면 곤란하다. 물론 그리스인들이 공동체나 폴리스와 관련된 삶zôon politikon과 개인적 혹은 사적인 가족이나 농장에 관한 삶idios을 구분한 것은 확실하다.[31] 실제로 이디오테스idiotès는 혼자 또는 가족이라는 의미인데, 이는 폴리스나 공동체에서 활동하지 않는 시민을 일컫는다. 참고로 유럽어에서 바보를 뜻하는 이디어트idiot의 어원이기도 하다. 이렇듯 그리스는 영광스러운 공적 삶과 고독하거나 바보(?) 같은 사적 영역을 구분했다.

고대 그리스에서 공사의 구분은 폴리스 내부를 구성하는 공간의 영역에서도 드러난다. 아리스토텔레스는 도시 계획의 아버지로 불리는 히포다모스가 폴리스의 영토를 세 분야인, 성聖적 영역, 공적 영역, 사적 영역으로 나눴다고 설명한다.[32] 신과 관련된 부분은 성적 영역에 해당되고, 전쟁에 필요한 자원이나 공간은 공적 영역에 해당되며, 마지막으로 사적 영역은 농민들의 필요를 충족시킨다는 주장이다. 강력한 시민 공동체로서 폴리스를 지향했던 고대 그리스인들이 성역聖域과 공역公域을 사역私域보다 중시했음은 명백하다.

핸슨과 같은 학자는 고대 그리스의 유산 가운데 중요한 내용은 종교에 해당되는 성역과 정치에 치중된 공적 영역보다 오히려 농민의 개인적 권리가 보장되고 부가 축적되었던 사적 영역이라고 강조한다.[33] 고대 그리스에서 개인이 가족을 중심으로 독립적인 농장을 운영할 수 있었기에 이를 바탕으로 확고한 사적 소유권의 개념을 발전시켰고, 이는 다시 개인의 권리와 민주적 제도의 발전으로 연결되었다는 논리다. 어느 지역에서나 종교나 정치가 고대사회의 보편적 기둥이었기에, 고대 그리스의 특징은 오히려 개별적인 농장주의 독립적 경제 영역에서 찾아야 한다는 시각이다. 핸슨의 이런 접근법은 현대 자유주의나 시장경제의 기원을 찾는 문제의식을 과도하게 고대에 투영한다는 느낌을 준다. 물론 고대 그리스가 확립한 공·사 구분 덕분에 향후 각각의 영역이 현실적으로 견고하게 구축될 수 있는 개념적 기반을 마련했다는 사실은 분명하다.

고대 그리스인은 폴리스와 오이코스의 영역을 오가는 존재였다. 폴리스에서 활동할 때는 시민이었고, 오이코스에 돌아와서는 가장의 역할을 담당했다. 아고라에 있을 때는 다른 시민들과 어울려 나라의 전쟁과 평화를 논의하지만, 농장에 돌아와서는 가족과 노예를 추슬러 파종과 수확을 걱정하는 존재였다.

스타시스(내전)와 폴레모스(전쟁)

정치의 다양한 형태와 체제를 구분하면서 그리스인들이 소수와 다수의 대립을 중요하게 보았다는 사실은 앞서 다루었다. 이 부분을 자세히 살펴보면 고대 그리스의 몇 가지 특징을 발견할 수 있다. 하나는 이 세상을 만들어내는 데 다툼이나 분쟁, 전쟁의 역할이 중요하다는 사실이다. 에페수스의 헤라클레이토스는 다음과 같이 선언한다.

> 전쟁이란 모든 존재의 아버지이며 만물의 왕이다.
> 전쟁은 어떤 이에게는 신의 모습을 부여하고, 다른 이에게는 인간의 모습을 허락한다.
> 누구는 노예가 되고, 누구는 자유인이 된다.

생명이 오가는 전쟁이라는 냉혹한 과정을 통해 신과 인간의 차이가 드러나는 것은 물론, 전쟁의 승패에 따라 누구는 자유 시민으로 남아 있을 수 있고, 다른 누군가는 노예가 되어버리는 현실에 주목한 구절이다. 달리 표현하자면 그리스인들은 전쟁이 자유와 예속의 상태를 결정하는 기로이며, 인간과 신의 세계가 뒤섞이는 순간이라고 보았다. 왜냐하면 인간은 전쟁에서 다른 사람의 목숨을 빼앗고 심지어 자신의 목숨도 잃을 수 있으나, 궁극적으로 전쟁이 끝나면 전쟁의 영웅은 신과 유사한 불멸성immortality을 확보할 기회를 얻기 때문이다.

또한 고대 그리스에서는 내전stasis과 전쟁polémos을 구분했다.[34] 플라톤은 『국가』에서 내전에서의 적대감은 친족 간의 감정이지만, 전쟁은 이방인 사이의 적대감이라고 구분했다(V 470 b). 외부 세력과의 전쟁은 고대 문명 어디에서나 존재했다. 하지만 내전 또는 내부적 불화가 언제나 존재할 수 있다는 사실을 인정하고 고려한 문화는 많지 않다. 그리스인들의 하나 – 소수 – 다수의 지배란 항상 존재하는 내부적 이익이 충돌할 때 이를 조정하는 다양한 체제를 의미한다고 볼 수도 있다.

헤로도토스는 『역사』에서 "내전은 모두가 한마음으로 진행하는 전쟁에 미치지 못하며, 그것은 전쟁이 평화eirénè에 미치지 못하는 것과 마찬가지 이치"라고 설명했다(VIII 3, 1). 헤로도토스가 제시한 선호도 순위는 평화 – 전쟁 – 내전인 셈이다. 스타시스 즉 내분이나 내전을 가장 극악한 상황으로 봤다. 예를 들어 아테네 사람들은 다수가 지배하는 체제를 갖고 있었으나, 외부와 전쟁을 벌일 때는 다수보다 오히려 하나의 지배 체제가 더 효과적일 수 있다. 고대 그리스의 정치 문법은 오래전부터 내정과 외교의 복합적 관계를 고려한 개념적 도구를 갖추고 있었다는 의미다.

고대 그리스는 국가와 국제관계의 입체적 연결 고리를 고민했을 뿐 아니라 오늘날까지 지배력을 보여주는 기본적 국제관계의 문법을 제시했다. 고대 그리스의 역사학자 투키디데스는 아테네와 스파르타의 경쟁으로 벌어진 펠로폰네소스 전쟁의 역사를 기술했는데, 현대인은 미국과 중국이 대립하는 국제관계를 '투키디데스의 함정'이라는 틀 속에서 바라본다. 투키디데스의 함정은 강대국이 경쟁하는 과정에서 신흥 강국이 부상하면, 기존의 강대국이 불안을 느껴 물리적 충돌로 연결될 가능성이 커진다는 뜻이다.[35]

고대 그리스는 다수의 폴리스로 구성돼 있었기에 아테네와 스파르타의 경쟁은 두 강력한 폴리스를 중심으로 형성된 동맹 간의 다툼이기도 했다. 후일 역사가들은 아테네를 필두로 한 연합을 델로스 동맹, 그리고 스파르타를 중심으로 한 연합을 펠로폰네소스 동맹이라고 이름 붙였다. 여기서 동맹으로 번역하는 리그league는 라틴어liga에서 비롯된 사후적 명칭이며 당시에는 단순히 아테네나 스파르타와의 협력관계였을 뿐이다.

물론 고대 그리스는 헤게모니라는 용어도 후대에 전수해줬다. 다수의 폴리스가 참여하는 동맹 안에는 아테네나 스파르타처럼 리더의 역할을 하는 폴리스가 존재했는데 이들을 헤게몬hegemon이라고 불렀다. 현대사회에서 고대 그리스의 헤게몬을 고대 중국에서 생성된 패권霸權 개념으로 번역해 사용하는 것은 무척 흥미로운 일이다.

수천 년 전 에게해와 중국의 중원에서 각각 벌어진 역사와 개념이 현대인의 정신세계에 지대한 영향력을 미친다는 의미이기 때문이다.

폴리스의 문법은 자유와 평등을 핵심으로 삼아 제도·언어·관행을 하나의 체계로 묶었다. 풍부한 정치 문헌 전통과(헤로도토스 – 투키디데스) 개념 도구의 정교화(플라톤 – 아리스토텔레스)는 시민의 말할 권리, 법 앞의 평등, 평등한 권력을 공적 삶의 표준으로 만들었다. 제비뽑기와 일당 지급 같은 장치는 참여의 형평을 가능하게 했고, 정체政體의 유형화는 '하나 – 소수 – 다수'라는 수적 기준을 통해 권력 구조를 가늠하되, 공익을 위한 지배인가 사익을 위한 지배인가를 판단 잣대로 삼았다. 폴리스는 혈통 공동체를 넘어 영토에 기초한 시민 공동체였고, 식민 개척을 통해 동일한 정치 형식을 복제·변형하며 확장했다. 대외적으로는 동맹과 패권, 대내적으로는 '스타시스(내전)'와 '폴레모스(전쟁)'를 구분하는 언어를 갖추어, 안과 밖의 힘의 역학을 동시에 사유했다. 그러나 이러한 '폴리스의 문법'은 선언만으로 성립되지 않는다. 다양한 사회적 기반이 뒷받침될 때에만 유지된다.

2

보편성의 사회적 배경

고대 그리스의 정치 문법은 어떤 사회적 배경으로 설명할 수 있을까. 고대의 다양한 문명 가운데 그리스는 어떻게 이처럼 독특한 정치적 문화를 만들어낼 수 있었던 것일까. 그리스의 정치 문법이 제대로 작동하기 위해서는 어떤 환경이 있어야 하는가. 앞서 그리스 정치 문법의 가장 대표적인 특징으로 자유를 손꼽았듯이 아마도 사회적 배경이나 특징을 하나만 선택하라면 보편성일 수 있다. 고대 그리스인들은 개별적이고 특수하고 구체적인 성향보다는 일반적이고 추상적이며 보편적인 방향으로 나아가는 성향을 드러낸 것으로 보인다.

이 장에서는 세 가지 주제를 통해 그리스의 보편성을 조망해본다. 첫째, 폴리스라는 정치 공동체의 골격이 형성되는 배경으로 호메로스가 시로 노래한 『일리아스』와 『오디세이아』를 살펴본다. 둘째, 고대 그리스인들이 가졌던 말의 중요성을 사회의 다양한 영역에서 확인함으로써 그리스 문화란 결국 '말의 향연'이었다는 사실을 파악한다. 셋째, 고대 그리스의 보편성을 향한 성향은 비슷한 시기에 형성된 고대 문명들과 비교했을 때 매우 명확하게 드러난다는 것을 확인한다.

'폴리스'의 시적 탄생: 호메로스

프랑스의 정치철학자 피에르 마낭은 『폴리스의 변신Les métamorphoses de la cité』이라는 저서에서 그리스의 폴리스야말로 서구 정치 발전의 첫 기원이라고 소개한다.[36] 그는 라틴어 civitas에서 프랑스어의 cité(영어는 city)로 전개된 개념을 책 제목에서 사용하지만, 실제 의미는 그리스의 폴리스를 지칭한다. 그는 고대 그리스에서 폴리스의 뿌리를 찾는다면, 호메로스의 시에서 실마리를 발견할 수 있다고 설명한다. 스파르타와 아테네 등 그리스 폴리스의 전성 시대를 기원전 5세기를 중심으로 한 고전기라고 한다면 호메로스가 『일리아스』와 『오디세이아』를 저술한 때는 아르카익 시대가 시작되는 기원전 8세기다. 말하자면 그리스인들은 기원전 8세기부터 기원전 5세기까지 200~300여 년 동안 호메로스의 이야기를 통해 폴리스의 정신적 바탕을 노래하며 음미하고 살았다는 의미다. 마낭이 '폴리스의 시적 탄

생'이라고 부르는 현상이다.[37]

시를 통해 폴리스가 탄생했다는 것은 무슨 의미일까. 우선, 시라는 형식으로 작성된 두 책에서 처음으로 고대 그리스 정치의 본질인 '공동의 사안과 재산'이 만들어졌다는 사실을 들 수 있다. 『일리아스』는 잘 알려져 있듯 아카이아인Acheaens이라 불렸던 그리스인과 트로이인 사이의 전쟁 이야기다. 이 전쟁은 그리스의 다양한 세력이 연합군을 형성해 트로이로 원정을 나선 싸움이다. 전쟁이란 '공동의 사안'이고, 전리품은 '공동의 재산'이다. 여기서 흥미로운 사실은 그리스와 트로이 사이에 나타나는 군사 구조의 차이다. 트로이도 그리스처럼 연합군을 형성했지만, 기본 축은 트로이 국왕 프리암과 아들 헥토르, 그리고 왕족으로 구성된 장군들이다. 반면 그리스는 그야말로 하나의 목적을 달성하기 위해 구성된 독립적 왕들의 연합 세력이다. 아가멤논 미케네 왕이 사령관 역할을 담당하나, 그렇다고 독자적으로 그리스군을 지휘하는 것은 아니다. 여러 지역의 왕이나 장군들이 모인 회의에서 젊은 여자 포로인 브리세이스를 두고 아가멤논과 아킬레스 사이에 벌어지는 다툼은 전쟁의 결과물에 대한 분쟁이다.

그리스와 트로이는 문화적 배경도 달랐다. 둘 사이에 분쟁이 벌어진 근원은 트로이의 왕자 파리스가 그리스 스파르타의 왕비 헬레나를 유혹하여 트로이로 데려왔기 때문이다. 트로이는 성적性的 동인에 의해 움직이는 문화이며 왕실과 혈통의 질서에 의해 동원되는 군대이자 연합군으로 묘사된다. 반대로 그리스는 잃어버린 아내를 되찾겠다는 아가멤논과 메넬라오스 형제의 명분 및 호소에 동원된 군

「호메로스 흉상을 응시하는 아리스토텔레스」, 렘브란트, 1653.
마냥은 호메로스를 '그리스의 교육자'라고 부른다.
호메로스는 객관적 서술을 통해 인간의 공통점을 강조하는 교육자였다.

대의 집합이다. 더 중요한 특징은 전쟁을 전개하는 과정에서 그리스 연합군이 회의를 통해 토론을 진행하고 다수의 지지를 통해 합리적 의견을 채택하는 모습이다.[38]

하지만 이런 미묘한 차이는 은연중에 전달될 뿐 『일리아스』에서는 그리스와 트로이의 전쟁을 일관되게 중립적 입장에서 서술한다. 권선징악의 관점에서 한쪽 편을 드는 서술이 아니라 최대한 객관성을 담보하려는 노력이 돋보이는 작품이다. 전쟁을 동반하는 짓궂은 운명과 비극은 그리스와 트로이 어느 쪽이든 상관없이 인간 세상을 강타한다. 인간의 전쟁에 동참하는 신들도 일방적으로 한쪽 편을 들지 않는다. 신들은 그저 경우와 상황에 따라 트로이와 그리스 양측을 돕거나 훼방 놓는 존재다.

마낭은 호메로스를 '그리스의 교육자éducateur de la Grèce'라고 부른다.[39] 그리스인들이 호메로스의 『일리아스』를 통해 외부와의 대립에서 내부의 다양한 세력이 힘을 합쳐 공동의 투쟁, 공동의 전리품 획득, 공동의 관리를 하는 전통을 배울 수 있었다는 설명이다. 가장 위대하고 강력한 왕 아가멤논도 혼자서 결정 내리지 않고 다수를 모아 의논하고 상의하여 결정한다. 전쟁 상황에서 항명抗命으로 비치는 아킬레스의 불만과 독자적인 행동에 대해서도 어쩌지 못하는 구조인 것이다. 그리스 진영은 강제보다는 설득이 중요하다. 끝으로 이런 그리스와 트로이의 대립 속에서도 호메로스는 객관적 서술을 통해 인간의 공통점을 강조하는 교육자다. 그리스와 트로이가 문화와 제도는 다를지언정 모두 같은 인간이기에 객관적으로 서술해야 한다는 교훈을 전달한다.

프랑스의 고전학자 드 로미이도 마낭과 마찬가지로 호메로스의 교훈을 인간과 보편성에 대한 지침으로 분석했다. 호메로스의 시는 아카이아와 트로이의 대립 및 전쟁을 서술함과 동시에 둘 다 하나의 인류에 속한다는 사실을 강조한다. 두 집단은 같은 언어를 사용하는 것으로 묘사되며, 같은 신에게 같은 의식을 올리는 것으로 묘사된다.[40] 트로이 전쟁은 신들의 잔혹한 조종으로 발발하고 전개되나, 전투에 임하는 인간들 사이에서는 일종의 비극적 운명 공동체를 발견할 수 있다. 그리스와 트로이의 대립을 넘어 전쟁이라는 운명의 장난에 노출된 인간의 취약함이 공통으로 드러난다는 해석이다. 달리 말해 호메로스의 『일리아스』는 인간의 보편성을 바탕에 깔고 진행된다.

토론을 통해 공동 사안의 가장 훌륭한 처리 방법을 논의하고 결정하는 모습은 폴리스의 모델이 되면서 동시에 신과 인간을 가깝게 만드는 장치인 셈이다. 『일리아스』에서 그리스 연합군은 전쟁을 이끌면서 다양한 세력의 장군들이 회의를 통해 모든 사안을 결정한다. 『오디세이아』의 첫 장을 보면 올림포스산 정상의 신들조차 회의를 열어 논쟁을 벌이고 토론을 즐긴다. 『오디세이아』 두 번째 장에서 율리시스가 떠난 이타카의 왕실은 그가 트로이 전쟁을 치르고 힘든 귀향 과정을 거치는 동안 계속 회의를 통해 국정을 논한다. 연합군이 아니라 국왕이 떠난 왕실에서도 신하들의 결정은 회의를 통한다는 의미다.[41] 이쯤 되면 서로 다른 의견을 개진하고 토론을 통해 진실을 도출해내는 과정이야말로 보편성을 상정할 뿐 아니라, 보편성을 확보하기 위한 그리스적인 방식이라고 말할 수 있을 것이다.

말의 향연: 수사학에서 철학까지

그리스의 정치 문법을 소개하면서 우리는 자유와 평등이라는 가치를 강조했다. 여기서 조금만 더 파보면 고대 그리스에서 자유와 평등이란 '말'과 긴밀하게 연결되어 있음을 발견할 수 있다. 자유는 발언권을 얻을 수 있는 자유, 자기 생각을 말할 수 있는 자유다. 아테네 민회에서는 발언하는 사람에게 관을 씌워주었고, 관을 쓴 상태에서 자유롭게 의사 표현에 나설 수 있었다. 평등은 누구나 법 앞에서 똑같은 대접을 받는다는 원칙에서 비롯되었는데, 이는 공개적인 재판에서 자기주장을 말로 펼 수 있다는 의미가 강했다.

고대 그리스는 많은 기록을 우리에게 남겼지만 실상 그리스인들이 중요하게 생각한 것은 글보다는 말이었다. 그리스 사람들은 글은 죽은 형태지만, 말이야말로 살아 있는 생명이라며 귀중하게 여겼다. 소크라테스는 대화로 철학을 논하면서 글로 쓰는 행위를 비판적으로 보았다. 그는 말로 표현하는 내용만이 살아 있는 지식이고 진리이며 글로 쓴 내용은 진정한 지식이 아니라 지혜의 겉모습만 가졌다고 봤을 정도다.

그리스의 모든 활동은 말을 중심으로 이뤄졌다. 앞서 살펴보았듯 민주주의 정치에서 말과 토론은 핵심이었고, 재판을 진행하는 데도 각자의 주장을 개진하고 옹호하고 변호하면서 판결을 설명하는 과정은 모두 말의 잔치였다.[42] 더 나아가 말은 연극처럼 종교와 예술이 어우러지는 장에서도 풍부하게 다뤄졌다. 고대 그리스는 결국 말에서 수사학으로, 그리고 최종적으로 철학이라는 사고의 장르를 발전시켰다. 침묵을 높은 가치로 여겼던 동아시아와 대조적인 부분이다.

여기서 우리가 주목해야 할 핵심은 고대 그리스가 민주주의를 발전시킬 수 있었던 사회적 배경이다. 그리스인들은 단지 정치 영역에서만 민주적 원칙을 만들어낸 것이 아니다. 말의 향연이라는 사회 전반의 틀 속에서 정치 분야의 민주주의를 자연스레 부상시켰다. 정치의 문법은 사회적 문화 속에서만 성장할 수 있다는 의미다. 각 분야를 간략하게 살펴보는 작업은 언어를 통해 시민의 의사를 적극적으로 표현하는 고대 그리스의 문화가 어떤 방식으로 다양한 특징을 보이며 양산될 수 있었는지를 상상하게 한다.

수사학修辭學으로 번역하는 유럽어 레토릭의 어원은 '발언하는 사람'을 뜻하는 고대 그리스어 rhetor다. 레토릭은 처음에 '발언하는 사람'이란 의미였으나 나중에는 '말의 기술'을 뜻하게 되었다. 그렇다면 언어를 가장 변화무쌍하게 구사해야 하는 분야는 어디였을까. 다름 아닌 법정이었다. 일반적으로 고대의 법정이라면 권력자가 일방적으로 판결을 내리는 장소가 아니었던가. 더 신기한 사실은 언어의 예술이 그리스 본토가 아닌 식민지에서 만들어져 아테네로 수입되었다는 사실이다.

현대 이탈리아 남부의 커다란 섬 시칠리아는 고대 그리스인들이 정착하여 식민지로 삼았던 지역이다. 시칠리아의 당시 명칭은 대大그리스Magna Graecia였다. 시라쿠사는 시칠리아에 있는 대표적인 그리스 식민 폴리스였다. 여기서도 독재와 민주라는 체제 다툼이 잦았는데, 독재 정부는 시민의 재산을 몰수하곤 했다. 그러다 다시 민주정이 세워지면 법정에서 자신의 재산을 되찾으려는 소송들이 진행되었고, 수많은 소송을 처리하는 과정에서 수사학의 기초적인 기술이 발전했다. 그리스 철학의 전초를 제공한 소피스트 가운데 고르기아스(기원전 483~기원전 376)와 이소크라테스(기원전 436~기원전 338)는 둘 다 시칠리아 출신으로 식민 폴리스의 법정에서 발달한 말의 기술을 아테네에 들여와 전파한 인물이다. 법정에서 만들어진 변론의 기술은 아테네에 도입돼 민주주의 정치의 중요한 요소로 등장했다.[43]

시민이 모인 민회에서 공개적으로 발언할 때 대중을 설득하는 능력이야말로 정책의 방향을 결정짓는 정치적 영향력의 근원이다. 고대 그리스 이후 유럽의 전통은 훌륭한 연설 능력을 위대한 정치인의 기본 자질로 간주했다. 예를 들어 아테네의 페리클레스(기원전 495~기원전 429)는 '전몰戰歿자를 위한 추도 연설'로 역사에 남았다. 고대 중국에서 한 사람의 군주에게 바치는 제갈공명의 출사표가 역사에 기록된 것과 대비된다. "빈 수레가 요란하다"는 식의 동아시아 문화와는 상당히 다른 문화이며, 대중을 향한 공개적인 말의 중요성과 설득력이 정치 문법의 핵심으로 부상한 배경이다.

말의 중요성은 연극이라는 종교적 축제에서도 드러났다. 정치에서 영향력을 발휘하려는 시민이 웅변을 통해 대중을 휘어잡듯, 영광을 누리려는 시인은 훌륭한 작품을 공개 석상에서 연출하는 과정을 통해 관객과 신의 호응을 얻어야 했다. 종교적 의미를 표현하는 예술의 대상이 한 명의 권력자가 아닌 시민으로 구성된 폴리스였던 셈이다. 언어와 노래는 관객의 심금心琴을 울리는 기술이다. 그리스 연극에서는 배우와 오케스트라가 구분되었는데, 여기서 오케스트라란 합창단을 일컬었다. 배우가 특정 인물의 개별적 감정과 생각을 표현했다면, 오케스트라는 집단적이고 객관적인 화자의 역할을 담당했다.[44]

끝으로 소피스트들의 수사학은 일부 시민들을 철학이라는 냉철한 사고의 세계로 안내했다. 법정이나 민회, 무대에서 말은 어떤 필요와 기능에 충실한 사회적 도구다. 그러나 철학은 재산을 되찾거나 권력을 누리고 관객을 감동시키는 식의 구체적 삶의 목표를 지향하지 않는다. 철학은 말을 통해 순수한 정신의 세계, 지혜의 정상으로 나아가는 삶의 방식이다. 마음으로 느끼고 침묵 속에서 도를 닦는 수도修道 활동과는 사뭇 다른 사고의 향연이며 말로 표현되는 진리 추구 방식이다.

무엇보다 그리스가 민주주의와 철학을 동시에 발명했다는 사실은 의미가 깊다. 프랑스의 정치철학자 카스토리아디스는 이 부분을 강조한다.[45]

그리스에 대해 묘사하고 분석하는 일은 여느 문화와 크게 다르지 않을 수 있다. 그러나 그리스에 대해 생각하고 숙고하는 작업은 전혀 다르고, 다를 수밖에 없다. 왜냐하면 이 작업은 사고 자체의pensée elle-même 사회적이고 역사적 조건에 대해 고민하는 일이기 때문이다. 적어도 우리가 알고 있고, 실천하는 사유라면 말이다. (…) 그리스는 민주주의와 철학이 창조된 사회역사적 장소이고 따라서 우리 고유의 기원이 있는 곳이다.

민주주의라는 그리스 정치 문법의 이해는 철학과 결부될 수밖에 없다는 주장이다. 또 철학과 민주주의는 현대인의 삶의 틀과 생각을 여전히 규정한다는 점에서, 그리스의 특수성을 파악하는 작업은 단순히 어떤 지역의 고대를 연구하는 일과는 질적으로 다르다고 판단한다. 특히 그리스의 플라톤과 아리스토텔레스는 정치에 대한 분석 틀을 세웠고, 따라서 폴리스의 민주주의 유산과 정치학은 오늘날까지 논의의 뿌리와 기둥에 건재하다.

유럽에서 정치와 철학은 단순히 긴밀하게 연결된 정도가 아니라 어쩌면 불가분의 관계다. 동양에서 주의主義로 번역하는 다양한 ism은 유럽에서 거의 모든 영역에 체계적 교리를 결부하는 습관이 일반화되었음을 증명한다. 종교 영역에서 동양의 유교, 불교, 도교 등은 교敎라는 한자로 논리 체계를 대변한다. 우리 사고를 유럽이나 서아시아에 적용하여 유태교猶太敎, 기독교基督敎 등으로 부르지만 유럽에서는 유대주의Judaism, 기독교주의Christianism라고 부른다. 유럽인들도 그들의 사고를 아시아에 적용하여 공자주의Confucianism, 붓다주의Bouddhism, 도주의Taoism 등의 표현을 사용한다. 교敎가 가르침을 뜻한다면, 주의는 탄탄한 이론 체계를 의미하는 경향이다. 철학의 강한 유산이 보인다.

고대 그리스에서 주의ismos는 철학을 중심으로 만들어진 개념이다. 역사적으로 ismos가 먼저 적용된 사례는 제노Zeno를 중심으로 발전한 '스토아주의'라고 전해진다. 하지만 회의주의懷疑主義, Skepticism, 견유주의犬儒主義, Cynicism처럼 의미를 담은 주의부터 피타고라스주의, 플라톤주의, 아리스토텔레스주의, 에피쿠로스주의 등 철학자의 이름을 딴 주의까지 다양했다. 그리스의 철학은 인간과 사회에 관한 고민이었으나, 기본적으로 폴리스에 대한 사유였다는 점에서 대단히 정치적이었다.

고대 그리스 철학의 주의ismos는 로마의 ismus로 전해졌고 고대 로마인들은 유대교와 기독교라는 종교 체계에 이를 적용했다. 철학에서 종교로 이어진 '주의'는 중세에서 근대로 오는 과정에서 정치와 사회를 바라보는 관점이나 시각으로 변신했다. 16세기 마키아벨리의 비판자들은 그의 정치사상을 마키아벨리즘이라 불렀고, 17세기에는 보댕이나 홉스의 사상을 절대주의라고 일컬었다. "마키아벨리와 함께 정치사상은 정치 상황의 한 부분이 되었다고 말할 수 있다. 이제 정치사상의 역사를 그리는 큰 획을 미리 파악하지 않고서는 정치사를 이해할 수 없게 되었다."[46] 이때부터 수많은 정치적이고 철학적인 ism이 역사에 등장한다. 공화주의, 자유주의, 사회주의, 공산주의,

파시즘 등의 정치 이데올로기는 여전히 우리 일상을 지배하고 있다.

특정 사상가의 철학적 입장과 정치적 이론을 현실에 옮기려는 시도는 마르크스주의에서 시작해 레닌주의, 스탈린주의, 마오쩌둥주의로 이어지는 '과학적 사회주의'의 계보에서 뚜렷이 나타난다. 물론 과학적 사회주의가 아니더라도, 정치 운동에 주의$_{ism}$와 주의자$_{ist}$라는 언어가 붙는 관습은 흔하다. 심지어 대통령이나 국회의원조차 대필자를 동원해 책 한 권을 출판하고 정계에 입문하는 관행 역시, 앞서 카스토리아디스가 지적했듯, 고대 그리스에서 그 뿌리를 찾을 수 있다. 철학이 없는 정치, 이념이 없는 정치인은 불완전하다는 생각이 오랜 전통으로 자리 잡았기 때문이다.

바로 이런 이유에서 고대 그리스의 폴리스는 단순한 정치 단위가 아니라, 정치적 사유가 발명되고 실천된 문화적 공간이었다. 철학이 이데올로기와 결합하고, 사유가 제도에 반영되었던 장소인 셈이다. 그 기원을 어디서부터 찾아야 할까? 정치철학자들은 그 출발선을 다시 호메로스의 서사시에서 찾는다.

보편을 향한 노력과 장치

앞서 정치철학자 마낭은 그리스 폴리스의 정신적 기원을 호메로스의 시에서 찾았다. 고대 그리스 철학과 중국 철학을 두루 연구하며 문명 비교로 명성을 얻은 프랑수아 쥘리앵 역시, 서구 사유의 뿌리를 호메로스에 두고 있다. 그는 이렇게 말한다. "공동commun의 개념이 정치적인 이유는 바로 폴리스가 탄생하는 과정에서 확인할 수 있기 때문이다. 공동은 그리스 폴리스의 본질이며, 폴리스란 공동의 사유와 겹쳐지는 것이다."[47]

그리스인들의 진영은 전쟁이라는 사안에 대해 함께 모여 토론을 벌였다. 또 전리품을 놓고 토론을 벌이거나 상을 두고 게임할 때는 공간적 위치를 중시했다. 전리품이나 상품賞品의 '가운데 놓기mise au milieu'를 한 뒤, 참가자 모두가 중앙(가운데)과 동일한 거리를 유지하는 형식을 선보였다. 전리품의 배분이건 게임을 한 뒤 상을 나눠주건 간에 호메로스의 그리스인들은 중앙es meson에 전리품이나 상품을 둬서 개별적 관계의 특수성을 지우고 개개인의 위상을 공평하게 만들었다.

쥘리앵은 고대 그리스인들이 같은 거리에 공동의 재산을 놓고 나누던 전쟁의 습관에서 누구나 평등한 발언권을 갖는 이세고리아로 발전했다고 해석한다. 이세고리아가 행해지는 아고라는 폴리스의 중앙이다. 연합군의 진영에서 큰 나라의 국왕이나 작은 지방의 대장이나 똑같이 권리를 주장하듯, 아고라에서는 빈부 격차나 가문의 귀천을 떠나 누구든 발언하고 주장할 수 있었다는 설명이다.

기원전 8세기의 호메로스 시대에서 기원전 5세기 고전기로 오면서 고대 그리스에서도 변화가 감지된다. 호메로스의 시대는 마법과 예언이 지배했다. 하지만 고전기로 오면서 인간의 말과 이성의 역할이 점차 커졌다. 소크라테스 직전 시기의 철학자 헤라클레이토스는 공동의 개념을 보편으로 전환하는 데 결정적인 역할을 했다. 그는 "잠든 사람은 각자의 특수한 세계에 빠져 있으나 깨어 있는 자들에게는 하나의 공동 세계가 존재한다"면서 하나가 된 보편적 세계의 존재를 강조했다. 여기서 보편성을 추구하는 그리스 철학이 싹텄음을 발견할 수 있다. 보편으로 번역하는 단어는 Universal인데 하나Uni로 향한다versus는 의미를 갖는다. 획일로 번역하는 유럽 용어 Uniform은 하나Uni의 형태form로 구성된 말이다.

쥘리앵은 공동을 강조하면 할수록 보편적 특성이 강화되며, 동시에 보편성의 심화는 배타성을 초래한다고 설명한다. 인간의 사랑이 그렇고, 철학이나 정치학도 마찬가지다. 서로 사랑하는 커플이나 심지어 우정조차, 공유하는 영역이 넓어지면 배타적인 성격이 강해지기 마련이다. 그래서 플라톤이 상상하는 이상적인 폴리스는 아내와 자식까지 공유하는 공동과 보편의 성격을 강화한 절대적이고 배타적인 공동체를 지향했다.

드 로미이는 다른 차원에서 그리스인들의 보편성을 향한 노력을 도출해낸다. 호메로스의 시나 고전기 비극 작가들의 작품을 살펴보면 그리스의 캐릭터들은 구체적이고 개별적인 특성이 거의 없고 일반화하기 쉬운 묘사에 그친다는 것이다. 특히 그리스 연극배우들은 마스크를 쓰고 등장하기에 상황에 따른 표정이나 개인의 특성보다, 한 카테고리의 인간상을 대변하는 셈이었다. 예를 들어 소포클레스의 오이디푸스는 운명과 정체성의 고민을 담은 대표적인 비극의 주인공이다.

그리스 비극에는 국회에서 여야가 정책 토론을 벌이듯 인간사의 쟁점을 토의하는 장면이 자주 나온다.[48] 예를 들어 소포클레스의 『안티고네』에서 크레온과 안티고네는 공식적인 규칙과 도덕적 의무에 대해 긴 논쟁을 벌인다. 크레온은 "그 누구도 나라의 법을 어길 수는 없다"라는 주장을 펴는 한편, 안티고네는 "그 어떤 왕이 내린 명령도 신이 정한 도덕적 규범을 금지하거나 초월할 수는 없다"고 반박한다. 말하자면 법적 의무와 도덕적 의무 간의 토론인 셈이다. 그리스의 비극은 이처럼 인간사의 공동 문제를 무대에 올려 예술 형식으로 보편성을 노래한다. 예술 속에서도 매우 정치적인 내용의 토론이 이뤄짐을 엿볼 수 있다.

사실 그리스 신화의 전통에는 추상적 의미와 구체적 형태를 연결하는 습관이 있다. 태양의 신 제우스나 바다의 신 포세이돈은 그나마 구체적인 세상의 구체적인 현실을 신에게 부여했다. 반면 사랑의 신 아르테미스, 상업의 신 헤르메스, 정의의 신 테미스 등 추상적 개념을 신으로 표상하고, 다시 신을 인간과 유사한 형태로 표현하는 문화적 습관도 그리스가 창조해낸 표상 문화다.[49] 하나의 개념과 현실을 연결하는 문법에 매우 익숙했다는 의미다. 추상적 사고와 개념적 접근을 수월하게 만드는 문화적 태도다.

그리스가 보편성을 만드는 데 공헌한 중요한 요소는 개방성일 것이다. 그리스와 트로이의 전쟁을 기술하면서 보여준 객관적이고 중립적인 관점은 외부로부터 유입된 사람들에 대한 관용과 개방에서도 발견할 수 있다. 식민지에서 들어온 소피스트는 물론 소아시아 지역에서 아테네로 향한 다수의 인물은 문화적 용광로를 형성해 새로운 경향이 만개할 수 있었다. 현대의 파리, 런던, 뉴욕을 연상케 하는 장면이다.

물론 고대 그리스의 보편성은 지리·정치적으로는 폴리스 차원에 머물렀고, 문화·종교적으로는 철학이라는 차원으로 전개되었다. 그리스인들은 정치 체제를 지배자의 수에 따라 보편적으로 구분했으나 세계를 하나의 폴리스로 묶지는 못했다. 또 그리스는 철학이라는 보편성을 자임하는 이성의 영역을 엘리트 사이에 만들어냈으나, 세계를 통합하는 문화·종교적인 틀을 엮어내지는 못했다. 다만 인간 사회에 보편성이 만개할 수 있는 기반을 다진 것만은 분명하다.

3

폴리스 문법의 계승

유럽 문명의 기원을 따질 때 아테네, 로마, 예루살렘은 삼위일체를 이룬다. 이들은 모두 고대에 기원을 두고 있으며 기원전 5세기경이 되면 뚜렷한 정체성을 가진 문화로 발전한다. 아테네와 그리스는 아르카익 시대를 넘어 고전 시기로 이동하는 때다. 로마는 왕이 지배하는 시대에서 레스 푸블리카라는 독특한 정치 문법으로 이행하는 시기에 해당된다. 예루살렘에서는 이런 뚜렷한 정치 문법의 변화를 발견하기 어려우나, 유일신 종교에 기초한 유대 민족의 정체성은 이미 확고하게 자리 잡았다.[50]

아테네, 로마, 예루살렘을 비교한다면 아테네를 중심으로 한 그리스 문명이 제일 먼저 화려하게 만개했다고 할 수 있다. 기원전 6세기부터 기원전 4세기에 달하는 그리스 고전 시기는 아테네와 스파르타가 강력한 아시아의 제국 페르시아로부터 자율성을 유지하면서 지중해 동부를 지배했던 때이고, 문화가 활발하게 꽃피운 전성기에 해당된다.[51] 로마는 아직 가난한 주변 지역이었고, 예루살렘도 페르시아 제국의 변방으로 머물러 있을 때, 아테네는 지중해를 중심으로 형성된 세계의 수도에 해당됐다.

자유와 평등의 가치를 앞세운 그리스의 민주주의는 말의 향연과 보편성의 지향이라는 사회문화적 배경과 함께 폴리스라는 정치 문법을 제일 먼저 수립했다. 무엇보다 말의 잔치를 벌였던 그리스인들은 구술 문화에 머물지 않고 말과 글을 연결해서 거대한 분량의 기록을 남겼다. 공자와 부처의 말씀을 제자들이 정리해서 후세에 전달했듯, 소크라테스의 가르침을 플라톤이 기록한 덕분에 그리스 철학은 현대인에게도 영향력을 발휘한다.

문화적 계승 차원에서 본다면 그리스인들이 보여주었던 영원에 대한 갈구는 그리스 문법이 후대에 전승되는 데 결정적으로 공헌했다. 앞서 설명했듯 인간은 죽는 존재이고 신은 죽지 않는 존재다. 인간이 신의 경지에 도달하려면 이름을 남겨 영원에 다가가야 한다. 아킬레스는 죽음을 두려워하지 않았다. 영예로운 죽음이야말로 영원히 살 수 있는 길이기 때문이다. 도시의 건설과 건축 차원에서도 그리스인들은 영원을 추구했다. 돌과 대리석으로 건물을 짓고 신전을 만들었던 이유다. 역사의 우여곡절에도 불구하고 수천 년 뒤까지 우뚝 서 있는 아크로폴리스는 영원을 지향하는 그리스 문법의 뿌리를 상징하는지도 모른다.

변방이 주도한 천하통일

그리스의 화려한 문명, 다양한 기록 그리고 영원의 지향은 모두 그리스의 장기적이고 역사적인 지속성을 설명하는 요인이다. 그러나 역사의 전개에서 그리스 문법은 추가로 몇 가지 결정적인 도움을 받았다. 그 첫 번째 요인은 마케도니아 왕국이 당시 유일무이한 거대한 제국을 형성하며 그리스 문명을 지중해부터 인도양까지 전파했다는 사실이다. 마케도니아의 필리포스 – 알렉산드로스 부자가 만든 제국은 수 세기에 걸쳐 그리스 문명을 넓은 지역으로 퍼뜨렸고, 그 결과 융합과 혼용의 문화를 낳았다.

마케도니아는 그리스 폴리스 영역의 중심에서 벗어난 변방이다.[52] 그리스인들은 마케도니아를 주변부의 하찮은 존재로 여겼던 반면, 마케도니아는 그리스인들이 문화적으로는 우월하더라도 유약한 존재라고 인식했다. 실제로 마케도니아는 패권을 통해 그리스의 폴리스를 누르고 지배하는 데 성공했다. 더 나아가 그리스 폴리스를 동원해 페르시아 제국을 향한 정복의 길로 나섰다. 알렉산드로스는 전광석화와 같은 군사력의 이동으로 페르시아를 무너뜨리고 이집트를 정복한 뒤, 미지의 영토인 인도까지 진출했다.[53]

기원전 4세기 알렉산드로스 대왕의 '천하통일'은 유럽과 아시아,

아프리카를 연결하는 거대한 문화의 용광로를 만들어냈다. 바로 전 기원전 5세기에 아테네가 이룩한 고전 시기의 문화적 업적은 알렉산드로스의 정복을 통해 시칠리아부터 인더스 유역까지 확산될 수 있었다. 아리스토텔레스를 스승으로 둔 알렉산드로스는 철학과 지식의 중요성을 인식하고 있었고, 학자들을 동반해 새로운 지역을 탐구하고 기록하며, 지적 교류를 위한 첨병 역할도 담당했다.

군사적 침략과 학술적 탐구를 병행하는 알렉산드로스의 행태는 이후 유럽 역사에서 하나의 패턴으로 계승되었다. 예를 들어 프랑스의 나폴레옹도 이집트 원정(1798~1801)에 나서면서 160여 명에 달하는 다수의 학자를 동반한 바 있다. 다른 지역을 침략해 점령하는 목적이 군사적이고 정치적인 지배뿐 아니라, 지적 호기심의 충족과 다른 문화에 대한 이해를 동시에 추구한다는 의미다.

알렉산드로스가 자신의 이름을 따서 이집트에 지은 신도시 알렉산드리아는 지중해와 주변의 세 대륙을 연결하는 지리적 중심에서 문화적 통합의 결실로 부상했다. 도서관은 세계 최대 규모의 장서를 자랑했다. 신항구도시는 지중해를 비추는 높이 270미터의 등대를 건설해 '세상의 빛'이라는 위상을 뽐내기도 했다. 원주민인 이집트인과 정복자인 그리스인은 물론, 팔레스타인 지역에서 이주해온 유대인, 그리고 제국 내 다양한 상인 집단이 모여 생활하는 알렉산드리아는 다문화의 용광로였다.

알렉산드로스는 원정에 나선 이후 거대한 제국을 건설했지만 그리스로 돌아오지 못하고 사망했다. 그러나 과거 그리스, 페르시아,

이집트 등으로 분할되었던 고대 세계는 그리스 문명의 영향력 아래 놓였다. 알렉산드로스를 따라나섰던 장군들이 제국을 나눠 차지했고 어디서나 그들을 추종하는 그리스의 귀족, 군인, 상인 등이 현지 엘리트들과 협력하면서 새로운 권력층을 형성했기 때문이다. 지중해 동부에서 기원전 4세기 말부터 기원전 1세기 말까지의 기간을 '헬레니즘', 즉 그리스적 문화와 정신의 지배하에 놓인 시기라고 부르는 이유다.

현대 정치까지 지대한 영향을 미치는 그리스의 정치 문법이나 폴리스라는 정치의 형식은 다른 지역에까지 확산됐다.[54] 그리스 지역에서 발전한 폴리스 단위의 정치는 아시아나 아프리카 지역까지 퍼지면서 민회나 평의회를 구성했고, 시민 또는 적어도 부유한 세력의 집단적 목소리를 반영하는 제도가 자리 잡았다. 물론 아테네와 같은 전형적인 민주주의를 실천하는 체제는 아니었다 하더라도, 엘리트가 기부한 자금으로 경기장이나 극장을 짓는 문화, 그리고 그리스풍 대중문화가 전파되었다.

게다가 아테네에서 사용하는 그리스 언어는 북아프리카부터 서남아시아까지 공용어로 부상했다. 헬레니즘 시대에 이집트의 이시스 여신부터 박트리아(현재 아프가니스탄)의 부처까지 그리스풍 옷을 입었다. 그리스 문화가 알렉산드로스의 군사적 팽창에 편승해 다른 대륙까지 퍼져나간 셈이다.

현대 정치의 관점에서 헬레니즘이 이후의 세계와 중요하게 연결되는 경로는 두 가지다. 하나는 로마가 성장하여 그리스를 지배하게 된다는 사실이고, 다른 하나는 그리스의 언어로 유대 민족의 종교가 확장성을 획득하게 된다는 점이다. 그리스 철학은 헬레니즘 시대에 에피쿠로스의 쾌락주의나 스토아학파로 발전하면서 진화했고, 유대교의 성전聖典은 그리스어와 문화를 통해 폐쇄적인 틀을 깰 기반을 마련했다. 달리 말해 헬레니즘 시기는 아테네가 로마와 예루살렘을 만나는 때라고 할 수 있다.

개방과 융합: 로마와 기독교

로마도 알렉산드로스의 마케도니아와 마찬가지로 그리스 세계의 변방이다. 로마와 마케도니아는 둘 다 그리스가 아니지만, 어느 정도 그리스의 영향권에 있다는 공통점을 갖는다. 하지만 지도를 보면 금방 알 수 있듯이 그리스 세계에 반쯤 속해 있는 마케도니아에 비해, 로마는 그리스인들이 이탈리아반도 남쪽의 시칠리아섬이나 나폴리에 형성한 식민지와 지리적으로 가까운 정도다. 달리 말해 로마는 그리스의 영향권이지만, 그리스 세계의 일원이라고 주장하기는 어려웠다.

다음 장에서 로마와 그리스 정치 문법의 계승 및 융합 과정을 자세히 다룰 것이기에, 여기서는 그리스와 로마의 전반적인 관계만 소개한다. 알렉산드로스가 군사적으로 점령한 뒤 그리스인들이 정착하거나 이주하여 지배한 페르시아와 시리아, 이집트 지역과 달리 로마는 독립적으로 성장한 세력이다. 로마와 그리스가 활발하게 교류한 흔적은 남아 있으나, 그렇다고 로마가 그리스인의 식민국가라고 말할 수는 없다. 로마는 군사적으로 성장하면서 오히려 그리스의 중심 지역을 지배하는 위력을 과시했다.

로마인들은 라틴어와 라틴 알파벳이라는 자신들만의 언어와 문자를 갖고 있었고, 그래서 문화적으로 그리스와 커다란 차이를 드러냈다. 그렇다면 로마인들은 자신들의 문화를 점령한 그리스 지역에 강요했는가. 그리스인들이 군사적으로 정복한 지역에 그리스 언어와 문화를 이식했듯 말이다. 놀랍게도 로마는 그리스의 문화적 우월성을 인정하고 학습하려는 겸손함과 개방적인 태도를 보였다.[55] 로마는 라틴어와 문자를 보유하고 있는데도 그리스어를 대체하려 하지 않았고 오히려 수용하며 존중했다.

나중에 로마가 거대한 제국을 형성한 뒤에도 지중해 동부는 여전히 그리스어와 그리스 문화가 지배하는 영역으로 남겨놓았고, 지중해 서부, 즉 로마가 새로 개척한 지역에서만 라틴어와 그 문화를 정착시켰다. 프랑스의 고대 역사학자 폴 벤은 로마가 그리스에 대해 '문화적 열등감과 정치적 우월감'을 가졌고, 반대로 그리스는 로마에 대해 '정치적 열등감과 문화적 우월감'을 가졌다고 분석했다.[56] 고대 지중해에서 벌어진 로마와 그리스의 관계는 현대 대서양을 두고 전개된 유럽과 미국의 관계를 연상케 한다. 유럽에 대해 문화적 열등감과 정치적 우월감을 느끼는 미국, 그리고 미국에 대해 정치적 열등감과 문화적 우월감을 느끼는 유럽의 상황과 유사하다.

그리스를 향한 동경과 사랑이 얼마나 강했던지, 로마 제국이 견고하게 만들어진 뒤 로마인들은 수도를 로마에서 그리스 문화권의 콘스탄티노플로 이전할 정도였다. 로마 제국에서 기독교를 수용하는 데 결정적이었던 콘스탄티누스 황제는 330년 새로운 로마Nova Roma로 천도를 단행했다. 새 수도는 그리스 문화의 전통적인 중심 지역이 아니었으나 그리스와 아시아 세계를 연결하는 요지로, 이후 원래의 로마보다 훨씬 더 오랫동안 정치적 중심의 역할을 담당하게 된다.

무엇보다 그리스와 로마는 문화적으로 매우 가까웠고 사회적으로도 유사했다. 그리스는 자신이 점령한 지역에서 부처나 이시스신을 그리스풍 옷으로 갈아입혔다.[57] 그러나 로마는 아예 그리스와 공동의 신화 체계를 가졌다. 그리스의 제우스는 로마의 유피테르이고, 그리스의 헤라는 로마의 주노다. 그리스의 사랑의 여신 아프로디테는 로마에 오면 베누스가 된다. 로마와 그리스의 유사한 신화 체계는 이들이 비슷한 문화적 바탕을 가졌다는 사실을 증명한다.

사회적으로 중요한 공통점은 그리스와 로마 문명이 모두 도시를 중심으로 형성되어 기능한다는 사실이다. 로마 제국은 아테네가 형성했던 해양 제국보다 범위도 넓고 지배력도 훨씬 더 강력했다. 그래도 제국 안에서 도시들은 상당한 자율성을 누리면서 폴리스의 정치 문법을 어느 정도 실현하는 실정이었다. 로마 제국의 도시들이 모두 아고라와 민회, 평의회 등을 통해 민주주의나 자치를 시행한 것은 아니지만, 도시에는 경기장, 극장, 목욕탕 등 대중을 대상으로 하는 공공시설이 폴리스의 전통을 공간적으로 구현했다.

사회적 관점에서 주목할 만한 그리스와 로마의 공통점은 일부일처제로 요약되는 가족 제도의 특징이다. 유럽 문명이 근대화되면서 부상하는 개인주의는 다양한 뿌리에 바탕을 두고 있을 터이다. 하지만 고대 문명 가운데 매우 독특한 일부일처제를 그리스와 로마가 공유했다는 사실을 무시할 수는 없다. 권력과 부를 중심으로 족벌을 형성하는 일부다처제와 비교했을 때, 일부일처제는 혼인이 가문 대 가문에서 개인 대 개인의 결합으로 진화할 가능성이 크기 때문이다.

폴 벤은 사실상 로마 제국은 '그리스 - 로마 제국'이라 불러 마땅하다고 주장한다.[58] 왜냐하면 로마 제국은 그리스어권과 라틴어권이라는 두 언어문화권으로 구성되었고, 경제적으로 로마 제국은 그리스가 만들어놓은 아시아 및 아프리카와의 교역에 크게 의존하고 있었기 때문이다. 그리고 가장 중요한 요소는 로마 제국이 군사적으로는 로마에 뿌리를 두고 정치 권력을 집중시켰으나, 문화적으로는 그리스화된 로마인들의 체제였다는 점이다. 폴리스의 정치 문법이 로마 제국을 통해 이전보다 넓은 지리적 기반을 갖게 된 것은 당연한 결과다.

기독교와 로마 제국의 시너지는 잘 알려져 있다. 예수와 기독교는 서아시아 변방에서 발흥했으나 로마 제국이라는 거대한 틀을 통해 넓은 지역과 많은 사람에게 전파되고 확산될 수 있었다. 반면 기독교와 그리스 문화의 밀접한 관계는 로마의 그림자에 어느 정도 가려져 있는 듯하다. 프랑스의 철학자 레미 브라그는 그러나 "그리스적인 것과 유대적인 것은 유럽의 근본적인 구성 요소로 작동한다는 점에서 둘 다 로마적"이라고 설명한다.[59]

예를 들어 성경은 유대인의 언어인 히브리어로 작성되었으나 동시에 일부는 고대 그리스어로 쓰였다. 특히 기독교에서 결정적 역할을 하는 신약 대부분은 그리스어로 작성되었다. 이스라엘은 정치적으로 로마 제국에 속했고, 따라서 로마가 파견한 총독이 지배했으나, 문화적으로는 지중해 동부 그리스 영역에 포함되었기 때문이다. 종교사회학의 관점에서 기독교의 창립자라고 할 수 있는 바울은 로마의 시민이었고, 그리스의 문화적 능력을 자유자재로 구사하는 엘리트였다. 유대인이자 동시에 그리스 – 로마 제국의 엘리트 시민이었던 바울은 배타적 성격이 강한 유대 민족의 종교를 인류를 향한 보편적 종교로 만드는 데 가장 적합한 인재였던 셈이다.

바울의 사례가 가장 가시적이기는 하나, 그리스와 유대교는 이미 오래전부터 밀접한 관계 속에서 서로 영향을 미쳤다.[60] 유대인들은 고대 아시리아나 바빌로니아 시대에 이미 타지역으로의 강제 이주와 정착을 경험하면서 디아스포라를 형성했다. 이어 알렉산드로스가 그리스와 서남아시아, 북아프리카를 하나의 삶의 공간으로 통합하면서 유대인은 자발적인 이주와 확산에 나섰다. 알렉산드리아에는 다수의 유대인이 정착해 살면서 공동체가 형성되었다.

예수의 등장과 기독교의 부상에 앞서 이미 그리스와 유대 문화는 디아스포라를 통해 서로 긴밀한 그물을 엮어왔던 셈이다. 예를 들어 알렉산드리아에서 구약성경은 그리스어로 번역되었다. 유대인을 위한 팔레스타인 지역의 유일신이 그리스어 번역을 통해 다른 세상으로 확산될 수 있는 기반을 마련한 모습이다. 알렉산드리아란 고대 지중해의 지적 중심지가 아니었던가.

지중해의 주요 도시에는 유대인 공동체가 정착해서 살았는데, 유대인이 아니더라도 유대교를 믿는 사람들이 차츰 생겨났다. 세상을 창조한 전지전능한 유일신의 종교가 지니는 힘에 약자를 향한 배려가 더해져 유대교는 매력을 발산하며 많은 사람을 유혹했던 모양이다. 기독교가 생성되기 전에 이미 그리스어를 매개로 유대교의 전도傳道가 이뤄졌다는 뜻이다. 기독교란 유대교의 정신을 그리스의 문화적 보편성과 로마의 정치적 보편성으로 확산시킨 결과라고 해석해도 과언이 아니다.

고대 그리스 문명은 고전기에서 헬레니즘 시기를 거쳐 차츰 로마나 예루살렘과 융합하는 모습이었다. 그리스의 치밀한 철학적 사고와 바탕은 향후 기독교 교리의 발전과 전개에 큰 영향을 미쳤다. 알렉산드리아가 그리스 특유의 아테네 문명을 확대한 코즈모폴리턴 도시의 전형이었다면, 로마는 아테네와 알렉산드리아를 합쳐놓은 듯한 제국의 수도였다. 아테네와 유사한 고유의 역사를 가지면서 동시에 알렉산드리아와 같은 개방성과 새로움을 표방했기 때문이다. 4세기 콘스탄티누스 이후 기독교가 로마 제국에 공식적으로 정착함으로써 로마는 아테네와 알렉산드리아에 예루살렘까지 더한 모습으로 발전했다.

르네상스와 근세: 폴리스의 유산

폴리스의 문법은 다양한 경로를 통해 우리에게 전달되었다. 물론 이런 정치적 계승의 과정을 명확하게 밝히는 작업은 방법론적으로 매우 복잡하다. 그뿐 아니라 시간상 현대와 너무 멀리 떨어져 있기에 계승의 단계와 경로를 조사하고 증명하는 작업도 방대한 노력을 들여야 한다. 여기서는 가장 대표적이면서 그리스적 문법이 뚜렷한 몇 가지 요소를 제시하고 대략적인 역사의 경로를 언급하는 정도로 그칠 것이다.

첫 번째는 폴리스에 해당되는 정치 단위라는 유산이다.[61] 일반적으로 도시국가라고 번역하는 폴리스는 실제로 고대 그리스를 제외하면 매우 드물다. 고대 문명은 물론, 이후에도 다른 대륙이나 문명에서 도시 단위가 정치 체제의 근간이 된 사례를 발견하기는 어렵다. 아프리카나 인도 지역은 국가의 형식이 발전하지 않는 대표적인 사례다. 그렇다고 이들 지역에서 도시 중심의 정치 단위들이 기본 틀이 된 것도 아니다.

반면 유럽에서는 그리스의 폴리스 문법을 어느 정도 계승했던 로마 제국이 몰락한 이후에도 도시 차원의 정치가 활발하게 유지되었다. 이탈리아에서 중세에 발전한 도시국가는 폴리스보다는 콤무네Commune라는 이름으로 지칭되었으나, 도시가 정치 공동체의 핵심이라는 점에서는 폴리스의 연장선에 있다. 이탈리아 도시국가는 고대 그리스의 폴리스처럼 독립성과 자율성을 지녔으며, 도시국가의 영역에서는 시민들이 평등한 권리를 누리고 자유를 보장받았다. 이탈리아의 베네치아, 제노바, 피렌체, 밀라노 등은 도시를 중심으로 하되 주변 영토나 해외로까지 영향력을 확장하면서 도시 제국으로 발전하기도 했다.

도시국가는 비단 그리스와 로마의 영역이었던 이탈리아뿐 아니라, 독일이나 베네룩스 지역 등으로도 확산됐다. 중세 시기 중유럽은 북해부터 지중해까지 현대의 베네룩스, 독일, 스위스, 오스트리아 등지를 거쳐 '도시의 행랑'을 형성했다.[62] 교황이나 황제로부터 헌장Charter을 부여받음으로써 독립성과 자율성을 인정받은 도시는 수백 개에 달했다. 교황이 기독교의 보편적 공간을 통제하고 신성로마 제국의 황제가 로마의 전통을 이어받아 제국의 공간을 담당했다면, 도시는 폴리스의 문법을 계승한 틀이었던 셈이다.

심지어 영국이나 프랑스처럼 국왕의 권력이 강했던 영토 국가에서조차 도시들은 나름의 자율성을 누렸다. 잉글랜드와 프랑스는 각각 런던과 파리라는 대도시를 중심으로 성장했으나, 실제로 국왕이 이들 수도를 확실하게 통제하게 된 것은 근대에 이르러서다. 중세까지만 해도 런던과 파리는 국왕의 영향력이 도시의 자치권이나 시민의 압력으로 제한되는 상황이었다. 권력의 중앙 집중이 강했다는 프랑스에서도 지방의 도시들은 최소한의 정치적 자율성을 누렸는데, 이런 현상은 영토가 훨씬 더 넓었던 중국에서는 오히려 발견할 수 없는 현상이다.

두 번째는 보편성의 유산이다. 그리스의 보편성은 이후 로마의 제국적 보편성과 예루살렘의 유일신에 근거한 보편성과 만나면서 확실해지고 강화됐다. 그리스, 로마, 기독교 각각의 보편성을 구분한 뒤, 시기별로 각각의 보편성이 미친 영향을 평가하는 건 불가능에 가깝다. 다만 상징적인 사례를 통해 그리스의 유산이 적어도 개념과 명칭에서 살아남아 후대에 영향을 미쳤다는 것을 확인하는 수밖에 없다.

그리스의 보편성은 폴리스에서 시민이라면 누렸던 보편적 자유와 평등이 대표적이다. 도시 규모의 정치 단위에서 만들어진 시민권은 이후 로마 시대를 거치면서 점차 확산됐고, 중세 이후 누구나 보편적으로 누리는 권리를 시민권으로 일컫게 되었다. 영국에서 점진적 자유주의의 발전이나 프랑스에서 혁명을 통해 민주주의가 출범하면서 보편적 시민권자를 양산했다. 오늘날까지도 여전히 시민이라는 개념과 시민권이라는 법적 장치가 일상적으로 논의되는 뿌리는 고대 그리스 폴리스에 있다는 말이다.[63] 지구 반대편의 한국에서조차 사회 참여 활동을 국민보다는 시민운동이라 부르는 배경이다.

그리스의 보편성은 철학과 정치학이 만든 정치 체제의 유형에서도 발견할 수 있다. 고대 그리스인들은 현실에서 특정한 형태의 정치 체제를 보고 귀납적으로 정치체를 구분하기보다는, 통치권의 유형을 통치자 수에서 출발하는 연역적 방식으로 체제를 나눴다. 하나-소수-다수로 이어지는 체제의 구분은 이후 유럽 정치 문법의 기본으로 작동했다. 근세에 들어서면서 18세의 몽테스키외는 그리스의 정치 체제 구분과 유형을 조정해 적용했다.[64] 더 나아가 권력을 성격에 따라 분립해야 한다는 주장까지 발전시켰다. 고대의 정치학이 2000년도 더 지나 18세기까지 영향을 미친 사례인데, 몽테스키외가 부활시킨 그리스 정치 체제론은 현대까지 살아 있다.

세 번째로 그리스인들이 통찰했던 폴리스의 분열과 결합의 원리는 유럽에 지속적인 영향을 미쳤다. 고대 그리스는 폴리스라는 작은 공동체조차 소수와 다수로 나뉜다는 사실을 분명하게 파악했고, 이를 바탕으로 정치를 사고했다. 하나 – 소수 – 다수가 통치하는 사람의 수라면 통치를 받는 쪽은 항상 다수라는 의미다. 플라톤의 철인정치나 유럽에서 흔히 찾아볼 수 있는 왕 또는 귀족의 엘리트 정치는 하나 또는 소수의 지배 체제다. 유럽인들은 일인이나 소수 지배 체제를 자연스럽게 생각하는 시대에도, 항상 다수가 존재한다는 사실을 인식했다. 더 나아가 다수 지배의 체제를 꿈꾸거나 이를 지향하는 가능성이 존재했다.

플라톤의 철인왕Philosopher-King은 워낙 전설적인 주장이다. 정치란 폴리스에서 머리에 해당되는 엘리트가 주도해야 한다는 설명이다. 권력이 무엇인지 파악하고 정의의 실현을 목표로 삼으면서 사회의 분열을 피하는 방법을 아는 유일한 사람들이기 때문이다. 철학자는 이런 점에서 폴리스의 수호자다.[65] 이에 대해 칸트는 "왕이 철학을 하거나 철학자가 왕이 될 가능성은 적으며, 그것을 바랄 이유도 없다. 왜냐하면 권력을 갖게 되면 필연적으로 이성의 자유로운 판단이 흐려지기 때문"[66]이라고 반박했다. 고대 그리스의 플라톤과 2000여 년 뒤 프로이센의 칸트는 정치철학으로 여전히 대화하고 있

「소크라테스의 죽음」, 자크 루이 다비드, 1787.
프랑스 혁명기의 대표 화가 다비드가 혁명 직전에 그린 소크라테스의 죽음은
그리스 철학의 정치적 유산을 잘 보여준다. 왼쪽 침대 끝에 앉은 사람이 플라톤이다.
고대 그리스의 플라톤과 2000여 년 뒤 프로이센의 칸트가 정치철학으로 여전히 대화하고 있는 셈이다.

는 셈이다. 더 나아가 공동체의 정치를 전문가에게 의뢰할지, 민중의 결정에 맡길지는 오늘날에도 여전히 유효한 문제의식이다.

사회가 분열되어 소수 대 다수의 투쟁으로 점철되는 가능성을 항상 염두에 두고 있었기에 유럽 정치는 역설적으로 결속력을 강조할 수밖에 없었다. 탄탄한 결속력으로 정치체를 뭉쳐야 생존할 수 있다는 인식은 폴리스 차원에서 플라톤이나 아리스토텔레스 등을 통해서도 쉽게 확인할 수 있다. 중세 이탈리아 도시국가나 프랑스·영국 등의 영토 국가에서도 잔치나 축제, 행렬과 기념물 등을 통해 통치자가 시민과 신민의 사랑이나 지지를 확보하려고 들이는 노력은 유럽 문명의 큰 특징이다. 근대 국가로 넘어오면서 국기國旗나 국가國歌 등 예술과 교육을 통해 국민의 결속력을 강화하는 노력도 장기적으로 보면 폴리스부터 시작된 자발적 공동체로서의 정치 문법에서 비롯되는 셈이다.[67]

요약하자면 사회는 소수와 다수로 분열되는 것이 당연하다고 여겼기에 이들을 하나로 묶는 노력이 필요하다고 생각했고, 고대 그리스 폴리스에서 인식한 이런 분열과 통합의 원리는 중세와 근대를 거쳐 현대까지 이어진다고 볼 수 있다. 예를 들어 유럽식 근대 국가가 도입되기 전 동아시아 역사에서 황제나 왕, 그리고 귀족이 대중의 국민적 결속을 위해 노력한 정도와 비교해볼 수 있다.

고대 그리스의 폴리스 문법이 현대까지 다양한 방식으로 계승되어온 과정은 이 책의 각 장에서 차차 살펴볼 것이다. 이 장에서는 그 계승의 가장 중요한 줄기를 간략히 짚는 데 그쳤다.

　우선 고전기의 아테네를 중심으로 형성된 고대 그리스 문명은 변방 마케도니아의 알렉산드로스 제국을 거쳐 아시아와 아프리카로 확산되어나갔다. 기원전 시기에 폴리스의 정치 문법이 세계로 퍼진 가장 결정적인 경로다. 기원 이후의 시기에는 로마 제국과 기독교가 각각 정치와 종교의 매개체가 되어 그리스의 유산을 전파했다. 폴리스의 문법은 로마 제국의 군사력과 정치 체제를 통해 유럽 지중해 전역으로 확산됐고, 기독교의 날개를 달고 유럽은 물론 아시아나 아프리카 깊숙이까지 파고들어갔다.

　그러나 중세와 근대에 들어서면서 이러한 확산 경로는 크게 나뉘고 단절을 겪는다. 아시아와 아프리카는 이슬람이라는 새로운 종교와 제국의 지배 아래 놓였다. 7세기부터 이슬람 제국은 서아시아와 북아프리카를 거쳐 유럽의 이베리아반도까지 차지한다. 8세기에는 현대 프랑스 지역까지 넘보는 강력한 세력을 형성한다. 15세기에는 또 다른 이슬람 세력인 오스만튀르크가 그리스와 발칸반도까지 정복함으로써 고대 그리스와 로마의 지중해 세계는 유럽과 이슬람이 양분하는 구조로 재편되었다.

　한편 로마 제국의 바깥에 있었으나 그 유산을 간접적으로 수용하며 기독교권으로 뒤늦게 진입한 북유럽과 동유럽은 그리스 문명도 우회적으로 받아들이게 된다. 특히 동유럽 지역은 서로마보다 동로마와 지리적으로 가까웠고, 서로마가 망한 뒤에도 1000년 동안 계속된 비잔틴 제국의 영향을 받았다. 그리스적 요소가 확산될 수 있는 배경이다. 달리 말해 정치와 종교 간 지정학적 경계의 변천에 따라 그리스의 문법적 유전자는 서로 다른 길을 걷게 된 셈이다. 아테네가 이슬람 제국의 지배 아래 놓여 수 세기를 보내는 동안, 스칸디나비아나 러시아 등은 그리스의 유산을 간접적으로 받는 지역으로 새롭게 등장했다.

그렇다면 21세기 오늘날 고대 그리스의 문법은 어느 지역에서 가장 잘 반영되고 있을까. 과연 고대 그리스 문명권의 중심을 형성했던 에게해 건너편의 터키일까. 아니면 고대 그리스가 상상조차 할 수 없었던 대서양 건너편의 미국일까. 이처럼 문명이나 문법에는 '주인'이 없다. 혈통이 연결되더라도 문화의 계승이 단절되면 문법은 끊긴다. 반대로 전혀 다른 혈통이라도 사유의 맥락이 이어지면 문법은 전승된다.

3장

고대 로마의
레스 푸블리카와 임페리움

　공화국과 제국은 21세기 현대 정치의 핵심 개념이다. 우리는 정치 체제를 구분할 때 흔히 군주제와 공화정으로 나눈다. 영국과 일본처럼 국왕이나 천황이 국가 원수로 남아 있는 예외가 있지만, 대부분의 국가는 전통적인 왕권이 사라지고 국민 주권이 부각되면서 공화국의 형식을 취한다. 한반도만 봐도 북쪽에는 '조선민주주의인민공화국'이, 남쪽에는 헌법 제1조에서 '민주공화국'을 선언한 대한민국이 있다. 이웃 중국의 중화인민공화국과 대만의 중화민국 또한 공화국을 표방한다.
　그렇다면 '공화국'이란 말은 어디에서 비롯된 것일까. 바로 고대 로마에서 태어났다. 영어 리퍼블릭Republic의 어원은 라틴어 레스 푸블리카Res Publica다. 여기서 레스는 단순히 어떤 것, 즉 사물thing을 지칭한다. 푸블리카는 공적인, 공동의, 전체의, 개방적인 등의 의미를 담고 있다. 따라서 레스 푸블리카의 직역은 '공적인 일', 즉 공사公事다. 동아시아 공사의 공公이 권력을 가진 높은 사람에서 발전한 개념이라면, 로마의 푸블리카는 영어나 불어에서 '대중大衆'이나 '청중聽衆'을 뜻하는 말로도 쓰이며, 모두 또는 다수에게 공개된다는 개방성의 뉘앙스가 강하다.

달리 말해 레스 푸블리카는 고대 그리스의 폴리스처럼 로마의 정치를 일컫는 개념이었다. 그리스에서 폴리스가 정치Politics로 자연스럽게 확장됐듯, 로마에서는 레스 푸블리카가 공화국Republic으로 연결되었다. 그리스의 정치가 폴리스라는 도시국가의 틀과 불가분의 관계였다면, 로마의 정치는 레스 푸블리카라는 인식과 떼려야 뗄 수 없다.[1]

제국帝國은 영어 엠파이어Empire를 번역한 말로, 그 어원은 로마 제국을 뜻하는 라틴어 '임페리움 로마눔Imperium Romanum'에 있다. 임페리움은 명령, 권력, 통치를 의미한다. 그래서 '임페리움 로마눔'이란 로마의 지배를 받는, 로마의 명령에 따르는 영역領域을 뜻한다. 레스 푸블리카가 공적인 일을 지칭하는 단순한 개념이듯, 임페리움 역시 로마의 지배력이 미치는 영역을 일컫는 비교적 간단한 용어였다.

그러나 로마 제국에서 비롯된 임페리움은 이후 인류 역사의 다양한 현실을 포괄하는 개념으로 발전했다.[2] 거대한 영토의 다양한 민족을 지배하는 현상은 거의 모두 제국이라는 이름으로 통일되었다. 로마 제국 이전에 존재했던 고대 바빌로니아, 페르시아 등도 임페리움이 되었고, 이후 유럽의 신성로마 제국이나 유럽 바깥의 이슬람, 오토만, 무굴, 몽골 등 다양한 세력을 제국이라 불렀다.

19세기에 이르면 유럽은 제국주의의 중심으로 떠올라 세계를 지배했다. 세계지도를 색을 달리 칠하며 영토를 분할했고, 식민지를 통해 패권을 확대했다. 제국과 제국주의의 영향력은 오늘날에도 강하게 남아 있다. 탈식민화로 공식적인 제국은 사라졌지만, '제국'과 '제국주의'라는 용어는 여전히 널리 쓰인다.

그리스의 폴리스에서 만들어진 정치와 민주주의 개념은 그리스적인 사회와 배경 속에서 제대로 이해할 수 있다. 로마의 레스 푸블리카와 임페리움도 당시 역사적 기원부터 사회적 배경 및 후대로의 계승을 살펴봐야만 현대의 공화국과 제국을 온전히 이해할 수 있다. 실제 유럽사의 전개를 보면 그 연결 고리를 확인할 수 있다.

1

레스 푸블리카의 문법

　로마 역사의 길이를 재단하는 방법으로는 여러 가지가 있다. 우선 출발점인 로마의 기원을 보면 기원전 8세기 전설적인 인물 로물루스까지 거슬러 올라갈 수도 있고, '공화정의 초기'로 일컬어지는 기원전 6세기 정도로 유추할 수도 있다. 이 시기, 즉 로물루스의 로마 창건부터 공화정까지 로마는 왕들이 지배한 것으로 알려져 있다.

　로마의 종말에 대해서도 다양한 관점이 있을 수 있다. 게르만 세력의 이동과 침략으로 서로마 제국이 멸망한 5세기를 종착점으로 삼을 수도 있고, 동로마 제국이 오토만 세력에 의해 무너진 15세기를 로마의 끝이라고 볼 수도 있다. 로마의 후예임을 자랑스럽게 내세운 신성로마 제국까지 포함한다면, 로마의 역사는 19세기 초가 돼서야 끝난다. 로마라는 명칭은 고대부터 근대까지를 연결하는 장기적 프로젝트였다는 사실을 알려주는 셈이다.

로마에 대한 일반적인 시기 구분은 기원전 5세기부터 기원후 5세기까지 1000년 정도를 지칭한다. 로마인 스스로 기원전 5세기에 들어서며 공화정이 만들어진 때를 역사의 시작으로 여기기 때문이다. 마찬가지로 기원후 5세기 로마가 시작한 지리적 중심이자 제국의 도시가 이민족에게 짓밟히며 쇠퇴하는 시기를 고대 로마의 잠정적인 끝으로 볼 수 있다.[3] 이 장에서 로마란 기본적으로 고대 1000년 간 이탈리아반도에 중심을 두고 지중해로 영역을 넓혀간 세력으로 규정한다.

공화국인가, 제국인가

1000년의 제국 로마를 두고 역사학에서는 시기를 둘로 나눈다. 대략 기원전 500년은 공화정으로 보고, 기원후 500년은 제정이라고 본다. 이런 구분은 기원전 1세기에 결정적인 변화가 일어났기 때문이다. 이때 로마인들이 자랑스럽게 생각하던 공화정의 정신과 현실이 서서히 무너졌고, 평생 독재자로 임명받은 율리우스 카이사르가 부상하거나 그의 양자 아우구스투스가 황제로 등장하면서 공화정이 끝나고 제정이 시작되었다.[4]

로마인들에게 레스 푸블리카는 무엇이고, 임페리움은 무엇이었을까. 로마인이 스스로 지칭하는 국명에서 레스 푸블리카의 정신을 표현하는 단서를 찾을 수 있다. SPQR은 로마 공화정을 일컫는 당시의 이름인데, 번역하면 '로마의 원로원과 인민Senatus Populusque Romanus'이라는 뜻이다.

세나투스Senatus를 원로원이라고 하는 이유는 영어의 시니어senior와 어원이 같기 때문이다. 로마에서 세나투스는 의회 역할을 담당하는 기관이며, 귀족을 대표하는 모임이었다. 시기에 따라 원로원에 참여하는 사람의 수는 변했으나 대개 수백 명에 달했다는 점에서 인구가 적었던 로마 초기에 귀족 전체를 대표하는 회의였다고 보는 것이 정확하다.

포풀루스Populus란 인민, 시민, 대중 등으로 옮길 수 있다. 달리 표현하자면 귀족이 아닌 사람을 모두 포함한다. 세나투스가 그리스인들이 '소수'라고 일컫던 귀족이나 부자, 권력자의 집합이라면, 포풀루스는 그리스에서 '다수'라고 보았던 대중, 일반인, 가난한 사람의 집합인 셈이다.

우리는 여기서 레스 푸블리카 문법의 첫 열쇠를 발견할 수 있다. 그리스인들이 하나-소수-다수의 지배 체제를 구분했다면, 로마인들은 하나-소수-다수를 결합한 새로운 지배 체제를 만들었기 때문이다.[5] 세나투스와 포풀루스를 결합한다는 사실은 소수와 다수의 균형을 뜻한다. 로마는 기존의 왕을 없애고 세나투스+포풀루스의 새로운 레스 푸블리카를 탄생시켰다. 레스 푸블리카라는 인물이 아닌 추상적인 단위가 새로운 지배자인 셈이고, 새로운 형식의 '하나의 지배'인 셈이다.

그리스가 모나키 – 올리가키 – 데모크라시로 구분한 정치는 이제 로마에 와서 하나 – 소수 – 다수를 하나로 묶은 레스 푸블리카로 발전하고 진화한 모양새다. 이 점을 고대 역사가 폴리비오스는 특히 높이 평가했다. 그는 『역사』에서 로마 공화정이 왕정(집정관), 귀족정(원로원), 민주정(인민)의 요소를 결합해 상호 견제하는 구조를 갖췄다고 분석하며, 이 혼합정체가 로마의 장기적 안정과 팽창의 비결이라고 보았다.[6] 유럽 역사에서 레스 푸블리카, 즉 리퍼블릭을 다양한 원칙의 결합으로 보게 된 출발점이다. 그리스인들은 통치자의 숫자에 따라 정치 체제의 유형을 만들고, 제대로 작동하는 성공 유형과 왜곡되어 실패하는 유형으로 다시 나눴다. 반면 로마인들은 세 체제를 결합하여 장점만을 선별적으로 도출하려고 노력했다.

이런 시각에서 본다면 로마의 역사를 공화정과 제정으로 나누는 전통적인 구분도 문제가 있다. 폴 벤이 명확하게 지적하듯이 로마 제국은 황제가 지배하는 체제였으나 여전히 공화정의 특징을 유지했기 때문이다. 로마의 황제는 권좌를 소유하는 사람이 아니라, 공동체의 위임으로 공화국을 관리하는 사람이었다.[7] 우선 명칭에서 로마의 황제는 중국의 황제, 일본의 천황, 몽골의 칸, 오토만의 술탄처럼 전통적인 권력자의 이름이 아니다. 임페라토르Imperator란 원래 '명령을 내리는 자'라는 뜻이다. 가령 군대에서 장군이나 장교는 모두 임페라토르에 해당된다.

로마 공화정에서 임페라토르는 대승을 거둔 장군을 부르는 이름으로 점차 특화되었다. 적군을 물리치고 큰 승리를 거두면 병사들이 합심하여 자신이 모시는 장군을 임페라토르라고 환호하며 선포한다. 그래야 로마의 원로원은 승전 장군에게 트리움푸스Triumphus라 불리는 개선 행사의 명예를 선사할 수 있다. 올림픽이나 월드컵에서 우승한 선수들이 퍼레이드를 벌이는 전통은 바로 로마의 트리움푸스에서 비롯된 것이다. 영어에서 승리를 뜻하는 트라이엄프Triumph도 같은 어원이다. 개선 행사를 위해 로마는 개선문을 만들고 행렬의 중심에서는 장군이 월계관을 쓰고 보라색 옷을 걸친 뒤 열광하는 시민의 환호를 받으며 시가행진을 벌인다. 전쟁에서 승리를 중시하던 로마에서 대승을 거둔 장군은 일시적으로 왕이나 신에 버금가는 대접을 받는 셈이다.

나중에 공화정에서 제정으로 넘어가면서 황제는 다양한 이름으로 불리는데 그중 하나가 임페라토르다. 공화정에 종지부를 찍고 제정으로 넘어가는 데 결정적인 역할을 한 율리우스 카이사르는 임페라토르라는 명칭을 부여받고, 트리움푸스 개선 행렬을 경험한 인물이다. 이후 황제들은 '카이사르'라는 특정인의 이름을 이어받아 황제의 일반명사처럼 사용했다. 영어의 시저, 독일어의 카이저, 러시아어의 차르는 모두 율리우스 카이사르라는 인물의 고유한 성을 황제라는 일반명사로 사용한 결과다.

로마의 황제는 임페라토르나 카이사르 외에도 프린켑스Princeps라고 불렸다. 영어 프린스Prince의 어원인데, 프린켑스란 대장이나 첫 번째를 의미했다. 원래 세나투스의 프린켑스는 원로원에서 가장 나이가 많거나 명예로운 사람을 뜻했다. 여기서 주목할 사실은 프린켑스는 로마 시민 가운데 첫 번째라는 의미로, 절대적 지배관계가 아닌 평등한 사람 사이에서 첫 번째라는 뜻이었다는 점이다. 로마인들도 그리스인과 마찬가지로 복종하는 사람은 노예라고 생각했고, 원칙적으로 자유로운 시민은 서로 평등했다.

이처럼 로마 제국 황제의 정통성은 능력에서 비롯되며, 시민과 원로원의 지지나 인정이 결정적이었다.[8] 황제는 혈통에 의해 결정되는 왕조의 논리가 아니라 전쟁에서 승리를 거둬 제국의 영광을 가져오는 자가 얻는 명예이고 권력이었다. 또 전쟁터의 승리뿐 아니라 로마 시민의 환호를 통해 대중적 지지를 확인해야 하고, 원로원의 승인을 통해 로마 제국 '주주'들의 허락을 획득해야만 하는 어려운 자리다. 이것이 로마 공화 제국의 원칙이었다.

그리스인들의 정치 체제 구분을 인용하자면 로마는 소수(원로원)의 지배가 가장 큰 힘을 발휘하는 공화정 초기에서 다수(인민)의 역할이 강조되는 공화정 후기로 왔다가, 다시 하나의 리더(임페라토르)가 권력을 집중하는 제정으로 넘어간 형국이다. 로마는 제국이라는 형식으로 변화했으나 공화정의 정체성을 완전히 버리지는 않았다.

로마인들 스스로 공화정과 제정의 차이를 심각하게 생각했고, 이후 역사가들도 이런 차별화의 전통을 그대로 이어받아 공화정과 제정의 시기를 명확하게 구분했다. 그러나 다른 대륙이나 다른 지역의 정치 문법과 비교했을 때, 로마는 단절보다는 지속성이 강했다는 측면을 발견할 수 있다. 한 사람에게 권력이 집중되는 제정의 시기에도 로마에서는 여전히 공화정의 요소가 굳건하게 생존했다.

공화정의 출범: 자유의 탄생

로물루스가 로마를 창건한 이후 로마를 통치하면서 나라를 만든 사람은 왕들이었다. 라틴어로 왕은 렉스Rex라고 불리며 로마를 지배했다. 매우 흥미로운 사실은 고대 그리스 폴리스에서 왕이나 폭군의 시대를 종결지으며 민주주의가 부상한 바로 그 시기에 로마에서도 왕정에 종지부를 찍고 공화정을 수립했다는 점이다. 아테네의 민주적 변화를 주도한 클레이스테네스의 개혁은 기원전 508~기원전 507년에 시행되었고, 공교롭게도 비슷한 시기인 기원전 509년이 로마가 왕정을 뒤집고 공화정을 수립한 해로 기억된다.

고대 그리스인들이 노예가 아닌 자유인이라는 사실을 중시했듯, 로마도 자유가 새로운 정치 체제를 만드는 기본 이념이었다.[9] 라틴어 리베르타스Libertas는 이후 영어의 Liberty, 프랑스어의 Liberté 등을 낳으면서 민주주의 핵심 개념으로 오늘날까지 전해진다.[10] 미국의 상징은 뉴욕 앞바다에 서 있는 '자유의 여신상'이며, 프랑스 공화국의 표어는 '자유, 평등, 박애'가 아닌가. 기원전 6~기원전 5세기 고대 그리스와 로마가 자유를 함께 노래했듯, 2000년 이상이 지난 근대 18~19세기에는 미국과 프랑스가 힘을 합쳐 자유를 추구했다. 미국을 상징하는 자유의 여신상을 만들어 선사한 나라도 프랑스다.

인류의 역사를 살펴보면 대부분의 지역에서 작은 집단의 수장이 왕으로 발전하고, 다시 왕이 영역을 넓혀 황제가 되곤 한다.[11] 그러나 지중해 지역인 그리스의 폴리스나 로마의 레스 푸블리카의 공통된 특징은 왕을 부정하는 정치 단위와 형식을 만들어냈다는 점이다. 로마에서 왕을 뜻하는 렉스Rex(프랑스어 Roi, 영어 King)라는 개념은 공화정의 레스 푸블리카와는 상극을 이뤘다.

로마 공화정 시기에 정치인을 공격하는 가장 치명적인 방법은 "왕이 되려는 야심을 품고 있다"는 비난이었다. 권력을 독점하는 왕이 되려 한다면 공화정의 기본을 흔든다는 의미였기 때문이다. 이런 정치 문법은 로마가 제정으로 넘어간 이후에도 마찬가지로 적용되었다. 앞서 지적했듯 로마에서 황제란 평등한 시민 가운데 최고의 권력자일 뿐 아시아의 왕처럼 신분 자체에 지배와 권력이 담긴 존재는 아니었다.

로마의 역사는 외부를 향한 팽창의 역사라 해도 과언이 아니다. 로마인들이 가장 선호했던 적은 바로 외부의 왕들이었다. 로마 자체의 역사에서 왕들을 뒤엎고 시민들의 세상을 열었듯, 외부 확장에서도 왕들을 무찌르고 공화정의 시대를 연다고 인식했다. 그것은 그리스인들이 복종적 성격의 아시아나 아프리카인들과 싸울 때 가졌던 정체성과 비슷했다.

로마 역사에서 왕정의 종지부를 찍은 계기는 '왕자의 유부녀 강간 사건'이다. 로마의 마지막 왕 타르퀴니우스 수페르부스의 아들 섹스투스가 루크레티아라는 귀족 유부녀를 협박하여 강간하자, 그녀는 그 사건을 남편과 아버지에게 알리고 자살했다. 당시 루키우스 유니우스 브루투스는 군대와 시민의 지지를 얻어 왕과 왕족을 쫓아냈고, 이후 장기간의 전쟁 끝에 로마 공화정을 수립하는 데 성공했다. 그로부터 500년 가까이 지난 뒤인 기원전 44년 율리우스 카이사르를 살해한 '브루투스'가 수백 년 전 공화정을 수립한 '브루투스'의 후손이라고 주장한 것은 우연이 아니다. 새로운 브루투스가 과거 브루투스의 정치적 정통성을 이어받아, 공화정을 짓밟고 왕을 꿈꾸는 위험한 인물 카이사르를 제거했다는 주장의 근거였다.

왕정을 공화정으로 대체하는 사건이 로마 정체성의 핵심을 형성했듯, 공화정 수립 시기 로마와 외부 세력 간의 전쟁도 새로운 정치의 뿌리가 되었다. 왕위에서 쫓겨난 타르퀴니우스는 주변 왕들에게 도움을 청해 로마의 권력을 되찾으려 했고, 기원전 490년 무렵까지 전쟁은 계속되었다. 18세기 프랑스에서 혁명이 일어난 뒤 왕족이 주변 국가들의 도움을 얻어 왕정을 재건하려 했던 근대사의 에피소드를 상기시키는 고대의 기록이다. 기원전 5세기 로마의 신생 공화정은 이전의 왕과 주변의 왕들을 모두 물리치고 새로운 정치의 시대를 열었다. 새로 발명한 정치 제도를 성공적으로 유지하기 위해서는 주변과 전쟁을 벌일 수밖에 없다는 운명은 여기서 만들어졌는지도 모른다.

전설에 의하면 로마는 왕을 몰아내는 전쟁 과정에서 카스토르와 폴룩스 신으로부터 도움을 받았다. 로마는 도시의 중심 포룸에 카스토르와 폴룩스 신에게 감사하면서, 이들을 기리는 신전을 만들었다.[12] 신전은 여러 차례 파괴와 재건을 반복했으나 여전히 로마의 중심에 기념물로 남아 왕을 몰아낸 로마의 역사를 생생하게 들려준다.

공화정을 수립하면서 로마의 중심에는 유피테르 신전이 세워졌다. 유피테르라면 그리스의 제우스에 해당되는 '신 중의 신'이다. 로마인들은 매년 유피테르 신전 문에 못을 박아 역사의 흐름을 기록하는 관습을 가졌다. 예수의 탄생을 기념하는 서력西曆 기원紀元 이전에, 로마는 공화정의 수립을 새로운 세상의 출발점으로 삼는 역사관을 실천했던 셈이다. 로마인들에게 공화정의 창립은 '역사의 시작'이었다.

나누고 제한하는 공화정의 정치 제도

로마는 공화정에서 제국까지 1000년 가까운 시간 동안 운영되었다. 로마의 정치 제도는 매우 복잡한 구조인 데다 수많은 변화를 거쳤기에 대략적으로 설명하는 일도 까다로운 작업이다. 여기서는 그 기본 정신과 작동 원칙만 간략히 소개한다.

로마 공화정이 만든 정치 제도의 기본은 권력의 집중을 방지함으로써 왕정과 같은 독점과 폭정에 빠지는 일을 피하는 데 초점이 맞춰져 있다. 로마 공화정에서 권력은 기능에 따라 나뉘었다. 권력의 정점에는 과거의 왕과 유사한 선출된 집정관Consul이 있었다. 로마인들은 권력이 집중되면 타락한다는 사실을 인식한 듯, 두 명의 집정관을 선출해 서로 견제하도록 했다.[13] 게다가 시간의 흐름과 함께 권력이 누적되거나 집중되는 경향을 예방하기 위해 집정관의 임기는 1년으로 제한했다. 집정관은 로마 공화정 역력에서 한 해를 상징하는 역할을 담당했다. 예를 들어 기원전 63년은 '마르쿠스 툴리우스 키케로와 안토니우스 히브리다 집정관의 해'라고 불렸다. 임기를 마친 집정관 둘은 후임으로 네 명의 집정관 후보를 추천할 수 있었고, 원로원이 그중 두 명을 선출하는 형식이었다.

집정관은 전쟁을 수행하는 역할이라 로마에서 자주 자리를 비울 수밖에 없었다. 로마에는 감찰관Censor, 법무관Praetor, 조영관Aedilus, 재무관Quaestor 등의 선출 고관들이 각각 규정된 분야의 업무를 담당했다. 로마의 공화정 조직은 통일된 정부의 피라미드식 질서가 아니라, 기능별 분화를 이룬 권력 분권형이었다.[14] 현대 미국에서 주지사와 경찰, 검찰, 교육 분야의 책임자를 따로 선출하는 형식과 유사하다.

로마에서 집정관 외에도 중요한 역할을 담당하는 권력자로 감찰관을 들 수 있다. 공화정에서 고위 관직에 선출되는 사람들은 주로 귀족 출신 자녀들이었다. 이들 중 가장 우수한 리더는 재무관과 같은 직책으로 시작해 집정관까지 승승장구할 수 있었다. 감찰관은 집정관을 이미 역임한 사람이 담당하는 직책으로 큰 명예직이었고, 동시에 로마의 인구를 조사하거나 건물과 공중도덕을 관리하는 책임을 맡았다. 인구조사라는 의미의 센서스Census, 그리고 도덕적 검열을 뜻하는 센서십Censorship의 어원이 된 이유다. 현대 프랑스에서 대통령을 역임한 정치인이 당연직으로 헌법위원회 위원으로 임명되는 코스와 유사하다.

로마는 항시적으로 전쟁을 치르는 세력이었기에 국가가 위기에 빠지는 비상시국이 종종 있었다. 로마는 이런 상황에서 권력이 집중되어야 위기 관리가 가능하다는 사실을 인식했고, 따라서 독재를 인정했는데 임기는 집정관보다 짧은 6개월이었다.[15] 현대 정치에서 독재자를 의미하는 딕테이터Dictator는 합법적 비상권으로 로마 공화정에서 유래하는 명칭이다. 고대 그리스와 로마의 역사는 폭군Tyrant과 독재자를 명백하게 구분하는 셈이다. 폭군은 그리스의 개념으로 법을 무시하고 군림하거나, 정통성 있는 군주를 밀어낸 절대 권력자를 지칭한다. 반면 독재자는 로마 공화정이 규정한 대로 원칙에 따라 한시적으로 권력을 독점하는 직책이다.

고대에 만들어진 폭군과 독재자의 차이가 현대까지 이어지는지 밝히려면 세밀한 연구가 필요하다. 폭군이 법을 무시하는 무자비하고 원칙이 없는 인물을 뜻하고, 독재자는 그나마 법이라는 형식으로 포장된 틀을 따르는 인물을 일컫는 걸까. 오늘날 러시아의 블라디미르 푸틴이나 중국의 시진핑, 북한의 김정은 등 대표적인 독재자들도 헌법이라는 형식을 빌려 집권하는 모습을 보면 로마 독재자의 뒤를 잇는 것으로 보인다. 물론 스스로 정한 규칙을 어긴다면 곧바로 폭군이 되지만 말이다. 로마 공화정은 독재자마저 규칙을 정해 권력을 제한하는 지혜를 보였다.

기원전 1세기 로마가 공화정에서 제정으로 넘어가는 과정에서 결정적인 역할을 한 카이사르는 원로원에 의해 독재자로 선출되었고, 기원전 44년 정해진 기한을 넘어 종신 독재자로 임명되자 살해당했다. 이 시기까지 공화정의 정신은 그만큼 강하게 남아 있었다는 증거다. 초대 황제로 집권한 아우구스투스는 카이사르의 양자였는데, 역시 독재자의 타이틀을 활용해 권력 집중의 길을 걸었다. 그는 황제로 부임하면서도 제1시민Princeps civitatis이라는 명칭을 통해 공화정의 형식을 갖췄다.

집정관을 비롯한 다수의 행정관이 국가의 역할, 즉 그리스 정치체제 유형에서 하나의 지배를 상징했다면—실제로는 하나가 되는 것이 두려워 둘을 뒀지만—원로원은 앞서 지적했듯이 소수의 지배에 해당된다. 원로원은 로마 귀족들을 대표하는 성격을 띠었고, 로마가 지리적으로 확장하면서 다른 지역까지 포함해 전체 영토의 재정이나 법, 안전에 대해 총괄적으로 결정 내리는 역할을 맡았다.[16]

물론 로마가 제정으로 서서히 변화하면서 원로원의 역할도 점차 상징적인 수준으로 축소되었다. 그러나 로마가 멸망할 때까지 세나투스는 여전히 존재했고, 적어도 기원후 300년 전후까지 황제의 '실질적 권한'은 원로원의 '이론적 권한'과 결합돼 로마 제국의 법적 틀을 형성했다. 게다가 로마 원로원의 일원이라는 사실은 커다란 사회적 명예와 지위를 선사했다.

고대 그리스가 데모크라티아를 실천하는 폴리스의 문법을 만들었다면, 고대 로마는 콘술(집정관)이나 딕테이터(독재자), 임페라토르(황제) 등이 원로원과 함께 정치를 지배하는 레스 푸블리카의 문법을 물려주었다. 그리스가 시민 전체가 한자리에 모여 토론하고 투표하는 직접 민주주의라는 순수한 정치 문법으로 신선하게 다가온다면, 로마는 매년 두 명의 집권자를 선출하는 철두철미하고 참신한 공화주의의 정치 문법을 선보였다.

로마가 1000년 동안 계속되면서 정치 전통으로 뿌리내린 세나투스의 중요성도 무시할 수 없다. 폴리스의 '평의회Boule'는 아테네의 짧은 민주주의 기간에 본격적으로 활동했을 뿐이다. 로마의 세나투스는 로마의 1000년 전통을 계승하고자 하는 모든 정치 체제에 수백 명의 현인賢人을 포함하는 권력 기관의 역할을 강조했고, 이런 제도가 당연히 존재해야 한다는 인식을 남겼다. 로마의 정치사는 권력 집중을 부정적으로 인식하고 권력의 분할이 중요하다는 원칙을 확고하게 심었다.

로마는 권력을 제도적으로 분산했을 뿐 아니라 개념적으로도 나눠서 생각했다. 로마의 집정관이나 다양한 관료들은 두 종류의 권력을 행사한다고 생각했다.[17] 하나는 원로원이나 각종 민회, 위원회 등이 결정한 사항을 집행하는 능력으로, 이 권력을 포테스타스Potestas라고 불렀다. 정확하게 주어진 틀 속에서 내려진 명령을 수행하는 '집행권'이라고 볼 수 있다. 다른 하나는 권력자들이 명령을 내리고 타인을 강제하는 능력으로서 권력을 임페리움Imperium이라고 일컬었다. 에트루리아 왕정에서 전해진 로마의 임페리움은 파스케스fasces와 도끼를 든 서른 명의 수행원으로 상징된다.[18] 현대 정치학에서 정의한 '타인에게 행동을 강제할 수 있는 권력'에 가장 가깝고, 동시에 왕이나 가질 수 있었던 권력의 상징과 형식이 동반되는 개념이다. 나중에 황제를 임페리움이라고 부르는 배경이다.

원로원은 집정관이 가졌던 집행권이나 명령권과는 다른 성격의 권력을 가졌다고 로마인들은 보았다. 아욱토리타스Auctoritas는 더한다는 의미의 아우게레augere에서 유래하는데, 누군가 내린 결정을 승인함으로써 가치와 권위를 더한다는 성격의 권력이다.[19] 현대 정치에서 권위authority는 로마의 아욱토리타스가 진화한 결과다. '집행권'과 '명령권'에 이어 '승인권'의 의미를 담은 권력이다. 권력의 개념적 분리는 로마인들이 권력의 집중을 얼마나 위험하게 여겼는지 간접적으로 증명해준다.

민중의 비토: 로마의 선거 제도

원로원이 귀족정을 상징했다면 인민은 민주정을 뜻했다.[20] 고대 그리스가 만들어낸 소수와 다수의 정치적 구분은 로마에서도 다시 확인할 수 있다. 정치에서 세나투스와 포풀루스의 구분은 실제 사회에서 '파트리키'와 '플레브스'의 구분을 반영한다. 파트리키는 귀족을 뜻하는 개념으로 영어의 패트리션Patrician(귀족)으로 이어지고, 플레브스Plebs는 대중적·민중적이라는 의미로 포풀루스, 즉 피플People과 연결된다.

인민, 대중, 민중으로 번역되는 피플은 근대 정치의 핵심이다. 주권재민Popular sovereignty이라는 표현에서 보듯 인민은 주권의 주인이기 때문이다. 유럽에서 피플이라는 명사나 포퓰러Popular라는 형용사가 들어간 정당 명칭은 기독교 민주주의의 표식이다. 대표적인 예로 유럽연합 차원에서 활동하는 유럽인민당EPP, European People's Party이나 스페인의 인민당PP, Partido Popular을 들 수 있다. 또 오늘날 정치에서 주요 현상으로 등장한 포퓰리즘의 어원이며, 동시에 공산당 이념에 기초한 국가의 호칭에도 포함된다. 중국은 중화인민공화국People's Republic of China이며 북한도 조선민주주의인민공화국Democratic People's Republic of Korea이다. 라틴어 포풀루스가 극우(포퓰리즘)부터 중도우파(기독교 민주주의), 좌파(인민 공화국) 등 정치적 스펙트럼을 다양하게 차지하는 이유는 레스 푸블리카의 유산이 그만큼 뿌리 깊고 다양하다는 의미일 것이다.

로마에서 귀족 파트리키와 평민 플레브스의 구분은 사실 어느 사회에나 존재할 수 있는 귀천貴賤의 사회 신분이라고 볼 수 있다. 그러나 로마의 특징은 이런 사회 신분이 피라미드 형식의 위계질서를 의미하지는 않았다는 데 있다. 파트리키와 플레브스는 서로 견제하면서 소수의 지배와 다수의 지배라는, 자신에게 이로운 방향으로 정치를 운영하고 이끌어가려고 경쟁했다. 로마 역사에서 공화정 시기는 이런 경쟁이 가장 활발하게 이뤄졌고, 이를 사회적 전쟁Social War이라고 표현했다. 유럽에서 '사회적 문제'란 기본적으로 계급 간 문제로 마르크스나 사회주의 훨씬 이전부터 만들어진 로마의 전통이다.

로마 공화정이 시작되던 기원전 5세기 초부터 보통 사람들인 플레브스는 왕을 대신한 집정관과 원로원의 권력에 도전했다. 평민들이 권리를 주장하며 귀족들과 협력하기를 거부하면서 파업에 들어갔다. 앞서 보았듯 수시로 주변 세력과 전쟁을 벌이던 로마는 군인의 대부분을 차지하는 플레브스의 집단행동을 두고 보기만 할 처지가 아니었다. 그래서 만들어진 제도가 평민들의 의회이며, 평민의회에서 호민관Tribunus이 선출됐다.[21]

로마는 이처럼 귀족과 평민이 사회를 구성하는 두 기둥임을 공식적으로 인정했다. 처음에는 귀족 중심의 정치 제도를 운영하면서 평민의 대표를 용납하는 수준이었으나, 민중의 힘이 세지고 계급 사이의 경쟁과 투쟁을 거치면서 평민의 제도적 권한은 강화되었다. 예를 들어 열 명에 달하는 호민관은 공동체의 다수를 대표하기에, 원로원이나 집정관의 결정에 대해 비토veto권을 보유했다. 집정관의 '집행권'과 '명령권', 원로원의 '승인권'에 이어 반대할 수 있는 호민관의 '비토권'까지 권력은 더 다양해졌다. 호민관의 직책과 인물은 또 불가침의 성역sacrosanct이라고 여겨져, 아무도 건드릴 수 없는 존재로 격상되었다. 평민의회에서 결정된 법은 플레비스키툼Plebiscitum이라 불렸는데, 처음에는 평민에게만 적용되다가 나중에는 귀족을 포함한 로마 시민 모두에게로 확장되었다.

로마 공화정에서 만들어진 정치 문법은 다소의 변화를 거쳐 오늘날까지 전해졌다. 호민관을 뜻하는 트리부누스는 민중의 목소리를 대변한다는 의미에서 출발해 민의를 전달하려는 언론 매체의 이름으로 자주 사용된다. 예컨대 시카고 트리뷴, 인터내셔널 헤럴드 트리뷴 등이 있다. 비토권은 현대인들이 일상적으로 사용하는 거부권의 대명사가 되었다. 의회에서 결정한 내용을 대통령이 거부하거나, 정부의 법안을 의회가 거부할 때 헌법은 비토권이라는 용어를 쓴다. 로마에서 만들어진 신성불가침의 원칙은 호민관에게 적용되었으나, 후세에는 특정 인물이나 장소에 적용되는 개념으로 전승되었다. 평민의회가 결정한 플레비스키툼의 법안은 나중에 플레비사이트, 즉 민중을 대상으로 투표를 촉구하는 찬반투표의 의미를 지니게 되었다. 민중의 대표(트리부누스), 비토권, 신성불가침, 국민투표 등 로마 공화정의 유산이 현대 민주주의 문법의 뼈대를 구성한다는 사실을 쉽게 발견할 수 있다.

로마의 민중은 왜 파업을 벌이고, 집단행동에 나서며, 사회적 전쟁까지 불사했던 것일까. 적어도 그 답은 부분적으로 로마의 특수한 선거 제도에서 찾을 수 있다. 로마는 그리스의 민회와는 달리 모든 시민이 1인 1표를 가진 민주주의가 아니었다. 로마가 추구한 것은 평등한 권리로 구성되는 민주주의가 아니라, 자유를 가능하게 만드는 레스 푸블리카였음을 기억해야 한다.

로마 공화정에서 가장 중요한 회의는 켄투리아회Comita Centuriata다.[22] 이 회의는 집정관, 감찰관을 비롯한 행정관들을 선출하고, 법률을 제정하거나 전쟁을 선포하고 재판에서 사형을 선고하는 등 레스 푸블리카의 주요 사안을 다루는 민회다. 현대사회의 의회 기능과 유사한 모습이다.

여기서 켄투리아는 투표하는 집단을 뜻하는데, 모두 193개의 켄투리아가 위계적으로 정해져 있다.[23] 이처럼 세밀한 계급 체제를 만든 것은 켄투리아가 군사적 조직이자 사회적 집단이기 때문이다. 가장 높은 위치에 있고, 제일 먼저 투표하는 켄투리아가 18개의 기병 시민 조직이다. 그 밑에는 170개의 보병 켄투리아가 있고, 4개의 비전투 요원 켄투리아, 그리고 맨 끝에는 재산이 없어 자신의 무기조차 챙길 능력이 없는 프롤레타리아 켄투리아가 있다. 상시적으로 전쟁을 치르는 로마의 정치는 군사와 밀접하게 연관될 수밖에 없었다.

로마인들은 물질적 기여가 큰 사람은 레스 푸블리카에서 더 큰 목소리를 낼 수 있다고 생각했다. 켄투리아에서 제일 앞에 오는 기병 켄투리아는 자신의 말馬을 유지할 수 있는 사회적이고 경제적인 능력이 있는 사람들로 구성됐다. 보병이라도 창과 방패, 갑옷 등을 스스로 마련할 수 있는 능력은 더 큰 정치적 목소리의 기반이었다. 맨 끝에 있는 프롤레타리아는 '프롤레스', 즉 자식을 낳는 일 말고는 전쟁에 도움을 줄 수 없는 사람들이었다. 창도 방패도 없이 전쟁에 참여할 수는 없기 때문이다. 현대사회에서는 군 복무에서 면제된 사례라고 할 수 있는데, 국가가 군복과 무기를 제공하는 현대와 스스로 비용을 들여 무장해야 했던 로마의 군사 제도는 완전히 달랐다.

로마에서 투표는 켄투리아별로 이뤄졌고, 켄투리아의 위계순으로 진행되었다. 따라서 기병을 비롯한 부자들이 제일 먼저 투표했고, 켄투리아의 수가 다수(193중 97)가 되면 더는 투표를 진행하지 않았다. 인구가 가장 많았던 프롤레타리아의 켄투리아가 전체 결정권에서 193분의 1밖에 차지하지 못한 것은 물론, 하위에 있는 켄투리아는 투표 권한을 행사할 기회조차 거의 없었던 셈이다. 당연히 귀족위주, 소수 중심의 켄투리아회에 대한 불만은 로마 민중의 반발을 불러일으켰다.

로마의 복잡한 투표 방식은 기본적으로 평등을 가정했던 그리스와 달랐던 셈이다. 켄투리아회는 사회경제적 기여도에 따라 투표의 비중을 차등화한 제도였다. 반면 플레브스의 트리부스 평민회Concilium Plebis Tributum는 지리적 구성을 따랐다.[24] 로마 공화정 후기가 되면 수도 로마는 네 개의 트리부스와 서른한 개 지방의 트리부스로 구성되는데, 그 결과 농촌의 부자들이 과대 대표되었다. 귀족들은 켄투리아회를 지배했으나, 트리부스 평민회에는 참여할 수 없었다. 다만 시간이 지나면서 평민과 귀족이 함께 참여하는 트리부스 인민회Comitia Tributa가 만들어졌다.

로마의 다양한 민회를 일컬었던 용어는 이후 회의Council, 위원회Committee, 위원Commissar 등의 유럽어로 진화했다. 군사 용어에서 비롯된 켄투리아는 성경에서 로마군 백부장百夫長으로 번역되는 켄투리온Centurion과 연결된다. 로마가 남긴 회의와 위원, 위원회의 개념은 기능적 역할을 담당하는 현대의 다양한 조직으로 뻗어나간 모양새다.

로마는 그리스처럼 철학자의 나라가 아니었으나 그리스 철학을 이어받아 정치학적 고민을 계속했다. 그리스에 플라톤과 아리스토텔레스가 있었다면 로마의 정치철학에서는 폴리비오스(기원전 200~기원전 118)와 키케로(기원전 106~기원전 43)를 들 수 있다.[25] 폴리비오스는 그리스 사람으로 플라톤이나 아리스토텔레스의 정치학을 잘 알고 있었다. 그는 기원전 167년 로마에 인질로 잡혀와 로마의 정치 제도를 관찰하고는 권력의 분립과 균형이 로마 공화정의 우수한 점이라고 판단했다. 집정관의 모나키와 원로원의 귀족정, 그리고 호민관으로 대표되는 민주정이 로마를 성공의 길로 이끈다는 평가였다. 특히 로마는 권력을 나눌 뿐 아니라 이들이 대등한 관계이며, "서로 견제하므로 행동하기 위해서는 협력을 강제한다"는 분석이다.

폴리비오스에 이어 키케로는 『국가론De Republica』[26](기원전 54~기원전 51, 『공화론』이 더 적합한 번역일 것이다)에서 권력의 분립보다는 높은 권위를 가진 지도자가 공화주의적 목표를 달성하기 위해 법과 자유를 존중하는 가운데 정치를 해야 한다고 주장했다. 키케로는 공화정 아래서 권력 간의 대립이 내전으로 비화되는 상황을 경험했고, 따라서 공화정의 원칙 아래 권력을 재정립하려고 노력한 셈이다.

그리스와 로마를 거치면서 드러나고 이후 시대까지 이어지는 유럽의 특징은 정치 현상에 대한 철학적이고 체계적인 접근이다. 플라톤과 아리스토텔레스의 그리스 정치학, 폴리비오스와 키케로의 로마 정치학에 이어, 크리스천돔에서는 성 아우구스티누스나 토마스 아퀴나스가 등장하고, 킹덤에서는 보댕이나 홉스가 중심 이론을 제시한다. 네이션의 시대에는 루소나 로크가 기본 이념을 제공한다.

수천 년이 흐르면서 변하지 않는 분석 틀도 있지만, 각 시대 유럽의 정치사상은 현실이 제기하는 문제를 해결하려던 고민의 결과다. 이러한 전통이 만들어진 출발점은 역시 고대의 폴리스와 레스 푸블리카다. 공동의 문제를 공동으로 해결하려는 노력이야말로 정치의 본질이다. 목적을 달성하기 위해 공동으로 힘을 합쳐 행동하는 일이야말로 정치의 핵심이기 때문이다.

로마의 개방성과 제국의 형성

그리스와 로마의 공통점을 강조하며, 로마 제국이 결국 그리스-로마 제국이라 불려 마땅하다는 폴 벤의 주장은 이미 살펴보았다. 그리스인과 로마인들은 모두 지중해를 무대로 삼아 먼 지역까지 세력을 확장했다. 그리스가 모(母)도시와 자(子)도시를 통해 폴리스를 확장했다는 사실은 잘 알려져 있다. 근대적 언어로 종주국과 식민지를 구분했던 셈이다. 아테네는 영향력을 가장 크게 확장한 폴리스였고, 그래서 아테네의 해양 제국Thalassocracy을 논할 정도였다.

로마 역시 공화정을 수립한 기원전 5세기 이후 주변 세력들을 하나씩 섭렵하면서 세력을 넓혔고, 시간이 지나면서 마침내 지중해를 둘러싼 유럽, 아시아, 아프리카를 포괄하는 거대한 제국을 건설했다. 고대 로마는 공화정에서 시작해 제정으로 정치 체제가 바뀌면서 국가의 규모도 달라졌다. 공화정이 만들어진 시기는 로마가 기껏해야 수만 명의 인구와 군대를 가졌던 기원전 5~기원전 4세기다.[27] 제국이 건설되는 기원전 1세기에 로마는 이미 지중해의 상당 부분을 포괄하는 대륙적 규모의 나라였다. 수도 로마의 인구는 100만에 달하는 것으로 추정되며, 군대도 수십만 명 수준이었다.

로마와 아테네 모두 작은 도시에서 시작해 제국을 이뤘으나, 로마는 아테네보다 훨씬 더 거대한 규모의 제국을 만들었다. 아테네와 비교도 안 될 광활한 영토와 수많은 인구를 관리하기 위해 로마가 정치적 문법을 바꾼 것인지, 아니면 원래 로마의 정치 문법은 아테네와 달랐던 것인지는 고대를 둘러싼 중요한 논쟁거리다.

로마는 아테네와 비교했을 때 처음부터 훨씬 더 개방적인 정체성을 가졌고, 이런 열린 태도가 군사적 확장과 맞물려 제국으로 성장하는 데 결정적인 역할을 했다. 로마의 건국 신화는 공화정이 등장하기 전부터 개방성과 통합성이라는 특징을 보여준다. 로물루스가 로마라는 공동체를 수립하는 일은, 오랜 전통을 가진 정치 계보를 잇는 행동이 아니라, 알바Alba라는 기존 공동체에서 벗어나 완전히 새로운 도시를 창조하는 행동이었다. 왜냐하면 로물루스를 따르는 무리는 노예와 범죄자들이었기 때문이다.[28]

로마인들은 기존 공동체를 중심으로 발전한 공동체가 아니기에, 부인을 얻어 자식을 낳고 인구를 늘리는 일이 어려웠다. 로마인들은 이웃 사비니 공동체의 여성을 납치해 부인으로 삼았다. 로마와 사비니가 이를 계기로 서로 전쟁을 벌이자, 여성들이 나서서 새 가족과 원래 가족의 싸움을 말렸다는 일화는 로마 건국 신화의 중요한 부분이다. 로마는 미천한 사람들이 모여 자랑스럽지 못한 행동을 통해 세워진 나라다. 그러나 로마는 시작이 부끄럽더라도 미래만은 영광스러우리라는 확신을 정체성으로 삼았다. 무엇보다 기원의 비천함을 감추지 않고 기억하며 상기했다. 로마는 도시를 만들고 난 뒤 다른 곳에서 온 도망자들이 숨을 수 있는 아실룸Asylum 신전을 성역으로 제공했다. 현대에 '망명'을 뜻하는 영어 '어사일럼'은 라틴어 아실룸에서 온 것이다.

로마에서는 왕들조차 로마 출신일 필요가 없었다. 로마의 왕은 대부분 왕조에서 볼 수 있듯 혈통에 의한 계보로 결정되는 것이 아니라 선출되었다. 왕의 아들이 왕위를 물려받는 것이 아니라, 지배하는 능력을 지닌 사람이 부여받았다. 로물루스를 이은 2대 왕 누마 폼필리우스는 사비니 출신이다. 로마의 5대 왕 루키우스 타르퀴니우스 프리스쿠스는 더 다양한 출신 배경을 갖고 있다. 그의 아버지는 그리스 코린토스에서 온 사람인데, 로마 북쪽에 있는 에트루리아에서 부를 축적했다. 타르퀴니우스는 정치적 야심을 지녔으나 타지 사람에게 배타적인 에트루리아에서는 성공할 수 없었다. 그래서 개방적인 로마로 넘어와 결국 왕위를 차지했다. 타르퀴니우스를 이은 6대 왕 세르비우스 툴리우스는 심지어 노예 출신이지만, 타르퀴니우스 왕의 딸과 결혼했고 결국 그도 왕위에 올랐다.

전설에 등장하는 로마의 왕

시기	왕명	계보	특징
기원전 753 ~ 기원전 716	로물루스	로마 창시자	그리스 트로이인의 후손
기원전 715 ~ 기원전 672	누마 폼필리우스	사비니 왕의 딸 티투스 타티우스와 결혼	사비니인
기원전 672 ~ 기원전 640	툴루스 호스틸리우스	폼필리우스와 관계 없음	전쟁을 통한 영토 확장
기원전 640 ~ 기원전 616	안쿠스 마르키우스	누마 폼필리우스의 외손자	사비니인

「사비니 여인들」, 자크 루이 다비드, 1799.
시댁 로마와 친정 사비니의 전쟁을 가로막는 여성과 아기들은 로마의 혼합성과 개방성을 상징한다.
로마는 외부에서 온 이민자를 차별하지 않았고, 해방된 노예에게 시민권을 부여하는 것은 물론,
이들이 왕위에 오르는 일도 막지 않았다.

기원전 616~ 기원전 578	L. 타르퀴니우스 프리스쿠스	정치적 출세를 위해 로마로 이민	코린토스 출신 아버지를 둔 에트루리아인
기원전 578~ 기원전 534	세르비우스 툴리우스	노예 출신 전왕前王의 사위	에트루리아인 로마의 제2의 창시자
기원전 534~ 기원전 509	L. 타르퀴니우스 수페르부스	전왕을 죽이고 왕위 찬탈	아들 섹스투스의 귀족녀 루크레티아 강간으로 왕정 종결

이처럼 아테네와 로마는 성격이 크게 달랐다. 아테네는 평등한 시민이 직접 참여하는 민주주의를 이상적으로 생각했으나, 로마는 불평등을 제도화하고 인정하면서도 놀라운 개방성과 통합성을 보였다. 로마는 외부에서 온 이민자를 차별하지 않았고, 초기 왕정 시기부터 해방된 노예에게 시민권을 부여하는 것은 물론, 이들이 왕위에 오르는 일도 막지 않았다. 달리 말해 아테네의 폴리스가 폐쇄적인 민주 공동체라면, 로마의 레스 푸블리카는 개방적인 계급사회였던 셈이다.

레스 푸블리카의 개방성과 통합의 흡수력은 로마의 지속적인 확장을 가능케 한 비결이다.[29] 인구를 늘리고 군인을 확보하려 했던 로마 초기의 정책은 정치 체제의 개방성으로 자리 잡았고, 노예와 이웃을 시민으로 받아들이는 정책으로 지속되었다. 로마에서 노예 출신의 시민은 머리를 깎고 모자를 씌웠다. 이들은 단지 노예 신분에서 벗어났을 뿐 아니라 리베르타스Libertas(자유), 즉 투표를 포함한 시민의 정치적 권리를 얻었고, 리베르티Liberti(해방된 사람들)라 불렸다. 아테네에서도 노예가 자유인이 될 수는 있었으나 시민이 아닌 외국인 거주자와 유사한 신분이었다. 이와 달리 로마에서는 노예가 자유인을 넘어 시민의 신분까지 상승할 수 있는 길이 열려 있었다.

로마의 공화정은 기원전 5세기 초에 확립된 후 반복되는 전쟁을 통해 놀라운 범위로 영토를 확대해갔다. 공화정 후기인 기원전 1세기에 로마는 고대 세계에서 과거 페르시아 이후 가장 커다란 제국을 건설했다.[30] 이 과정에서 주변 세력을 눌러가는 동시에 이들을 흡수하고 내부로 끌어들여야 했다. 로마는 처음부터 집단 내의 인구가 아니라 외부 인구를 유입하면서 성장한 작은 단위였기에, 로마의 원주민들이 정복한 영토에 가서 지배하는 형식보다 새롭게 로마인을 만드는 전략을 선호했다.[31] 달리 말해 영토의 지배보다는 인구를 흡수하면서 성장했다는 뜻이다. 외부 사람을 신新로마인으로 만드는 가장 적절한 방식은 로마 시민의 권리를 보장해주는 것이었다.

로마의 시민권은 여러 권리의 집합이라고 할 수 있다. 시민권에서 로마인들이 가장 핵심이라고 생각했던 부분은 투표권과 공직 당선권이었다. 로마는 정복한 지역의 주민들에게 다양한 유형의 권리를 주었다. 원래 이탈리아 중부 라틴 동맹 지역에 선사한 권리의 형태를 라틴권Latin rights이라 불렀고, 이는 준準시민권으로 볼 수 있다. 라틴권을 가진 사람들은 로마의 완전 시민권과 호스티스hostis라 불리는 이방인의 중간 정도에 위치했다고 볼 수 있다. 투표권과 같은 정치적 권리를 제외하면 이동권, 재산권, 가족법 등에서 라틴권은 로마 시민권과 같은 효과를 발휘했다. 로마 공화정이 이탈리아반도를 대부분 차지하게 되면서 라틴권을 가진 인구수가 증가했고, 결국 로마에서는 원래 자신이 속해 있는 도시의 정치권과 로마의 권리를 동시에 가진 사람들이 늘어났다.[32] 예컨대 티볼리나 카푸아의 시민이자 로마의 시민이었다.

현대적 관점에서 보면 로마 공화정의 확장은 이중 국적을 일반화했다고 말할 수 있다. 자신이 태어난 도시에 속하면서 로마라는 세계 중심 도시에도 귀속되는 이중적 정체성이 당연하고 자연스러운 현상이 되었다. 태어난 공동체의 문화적 소속감과 정치적 권리가 하나로 엮인 세계 다른 지역과 비교했을 때, 로마가 만들어낸 이중성은 유럽 정치 문법에서 하나의 특징으로 자리 잡았다. 로마가 제정으로 넘어간 뒤 3세기 초에는 로마 시민권의 보편화가 이뤄졌다.

> 212년 카라칼라 황제는 로마 제국의 스코틀랜드부터 시리아까지 어디서 살건 간에 모든 자유민은 로마 시민이라고 선포했다. 이는 혁명적인 결정으로 한순간에 지배자와 피지배자의 법적 구분을 지워버리는 일이었고 거의 1000년 동안 지속된 과정을 완성한 사건이었다. 이 결정으로 단숨에 3000만 명 이상 주민의 법적 지위가 로마 시민으로 격상되었다. 세계사에서 가장 규모가 큰 시민권의 부여 결정이라고 할 수 있으며, 아마도 전무후무할 것이다.[33]

카라칼라 황제가 왜 이런 혁명을 단행했는지를 둘러싼 역사가들의 논쟁은 복잡하지만, 확실한 점은 로마의 개방성이 카라칼라의 보편 시민권으로 완결되었다는 사실이다. 원하는 사람은 누구나 시민으로 받아들이겠다는 로물루스의 기원전 8세기 선언이 1000년 뒤 카라칼라에 의해 완성되었다는 말이다. 아프리카의 모로코부터 흑해의 루마니아까지 로마의 지배를 받는 사람들은 이제 제국의 시민으로 확고한 권리를 획득했다.

현대 정치의 관점에서 보면 로마의 시민권이나 권리와 의무의 다양성 등은 당연하게 들린다. 그러나 공동체의 소속을 생물학적·문화적으로 규정하기보다 법적으로 만드는 문법은 그리스와 로마에서 생성되었다. 특히 로마는 다소 단순했던 폴리스의 시민권을 다양한 권리의 집합으로 인식하면서, 본국과 외부의 구분을 점진적인 권리의 범주로 조정하는 변화를 주었다. 시민권과 영주권과 체류권이 구분되는 현대사회와 비슷하다.

법의 지배

일반인들에게 고대 그리스는 소포클레스의 비극이나 플라톤의 철학으로 잘 알려져 있다. 반면 고대 로마를 대표하는 이미지는 콜로세움 같은 건축물이나, 자연을 가로지르는 수로와 도로, 그리고 로마법이다. 유럽에서는 고대 그리스가 철학자들의 나라라면 고대 로마는 법학자들의 나라라는 등식을 종종 언급한다.[34] 그만큼 '그리스의 철학'과 '로마의 법'은 유럽 문명의 뼈대를 이루었다는 뜻이다.

기원전 6세기 말 로마 공화정이 시작되면서 로마 시민은 평등하고 개방적인 방식으로 규정되었다는 사실은 이미 살펴보았다. 동시에 로마 시민들은 귀족과 평민 집단으로 나뉘어 있었고, 이들은 같은 사회 공간에서 공존하면서도 경쟁하는 관계였다. 고대의 대부분 사회와 마찬가지로 로마에도 예전부터 전해오는 관습이 있었다. 로마에는 제사장Pontifices들이 관습을 해석하고 집행하는 존재였는데, 이들은 전원 귀족 출신이었다. 평민 플레브스는 귀족들이 관습법을 해석하는 과정이 불공평할 수 있다고 여겼기에, 법을 글로 적어서 공표하는 일이 필요하다고 주장했다.

기원전 450년 로마의 '12표Twelve Tables법'이 작성되는 계기다. 로마인들은 데켐비르Decemvir라 불리는 시민 10명을 선발해 기존의 관습법을 종합하여 정리하는 과정을 거쳤다. 그리고 시민의 회의에서 이를 인정하고 동의함으로써 성문법 체계를 출범시킬 수 있었다.[35] 또한 법의 내용을 판에 새겨 로마의 광장에 공개함으로써 시민이라면 누구나 읽고 이해할 수 있도록 조치했다. 12표법을 구상하게 된 계기도 귀족 중심의 법 해석을 극복하기 위함이었고, 12표법의 정리와 작성 그리고 공표도 매우 민주적이었다는 점에서 로마 공화정의 특징을 발견할 수 있다.

로마법의 운명은 역사에서 흔히 발견할 수 있는 아이러니를 잘 보여준다. 복잡한 관습법을 귀족 출신의 제사장들이 독점적으로 관리하면서 불공정한 해석을 내릴 수 있기에 글로 만들어 공표했다. 글의 공공성은 적어도 로마 공화정 초기에 법의 민주성을 담보해주었다. 그러나 시간이 지나면서 성문법은 많은 해석과 결정을 낳았다. 글의 공공성을 통한 민주성 확보에 예민했던 로마인들은, 법과 관련해 점점 더 많은 문헌을 남겼다. 동시에 로마는 법을 전문적으로 다루는 법학자 집단을 생성하기도 했다. 로마법은 산더미 같은 문헌과 법의 기술적 성격으로, 결국 전문가만이 제대로 이해하고 취급할 수 있는 영역으로 발전하면서 초기의 민주성을 잃는다.

로마법은 시민의 삶이 로마의 전통에서 얼마나 중요한 위상을 차지하는지 증명해준다. 12표법은 소송과 절차, 법의 집행 등으로 시작하지만, 곧바로 시민의 삶을 지배하는 가족관계, 가부장의 권리나 상속, 소유권 등의 문제로 넘어간다. 그리고 맨 끝에 가서야 공법이나 종교법을 다룬다. 공동체의 삶을 강조하던 그리스의 폴리스 문법과 비교했을 때, 로마의 레스 푸블리카란 시민사회 내부의 개인 대 개인의 관계를 조정하는 기제로서의 의미가 강하다. 12표법은 또 종교적 성격이 강했던 법을 세속화하는 효과도 낳았다.[36]

서유럽 문명의 특징을 개인주의로 파악하는 프랑스의 사회학자 망드라스는 로마법의 유산을 강조한다. "대인법과 대물법을 막론하고 [로마법]보다 더 개인주의적인 법체계는 존재하지 않는다." 로마법은 "그 어떤 것도 공유될 수 없다"며, 이를 통해 모든 가족 공동체를 해체하는 원칙을 강조한다"[37]는 것이다. 로마 사회는 가족이나 지역 공동체가 공동으로 소유하고 경작하고 활용하는 제도보다는, 개인에게 귀속되는 강력한 소유권을 법을 통해 수립했다. 아주 장기적으로 이는 자본주의 사회 발전의 뿌리가 되었다고 조심스럽게 말할

수도 있다.[38]

　로마법은 12표법에서 드러나듯 현대적 의미의 민법과 형법, 공법을 포괄하며 절차에 대한 규칙을 포함한다. 그리스의 폴리스는 현대 유럽어의 폴리틱스 즉 정치를 낳았다면, 로마의 키비타스Civitas(그리스어 폴리스의 라틴어 번역)는 현대 유럽어의 시티City나 시빌Civil 즉 시민적이라는 개념을 낳았다. 로마의 법은 궁극적으로 민법Civil Law으로 계승되었다. 요약하자면 그리스가 정치로 이어졌다면, 로마는 시민사회로 연결되었다는 말이다. 그만큼 로마는 시민의 삶, 개인의 소유와 자유를 중시했다고 볼 수 있다.

　1000년의 로마 역사는 시간의 누적과 공간의 확대로 점차 방대한 법 문헌을 생산했다. 하지만 서로마 제국이 멸망하면서 로마의 법 전통은 사라질 위기에 처했다. 서로마를 무너뜨리면서 침략해들어온 소위 게르만 공동체는 그들 나름의 다양한 관습을 보유하고 있었고, 로마처럼 성문법과 전문적 집단을 통한 해석 등을 중시하는 전통은 없었기 때문이다.

　로마법을 소멸 위기에서 구한 것은 동로마 제국의 유스티니아누스 1세 황제가 533/4년 기존 법과 문헌을 정리하는 작업을 완성해 대법전으로 공표한 덕분이다.[39] 유스티니아누스 1세는 라틴어를 모어로 활용하는 마지막 동로마 통치자였고, 그의 이름을 딴 대법전은 라틴어로 작성되었다. 그 때문에 동로마 제국에서는 그다지 활용되지 않고, '야만족'이 지배하는 서로마 영역에서도 긴 세월 동안 잊혔다. 유스티니아누스 대법전이 다시 활용되면서 대부활하는 계기는 11세기 교회와 세속 권력의 대결관계에 있다.[40] 이 부분은 다음 장에서 더 자세히 살펴볼 것이다.

로마는 짧게 잡아도 1000년의 역사를 자랑한다. 로물루스의 신화적 기원부터 제국의 주민을 모두 시민으로 만든 카라칼라까지의 기간도 1000년이고, 기원전 5세기 공화정의 출범부터 5세기 서로마제국의 종말까지의 시간도 1000년이다. 토머스 마틴은 왕정, 공화정, 제국으로 나누는 통상적인 로마사의 시대 구분이 '시대착오적'이라며 "왕정이 폐지된 후에 로마인들은 자신들의 정치 제도를 계속해서 공화제로 불러왔다"고 설명한다.[41] 고대 그리스의 알렉산드로스는 번갯불처럼 빠른 속도로 제국을 건설했으나 정치적 결속을 유지하는 데 실패했다. 반면 로마는 느리지만 점진적으로 제국을 형성하여 지중해 주변을 모두 하나로 묶었고, 현대 유럽의 절반에 해당되는 영토를 치하에 두었다. 로마의 영향력은 이런 점에서 그리스보다 넓고 오래 유지된 셈이다.

정치 영역에서 로마가 현대까지 남긴 유산은 헤아리기 어려울 정도로 많다. 이 장에서는 몇 가지 대표적인 문법의 법칙만을 정리해 보았다. 로마가 만들어낸 레스 푸블리카라는 정치 공동체는 폴리스가 가졌던 특징을 어느 정도 계승하면서 발전적으로 변형시켰다.[42] 로마는 폴리스의 결속력을 상당히 완화하면서 개방성과 흡수성을 대폭 늘렸다. 시민권의 적극적인 확장은 로마가 대륙 규모로 확장할 수 있는 기본 동력을 제공했다. 레스 푸블리카는 또 하나 – 소수 – 다수의 정치 체제를 적절하게 혼합하는 지혜를 발휘했다. 로마의 역사는 외부와의 전쟁은 물론, 내부적 폭력과 투쟁으로 점철되었다. 그럼에도 사회적, 지리적, 정치적 세력 균형의 변화를 통해 유연한 모습으로 생존할 수 있었다.

2

로마는 유럽의 모태

고대 그리스 문명이 영향을 미치며 다른 지역으로 확산되는 과정은 앞 장에서 살펴보았다. 알렉산드로스 대왕의 팽창에 이어 헬레니즘 시대가 지중해 동부와 아시아, 아프리카까지 고대 그리스의 유산을 퍼뜨렸다. 로마는 바빌로니아, 페르시아, 이집트처럼 화려한 고대 문명을 자랑하는 지역이 아니다. 오히려 문화적 변방이라고 할 수 있다. 마케도니아가 고대 그리스 문명의 중심 아테네로 침략해들어가 점령했듯, 그리고 동아시아에서 중국 서부와 북부 초원의 '야만' 부족들이 종종 중원의 문명을 누르고 권력을 차지했듯, 로마는 그리스에서 먼 곳으로부터 시작해 결국 그리스를 지배했다.

주변이 중심을 차지한 형태는 로마, 알렉산드로스, 중국의 북방 민족이 모두 유사하다. 문명의 중심 지역의 관습과 언어, 문화를 채용한 양상도 비슷하다. 마케도니아가 그리스화되고 튀르크, 몽골이나 여진족이 중화中華를 수용했듯, 로마도 그리스화 또는 아테네화된 것인가.

문명 비교의 접근에서 발견할 수 있는 커다란 차이점이 하나 있다. 로마는 지리적으로 아테네나 에게해 부근으로 이전해가지 않았고, 로마를 새로운 세계의 중심으로 만들었다. 주변이 부상해 중심을 지배하면서 중심으로 이동하는 패턴이 아니라, 주변이 과거의 중심을 문화적으로 이어받되 스스로 새로운 지리적 중심으로 성장하는 특이한 패턴을 보여주었다. 레미 브라그와 같은 철학자는 이런 패턴이야말로 로마 문명의 특징이고, 그것이 바로 유럽의 특수성으로 발현되었다고 설명한다.[43] 중국도 문명의 중심이 중원에서 베이징, 약간 북쪽과 바다가 있는 동쪽으로 이동했다. 그러나 유럽처럼 아테네에서 로마, 그리고 이후 파리와 런던, 뉴욕까지 이동하지는 않았다는 의미다.

로마의 이차성

고대 그리스 문명의 보편성은 앞서 충분히 설명하고 강조했다. 로마는 그러한 그리스의 보편적 성향을 심화하고 확대한 문명이다. 보편성의 어원이 되는 유니버스Universe(하나를 향한)나 유니폼Uniform(하나의 형태)은 라틴어 표현이다. 나아가 로마 제국은 그리스보다 훨씬 더 탄탄한 지배의 틀을 완성했고 장기간 지속시켰다. 세계를 하나로 묶으려는 보편성은 고대 로마와 중국에서 가장 발전했고, 후세에까지 영향을 미쳤다고 할 수 있다.

대부분 보편성은 자기중심적 시각에서 출발해 외부 세계에 자신의 문화를 강제하거나 확산시키는 방식이다. 다만 로마는 보편성을 지향하되 자신의 문화가 후진적이라는 콤플렉스를 가진 상태에서, 고대 그리스의 문명을 이상으로 삼아 지향하는 태도를 보였다. 브라그는 로마의 이런 태도를 이차성Secondarité이라고 부른다. 유럽어에서 이차적secondary이라는 표현은 순서에서 두 번째이자, 동시에 부수적이고 중요하지 않다는 뜻도 지닌다.

이미 지적한 대로 로마 제국은 문화와 언어 측면에서 라틴어와 그리스어를 공용으로 썼다. 로마인들은 점령한 땅에 라틴어를 획일적으로 강제하지 않았다. 심지어 이탈리아 남부 지역에 과거 '대그리스Magna Graecia'라 불린 지역에서 그리스어를 계속 사용하는 습관도 받아들였다. 프랑스, 스페인 등 지중해 서부나 영국까지 그리스어를 일부러 확산하지는 않았지만, 기존에 그리스어가 지배하던 지중해 동부의 언어 사용은 그대로 두었다.[44] 로마인들의 인식에서 우선적Primary인 일등 언어와 문화는 그리스였고, 라틴어와 그 문화는 단순한 소통 수단에 불과했다.

고대 로마의 시인 베르길리우스의 로마 건국 신화를 보면 그리스의 일등성과 로마의 이차성을 쉽게 확인할 수 있다. 로마를 세운 로물루스와 레무스의 조상은 트로이가 멸망한 후 바다를 건너 이탈리아로 넘어온 아이네이스다. 물론 정확하게 따져 로마인들이 그리스인 또는 트로이인의 후예라고 말한 것은 아니다. 로마 정체성의 계보를 다룰 때 그리스 문명까지 거슬러 올라간다는 의미일 뿐이다. 로마 시민의 구성은 노예부터 부랑자, 외부인 등 다양하다는 점은 이미 살펴보았다.

그리스의 철학·정치학·문학은 로마와 아랍 문명에 의해 후세로 전해졌다. 다만 로마와 아랍 문명은 자신들의 언어와 문화에 대한 인식이 달랐다. 브라그는 그리스 문명을 포섭하는 두 가지 태도를 비교하면서 로마의 특수성을 도출해냈다. 로마의 입장은 이차성이라는 겸손함, 또는 '자기비하적'이라고도 볼 수 있는 태도였다. 반대로 아랍은 이슬람에 대한 자부심에서 볼 수 있듯, 아랍어가 가장 우수한 언어이며, 심지어 신의 언어라고 생각했다.

따라서 로마와 아랍, 이 두 문명은 모두 그리스 문화를 수용했으나 적용하는 방식은 전혀 달랐다. 로마는 그리스 원어를 한편에 두고 번역해 항상 그리스어-라틴어를 비교했다. 반대로 아랍 문명에서는 일단 번역된 그리스 작품은 폐기하는 경향을 보였다. 인류에서 가장 우수한 언어(아랍어)로 옮겨졌으니, 기존 원작(그리스어)을 유지할 이유가 없다는 태도다. 원전을 살려놓고 항상 해석이 다를 수 있다는 로마의 접근법과 한번 최고의 학자들이 번역해놓으면 원전은 잊어도 좋다는 이슬람권의 접근법은 큰 차이를 드러낸다. 전자에서는 시간이 지나면 새로운 번역과 해석이 등장할 수 있다. 후자에서는 일단 권위를 자랑하는 유일한 번역으로 간주하면 비석에 새겨진 문장처럼 계속 역사를 지배할 가능성이 크다.

브라그는 타자의 문화를 수용하는 이 두 방식을 포함과 소화라고 부른다. 포함包含, Inclusion이 타자의 것을 자기 것으로 끌어안는 방식이라면, 소화消化, Digestion는 분해·해체하여 없애면서 흡수하는 방식이다. 문명사적 관점에서 이차성에 관한 매우 흥미로운 결론은 로마의 방식이 문명을 발전시켜 르네상스를 가능하게 했다는 사실이다. 예를 들어 동로마의 비잔틴 제국은 고대 그리스를 직접적인 조상의 문화라고 생각했다. 특별히 노력하지 않아도 저절로 이어받을 수 있는 유산으로 여겼다. 그러나 라틴어의 영역인 서로마나 이후 서유럽에서는 고대 그리스어를 각별한 노력을 통해 수용해야 하는 과제로 생각했다. 자신들을 외부인으로 여기고 거듭 노력하는 자세가, 모든 걸 자동으로 승계한다는 오만한 태도를 이겼다는 의미다.

소화와 포함의 대립은 '상속자'와 '장학생'의 이미지로도 표현된다.[45] 상속자는 부모가 부자거나 유식하기에 자신도 당연히 유전적으로 똑똑하고 사회적으로 재산을 물려받는다는 자신감이 넘친다. 장학생은 집이 가난하고 부모의 능력도 변변찮아 자신의 노력만이 성공으로 가는 길이라고 생각한다. 이 비유는 원래 프랑스의 보수 사상가 샤를 모라스가 상속자의 우수성을 치켜세우고, 장학생을 우스꽝스럽게 묘사하려고 만들었다. 그러나 상속자가 세련되고 우아할지 모르나, 장학생은 노력의 결과로 상속자를 앞지른다. 로마는 그리스를 배워야만 하는 장학생이었고 이런 유산은 로마가 망한 다음에도 유럽의 전통으로 남았다.

로마의 이차성은 전반적인 문화적 태도를 일컫지만, 실제 정치 문법에서 발견한 개방성과 일맥상통한다. 로물루스와 레무스의 신화가 이야기하듯 자신의 정체성을 늑대에 의한 동물적 양육에서 찾고, 노예나 추방당한 사람들의 후손임을 내세우며, 이웃 여자들을 납치하여 쟁취하고 후세를 만들었다는 로마인들은, 적극적이면서 동시에 현실을 직시하는 사람들이다.[46] 타자의 우수성을 부정하지 않고 열심히 배우는 태도, 흡수하는 열정이야말로 로마의 특징이다.

이후 로마의 영향을 받은 프랑스, 영국, 미국은 모두 이런 이차성의 유전자를 계승한 듯하다. 로마와 아테네, 예루살렘은 서유럽의 문화적 지향점으로 남았고, 프랑스와 영국의 청년들은 고대 문명을 배우고자 지중해를 누볐으며, 미국은 새로운 대륙에 나라를 세우면서 과거 로마가 그랬듯 그리스 폴리스에서 교훈을 도출했다.

동아시아에서도 19세기 일본이 보여주었던 탈아입구脫亞入歐의 구호는 자신의 과거를 낮추고 새로운 기원을 만들어 배우는 데 열심인 태도를 반영한다. 동아시아에서 제일 먼저 일본이 서구를 성공적으로 모방하고 배우는 일에 나선 이유는 다양하겠으나, 역사적으로 일본 역시 중국에서 배워야 했던 이차성의 문화였다는 사실이 이해를 돕는 하나의 실마리를 제공하는 듯하다.

레스 푸블리카의 도로와 건축

고대 그리스와 로마를 비교하는 전문가들은 그리스가 문화적 우수성으로 놀라운 업적을 이룬 데 반해, 로마는 상대적으로 초라하다고 진단한다. 토머스 마틴은 "로마인들은 그리스인들과 애증관계에 있었다. 그들은 문화적 측면에서는 그리스인들을 존경했지만, 그리스인들의 사분오열과 군사적 열등성을 경멸했다"고 소개한다.[47] 그리스가 짧은 기간이지만 기원전 5~기원전 4세기 놀라운 철학의 기초를 닦은 데 비해 로마는 이를 계승했을 뿐이다. 그리스의 비극과 같은 문학 및 공연 예술의 세련됨에 비해, 로마는 오히려 검투사의 대결과 같은 야만적인 게임을 즐겼을 뿐이다. 그리스의 수학이나 과학, 의학의 기념비적 발전과 비교해 로마의 업적은 약소한 형편이다. 이차성의 원칙에 충실하듯 로마인들은 그리스에 가서 다양한 학문과 예술을 배우고 재현했다.

그리스가 열었고 로마가 계승한 문명적 공통점은 도시 문화, 즉 폴리스의 전통에서 찾을 수 있다. 로마는 그리스와 마찬가지로 이탈리아반도 중부의 한 도시에서 폴리스와 유사한 방식으로 수립되어 점차 대륙적 규모의 제국으로 발전했다. 그렇다고 그리스는 폴리스, 로마는 제국으로 대립시키는 시각은 불완전하다. 로마는 수도가 제국의 중심을 형성했으나, 여전히 제국이 '도시의 집합'이라는 사실은 변하지 않았다. 다른 방식으로 표현하자면, 로마는 폴리스의 그물로 형성된 제국이었다. 고대 중국에서 황제가 거주하는 수도가 나머지 영토를 피라미드 형식으로 지배했다면, 고대 로마 제국은 로마를 중심으로 다수의 도시가 네트워크를 이루는 형식이었다.

각 도시는 나름의 자율성을 확보하고 있었고, 로마는 군사적으로 영토를 지배했으나 지역 정치를 완전히 부정한 것은 아니다. 신약성경만 보더라도, 빌라도라는 로마 총독의 군사적 지배와 별개로 유대인들은 헤롯 왕정을 유지하고 있었다. 로마 제국을 형성하는 지중해 각지의 도시는 앞서 그리스의 폴리스에서 발견했던 공공 영역을 도시의 중심에 두고 있었다. 시민들은 포럼에 모여 상거래를 했고, 콜로세움에서 검투사의 대결을 구경했으며, 극장이나 경기장을 만들어 대중의 유흥을 위한 행사를 벌였다.

고대 로마와 중국의 한나라를 비교하는 연구에 따르면, 두 문명이 보여주는 도시 구조의 차이가 자명하다.[48] 로마 제국의 도시는 한결같이 도심에 시민의 군집이 가능한 시설이 자리 잡는다. 많은 사람이 모이기 위해서는 '공간의 개방성'이 무엇보다 중요하다. 이와 반대로 중국의 수도는 황제를 중심으로 내궁, 외궁, 내성, 외성 등의 원이 그려지는데 도심으로 갈수록 황제의 영역에 가까워지고, 따라서 진입할 수 있는 사람의 수가 줄어든다. 왕족, 귀족 등 황제와 가장 가까운 사람들만이 중심에 접근하며, 평민은 성이나 궁 밖에 남는다.

도시의 구조뿐 아니라 도시의 비전도 다르다. 아테네나 로마는 영원을 꿈꾸며 설계되고 만들어진다. 아테네의 아크로폴리스가 여전히 관광객을 맞는 이유는 영원한 폴리스를 지향하며 돌로 만들어졌기 때문이다. 로마는 제국의 크기와 상관없이 영원이라는 이상을 향했다. 반면 중국의 도시는 철저하게 왕조와 운명을 같이했다. 새로운 왕조가 시작되면 천도遷都하는 일이 빈번했고, 과거의 수도는 폐허로 허물어지는 운명이었다. 달리 말해 폴리스나 레스 푸블리카는 장소의 특수성이 중요하며 불멸과 영원을 지향했다. 중국의 고대 국가는 왕조를 중심으로 황제의 조상을 모시고 역대 왕의 묘를 기리는 일이 핵심이었다.

아테네와 로마는 폴리스 중심의 문명이었으나 차이도 있었다. 로마는 문화적으로 그리스에 밀렸지만, 건축과 전쟁에서는 그리스의 한계를 크게 뛰어넘었다. 로마는 인구가 100만 명에 달할 정도로 거대한 도시를 형성했다. 콜로세움은 수만 명의 관중을 수용할 만큼 방대했다. 산과 계곡을 가로지르는 대단한 수로도 만들어 깨끗한 물을 도시에 공급했다. 높은 곳의 물을 낮은 지역으로 이동시키는 수로야말로 로마 문명의 이차성을 잘 보여준다. 상위 문명인 그리스를 야만의 지역인 프랑스나 영국으로 이전하는 중간의 로마, 통로로서의 로마를 말한다. 로마는 또한 개선장군을 위해서도 거대한 개선문을 세우곤 했다.

그리스의 폴리스는 각각 따로 독립된 존재였으나, 로마의 도시는 탄탄한 도로를 통해 긴밀하게 연결되었다. 즉 로마 제국이 다양한 폴리스를 하나의 공적 영역으로 묶어 거대한 레스 푸블리카를 형성하는 역할을 한 셈이다. 특히 그리스 문명이 지배하던 지중해 동부에는 알렉산드리아, 안티오크, 에페수스, 콘스탄티노플 등이 있었고 중앙에는 카르타고가 있었다. 훗날 로마 문명의 세계적 확산에 결정적인 역할을 할 프랑스의 루테티아Lutetia(파리)나 영국의 론디니움Londinium(런던)도 모두 로마가 제국 안에 세운 도시 네트워크의 일원이었다.

로마는 처음에는 전쟁을 수행하기 위해 도로를 만들었고, 승리를 거둔 뒤에는 로마의 지배를 장기적으로 유지하기 위해 탄탄하게 다졌다. 페니키아나 그리스 세력이 배로 이동하고 해전을 통해 지중해를 지배했다면, 로마는 도로와 육군을 중시하는 전략을 동반했다. 군사적 목적으로 만든 도로망은 이후 행정이나 상업의 발전에도 요긴했고, 사람과 아이디어의 교류에도 결정적이었다.[49] 로마 제국이 지배하면서 도로망을 깔아놓은 서유럽과, 로마의 지배 밖에 머물렀던 중부 및 동유럽의 운명이 역사적으로 그토록 달랐던 이유의 중요한 부분도 여기서 비롯되지 않을까.

고대의 능력주의

유럽의 모태가 된 로마 1000년의 역사에서 가장 눈에 띄는 특징 가운데 하나는 로마의 능력주의다. 영어에서 능력주의는 메리토크라시라고 하는데 메리트는 라틴어 Meritum에서 오고 크라시는 데모크라시처럼 그리스어에서 비롯된다. 메리툼의 의미는 '받다' '자격이 있다'라는 뜻의 동사 merere에서 비롯된다. 나중에 보상이나 임금이라는 의미를 지니게 되었다. 메리토크라시는 능력주의라고 번역되는데, 어원을 따지면 '당연히 받아야 하는 보상을 주는 사회나 정치

고대 로마 시기인 1세기에 건설된 프랑스 가르 수로 교각이다.
로마는 산과 계곡을 가로지르는 대단한 수로도 만들어 깨끗한 물을 도시에 공급했다.
높은 곳의 물을 낮은 지역으로 이동시키는 수로야말로 로마 문명의 이차성을 잘 보여준다.

체제'라고 풀어서 이해할 수 있다. 요즘은 능력주의에 대한 비판이 대세지만 인류 역사에서 능력주의는 거대한 발전의 동력이었다.[50]

로마는 1000년의 역사에서 세습을 원칙으로 삼은 적이 없다. 심지어 세습의 기본 형식이라고 할 수 있는 초기 왕정 시대에도 왕위는 세습을 통해 내려오지 않았다. 로마의 왕은 인터렉스Interrex라 불리는 임시 왕이 제안한 인물에 대해 쿠리아 민회Comitia Curiata가 찬반투표를 통해 결정했다고 전해진다. 아들이 아닌 사위에게 계승되거나, 완전히 외부에서 온 이방인이 왕위를 차지하는 일도 있었다. 4대 왕 안쿠스 마르키우스는 3대 왕 툴루스 호스틸리우스의 사위였다. 5대 왕 루키우스 타르퀴니우스 프리스쿠스는 이웃 에트루리아에서 온 이방인 왕이었고, 그의 아버지는 앞서 밝혔듯 코린토스 출신으로 전해진다.

로마 왕정의 시대는 어차피 역사적 정확성이 떨어진다고 치자. 공화정은 세습은커녕 모든 권력을 쪼개고 나누는 통치 체제였으며 그것도 임기를 1년으로 크게 제약하는 시스템이었다. 로마의 투표 제도는 그리스와 비교해 엘리트 중심의 무척 불평등한 제도였으나, 여전히 투표를 통해 우수한 리더를 선출한다는 정신은 강했다.

공화정은 당연히 세습을 부정하고 선출을 중시했더라도, 제국이라면 왕정처럼 세습 왕조가 정상이라고 생각하기 마련이다. 실제 세계 대부분의 제국은 왕조처럼 황제의 직위를 형제 또는 아들로 계승시키는 시스템이다. 일반인들이 인식하기에 제국이란 커다란 왕국이다. 특히 한국의 역사를 보면 수백 년간 계속되던 왕조가 갑자기 근대에 들어 대한제국으로 이름을 바꾼다. 세습의 원칙은 유지하면서 이름만 바꾼 모양새다.

로마 제국은 세습의 관점에서 본다면 제국이라고 부르기 민망하다. 앞서 말한 대로 제국의 시기에도 로마의 황제는 왕이 아니었다. 거대한 레스 푸블리카의 제1시민이었을 뿐이다. 형제나 아들에게 권력을 승계하는 일은 제국의 안정성을 위해 실용적으로 용납할 순 있었으나, 원칙으로 삼지는 않았다. 로마 제국에서 권력은 여전히 전쟁 수행 능력과 통치력을 가진 자가 획득하는 영예였다.

로마 제국은 한 왕조나 가문이 독점한 체제가 아니라, 무척 다양한 다수의 가문으로 나뉜다. 로마 제국의 수백 년 역사에서 가장 오래 권력을 유지한 왕조로 율리우스 - 클라우디우스 왕조(기원전 27~기원후 68)와 네르바 - 안토니누스 왕조(96~192)를 꼽는다.[51] 둘은 거의 100년간 지속되었다는 점에서 장수長壽 왕조다. 그러나 다른 문화의 왕조와는 비교하기 어렵다. 로마의 왕조란 가문에서 뛰어난 인재를 양자로 들여 권력을 승계하는 형식이었기 때문이다.

로마 제국을 시작한 율리우스 - 클라우디우스 왕조는 율리우스 카이사르의 가문과 클라우디우스 가문에서 황제들을 배출했다는 의미일 뿐이다. 로마의 첫 황제로 역사에 기록된 아우구스투스는 공화정의 마지막 집정관이자 종신 독재자 율리우스 카이사르의 양자養子다. 이후 티베리우스, 칼리굴라, 클라우디우스, 네로로 이어지는 왕조에서 생부 아버지가 아들에게 황위를 물려준 사례는 없다. 달리 말해 로마에서 왕조란 부자관계의 권력 계승이란 모델을 따르기는 했으나, 실질적으로는 제한된 가문의 틀에서 황제의 능력을 지녔다고 여겨지는 인물을 선택하는 제도였다. 또 네로처럼 자식도 없이 자살했다면 다른 왕조, 즉 가문으로 권력이 이동해도 제국의 틀을 바꾸는 것은 아니었다.

네르바-안토니누스 왕조도 로마 제국의 전성기를 구가한 황제로 가득하다. 네르바, 트라야누스, 하드리아누스, 안토니누스 피우스, 마르쿠스 아우렐리우스는 로마 제국의 5대 선황Five Good Emperors으로 알려졌다.[52] 여기도 이름만 왕조일 뿐 거의 다 양자를 선택해 황위를 물려줬다. 왕조 말기 마르쿠스 아우렐리우스가 친자親子 코모두스에게 황위를 넘겼는데, 로마사에서 가장 실패한 계승 사례로 남았다. 달리 말해 로마 제국은 우수한 인물을 양자로 삼아 후계를 결정하면 성공하고, 친자를 고집하면 실패한다는 역사가 만들어진 시기다.

로마를 제국으로 부른다면 이는 19세기 말 프랑스 제3공화국이 식민지를 운영하면서 제국이라고 불렸던 패턴과 비슷하다. 왕조로서 제국이 아니라 다양한 민족을 통치한다는 의미에서 제국이라는 말이다.[53] 아이러니한 점은 공화정의 정신이 여전히 지배하는 로마의 특수한 제정Imperium이 제국Empire이라는 용어를 만들어냈으나, 그 제국이 다른 대륙이나 문화의 왕조 논리와 결합하면서 전혀 다른 의미로 돌변했다는 것이다. 이런 과정과 오해를 거쳐 로마에 대한 오해를 낳는 게 현실이다.

공화주의 성향의 제국을 로마가 만들어 해당 용어가 세계로 확산됐으나, 제국을 세습적으로 운영하는 세계 각지의 제국들이 엠파이어의 의미를 바꿔 다시 로마를 세습적 시각으로 바라보게 만드는 피드백 현상이다. 로마를 제대로 이해하고 지칭하려면 단순히 로마제국을 논하기보다 '로마의 공화주의적 제국', 혹은 레스 푸블리카의 제국이라고 정확하게 표현하는 것이 적절하다.

로마가 다른 지역처럼 전형적인 왕조를 만들기 어려웠던 중요한 요인은 일부일처제라는 특수한 문화 관습에 있다. 고대 로마는 그리스와 마찬가지로 일부일처제의 사회제도를 가졌다. 서아시아나 북아프리카 등과 현저하게 다른 특징이다. 일부일처제에서 남자 후계자를 얻는 일은, 일부다처제와 비교했을 때 다소 어렵다. 아들을 낳는다는 보장도 없고, 아들이 성인으로 장성한다는 확신도 없으며, 우수한 지도자가 되리라는 보장은 더더욱 없다. 따라서 로마의 양자 제도는 고대의 능력주의를 반영하면서, 동시에 이런 계승의 불확실성을 보완하는 관습이었다고 해석할 수 있다.

고대 로마 사회에서 양자 제도의 발전은 독특한 가족 관습에서 비롯되는 측면도 있다.[54] 로마는 강력한 가부장제를 지향했고 따라서 아버지가 살아 있는 한 아들은 아버지의 명령에 복종하는 '미성년자'였다. 심지어 자신이 커다란 가족을 꾸리고 상원의원이며 거대한 재산을 보유한 인물일지라도, 여전히 노인 아버지의 지배하에 두고 따르도록 하는 사회였다. 로마에서 독립하려는 아들들의 아버지 살해Parricide가 유난히 많았던 이유다. 구조적으로 대립적인 부자관계 때문인지, 또는 아들에 대한 통제력을 더 강화하려는 아버지 때문인지 이유는 확실치 않으나 로마인들은 자동적인 친자 승계보다는 선택할 수 있는 양자 제도를 선호했다. 앞서 망드라스가 지적했듯 로마는 가족 안에서조차 지극히 개인주의적인 사회였고, 능력을 이유로 들어 가문의 명예와 재산을 물려주는 사회였다. 그리고 사회의 관습이 황제의 계승에까지 그대로 반영된 셈이다.

로마의 정치가 보여주는 공화정의 원칙은 로마 사회에 깊은 뿌리를 내리고 있다. 로마의 이차성은 로마 사회가 그리스라는 외부의 선진 문화를 겸허하게 받아들이는 태도를 보여준다. 그것도 소화해서 없애버리는 방식이 아니라, 포용해서 원래의 문화를 보존하면서 비교·유지하는 방식이다. 촘촘한 도로망과 거대한 건축물들이 보여주듯, 로마는 공공성과 소통을 중시하고 영원한 미래를 지향하는 사회였다. 12표법을 돌에 새겨 도심에 공개하듯, 오락과 유흥의 콜로세움도 도심에서 우뚝 서 시민들이 모일 수 있도록 했다. 로마는 또 인간사회의 자연스러운 혈족 선호를 넘어, 능력에 기초한 사회적 관계를 더 중요시했고 세습을 부정적으로 보았다.

상속자와 장학생의 비유를 다시 활용하자면 로마는 장학생이 상속자보다 훨씬 더 성공적으로 유산을 이어받아 발전시킬 수 있는 문명의 성격을 가졌다는 말이다. 로마의 정치 문법은 로마인의 피나 유전자로 이어받을 수 있는 성격이라기보다, 노력과 학습으로 계승할 수 있는 정신이고 제도이며 문화라는 의미다. 동아시아처럼 로마의 혈통과는 아무 관계가 없는 지역의 사회도 공화정의 정치 공동체를 만들 수 있으며, 서구보다 훨씬 앞서거나 순수한 형식의 공화정을 수립할 가능성이 열려 있다.

3

레스 푸블리카와 임페리움의 계승

로마가 유럽의 모태라는 것은 기원전 5세기부터 기원후 5세기까지 1000년의 역사적 깊이만 봐도 쉽게 가정할 수 있다. 그러나 과거에 오랜 기간 지배했다고 반드시 그 이후 역사나 정치·사회 구조의 모태가 되는 것은 아니다. 비교적 짧은 기간에 문화적 변화가 획기적으로 일어나는 사례는 역사에서 매우 흔하다. 예를 들어 서아시아 지역은 바빌로니아나 페르시아 등 고대 제국의 문명이 오래 계속되었으나, 7세기부터 이슬람의 영향 아래 들어가면서 근본적인 변화를 경험했다.

로마의 레스 푸블리카와 임페리움이라는 정치 문법이 유럽의 모태가 될 수 있었던 이유는 로마 문명이 갖는 포괄성에서 찾아야 한다. 브라그는 이와 관련해서 로마 문명이란 내용도 중요하지만 형식을 포기하지 않는다고 말한다.[55] 아랍인들은 그리스의 철학을 번역한 뒤 원문을 폐기했으나, 로마인들은 원문과 번역본을 유지하면서 항상 새로운 번역의 가능성을 열어놓았다. 무엇을 담고 있는지의 내용물만큼 그릇도 중요하다는 뜻이다. 앞서 소개한 로마의 이차성은 포괄성의 핵심이다. 로마는 그릇이며 틀일 뿐, 내용물로 그리스의 선진 문화를 받아들이는 데 아무런 거리낌이 없다. 로마는 수로처럼 수준 높은 아테네 문명을 낮은 지역인 프랑스와 영국, 이베리아반도와 아프리카 북부로 확산시켰다. 마찬가지로 예루살렘의 유일신 종교를 지중해는 물론, 유럽 대륙과 영국 섬까지 널리 옮겨 심었다.

    이 장에서는 시기를 중세, 근대, 현대로 나누어 각 시기에 로마의 레스 푸블리카 정치 문법이 계승되는 양상을 살펴본다. 중세에는 신성로마 제국과 이탈리아 도시국가들이 레스 푸블리카의 변용을 잘 보여준다. 근대에는 미국과 프랑스의 혁명을 통해 레스 푸블리카와 임페리움의 확산을 확인할 수 있다. 마지막으로 현대의 레스 푸블리카는 공화정의 보편화와 제국 논의를 통해 로마 문법의 계승을 가늠해볼 수 있다.

신성로마 제국과 도시 공화국

로마 제국의 직접적인 계승 국가를 따진다면, 로마에서 동로마 제국으로 갈라져 15세기까지 다시 1000년의 역사를 지속한 비잔티움 제국을 들 수 있다. 서로마 제국은 대략 라틴어권이었으나 동로마 제국은 그리스어권이었다. 정치적 관점에서 흥미로운 사실은 지중해 동부가 그리스 문화로 통일되어 있었으나, 정치적으로는 알렉산드로스가 정복한 짧은 기간을 제외하면 하나의 통합체가 되지 못했다는 점이다. 문화적 그리스어권을 정치적으로 하나로 묶어준 것은 바로 로마의 정치 문법이었다.

로마의 문법이란 개방성, 포용성, 통합성이다. 로마가 얼마나 열린 제국이었던지 그리스 본토부터 페르시아의 영역이었던 서아시아, 이집트가 지배해온 북아프리카가 모두 로마의 테두리에 들어가 소속감을 키웠다. 로마는 기존의 현지 문화를 존중하면서 동시에 각 지역의 엘리트들을 로마의 시민으로 받아들였다. 물질적 측면에서도 이집트의 밀을 수입해 로마의 시민을 먹여 살렸다. 비단 밀뿐 아니라 다양한 물자를 배로, 혹은 도로망을 이용해 육로로 수입하고 로마의 군대와 상품을 수출했다. 그 결과 지중해 동부는 로마를 통해 하나의 광활한 제국을 형성할 수 있었고, 그 제국은 1000년간 생존했다. 비잔티움을 종결시킨 이슬람 오토만 제국조차 로마를 계승한다고 했으니, 지중해 지역에서 로마의 영광이 얼마나 컸는지 알 수 있다.[56]

동로마 제국은 통일된 형식으로 살아남았으나, 서로마 제국은 5세기에 붕괴하여 자취를 감췄다. 다만 로마 제국의 서부에서 로마의 정치 문법은 이색적으로 계승되었다. 하나는 임페리움의 형식으

로마 제국과 기독교의 확산(4세기)

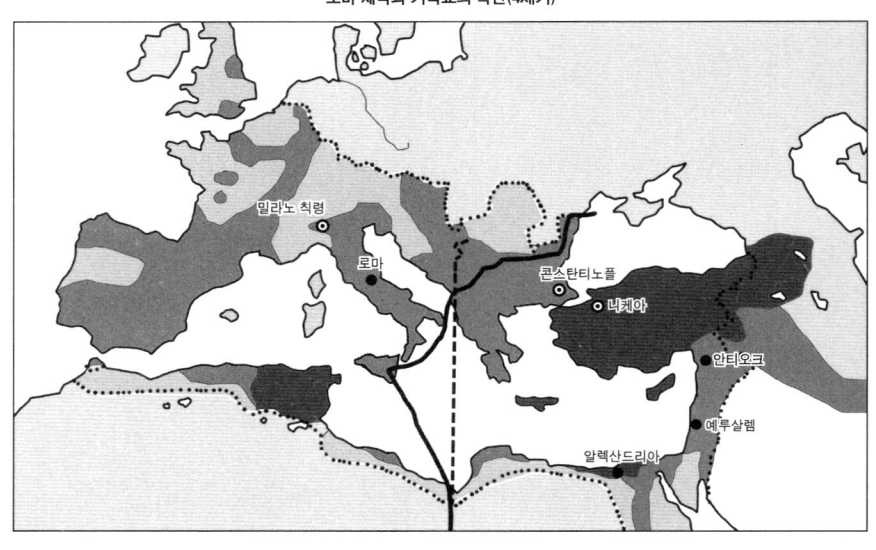

- ● 주요 기독교 공동체
- 기독교 밀집 지역
- 기독교 전파 지역
- 비기독교 지역
- ○ 공의회(콘스탄티노플 381년, 니케아 325년)
- ── 그리스어와 라틴어의 경계
- ······ 2세기 말 로마 제국의 경계
- --- 로마 제국의 동서 분립 395년

로 거대한 영토를 지배하는 제국이다. 게르만계의 다양한 부족 가운데 지배적 세력이었던 프랑크족은, 샤를마뉴 시기 유럽 중부에 큰 영토를 차지하면서 로마의 영광을 재현하는 데 부분적으로 성공했다.

프랑크 부족의 왕 샤를마뉴는 800년 크리스마스에 로마 가톨릭 교회의 교황으로부터 황제로 인정받으며 즉위함으로써 로마를 다시 세우려는 야심을 드러냈다. 다만 그 시도는 오래가지 못했다. 후계자들이 영토를 분할 통치하면서 제국이 나뉘었기 때문이다. 샤를마뉴의 아들 루이 1세까지는 제국이 유지되었으나, 손자 대에서 베르됭 조약(843년)을 통해 서부, 중부, 동부로 나뉘었고, 각각 프랑스, 이탈리아, 독일 지역의 역사적 기반이 되었다.[57]

샤를마뉴의 로마 제국 부활의 꿈은 962년 동부 프란시아의 왕이었던 작센계의 오토 1세를 통해 재현되었다. 오토 1세는 샤를마뉴와 마찬가지로 로마 교황으로부터 승인받고 새로운 제국의 황제로 즉위했다. 이 제국은 또 다른 황제 나폴레옹에 의해 1806년 폐기될 때까지 800년 이상 명맥을 이어갔다. 부활한 로마 제국의 명칭은 '로마 임페리움Imperium Romanum'으로 시작했다가, 13세기 이탈리아반도와 교황까지 포함하려는 의도에서 '신성로마 제국'으로 변경했지만, 16세기 이탈리아를 비롯한 남부 영토를 상실하면서 '게르만 민족의 신성로마 제국'으로 바뀌었다. 앞서 이야기한 대로 '그릇'으로서 로마 정치 문법은 임페리움에서 찾을 수 있고, 그 '내용물'은 프랑크족, 작센족, '이탈리아를 포함하는 중부 유럽', '이탈리아를 제외한 중부 유럽' 등으로 변화를 거듭했다.

로마의 뒤를 잇는 임페리움은 초기에는 샤를마뉴나 오토 1세처럼 강한 황제의 후손으로 황위를 계승했으나, 이후에는 로마와 마찬가지로 황제를 선출했다. 여러 개의 왕국으로 출범하여 나중에는 다수의 공국, 자유도시, 교회령으로 구성된 신성로마 제국은 주요 세력들의 투표를 통해 황제를 선발했다.[58] 주요 세력이란 브란덴부르크, 작센, 팔츠, 보헤미아의 영토를 대표하는 세력과 쾰른, 마인츠, 트리어의 주교를 뜻한다. 신성로마 제국은 제국의회Reichtag라는 입법기관을 가졌고, 제국법원Reichkammergericht을 운영했다.

신성로마 제국은 독일 역사에서 첫 번째 제국으로 통한다. 실제로 제국이 포괄하는 영역은 현대 독일보다 훨씬 더 큰 영토였으나, 독일이 명백하게 제국의 후계자임을 자처하기 때문이다. 두 번째는 프로이센 왕국에서 만든 1871~1919년의 제국이고, 나치는 1933년부터 제3제국Drittes Reich을 주창하고 나섰다. 고대 로마의 임페리움이 현대까지 연결되는 고리의 핵심은 중세의 신성로마 제국인 셈이다.

임페리움의 유산을 중부 유럽의 신성로마 제국이 계승했다면 레스 푸블리카를 이어간 것은 이탈리아와 중부 유럽을 가득 메운 도시들이다. 이탈리아에서는 콤무네라 불리는 자유도시들이 8세기부터 본격적으로 발달하면서 자치권을 갖기 시작했고, 북쪽에 스위스나 독일, 네덜란드 등에도 자유도시가 세워졌다. 자치권의 정도는 달랐으나 프랑스, 스페인, 영국 그리고 북해 지역의 한자 동맹도 수많은 자율적 도시를 가졌다.

도시의 규모만 본다면 이들 중세 유럽의 자유도시는 그리스의 폴리스를 연상케 한다. 하지만 좀더 들여다보면 그리스의 폴리스에 덧붙여 로마의 레스 푸블리카라는 정치 문법을 명백히 드러낸다. 아테네처럼 직접 민주주의를 실현하는 자유도시는 없었고, 스파르타처럼 군주나 폭군을 떠받드는 자유도시도 드물었다. 중세 유럽의 자유도시는 로마의 레스 푸블리카처럼 시민의 다양한 계층의 이익을 골고루 반영하는 혼합형 정치 체제를 가졌다.

베네치아 공화국(697~1797)은 가장 성공적이면서도 전형적인 중세 도시국가였다. 베네치아 정치의 맨 꼭대기에는 왕을 연상케 하는 도제Doge가 있었다. 도제가 '하나의 지배'를 상징한다면, 시뇨리아Signoria라 불리는 회의는 '소수의 지배'에 해당되는 의회의 기능을 한다. 공화국 초기에는 아렝고Arengo라 불리는 시민 전체 회의에서 도제를 선출했으나 나중에는 2000명 규모의 대회의Maggior Consiglio가 '다수의 지배'를 상징하며 권력을 장악하게 되었다.

베네치아의 정치는 소수의 대가문들이 지배했다고 알려져 있다. 고대 로마에서 소수의 귀족 집안이 원로원을 장악했던 현실과 유사하다. 다만 베네치아는 로마의 레스 푸블리카와 마찬가지로 도제라는 제도를 통해 리더십을 확보했고, 동시에 아렝고나 대회의 제도를 통해 평민의 목소리를 반영했다.

『베네치아 공화국』이라는 고전 저작을 인용해보자.[59]

유럽의 민족peuples들이 차례로 경험한 다양하고 복잡한 정치 형태의 시리즈succession 속에서 베네치아는 예외적인 사례다. 베네치아의 정치 체제constitution는 제도의 역사에서 가장 독보적이면서도 놀라운 결과물이라고 할 수 있다. 베네치아는 거의 유일하면서 전형적인 순수 귀족 정부의 모형을 제시한다. 규모가 작고 폐쇄적이며 특권을 강력하게 보호하려는 소수 집단이 파트리키[귀족]의 공화국을 형성하고 있다. 무엇보다 주목할 점은, 이 체제를 운영한 사람들이 처음에는 환경의 영향을 받아 우연히 그것을 만들어냈으나, 이후 많은 부분을 조정하여 오랜 세월 이 인위적인 정치적 작품oeuvre politique을 유지했다는 사실이다. 베네치아의 체제는 큰 변동이나 혁명 없이 1000년 가까이 계속되었다. 이 체제가 지배하는 도시는 탄탄하고 강한 국가가 되었을 뿐 아니라 세계적 강대국으로 부상했다.

피렌체 역시 1115년 공화국으로 출범했으나 16세기 메디치 가문의 공국으로 전환했다. 르네상스 시대 이탈리아는 베네치아, 피렌체는 물론 제노바, 피사, 루카, 시에나 등 다양한 도시 공화국이 화려한 문화와 경제적 풍요를 자랑했다. 『군주론』과 근대 정치의 사상적 기반을 마련한 것으로 유명한 마키아벨리는 피렌체 공화국의 고위 관료이자 책사였다.

마키아벨리는 후세에 '권모술수'와 동일시되는 현실주의자의 측면도 있으나 기본적으로 공화주의자였다. "마키아벨리가 꿈꾼 공화정은 일차적으로는 제국으로의 팽창이 가능했던 로마 공화정이다."[60] 로마 공화정은 개방적이고 자유로웠던 반면 스파르타나 베네치아, 독일의 자유도시는 고립적이고 폐쇄적이라고 보았기 때문이다. 여기서도 자유와 개방성은 귀족을 넘어 인민을 향하는 사회적 차원과, 기존의 도시를 넘어 큰 영토로 확장하는 지리·문화적 차원을 포함한다. 마키아벨리는 레스 푸블리카와 임페리움이 논리적으로 긴밀하게 연결되었음을 통찰력으로 파악한 사상가다.

미합중국과 프랑스 공화국

현대 정치에서 민주주의 모델로 지목되는 미국과 프랑스는 18세기 후반 기존 질서를 붕괴시키고 새로운 정치 체제를 세웠다. 혁명이라는 표현이 잘 드러내듯, 미국과 프랑스는 혁명을 통해 과거를 완벽하게 부정하면서 정치만이 아닌 아예 새로운 세상을 꿈꿨다. 그러나 새로운 세상조차 완전히 무無에서 상상과 이성만으로 만들어낸 것은 아니었다. 여기서 로마의 공화정은 대서양을 중심으로 양쪽 대륙에 자리한 미국과 프랑스의 중요한 기준이자 모델로 작동했다.

로마의 이상을 모델로 삼아 네이션의 문법을 만드는 데 크게 공헌한 18세기의 정치사상가 루소도 자유란 정치 공동체의 출발점이자 목표라고 명확하게 지적했다.[61]

> 모든 법적 체계의 목표가 되고, 모두에게 가장 좋은 것을 정확하게 찾아야 한다면, 자유와 평등이라고 하는 두 가지 주요 대상으

로 압축할 수 있다. 자유가 중요한 이유는, 개인이 어떤 형태로든 종속 상태에 놓이면 국가 공동체 전체의 힘이 약해지기 때문이다. 평등이 중요한 이유는, 평등 없이 자유가 존속될 수 없기 때문이다.

18세기 중후반 미국 건국의 아버지들에게 로마는 여러모로 적절한 모델이었다. 우선 로마의 공화정은 폭군 왕정을 종결하고 새롭게 만들어진 체제다. 미국도 영국의 식민지 상태에서 국왕과 귀족의 폭정에 반발하는 시민들의 항거에서 시작해 건국한 나라였다. 사회적 측면을 보더라도 로마의 해방된 노예나 다양한 출신의 사람들이 힘을 합쳐 나라를 세웠듯, 신생 국가 미국 역시 다양한 종교와 종파의 사람들이 폭정에 저항하면서 힘을 합쳐 이룬 나라다. 흑인 노예를 포함하지는 않았으나, 유럽에서 넘어온 다양한 민족과 종교 간의 화합을 내세운 셈이다. 또 로마처럼 커다란 영토를 포괄하는 개방적 체제도 만들어야 했다. 13개의 식민지 영토는 각각 주State를 형성하면서 하나의 합중국United States으로 뭉쳤다. 로마가 보편성을 지향하면서 팽창에 팽창을 거듭했듯 미국도 보편성을 앞세워 서부로 그리고 세계를 향해 확장에 나섰다.

오늘날 미국은 민주주의의 종주국으로 인식되지만, 18세기 미국 건국의 아버지들은 민주주의보다는 공화정을 지향했다.[62] 1인 1표의 일반 투표권으로 상징되는 민주주의는 18세기 독립전쟁을 치르는 건국의 아버지들에게 실현할 수 있는 목표도 아니었고 바람직한 이상조차 아니었다. 오히려 미국에서는 민주주의자를 민중을 선동하는 인물demagogue과 동일시했고 민주주의 제도는 '반란의 권리'나 '대중의 열정이 지배하는 체제'로 인식되었다.[63] 미국의 독립과 혁명은 이런 관점에서 고대 아테네보다는 로마 공화정의 재현이었다. 하나(대통령) – 소수(상원) – 다수(하원)의 원리가 적절하게 균형을 이루는 공화정 말이다.

민주주의의 또 다른 모델 프랑스도 사정은 비슷했다. 18세기 혁명가들에게 민주주의는 변화를 지향하는 세력을 끌어들일 구호가 될 수 없었다. 민주주의는 혁명을 주도한 세력에서조차 소수의 극단적인 바람이었을 뿐이다. 프랑스는 혁명 이후 100년 동안, 19세기 후반이 될 때까지 왕정과 공화정을 둘러싼 대립이 계속되었다. 따라서 프랑스 정치에서 공화주의는 민주주의보다 훨씬 더 중요한 과제였고, 그 전통에 따라 오늘날에도 민주주의보다는 공화주의나 공화국 정신Esprit républicain이 더 핵심적인 정치 문법의 용어다. 상징적인 측면을 살펴보더라도, 프랑스 정치사에서 민주라는 개념을 간판으로 내세운 주요 정당은 드물었다. 1970~1990년대 활동한 발레리 지스카르 데스탱 대통령의 프랑스민주연합UDF, 21세기에 민주운동MoDem 정도가 고작이다.

프랑스 혁명 시기의 역사는 로마의 영향력을 노골적으로 보여준다. "프랑스 혁명 시기의 담론은 로마 문화로 빚어졌으며, 이 시기의 예술은 로마의 건축과 가구를 흉내 낼 정도였다."[64] 로마의 상징 문법이 미국과 프랑스로 곧바로 전해진 경우는 프리기아 모자다. 원뿔

형으로 생긴 프리기아 모자Bonnet phrygien는 로마 시대에 자유의 여신이 착용했고, 이어서 해방되어 자유를 누리게 된 노예들에게 씌웠다. 프리기아 모자는 고대 로마에서 종속의 신분으로부터 자유를 획득한 사람의 상징이었다. 이 모자는 미국을 거쳐 프랑스까지 혁명 세력의 상징으로 부상했다. 프랑스는 특히 붉은색 모자Bonnet rouge로 특정하여 공화주의자의 표식이 되었다. 2024년 파리 올림픽의 마스코트도 프리기아 모자를 모델로 한 자유와 혁명의 상징 프리주Phryges였다.

프랑스 역사의 흐름은 고대 로마사를 가속·압축하여 보여주는 측면도 있다. 로마의 공화정은 500년 가까이 지나 제정으로 넘어갔으나, 프랑스의 공화정은 약 10년의 세월 만에 제정을 낳았다. 1789년 혁명이 일어났고, 1791년 왕을 단두대에서 처형하여 공화국을 세웠다. 하지만 1799년에는 나폴레옹의 쿠데타로 프랑스는 통령 체제Consulat가 되었다. 나폴레옹을 위해 고안한 통령統領, Consul 직은 로마의 집정관Consul과 같은 명칭이다. 로마에서 카이사르가 통령에서 독재자로, 그리고 그의 양자 아우구스투스가 황제로 즉위했듯, 프랑스에서는 나폴레옹이 장군에서 통령으로, 그리고 1804년 황제로 즉위했다.

프랑스 정치사에서 공화국과 독재자의 결합을 보나파르티즘Bonapartisme이라고 부른다.[65] 나폴레옹 보나파르트에서 성만 추출하여 만든 명칭이다. 나폴레옹의 조카 루이 나폴레옹도 1848년에 다시 수립된 공화정에서 대통령으로 당선된 뒤, 1852년 제정으로 전환하면서 황제로 즉위했기 때문이다. 프랑스는 이처럼 정치사조차 왕정 - 공화정 - 제정이라는 로마의 공식을 따라갔던 셈이다.

「세 황제의 전투」, 프랑수아 제라르, 1810. 1804년 황제로 즉위한 나폴레옹은 이듬해 아우스터리츠 전투에서 신성로마 제국의 프란츠 2세와 러시아의 알렉산드르 1세의 군대를 물리쳤다. 이를 '세 황제의 전투'라 일컫는다. 로마의 공화정은 500년 가까이 지나 제정으로 넘어갔지만, 프랑스 공화정은 거의 10년 만에 제정으로 이어졌다.

프랑스 혁명과 정치 체제의 주기

정치 체제	절대왕정	공화정	제정	왕정 1	왕정 2	공화정	제정
시기	~1789	1792~1804	1804~1814	1814~1830	1830~1848	1848~1852	1852~1870

고대 그리스와 로마의 정치 문법을 기반으로 서로 비교하면서 이후의 서구 정치사를 살펴보는 일도 흥미롭다. 하나 – 소수 – 다수의 구성이 나라와 시대에 따라 조금씩 다르게 나타난다. 하나는 영국에서 왕이지만 미국에서는 대통령이고, 프랑스에서는 왕 – 통령 – 황제 – 대통령 등 쉴 새 없이 변한다. 영국이나 미국에서 소수는 상원이고 다수는 하원이지만, 프랑스에서는 1848년 혁명 이후 의회 전체가 소수이고 국민이 다수가 되는 체제로 전환했다.

프랑스 제2제정은 특히 황제가 국민투표Plébiscite를 통해 인민의 지지를 확인하곤 했는데, 이는 로마 공화정 아래 호민관의 집권 방식에서 내려오는 전통이다.[66] 플레비스키툼이란 평민들의 민회에서 결정한 사항으로, 평민에게만 적용되는 법령을 의미했다. 1848년 제2공화국에서 대통령으로 당선된 루이 나폴레옹은 친위 쿠데타를 통해 자신의 권한을 대폭 강화하는 제정으로 체제 변화를 이끌었다. 그는 인민과 권력자의 직접적 신뢰관계를 중시했고, 1851년 12월과 1852년 1월 두 차례의 국민투표를 통해 공화정에서 제정으로의 체제 전환을 추진하면서 국민으로부터 확인받는 절차를 거쳤다. 로마의 임페리움이 레스 푸블리카의 연장선에 있듯, 프랑스의 제정 역시 공화정의 새로운 형식이었던 셈이다. 프랑스 민주주의 역사의 전문가 로장발롱은 권력자와 인민의 관계를 직접 맺어주는 국민투표를 오늘날 포퓰리즘의 특징으로 지목하기도 한다.[67]

이처럼 로마의 모델은 수천 년을 뛰어넘어 현대 민주 정치의 기본 문법을 제공했다. 프랑스나 영국은 로마의 지배를 받았던 국가라 치더라도, 미국이라는 신대륙에까지 지중해의 문법이 확산됐음을 뜻한다. 로마의 유전자를 가진 정치 문법은 미국을 넘어 19세기가 되면 아메리카 대륙의 수많은 신생국에 전파되면서 전 지구적 영향력을 확보했다.

현대 정치와 로마의 그림자

2020년대 세계는 공화국과 왕국으로 나뉜다. 로마의 공화정은 이탈리아 도시국가를 거쳐 미국과 프랑스를 통해 근대 정치의 대표적인 모델로 부상했다. 그리고 다시 미국에서 아메리카의 신생 국가로, 프랑스에서 유럽의 다른 나라로 확산됐다. 아메리카 대륙에서 영국, 스페인, 포르투갈 등 전통적 왕이 지배하는 제국으로부터의 해방은 공화정의 도입을 의미했다. 미국과 라틴아메리카의 대부분 국가는 독립하면서 공화국이 되었다. 캐나다와 브라질 정도가 예외다.

유럽에서는 한 세기 정도 늦게 제1차 세계대전을 전후해 왕국과 제국이 해체되면서 공화정이 널리 확산됐다. 포르투갈, 독일, 오스트리아, 이탈리아 등 주요 국가들이 공화정으로 이행했다. 폴란드, 헝가리, 체코슬로바키아, 발트 3국 등 새로 생긴 나라들도 모두 공화정의 형식을 채택했다.

물론 영국이나 다른 왕국은 엄밀한 의미에서 공화정은 아니었으나, 입헌군주제Constitutional Monarchy라는 형식은 로마의 공화정을 연상케 하는 정치 체제였다. 고대 로마에서 집정관이 국가 권력의 정점에서 정치를 주도하고 원로원의 견제를 받았으며, 평민들의 집단이 호민관을 통해 영향력을 행사했듯, 근대 입헌군주제도 왕을 머리에 두고 의회의 견제를 받으며 국민의 정치 참여를 보장한다. 말하자면 입헌군주제는 형식적으로 군주만 살아남아 상징성을 인정해주는 실질적인 공화정이다.

공화정, 공화국, 공화주의가 얼마나 근대성과 동일시되던지 사회주의 혁명에 성공한 체제들도 공화국을 지향했다. 1917년 러시아 혁명 이후 수립된 국가의 명칭은 소비에트 사회주의 공화국 연방USSR, Union of Soviet Socialist Republics이다. 아시아에서 가장 큰 나라 중국조차 1949년 중화인민공화국PRC, People's Republic of China을 수립했다. 이들 사회주의 국가는 작동 원리가 자유민주주의와는 확연히 다르지만, 공화국임을 자랑스럽게 공표한다. 20세기 중후반 새롭게 독립한 아시아와 아프리카의 국가들도 사정은 다르지 않다. 냉전의 와중에 미국·소련 어느 진영에 가깝건 간에 대다수는 적어도 형식적으로 공화국의 문법을 수용했다.

흥미로운 현상은 로마의 역사가 보여주는 레스 푸블리카와 임페리움의 역설이 현대 정치에서도 나타났다는 사실이다. 미국이라는 공화국은 처음에는 왕국과 제국을 비난하며 부상했으나, 강대국으로 돌변하면서 스스로 제국이 되어갔다. 프랑스도 '제국적 공화국'[68]이라는 역설적 현실이 19세기 말 제3공화국 시기에 확인되었다. 이런 성향은 16세기 마키아벨리도 눈여겨봤으며, 미국과 프랑스에서 재확인할 수 있다.

그리스와 로마의 고대사는 제국을 꿈꾸며 세상을 통일하려던 모든 세력의 모델이었다. 여기에 20세기 독일 나치 민족주의까지 가세했는데, 이들은 무리수를 두었다. 그리스·로마의 영광을 계승하겠다는 야심을 넘어, 그리스와 로마인들이 독일인의 조상인 북부 아리아인들의 한 갈래라는 역사의 조작까지 서슴지 않았다.[69] 나치즘은 로마처럼 선진 문명을 겸손하게 받아들이겠다는 문화 중심의 사고가 아니라, 자신들의 우수성이 항상 존재했고 혈통으로 전해진다는 원초적 사고를 했기 때문이다. 나치의 '고대사 조작'은 그리스·로마를 넘어 이집트의 파라오나 중국의 공자도 아리안 계통이라는 주장까지 나아갔다!

냉전의 위기가 한창이던 1960년 미국의 존 F. 케네디 대통령은 베를린을 방문해 "나는 베를린 사람이다Ich bin ein Berliner"라고 선언했다. 이 말은 아일랜드계였던 케네디가 게르만 계통이라는 주장이 아니었다. 소련과 동독이 육로를 통해 서베를린으로 진입하는 도로를 가로막는 상황에서, 미국과 서독은 항공기를 동원해 서베를린에서 필요한 물자를 공급하고 있었다. 케네디의 연설은 자유세계를 지키기 위해 미국이 총력을 다하겠다는 의지의 표현이었다. 그런데 여기에는 숨은 로마의 숨결이 살아 있었다.

로마 제국에서 "나는 로마 시민이다Civis Romanus sum"라는 표현은 안전과 법적 보호를 받기 위한 주문과 같은 표현이었다. 이 문구는 원래 기원전 70년 키케로가 작성한 문헌에서 기록된 후 로마 세계 안에서 자랑스럽고 효율적인 주문이자 선언으로 통했다. 신약성경 「사도행전」 22장을 보면 바울이 이 선언으로 채찍질을 면하는 장면이 등장한다.

> 가죽 줄로 바울을 매니 바울이 곁에 서 있는 백부장더러 이르되 너희가 로마 시민 된 자를 죄도 정하지 아니하고 채찍질할 수 있느냐 하니, 백부장이 듣고 가서 천부장에게 전하여 이르되 어찌하려 하느냐 이는 로마 시민이라 하니, 천부장이 와서 바울에게 말하되 네가 로마 시민이냐 내게 말하라 이르되 그러하다. 천부장이 대답하되 나는 돈을 많이 들여 이 시민권을 얻었노라 바울이 이르되 나는 나면서부터라 하니, 심문하려던 사람들이 곧 그에게서 물러가고 천부장도 그가 로마 시민인 줄 알고 또 그 결박한 것 때문에 두려워하니라.

과거 로마 세계에서 로마의 시민이라는 사실은 자랑스러운 일이었다.[70] 마찬가지로 케네디가 베를린 사람이라는 사실을 천명한 배경은 자유로운 세계의 일원이라는 자부심을 드러낸 것이다. 이후

2011년 이슬람 테러리스트들이 프랑스 언론 『샤를리 에브도』를 공격하여 관계자들을 학살했을 때, 프랑스를 비롯해 세계적으로 "나는 샤를리다"라고 SNS에 표명하는 일이 벌어졌다. 언론의 자유를 보호하고 국제적 연대를 통해 그 의지를 확인하려는 운동이었다.[71] 고대에 자신의 정체성을 자랑스럽게 표현하는 로마의 방식은 오늘날에도 공동체의 연대의식을 공언하는 관습으로 발전했다.

이 장에서 살펴본 로마의 정치 문법은 레스 푸블리카와 임페리움으로 압축된다. 로마는 지중해를 둘러싼 거대한 지역을 지배하는 제국으로 역사에 길이 남는 존재이나, 그보다 더 획기적인 유산은 바로 정치의 언어와 구조를 재편한 문법이었다. 오늘날 세계는 레스 푸블리카의 정신이나 형태를 벗어나 정치를 생각하기 어렵다.

흥미롭게도 이러한 유산은 언어 속에도 남아 있다. 동양 언어에서는 잘 드러나지 않지만, 선거에서 후보를 의미하는 유럽어 Candidate는 로마의 후보자들이 하얀candida 옷을 입었던 관행에서 비롯된다. 백의白衣민족을 말하듯 '백의 후보'가 있었고, 백의라는 말이 후보라는 의미로 통용된 셈이다. 하나 – 소수 – 다수의 균형을 추구하는 정치 체제부터 투표를 통해 권력자를 선출하는 방식, 투표의 가중치를 조절하는 제도 등 로마가 남긴 고유한 문법은 오늘날에도 살아 있어 현대 정치의 기본 구조를 형성한다.

레스 푸블리카는 아테네와 달리 개방성을 표방했고, 따라서 주변의 이민족을 끊임없이 흡수했으며, 노예의 해방을 통해 '새로운 피'를 받아들였다. 그리스 문화를 익힌 유대인 바울은 태어나면서부터 로마 시민이었으니, 작은 로마 레스 푸블리카가 어떻게 큰 임페리움으로 확장될 수 있었는지 쉽게 상상 가능하다. 이러한 개방성 덕분에 로마는 바울이라는 시민을 통해 유대교와의 사이에 다리를 놓을 수 있었다. 그리고 바울은 유대교와 그리스의 보편성, 로마의 임페리움을 융합하면서 기독교 세계관을 만들어낼 수 있었다.

4장
중세 로마와 크리스천돔

"대한민국은 민주공화국이다"라는 선언은 고대 그리스와 로마의 정치 문법이 한반도에까지 확장됐음을 보여준다. 민주주의는 고대 그리스의 유산이며, 레스 푸블리카에서 비롯된 공화국은 고대 로마에 뿌리를 둔다. 헌법 서두에 등장하는 민주주의라는 정치사상과 공화국이라는 정치 체제는, 우리가 흔히 정치 영역의 핵심으로 인식하는 개념들이다. 이에 비해 크리스처니티의 정치적 유산은 직관적으로 다가오지 않는다. 기독교는 정치보다 종교 영역에 속하는 유럽의 특징이기 때문이다.

그러나 크리스처니티가 현대 정치에 남긴 발자취는 결코 무시할 수 없다. 기독교가 현대사회에 미친 영향을 다룬 연구는 수없이 많지만, 영어권의 『도미니언』, 불어권의 『유럽인의 유럽』을 대표적으로 꼽을 수 있다.[1] 근대 정치의 점진적 생성을 사상사의 맥락에서 분석한 피에르 마낭은 유럽 정치사의 핵심을 교회와 권력의 상호관계에서 찾았다.[2]

> 유럽의 정치 발전은 교회가 제기하는 문제에 대응해온 역사로 봐야 비로소 이해할 수 있다. 교회는 완전히 새로운 종류의 인간 집단Association이었고, 교회에 대한 제도적 대응은 매번 새로운 문제를 낳았다. 그리고 그 문제들은 다시금 새로운 대응 방안을 상상해내도록 요구했다. 따라서 유럽 발전의 열쇠란 학술적으로 '종교·정치적 쟁점problème théologico-politique'이라고 부르는 데 있다.

크게 보아 크리스처니티의 정치적 영향은 세 가지 차원에서 살필 수 있다. 첫째, 정치와 종교를 구분하는 사고思考 자체가 기독교에 뿌리를 둔다. "가이사의 것은 가이사에게, 하나님의 것은 하나님께"라는 성경 구절로 표현되는 원칙이다.(『마태복음』 22:21) 고대사회에서 정치와 종교는 대체로 결합되어 있었다. 권력자는 종교적 기능을 함께 수행했고, 고대 그리스나 로마도 예외가 아니었다. 현대 이슬람 사회에서도 정치와 종교는 불가분의 관계를 맺고 있다. 많은 이슬람 국가에서 샤리아Sharia라는 종교 율법이 사회의 기본 법체계를 이룬다. 유럽도 중세까지 종교와 정치가 긴밀히 얽혀 있었으나, 근대에 들어 두 영역이 분리·독립적으로 발전한 특이한 사례다.[3] 마낭이 위에서 지적한 '종교·정치적 쟁점'을 해결하는 과정에서 정치가 서서히 종교로부터 독립을 쟁취한 것이다. 그리고 유럽의 종·정 분립은 하나의 모델이 되어 현대 정치의 당연한 특징으로 자리 잡았다.

둘째, 현대세계를 지배하는 시간 개념은 기독교에서 비롯되었다. 종교와 정치가 하나의 권력으로 융합되었던 고대나 중세, 그리고 현대까지 일부 사회에서는 황제나 왕의 재위를 표시하는 시간이 사회를 지배했다. 예를 들어 일본은 2025년 현재 나루히토 천황의 재위로 레이와昭和 7년이다. 그러나 세계가 공유하는 시간은 기독교의 예수가 인류에 온 사건을 기준으로 삼는 역력이다. 일본 역시 서력과 일본 연호를 동시에 사용하고 있다.

기독교의 시간 체계는 유럽을 하나의 역력으로 묶어 동일한 시간 개념을 공유하는 공간을 만들었다. 고대 그리스에서 드러난 보편성의 개념이 로마 제국을 통해 넓은 공간으로 확대됐듯, 기독교의 역력은 시간과 공간의 보편성을 제시했다. 로마의 도로와 항로가 지중해를 중심으로 지리적 통합을 이룬 것처럼, 기독교의 시간은 유럽과 세계를 하나로 묶었다.

셋째, 기독교의 역사관은 유럽 정치 문법의 중요한 틀을 형성했다. 기독교는 인류 역사의 종말과 새로운 시대의 도래를 예언하며, 인간세계와 신의 세계를 구분했다. 5세기 성 아우구스티누스는 인간의 도시Civitas Terrana와 신의 도시Civitas Dei를 나누어 설명하며, 도시Civitas, Polis라는 정치적 표현을 사용했다.[4] 그에게 신의 도시는 "신을 얼마나 사랑하는지 자신을 잊은" 사람들의 공동체라면, 인간의 도시는

"자신을 얼마나 사랑하는지 신마저 잊"고 사는 사람들의 공동체였다. 이 구분은 종교와 정치 분립의 사상적 토대를 놓았다.

나아가 미래에 완벽한 세상이 실현될 것이라는 이상형 사회의 구상도 기독교적 문법이 정치적으로 확산·변용된 경우다. 유토피아의 정치 문법이 만들어지는 배경이다. 많은 유토피아 가운데 특히 마르크시즘이 예언한 공산사회의 필연적 도래는 20세기 정치 현실에서 막강한 영향력을 발휘한 바 있다. 흥미롭게도 종교를 '인민의 아편'이라 치부했던 공산주의 사회에서도 공동체에 대한 강한 소속감은 종교적인 성격을 띠었다. 이는 종교와 정치가 하나 되었던 폴리스의 모델에 가깝다.

로마의 정치 문법이 그리스의 영향을 받으며 생성되었듯, 크리스천돔은 로마와 불가분의 관계다. 고대 그리스의 대표 도시가 아테네였다면, 로마는 레스 푸블리카와 임페리움에 더해 중세 크리스천돔까지 대표하는 '삼중의 수도'라고 말할 수 있다. 기독교는 로마의 변방에서 출발해 로마 제국의 중심으로 진출했으며, 제국의 종교로 성장하면서 놀라운 확장성을 발휘했다.[6]

본격적인 논의에 앞서, 크리스처니티와 크리스천돔의 구분을 설명할 필요가 있다. 기독교라는 번역어는 동아시아의 유교, 불교 전통에서 교_敎_를 사용한 데서 비롯된다. 가르침보다는 믿음이 우선하는 크리스처니티의 원래 의미가 번역 과정에서 조정된 셈이다. 조선에서 서학_西學_으로 부르던 천주교의 반대 개념으로 동학_東學_이 나타난 현상과도 통한다. 교_敎_와 학_學_은 모두 가르침과 배움을 의미한다. 그러나 영어에서 크리스쳐니티는 절대성을 지닌 세상에 하나뿐인 신에 대한 믿음이 기본이다.

크리스천돔은 이런 종교를 믿는 신도들의 공동체를 의미하고, 크리스쳐니티가 지배하는 영토나 국가의 집합을 뜻한다. 유럽에서 크리스천돔은 중세에 발전한 개념으로, 종교를 넘어서 사회적 공동체나 정치적 국가를 포함한다. 왕이 지배하는 영역domain이 킹덤이라면 예수Christ가 다스리는 영역은 크리스천돔Christendom이다. 정치 문법에 관한 이 책에서 통일성이 강한 기독교 영역을 가리킬 때 크리스천돔을 사용하는 가장 큰 이유다. 물론 종교적 성격을 강조할 때는 크리스쳐니티를 사용한다.

1

정치 문법의 화학

아테네의 폴리스와 로마 공화정이 고대를 대표하는 유럽 정치 문법의 두 기둥이라면 중세는 크리스천돔과 킹덤의 원칙이 유럽을 지배하는 시기다. 물론 중세에도 폴리스와 레스 푸블리카, 임페리움이 사라진 것은 아니었다. 오히려 그 유산은 형태를 바꾸어 여전히 영향을 미치고 있었다.

예를 들어 고대 그리스 에게해에서는 수많은 폴리스가 느슨한 국제사회를 이루며 경쟁과 협력을 반복했다. 이러한 모델은 중세에 접어들어 유럽 전역으로 확산됐다. 고대 아테네와 스파르타가 해상과 육상 패권을 두고 각축했던 것처럼, 중세 지중해에서는 베네치아와 제노바가 무역로와 해상권을 장악하기 위해 치열하게 다투었다.

마찬가지로 고대 로마와 카르타고가 세력을 규합하여 충돌했던 모습은, 중세의 프랑크 제국과 이슬람 제국 사이에서 다시 나타났다. 여기서 프랑크 제국은 로마의 임페리움 계승 세력이었고, 이슬람은 전혀 다른 원리를 지닌 새로운 제국 모델이었다. 두 세계가 유럽 안팎에서 맞부딪친 것이다.[7]

그렇다고 프랑크 제국이 단순히 로마의 문법을 그대로 재현한 것은 아니었다. 로마의 황제권이 군사적·행정적 기반 위에 세워졌다면, 프랑크 황제의 권위는 가톨릭교회 수장인 로마 교황의 인정을 받아야만 완성되었다. 황제권의 필수 조건으로 종교적 권위가 등장한 것이다. 또한 프랑크 제국의 정치적 몸체는 공화정이 아니라 왕정이었다. 훗날 프랑크 제국이 신성로마 제국으로 발전하면서 황제는 선출직이 되었지만, 제국을 형성하는 중심 단위인 킹덤은 여전히 세습 왕조가 지배하는 체제였다. 이런 점에서, 신성로마 제국이 자리 잡은 중부 유럽의 중세 질서는 임페리움의 원리와 왕국의 논리가 나란히 공존하는 형태였다.[8] 다시 말해 임페리움이 킹덤 위에 겹쳐 놓인, 수프라supra(위)의 단계가 형성된 셈이다.

서로 다른 정치 문법이 부대끼면서 하나의 새로운 문법을 만들어내거나, 복합적인 형태로 공존하는 현상은 사실 고대부터 이미 시작되었다. 문화란 본디 서로 다른 언어, 집단, 관습, 원칙이 뒤섞이면서 새로운 방향을 모색하고 변화를 경험한다. 그리고 변화의 경험이 다음 단계의 발전을 촉발한다.

아테네의 폴리스와 로마의 레스 푸블리카에서도 일찍이 이런 융합과 병존의 전형을 볼 수 있었다. 로마 제국 말기에는 예루살렘에서 비롯된 기독교와 로마의 임페리움 원리가 서로 만나 하나의 정치 체제를 형성했다. 기독교의 기원을 더 깊이 들여다보면, 그것은 애초부터 고대 유대 민족의 종교와 그리스 문화가 융합한 결과였다. 다시 말해, 중세의 크리스천덤과 킹덤 체제는 고대의 정치·종교 문법들이 화학적으로 결합한 또 다른 형태였던 것이다.

예루살렘과 하나의 신

고대 그리스의 정치 문법에서 모나키monarchy, 즉 '하나의 지배'는 절대적으로 나쁘거나 좋은 정치 체제가 아니었다. 훌륭한 군주가 공동체를 안정시키고 번영으로 이끌 수도 있었지만, 반대로 폭군이 권력을 남용하면 그 폐해가 치명적일 수도 있었다. 다시 말해, 모나키는 장점과 위험을 동시에 내포한 양면적 제도였다.

이에 비해 고대 로마의 공화정은 '하나의 지배'를 제도적으로 경계하고 회피하려 했다. 로마인들은 권력이 한 사람에게 집중되는 것을 막기 위해, 심지어 최고 권력자 자리인 집정관마저 반드시 두 명을 두었다. 두 집정관은 임기를 함께 수행하며 서로 견제했기에 한쪽이 권력을 독점할 가능성을 원천적으로 차단하려는 의도였다.

그렇지만 개별 권력자의 수數에만 주목하지 않고 정치 공동체 전체의 구조를 살펴보면, 그리스의 폴리스와 로마의 레스 푸블리카 모두 일정한 의미에서 '하나의 지배'를 구현했다고 볼 수도 있다. 권력이 한 사람에게만 주어지지 않더라도, 공동체의 '공적 영역 전체'를 아우르는 단일한 지배의 원리가 존재했기 때문이다.

로마 제국의 임페리움imperium은 이러한 '하나의 지배'를 공식화한 제도적 결과였다. 로마인들이 알던 세상, 즉 당시 지리적·정치적으로 통합된 세계를 한 사람의 황제imperator가 명령imperium하는 체제가 바로 제국이었다. 로마의 황제는 막강한 정치 권력자이자 종교적 상징을 지닌 존재였다. 그는 제국의 수장으로서 종교적 의식과 기능을 직접 수행했다. 로마사 전문가 메리 비어드는 황제 체제를 "전형적인 일인 지배one-man rule"로 규정한다.9 세월이 흐르며 제국의 역사가 누적되자, 황제의 신격화는 점점 더 강화되었다. 황제 숭배가 위험할 정도로 높아졌기에 로마의 전통에는 특이한 관습이 있었다. 황제 뒤에 지정된 인물이 항상 자리해, 의식이 거행될 때 정기적으로 이렇게 속삭였다고 한다. "당신은 신이 아닙니다." 이는 권력자의 오만을 경계하고, 인간임을 상기시키려는 일종의 정치적 장치였다.

원래 로마는 다신교 문화였다. 앞서 언급했듯, 로마의 신전은 그리스 신전과 매우 유사한 구성으로 채워져 있었다. 그리스의 신들이 로마에 이식되면서 이름만 라틴식으로 바뀌곤 했다. 예를 들어 올림포스산에 거주하는 12신은 그리스에서 제우스(로마의 유피테르), 헤라(유노), 포세이돈(넵투누스), 아테나(미네르바), 아폴론(아폴로), 아르테미스(디아나), 아레스(마르스), 아프로디테(베누스), 헤파이스토스(불카누스), 헤르메스(메르쿠리우스), 데메테르(케레스), 디오니소스(바

쿠스)였다.[10]

　신이 워낙 많았기에, 이들은 마치 인간사회처럼 관계망을 이루고 있었다. 신들 사이에도 회의가 열렸고, 의견이 오가며 중요한 결정이 공동으로 내려졌다. 로마 황제가 '제1의 시민'이라는 칭호를 가졌듯, 신들의 세계에도 '제1의 신'이 있었다. 그리스 신전에서는 제우스가, 로마 신전에서는 유피테르가 가장 강력한 권력을 지닌 신이었다. 그러나 그 권력은 '다른 신을 지배하는 절대 군주'라기보다, '대등한 신들 가운데 첫 번째'라는 위치였다.

　이러한 개념을 라틴어로 프리무스 인테르 파레스primus inter pares라고 한다. 이는 오늘날 정치 용어에서도 여전히 쓰인다. 예컨대 영국의 총리Prime Minister는 내각의 다른 장관들과 법적으로는 동등하지만, 정치적 위상과 책임에서는 '특별한 장관'으로 여겨진다. 스코틀랜드에서는 총리를 아예 '제1장관First Minister'이라 부른다. 로마의 황제는 바로 이러한 의미에서, 고대 세계의 프라임 시티즌prime citizen이었다.

　기독교의 뿌리는 유대교다. 유대교는 인류 역사에서 제일 먼저 유일신의 체계를 확립하고 이를 다른 민족에게 전파한 종교다.[11] 사실 서아시아 지역도 고대에는 그리스나 로마처럼 다신교의 세계를 이루고 있었다. 다신교란 문자 그대로 여러 신이 존재하며, 그 신들이 공존하는 체제를 의미한다. 유대인들도 초기에는 자신들의 민족을 지켜주는 신과 깊은 유대관계를 맺었지만, 그렇다고 주변 민족이 섬기는 신들의 존재를 부정하진 않았다. 이를 편신론偏神論, henotheism이라 부른다. 편신론이란, 여러 신 가운데 한 신을 특히 높이 섬기지만 다른 신들의 존재 자체를 부정하지 않는 태도를 말한다.

그러나 어느 시점부터 유대교는 혁명적인 전환을 맞았다. 다른 모든 신은 존재하지 않으며, 유대인이 아닌 다른 민족과 집단도 모두 동일한 창조주—유대인이 믿는 바로 그 신—의 피조물이라는 믿음이 형성된 것이다. 이렇게 다신론이나 편신론을 넘어, 하나의 신만을 절대적으로 인정하는 '일신론─神論, monotheism'으로 진화했다.[12]

이 변화는 수학사에서 0의 개념이 탄생한 사건에 비견될 만큼 어려우면서도 혁신적이었다. 인류가 처음으로 '유일한 신'이라는 사상을 창안해낸 것이다. 오늘날 아테네가 민주주의의 고장으로, 로마가 공화정의 본가로 불리는 것처럼, 예루살렘은 유대교 - 기독교 - 이슬람으로 이어지는 유일신 전통의 기원지로 인식된다.

기독교는 이러한 유대교의 논리적 한계를 보완하며 등장했다. 온 세상을 창조한 신이 유대 민족만의 신이라면, 다른 모든 민족은 신 없이 버려진 인류가 되고 만다. 이 모순을 해결한 것이 바로 기독교였다.

역사적 배경을 보자. 기원전 4세기 이후, 유대교는 헬레니즘 시대에 접어들며 그리스 문화권의 강한 영향 아래 놓였다. 헬레니즘 시대란 알렉산드로스 대왕의 원정 이후 지중해와 서아시아 전역에서 문화 교류가 활발히 이루어진 시기를 말한다. 이때 유대 민족은 지중해 각지에 디아스포라 공동체를 형성하고 있었으며, 덕분에 유대교와 그리스 철학이 만날 수 있는 물리적·문화적 토대가 마련되었다.

또한 로마 제국의 지배 시기는 공화정에서 제정으로 이행하는 과도기였다. 그리스·로마의 정치와 철학이 강력하게 영향을 미치던 지중해 동부에서, 유대교는 종교적 정체성과 교리를 새롭게 해석하려 시도하고 있었다. 그리고 이러한 전환의 한가운데서 예수가 등장했고, 그의 가르침을 통해 유대인의 신은 '온 인류의 신'으로 재정의되었다.[13]

기원전 3세기 중반에는 프톨레마이오스 2세(기원전 285~기원전 247)의 명령으로 유대인 율법서를 그리스어로 번역하는 작업이 시작되었다. (…) 그리스 교육을 받은 유대인들이 새로운 용어를 만들어내고, 기존 개념을 재해석하는 계기가 되었다. 알렉산드로스 대왕 이후 '보편성'을 지향하는 문화의 언어였던 그리스어는 풍부하게 새로운 의미를 지니는 '성경'의 언어가 되었다. 그리스어는 기독교에 새로운 단어와 개념, 숙어의 바탕을 제공하였고 점차 교리와 의례의 언어로 발전했다. (…) 특히 「욥기」나 「잠언」의 번역은 창작에 가까웠으며 수많은 해석이 붙어 마치 「잠언」의 저자가 '그리스의 지혜를 겸비한 성경의 작가'인 듯한 인상을 주었다. 이런 흐름은 예수의 생애와 사도들의 증언을 글로 작성하는 과정에서 더 강화되었다. 복음서는 대부분 처음부터 그리스어로 작성되었으며—첫 버전을 아람어로 쓴 「마태복음」만이 예외다—「사도행전」이나 바울의 서신 등도 모두 그리스어로 기록되었다.[14]

이 모든 과정을 종합하면, 유대교는 그리스·로마가 지향한 '보편성'의 세계에 노출되면서 민족의 종교를 넘어 인류 전체를 향할 수 있는 역사적 기회를 맞았다는 뜻이다. 복음서의 서술 형식 역시 고대 그리스·로마 문학의 전통과 맞닿아 있었다. 예수의 생애를 묘사하는 틀은 1세기의 작가 플루타르코스(40~120)의 위인전 형식을 빌렸다. 물론 플루타르코스의 저작은 '비교 열전Parallel Lives'이라는 점에서, 예를 들어 그리스의 테세우스와 로마의 로물루스를 비교하거나, 알렉산드로스 대왕과 카이사르를 나란히 놓는 식이었다. 반면 신약성경은 한 인물—예수—의 삶과 말씀을 다수의 저자가 기록했다는 점에서 차이가 있다.

또한 복음서의 제목이 마태·마가·누가·요한 등 저자의 이름을 따르는 점도, 플라톤이나 아리스토텔레스처럼 저자 중심으로 철학적 저작을 전하는 그리스 전통과 맞닿아 있다. 이렇게 유대교의 뿌리, 그리스의 지성, 로마의 보편성이 결합돼, 기독교는 유일신 신앙을 인류 보편의 종교로 재탄생시켰다.

유일신의 종교는 기본으로 배타적이다. 하나는 타자를 인정하지 않기 때문이다. 다신교 사회에서 흔히 볼 수 있는 개방성이나 융통성—서로 다른 신을 동시에 섬기거나, 필요에 따라 다른 신을 보완적으로 숭배하는 관습—을 유일신 체제에서는 찾아보기 어렵다.

유대교가 기독교로 변화하면서, 종교의 대상은 '유대 민족'에서 '모든 인류'로 보편화되었다. 즉, 신앙의 문은 모든 사람에게 열렸지만, 종교 자체의 배타성은 오히려 더 강해졌다. 다른 신을 섬기는 행위는 명백한 금기였고, 이는 단순한 종교적 선호의 문제가 아니라 신앙의 정체성을 위협하는 범죄로 간주되었다.

이러한 태도는 그리스·로마인들에게 큰 거부감을 주었다. 그리스·로마 사회는 다신교의 세계관을 바탕으로, 각 도시나 민족이 고유한 신을 섬기면서도 필요하면 다른 신을 받아들이는 개방성을 유지해왔다. 이들에게 기독교의 "하나 외에는 다른 신이 없다"는 선언은 지나치게 폐쇄적이고, 나아가 사회적 조화와 통합을 방해하는 것으로 보였다.

이 점은 현대 동아시아에서 기독교가 겪는 반응과도 유사하다. 한국, 일본, 중국 등지에서 기독교는 종종 다른 종교나 전통 신앙을 인정하지 않는 태도로 인해 거부감을 일으킨다. 예를 들어 조상 제사, 불교 의식, 지역 신앙 등과의 접촉을 거부하는 모습이 공동체의 관습과 충돌하는 것이다.

그러나 바로 그 절대성과 배타성이 신자들 사이에 매우 강력한 유대와 결속을 만들어냈다. 로마 제국에서 기독교인들은 황제 숭배나 로마 신전에 대한 참배를 거부했고, 심지어 자신의 신앙을 부정하라는 명령 앞에서 목숨 버리기를 주저하지 않았다. 이런 태도는 보통 사람의 이해를 넘어서는 것이었고, 로마인들에게는 '새로운 종교 문법'으로 비쳤다.

동시에 이러한 새로움과 확고함은 사람들을 끌어들이는 매력이었다. 그리스·로마 사회에서 불멸의 영광은 대개 전쟁에서의 영웅적 행위—전장에서의 승리와 용맹—를 통해 얻을 수 있었다. 용기를 통해 신과 같은 불멸의 명예를 얻는 것이 이상이었다. 그런데 기독교인들은 무력으로 저항하지 않고, 오히려 기꺼이 죽음을 받아들이며 자신의 신앙을 지켰다. 그들의 모습은 로마인들에게 한편으로는 불쌍하게, 다른 한편으로는 신비롭게 다가왔다.

놀라운 점은 바로 이 특수성이 기독교의 생존력으로 이어졌다는 사실이다. 무자비한 탄압에도 불구하고, 기독교 공동체는 결속과 헌신을 바탕으로 확장해나갔다. 탄압의 역사 약 300년 후, 로마 제국의 콘스탄티누스 황제는 기독교를 공인하기에 이르렀다. 이 결정은 단순한 정책 변화가 아니라, 세계사의 흐름을 뒤바꾼 충격적인 전환이었다. 로마는 왜, 기독교에 대해 극단적인 탄압에서 적극적인 수용으로 방향을 바꾸었을까?

로마, 기독교를 품다

종교 현상을 고대 그리스 정치 문법에 비춰보면, 유일신은 정치 체제로 모나키(하나의 지배)에 해당된다. 반면 그리스나 로마의 신전은 소수가 지배하는 올리가키(소수 지배)에 가깝다. 위에서 나열한 올림포스 신들은 종교 영역에서 '지배하는 소수'에 해당된다. 그리고 자연의 다양한 생물과 현상에 대해 신적인 존재가 깃들어 있다고 믿는 애니미즘은 다수의 지배, 곧 데모크라시에 비유할 수 있다.

이렇게 종교와 정치를 평행선에 놓고 비유하자면, 로마 제국의 기독교 수용은 정치적 모나키가 종교적 모나키를 선택해 받아들인 셈이다.

고대 그리스 문명은 유대 땅에서 유대인을 중심으로 시작된 기독교가 로마로 전달되는 데 결정적인 문화적·지적 매개 역할을 했다. 그렇다면 다신교 전통에 뿌리를 둔 그리스가 어떻게 유일신의 기독교를 받아들일 수 있었을까? 중요한 이유 중 하나는 유대교의 구약을 계승하면서 기독교의 특성을 상징하는 신약이 그리스어로 작성되었다는 점이다. 게다가 그리스 철학의 사유가 언어를 통해 기독교 속에 은연중에 반영되었다는 사실도 다신 신앙에서 유일신으로 전환하는 데 중요한 발판이 되었다.[15]

로마 역시 이러한 흐름에 민감했다. 로마는 문화적 콤플렉스 때문에 그리스를 흠모하고 숭배하지 않았던가. 따라서 로마의 기독교 수용은 단순히 제국 변방의 종교를 받아들인 것이 아니라 문화 중심지였던 그리스의 유산을 계승하는 형태를 띠었다.

313년 콘스탄티누스 황제는 밀라노 칙령을 통해 기독교를 공인했다. 이는 거대한 제국을 한 황제가 지배하듯, 하나의 신이 절대적 권위를 갖는 유일신 종교의 구조에 매력을 느낀 결과로도 볼 수 있다.[16] 황제는 로마 시민 가운데 제1시민이었고, 인간 중에서 가장 강력한 권력을 지닌 존재였다. 그는 신과 가장 가까운 위치에 있었으며, 때로는 신과 유사한 대우를 받았다. 그러나 황제가 신격화된다고 해서 다른 신이 사라지는 것은 아니었다. 폴 벤은 콘스탄티누스의 기독교로의 개종을 이렇게 평가한다.[17]

종합적으로 고대세계의 기독교화는 콘스탄티누스라고 하는 한 개인이 순수하게 종교적인 동기로 시작한 혁명이다. 이 개종은 필연적이거나 불가피하고 되돌이킬 수 없는 성격의 사건이 아니었다. 다만 진심으로 개종한 콘스탄티누스가 이 기독교를 장려했고, 기독교가 이미 교회라는 효율적인 조직을 갖추고 있었기에 모든 이에게 강제되기 시작했다. 그가 개종한 개인적 이유는 알 수 없지만, 콘스탄티누스는 기독교가 황제의 종교로서 충분한 가치를 지녔다고 판단했다. 그의 눈에 기독교의 종교적 우월성은 자명했고, 비록 당시 기독교가 매우 소수의 종교였지만, 이미 '세기의 종교 문제'라고 할 만큼 거대한 쟁점의 중심에 서 있었기 때문이다.

콘스탄티누스는 이렇게 기독교 박해의 역사를 끝내고, 기독교를 로마 사회의 정당한 종교로 받아들였다. 이는 제국의 종교·정치 구조에 획기적인 변화를 가져왔다. 기독교는 그리스·로마의 전통적인 신앙과 달리 통일적이고 배타적이며, 팽창적이었다. 하나의 신만 존재한다는 신앙은 다른 모든 신을 부정하며 통일성을 지향했다.

그리스·로마 전통은 여러 신을 함께 숭배했기에 형식적·정치적 성격이 강했다. 전쟁에서 승리를 기원하며 여러 신에게 번갈아 제사를 올리는 일도 흔했다. 심지어 다른 폴리스를 지배하게 되더라도 현지의 신과 종교를 존중했다. 그러나 기독교는 신도의 삶 전체를 지배할 만큼 배타적이었다. 박해 시대 로마 당국은 기독교인들에게 십자가를 발로 밟아 예수를 부정하기만 하면 목숨을 살려주겠다고 설득했다. 하지만 많은 기독교인은 이를 거부하고 순교를 택했다. 이는 지배 세력이 바뀌면 신전의 제사 대상도 바꾸던 기존의 그리스·로마의 관습과는 전혀 다른 모습이었다.

기독교는 또한 '인류 보편의 구원'을 목표로 삼았다. 복음을 전파하는 것은 단순한 의무가 아니라 종교의 본질이었다. 인류를 향한 전도와 확장은 기독교의 '유전자'에 새겨져 있었다.

콘스탄티누스는 '유일한 황제'와 '유일한 신'의 시너지 가능성을 간파했고, 기독교 수용을 통해 이를 실현하려 했다. 4세기 기독교 사학자 에우세비우스는 이렇게 묘사했다.[18] "유일신이 모두에게 선포됨과 동시에 로마의 유일 왕정이 모두의 품에서 만발하게 되었고 (…) 이 모든 일과 동시에 (…) 깊은 평화가 우주를 지배하게 되었다." 팍스 로마나와 팍스 크리스티아나가 만나는 순간이다.

이후 380년 테오도시우스 황제는 테살로니카 칙령을 통해 기독교를 로마 제국의 공식 종교로 선포했다. 313년의 기독교 공인에서 국교 선포까지 약 70년이 걸린 셈이다. 이 시기는 기독교와 기존의 다신교가 공존하는 '관용의 시기'였다. 그러나 국교화는 단순히 다수가 믿는 종교를 공인하는 차원이 아니었다. 고대에서 국교란, 기존의 다른 종교를 부정하고 금지하는 것을 의미했다. 로마는 수천 년간 이어진 다신교 전통을 폐지하고 신전과 제사를 금지했다. 이 과정에서 동물을 제물로 바치던 고대의 제사 관습도 사라졌다.

또한 테살로니카 칙령은 특정 교리를 '정통'으로 선언하고, 다른 교리를 '이단'으로 규정했다. 이는 이후 기독교 역사 전반을 관통하게 될 정통·이단의 대립과 분열 구조를 초기에 이미 드러낸 것이었다.

　로마 제국과 기독교 수용의 아이러니는, 종교와 정치의 통일을 꾀한 시도가 단기적으로는 성공했으나 장기적으로는 계속되지 못했다는 점이다. 황제는 기독교를 통해 제국 통치의 효과를 높이려 했지만, 결과적으로 종교는 살아남았으나 제국은 멸망했다. 제국은 다수의 왕국, 도시국가, 교회령, 공국 등으로 분열된 것이다. 제국이 기독교의 통일성에 기댔지만, 실제로는 기독교가 제국의 권위를 발판으로 새 생명을 얻고, 제국 자체는 붕괴되는 역설이 일어났다.

　4~5세기는 유럽의 정치 문법이 형성되는 결정적 전환기였다. 제국과 기독교, 정치와 종교의 상호 관계 틀이 이 시기에 자리 잡았다. 로마 제국은 4세기에 이미 크리스마스를 제도화했고, 로마 역법에서 태양의 날Sunday을 휴일로 지정함으로써 거대한 공간을 기독교적 시간으로 통일했다.[19] 로마인들은 기독교 이전부터 천문학과 시간 개념을 연결했고, 그중 대표적인 사례가 태양의 날이었다. 또 특정 사건이 발생하면 공적 활동을 중단하는 '유스티티움justitium'이라는 전통도 있었다. 예수의 부활은 유대식 주週의 일곱 번째 날에 일어난 사건이었는데, 콘스탄티누스는 7일 주기에서 일요일(태양의 날)을 영구적인 휴일(유스티티움)로 제도화함으로써 로마와 기독교 전통의 융합을 실현했다.[20]

　정치사상사의 맥락에서, 폴리비오스와 키케로가 로마 공화정의 이론적 기초를 다졌다면, 성 아우구스티누스(354~430)는 중세 크리스천돔의 사상적 기반을 세웠다. 키케로는 '포풀루스populus'를 법과 공동의 이익으로 결속된 사람들의 집단으로 보았다. 그러나 아우구스티누스는 이성적인 존재들이 '공동의 사랑'으로 결속되어야 진정한 포풀루스가 형성된다고 주장했다. 법과 이익만으로는 공동체가 만들어질 수 없으며, 이성과 사랑이 결합해야 한다는 것이다.

그는 특히 정신적으로 높은 수준의 사랑일수록 더 큰 가치를 갖는다고 보았다. 신앙과 신의 은총이 지배하는 기독교 공동체가 가장 이상적인 포풀루스라는 설명이다. 그리스·로마가 강조한 세속적 가치나 이익에 더해, 이성과 사랑을 정치 공동체의 결속 요소로 제시한 것이다. 아무리 우두머리가 있고 전리품을 나누는 계약이나 합의가 있어도, 정의가 없는 공동체는 결국 강도 집단과 다를 바 없다고 했다. 심지어 알렉산드로스 대왕 같은 정복자도, 해적과 비교해 그저 더 큰 함대를 거느린 것뿐이라는 해석이다.[21]

아우구스티누스가 이러한 주장을 펼친 배경에는 410년 로마가 서고트족 알라리크에 함락된 사건이 있었다. 당시 많은 이가 기독교가 로마의 힘을 약화시켰다고 비난하자, 그는 힘만을 앞세운 정치의 한계를 지적하며 이성과 정신적 가치의 중요성을 강조한 것이다.

5세기 서로마 제국의 멸망 이후 유럽은 통일된 종교와 시간·공간 개념이 지배했지만, 다수의 정치 단위가 공존하는 특수한 구조가 되었다. 이는 콘스탄티누스 이전의 '정치 통일/종교 다양성'과는 정반대 상황이었다. 달리 말해, 로마는 카피톨리누스 언덕에서 출발한 공화정과 제정을 통해 영광을 누렸으나, 결국 먼 변방에서 성장한 이스라엘 민족의 특이한 종교 덕분에 세상의 정점을 유지했고, 그 과정에서 유럽 정치 문법의 한 축이 완성되었다.

서방의 가톨릭, 동방의 정교

가톨릭교회는 로마 제국의 유산을 이어받아 중세 크리스천돔의 통일성을 지탱한 틀이었다. "로마[가톨릭]교회는 서로마 제국의 폐허 가운데 로마가 제공하는 평화의 이론적 계승자였고 국제적인 사안과 아이디어의 큰 개혁자였다. 이런 사실을 잊어서는 매우 곤란하다. 성 바울의 기독교는 근본적으로 보편적이다."[22]

다만 서로마와 동로마의 상황은 전혀 달랐다. 서로마 제국은 5세기에 멸망했지만, 동로마의 비잔틴 제국은 1000년 가까이 더 존속했다. 역사의 아이러니는, 원래 이탈리아반도에서 출발한 서로마가 먼저 사라지고, 콘스탄티누스가 건설한 새로운 동로마가 훨씬 더 오래 생존했다는 사실이다. 콘스탄티누스는 기독교 수용과 동로마 건설이라는 두 업적으로, 로마의 '미래' 혹은 최소한의 '생존'을 이중으로 준비한 셈이다.

이 대목에서 앞서 사용했던 '화학'이라는 비유가 다시 떠오른다. 서로 다른 문화 요소가 만나 예상치 못한 반응을 일으킨다는 이미지다. 정치 문법의 관점에서 보자면, 기독교가 지닌 가장 중요한 특징 중 하나는 '유일신 종교'라는 점이며, 이것이 로마 제국의 기독교 수용에서 결정적 역할을 했음은 이미 살펴보았다.

또 다른 특징은 '저항'과 '순종'이 공존한다는 복합성이다. 예수는 유대교의 수많은 전통적 교리에 도전한 인물이다. 바리새인들이 중시한 형식과 법통보다, 진리와 진심을 더 중하게 여겼다. 다음 성경 구절은 그 태도를 잘 보여준다. "새 포도주를 낡은 가죽 부대에 넣지 아니하나니 그렇게 하면 부대가 터져 포도주도 쏟아지고 부대도 버리게 됨이라 새 포도주는 새 부대에 넣어야 둘이 다 보전되느니라."(「마태복음」 9:17) 그는 과거의 제도와 조직보다 말씀과 가르침을 더 중시했고, 불의를 보면 참지 못하고 행동에 나섰다. "나사렛의 예수는 독립적인 종교를 창립하려는 계획이 있었던 것은 아니다. 그의 목표는 이스라엘의 신앙을 개혁하는 것이었다."[23] 즉 예수는 유대교 전통 안에서 '새로움'을 추구했으며, 그 과정에서 순종과 저항이 함께 나타났다.

예수의 죽음 또한 중요한 상징성을 지닌다. 그는 인간 삶의 절정기라 할 수 있는 나이에 스스로 희생을 감수하며 죽음을 맞았다. 고대 그리스의 『일리아스』 속 아킬레우스의 죽음과 마찬가지로, 청년의 죽음은 노인의 죽음보다 훨씬 더 충격적이고 폭력적이다.[24] 기독교 역사가 예수의 죽음과 신도들의 순교 등 폭력의 경험으로 점철된 것은, 그리스 문명이 전쟁을 영웅 탄생의 계기로 여겼던 문화와도 어떤 '화학 작용'을 일으킨 것으로 볼 수 있다.

한편 예수와 기독교는 다른 면에서 놀라울 정도로 순종적이다. "가이사의 것은 가이사에게, 하나님의 것은 하나님께"라는 태도는 정치 권력의 현실에 무관심하거나 심지어 순응하는 듯한 인상을 주었다. 예수는 로마 제국의 이스라엘 지배를 정면으로 문제 삼지 않았다. 그에게 정치 권력보다 훨씬 더 중요한 것은 인간의 구원과 영원한 생명이었다. 십자가형—로마 시민에게는 결코 적용하지 않는 극도의 수치형—을 받아들이는 모습이 이를 잘 보여준다.

이처럼 저항과 순종, 폭력과 비폭력이 뒤섞인 복합성은 훗날 교회가 형성되고 정치 권력과 관계를 맺는 방식에 깊이 반영되었다. 예수는 본래 제도화된 교회보다 공동체적 모임을 선호했지만, 가톨릭 교회는 세계를 포괄하는 거대한 피라미드형 조직으로 성장했다.

언어의 변화를 보면 이 과정을 더 잘 이해할 수 있다. 영어의 Church, 프랑스어의 Église, 스페인어의 Iglesia는 모두 그리스어 Ekklesia에서 유래했다. Ekklesia는 본래 '모임'이나 '회의'를 뜻했고, 아테네에서는 시민 전체가 참여하는 민회를 가리켰다. 초기 기독교에서 Ekklesia는 단순히 예배를 위한 모임, 즉 신도의 공동체였다. 그러나 시간이 흐르면서 성직자와 평신도가 구분되고, 마침내 성직자 집단만을 가리키게 되었다.[25] 신도의 집합은 로마 전통의 '민중populus' 개념을 이어받아 '기독교 민중Populus Christianus'이라 불리기도 했다.

동서 로마의 기독교 전통은 이름에서도 드러난다. '가톨릭'은 '보편적'이라는 뜻의 그리스어 katholikos에서 유래했다. 로마에 기반을 둔 교회가, 그리스어에서 유래한 이름으로 '보편 교회'를 자처한 것은 그리스 문화의 지배적 영향력을 보여준다. '오르토독스orthodox'는 '올바른'이라는 뜻의 그리스어에서 나왔으며, 이를 한자로 옮겨 '정

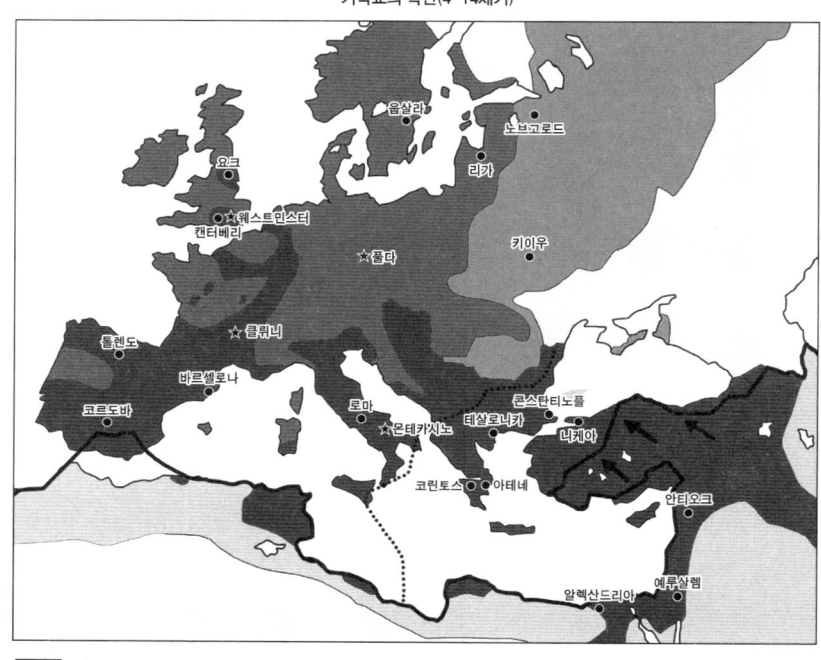

교正敎'라 부른다.

로마 제국 시절 주요 도시에 대규모 신앙 공동체가 형성되었는데, 이를 '펜타르키'(penta, 5)라 하여 예루살렘, 안티오크, 콘스탄티노플, 알렉산드리아, 로마 다섯 교회가 중심이 되었다. 베드로가 창립한 로마 교회는 자신이 기독교 전체의 수장임을 주장했지만, 콘스탄티노플은 다섯 교회가 동등하다며 맞섰다. 7세기, 이슬람 세력이 예루살렘·안티오크·알렉산드리아 지역을 점령하면서 펜타르키에서 로마와 콘스탄티노플만 남았고, 두 교회는 기독교 지도권을 두고 경쟁했다. 그 결과 1054년에는 동서 교회가 공식적으로 분리되었다.

정치 문법의 관점에서 보면, 로마-가톨릭과 콘스탄티노플-정교, 서유럽과 동유럽은 '정교 분리'와 '정교 융합'의 차이가 돋보인다.[26] 가톨릭은 교황이 이끄는 로마 교회를 정점으로 한 피라미드형 조직을 갖췄지만, 교황은 정치적 통치권이 아니라 종교적 권위에 집중했다. 물론 교황령이나 교회 도시를 직접 다스리는 사례도 있었지만, 원칙적으로는 종교와 정치가 구분되었다.

반면 정교세계는 비잔틴 제국 체제 속에서 정치와 종교가 밀접히 결합했다. 황제와 교회 수장이 분리된 권위를 행사하기보다는 권력이 융합된 형태였다. 이 전통은 비잔틴 제국 멸망 후에도 민족별 교회로 이어졌다. 러시아는 '모스크바 제3의 로마'론을 내세우며 정교세계의 중심을 자처했고, 세르비아·불가리아 교회도 유사한 길을 걸었다. 최근 우크라이나 교회가 러시아 교회로부터 독립한 것도, 정치적 독립과 종교적 독립이 맞물린 현대판 정교 융합 현상의 사례다.

좀더 일반적으로, 종교와 정치의 융합은 이슬람 세계나 중국에서도 발견된다. 정치학자 프랜시스 후쿠야마는 서유럽에서는 "교회가 국가가 되었다"면, 동유럽·이슬람·중국 등지에서는 "국가가 교회가 되었다"고 표현했다.[27] 21세기 이란 이슬람 공화국 같은 신정국가, 혹은 공산주의라는 세속 종교가 지배하는 중국 역시 종교와 정치가 혼합된 국가 형태라 할 수 있다. 이와 비교하면, 서유럽의 종교-정치 분리 전통은 인류사에서 매우 특수한 사례임을 알 수 있다.

황제와 교황

가톨릭교회가 지배하는 서유럽에서도 정치와 종교는 긴밀한 관계를 맺었다. 그러나 정교가 지배하는 동유럽만큼 교회와 정치 권력이 융합되지는 않았다. 정교 관계가 규정되는 초기의 역사가, '같은 기독교의 다른 경로'를 설명하는 한 요인이다. 로마 교회는 4세기에 이미 콘스탄티노플 교회보다 훨씬 더 강한 정통성을 갖고 있었다. 예수의 제자 베드로와 바울이 모두 로마에 와서 전도하다 세상을 떠났다. 로마는 제국의 수도로 1000년의 역사를 자랑한다. 당연히 로마의 교회는 5대 교회 안에서도 독보적인 존재였다. 반면 콘스탄티노플은 동부에 새로 만든 도시였고 새로 설립한 교회였다. 달리 표현하자면 제국이라는 정치 권력에 기댈 수밖에 없는 의존적 교회였던 셈이다.

로마 교회는 새로 침략해들어온 게르만 세력에 대해서도 정신적이고 문화적인 우월성을 자랑했다. 더불어 교회와 정치 권력이 다툼을 벌이게 되면, 단합된 로마 교회는 분열되고 문화적 정통성이 약한 게르만 왕국이나 집단과 비교해 우월한 지위를 점했다. 힘으로 다툰다면 당연히 게르만 민족의 세력이 우세했겠으나, 이들은 자신들이 점령한 지역의 주민들로부터 정통성을 인정받아야 했고, 저항을 극소화해야 했다. 로마 제국 밖에 있었던 다양한 민족이 로마와 접촉하면서 점차 기독교를 수용했고, 기독교로의 개종은 문명화의 중요한 척도였던 셈이다.[28]

기독교를 통한 문명화 과정은 기독교가 로마 제국의 국교로 인정받은 4세기부터 어쩌면 현재까지도 진행형인지 모른다. 유럽에서는 게르만 민족의 기독교화가 중세 초기에 활발하게 진행되었고, 10세기를 전후한 중세 중반에는 헝가리, 폴란드 등 중·동유럽으로 확산됐다. 유럽에서 나타나는 기독교를 통한 문명화는 중국에서 북방 민족의 유교를 통한 문명화와 상당히 유사하다. 몽골이나 여진 등 초원 지역의 민족들이 중원에 진출하여 중국을 지배하고자 한자와 유교 문화를 수용했듯, 유럽에서 로마 제국 밖에 뿌리를 둔 민족들은 기독교와 라틴어, 라틴 알파벳 등을 통해 문명의 문턱을 넘었다.

교황이 프랑크 제국의 샤를마뉴를 인정하며 황제로 즉위시킨 사실은 앞서 살펴보았다. 이 제국은 로마의 정통성을 이어받으면서도, 고대 로마 제국과 구별되는 의미에서 '로마인의 제국Imperium Romanorum'이라는 명칭을 사용했다. 이후 중세 유럽사에서 '제국'과 '교황'은

미니어처, 1100년경, 성 아우구스티누스의 정치와 종교 분리 사상을 묘사한 작품.
예수와 천사, 성직자들이 상부의 교회를 차지하고, 하부에는 세속 권력이 자리잡고 있다.
중세 시기 유럽에서 '제국'과 '교황'은 각각 정치와 종교 권력을 상징하는 커다란 두 축이었다.

각각 정치와 종교 권력을 상징하는 두 축이 되었다.

이 두 권력의 긴장과 경쟁이 극적으로 표출된 사건이 바로 1077년의 카노사의 굴욕이다.[29] 독일 황제 하인리히 4세가 교황 그레고리우스 7세에게 파문당한 뒤, 한겨울 알프스를 넘어 이탈리아 북부의 카노사 성 앞에서 맨발로 무릎 꿇고 사흘간 기다린 끝에 용서받고 파문을 해제한 사건이다. 중세 유럽인들에게 이 장면은 세속 권력이 종교 권력 앞에 무릎 꿇는 상징적인 장면으로 각인되었다.

이 굴욕적인 사건의 뿌리는 서임권 투쟁Investiturstreit이라 불리는 장기 분쟁에 있었다.[30] 이는 '누가 가톨릭교회의 고위 성직자인 주교를 임명할 권한을 갖는가'를 둘러싼 교황과 황제의 대립이었다. 당시 교구는 단순한 종교 구역이 아니라, 실제 행정과 재정, 그리고 지역 권력을 포함한 광범위한 관할권을 가진 영역이었다. 주교는 교회의 고위 성직자이면서 동시에 특정 도시나 지역의 실질적 지배자이기도 했다. 이런 이유로 교황은 주교 임명권을 자신이 행사하는 게 당연하다고 주장했다.

하지만 황제나 국왕 등 세속 군주는 주교가 속한 영토와 인구를 다스리는 정치 권력자로서, 교구와 주교에 대한 관할권을 포기할 수 없었다. 실제로 11세기까지는 주교 임명권을 행사하는 쪽이 교황이 아니라 일반적으로 황제나 국왕이었다.

교황 그레고리우스 7세는 '교황 혁명'이라 불리는 일련의 개혁운동을 추진하며, 교회의 독립성과 종교적 권위를 강화하고자 했다. 그는 주교 임명권을 교황청이 행사해야 한다고 선언했고, 이를 황제 하인리히 4세가 강하게 거부하면서 양측의 갈등은 격화됐다. 황제 입장에서 이는 단순한 종교 문제를 넘어 수백 년 동안 행사해온 정치적 권리를 빼앗기는 일로 받아들여졌다.

충돌은 결국 파문으로 이어졌다. 하인리히 4세는 파문의 결과로 제국 내의 귀족들이 반란을 일으키면서 정치적 위기에 몰리자 교황에게 용서를 구할 수밖에 없었고, 이 과정에서 '카노사의 굴욕'이 벌어졌다. 이 사건은 중세 유럽에서 종교와 정치의 권력관계를 보여주는 상징적 장면이었고 이후 수 세기 동안 서임권을 둘러싼 교황과 황제의 힘겨루기는 계속되었다.

독일 지역에 자리 잡은 제국과 교황의 대립이나 투쟁이 역사에서 가장 유명한 사건으로 부각되지만, 실제 프랑스, 영국 등 모든 가톨릭 국가는 이런 문제를 겪었다. 유럽의 '종교·정치적 쟁점'이 이미 중세부터 시작된 셈이다. 이 사건의 의미에 대해서는 다양한 해석이 있지만 여기서 주목해야 할 부분은 두 권력의 상대적 자율성이 존재했다는 사실과 일시적인 황제의 굴욕적 행동도 두 권력을 하나로 결합하지는 못했다는 결론이다.

이처럼 서유럽 역사에서 종교와 정치의 권력은 항상 따로 존재하며 서로를 견제하는 관계였다. 역사사회학자 바디는 "명백하게 자율적인 정치 공간의 건설이 서구만큼 강력하게 역사를 지배하는 사례는 찾아볼 수 없다"[31]고 단언할 정도다. 정치 권력은 종교의 인정과 지지를 필요로 했으나 종교를 흡수하거나 완벽하게 예속시키는 데는 실패했다.

중부 유럽에서는 로마인의 제국—신성로마 제국이라는 명칭은 13세기가 돼서야 사용되고 16세기부터는 게르만 신성로마 제국이라 불린다—과 교황이 협력하면서 대립하는 복합적인 관계였다. 프랑스나 잉글랜드의 국왕은 십자군 원정을 통해 종교적 아우라를 획득하려고 노력했다. 프랑스는 '매우 기독교적인 왕le roi très chrétien'과 '교회의 큰딸la fille aînée de l'Eglise'이라는 표현을 통해 교황과 교회의 보호자를 자처했다. 마찬가지로 스페인은 '가톨릭 국왕Su Majestad Católica'이라는 표현을 교황으로부터 인정받았다. 서유럽에서 영토를 바탕으로 무력으로 지배하던 권력 집단은, 넓은 대륙의 공간에서 정신적이고 영적인 주도력을 상징하는 교황과 교회의 인정을 통해 정통성을 강화할 수 있었다.

중세 유럽에서 나타난 정치와 종교 권력의 충돌은 21세기 현대에도 재현되었다. 가톨릭교회의 주교 서임권과 중화인민공화국의 영토 논리가 다시 부딪친 것이다. 중국은 자국민에 대해 정신적 영향력을 행사하는 교회의 지도부를 외국에서 임명하는 일은 인정할 수 없다고 주장했다. 반면 가톨릭교회에 있어 서임권은 1000년 넘게 투쟁해서 유지한 핵심적인 전통이자 제도였다. 일단 가톨릭교회는 중국의 정치적 권력의 임명권을 인정함으로써 양보했으나, 이런 상황이 일시적 균형인지 새로운 패턴인지는 더 두고 봐야 할 것이다.

서임권 투쟁이 유럽 정치 문법의 중요한 고리라고 할 수 있는 이유는 여기서도 '관할의 이중성'을 확인할 수 있기 때문이다. 로마 제국의 시민이 자신이 태어난 도시의 시민이자 동시에 로마의 시민이었듯, 서유럽 사람은 자신이 태어난 잉글랜드, 프랑스, 신성로마 제국의 신민臣民임과 동시에 로마 가톨릭교회의 신도信徒였다. 중세의 신학자 토마스 아퀴나스는 사회적 동물로서 인간은 후마니타스의 일원인 동시에 신도로서는 크리스천돔의 일원이라고 강조했다.[32] 동아시아 조선의 신민도 물론 국왕의 신하이자 유교의 '신도'였다. 하지만 조선의 관료는 왕이 책봉할 뿐, 예컨대 공자의 고향인 산둥山東에 자리 잡은 아시아적 유교 조직이 있어 조선에까지 '군자君子'의 타이틀을 부여하지는 않았다.

이러한 종교와 정치의 기능적 분리, 그리고 그 분리를 뒷받침하는 강력한 조직적 능력은 유럽 정치의 핵심적인 문법을 형성했다. 유럽에서 가톨릭의 힘과 종교 권위는 무엇보다 교회라는 조직에서 비롯되었다.

중세로 접어들면서 교회는 기존의 영토적 조직 단위였던 교구를 넘어, 다양한 수도회를 통해 세력을 확장했다. 이 수도회들은 단순히 종교의식을 담당하는 곳이 아니라, 유럽 전역에 걸쳐 토지와 건물, 생산 설비를 보유한 거대한 경제 단위였다. 특히 수도원의 경제활동은 세속 영주와는 달리 사치스러운 소비보다 생산과 투자에 집중되었다. 금욕을 실천하는 성직자들은 개인적 소비를 최소화했기 때문에 남는 자원은 농지 개간, 건축, 필사筆寫 작업, 교육 등 재투자에 쓰였다. 이런 구조 덕분에 수도원은 장기간에 걸쳐 부를 꾸준히 축적할 수 있었고, 그 결과 중세 유럽 경제의 중요한 축이자 안정된 자본 축적의 중심이 되었다.

이처럼 경제적 자립과 부의 축적 능력을 갖춘 수도원과 교회 조직은 세속 권력으로부터 독립된 정치적 영향력을 행사할 기반을 마련했다. 종교와 정치의 분리가 가능했던 것도 바로 이러한 독립된 조직과 경제적 힘이 있었기 때문이다.

서구 법치 전통의 탄생

가톨릭교회는 로마 제국의 유산 가운데 특히 법치의 전통을 강하게 계승했다. 로마인들이 남긴 법문화는 단순히 법규의 모음이 아니라, 사회와 권력을 유지하는 핵심 장치였다. 교회는 이를 그대로 흡수해 자신만의 법질서를 구축했다. "성 토마스 아퀴나스(1225~1274)는 법문화의 역사에서 그토록 중요한 역할을 담당하는데, 그 이유는 그가 로마법의 활용과 아리스토텔레스 사상의 복귀를 정당화하고, 이들을 기독교 신학과 화해하도록 만들었기 때문이다."[33] 아퀴나스의 사상적 작업은 단순한 철학 논의에 그치지 않았다. 그는 이성과 신앙, 세속 법과 신학 사이의 거리를 줍혀, 교회가 정치·법률 분야에서 정당성을 갖고 개입할 수 있는 이론적 토대를 마련했다.

로마 시대의 중요한 유산 중 하나는 '코드', 즉 법전을 편찬해 다양한 법을 집약·정리하고 체계를 부여하는 전통이었다. 이 전통은 교회에도 깊이 스며들어 교회법canon law이라는 독자적인 법체계corpus juris를 탄생시켰다. 교회법은 단순히 종교의식이나 성직자의 규율에 국한되지 않고, 결혼·상속·계약 등 신자의 일상생활 전반에 영향을 미쳤다.

가톨릭교회는 이러한 법을 제정·해석·집행할 수 있는 독립적이고 전문화된 조직을 갖췄다. 사제와 법학자, 재판소와 문서 관리 체계가 이를 뒷받침했다. 덕분에 교회는 이슬람 세계나 동방 정교권과 비교해 훨씬 더 강력하고 자율적인 사법권을 행사할 수 있었다. 이러한 전통은 훗날 유럽의 세속 국가들이 법치를 확립하는 데도 직접적인 영향을 주었다.

프랜시스 후쿠야마는 다양한 문명을 비교하면서 중국이 제일 먼저 근대적 중앙집권의 국가를 세우기는 했으나 황제를 통제할 사법권을 발전시키는 데는 실패했다고 분석한다. 반면 유럽은 중세에 교회를 중심으로 왕의 권력을 견제하고, 균형을 잡아줄 수 있는 사법권이 발전했다고 설명했다. 중국의 황제는 최고 권력자로서 법의 근원이었고 법을 무시할 수 있었지만, 유럽의 국왕은 법을 관리하는 교회라는 거대한 조직을 고려해야 했고, 눈치를 봐야 했다는 의미다. 그는 심지어 유럽 중세에 "교회가 국가가 되었다Church Becomes State"고까지 표현한다.[34]

교회가 국가가 되었다는 주장은 무엇을 뜻할까. 교회가 단순한 신도의 공동체를 넘어서 조직을 형성하고 규칙을 통해 운영되는 제도화 과정을 거쳤다고 봐야 할 것이다. 제도란 한번 만들어지면 계속되는 특징을 갖기 마련이다. 국가는 인류가 만들어낸 제도 가운데 가장 강력하고 성공적인 사례라 할 수 있다. 가톨릭교회는 법을 통해 가장 먼저 제도화를 이뤄냈고, 가장 오래 이를 유지하고 있다고 볼 수 있다.

미국의 법학자 해럴드 버먼은 저서 『법과 혁명』에서 유럽 정치 문법의 핵심 줄기 가운데 하나로 서구의 법적 전통을 꼽는다.[35] 그는 이 전통을 세 가지 관점에서 설명한다. 첫째, 고대 로마의 법 전통을 가톨릭교회가 이어받아 발전시켰다는 점이다. 둘째, 11세기와 12세기에 걸친 '교황 혁명'이 서구 법체계의 성립과 전개를 가능케 한 결정적 전환이었다. 셋째, 그 이후 여러 차례 혁명이 있었지만, 법체계의 근본 틀을 바꾸기보다는 세부를 조정하는 성격에 그쳤다는 것이다.

버먼은 서구 법적 전통을 열 가지 특징으로 정리한다. (1) 법적 제도와 법의 영역이 독립성을 인정받는다. (2) 법의 영역에 전업으로 종사하는 사람들의 전문 직종이 형성된다. (3) 이들은 고등 교육을 통해 전문적으로 양성된다. (4) 법은 단순한 실무 규칙을 넘어 법학이라는 학문 영역으로 확장된다. (5) 법은 산발적 규정의 집합이 아니라 유기적으로 통합된 하나의 법체계를 형성한다. (6) 법체계는 시간의 흐름에 따라 누적적으로 성장한다. (7) 법은 스스로의 논리로 발전하며 독자적인 역사를 가진다. (8) 정치 권력보다 우선하는 규범으로, 군주는 법을 만들 수 있지만 임의로 만들 수는 없으며, 개정하려면 법적 절차를 거쳐야 한다. (9) 법체계의 다양성이 보장되며, 다양한 법 영역이 병존하고 상호 경쟁한다. (10) 법은 질서의 안정성과 변화의 역동성 사이에서 내부적 긴장을 유지한다. 특히 여덟 번째 특징—정치 권력 위에 법이 존재한다는 관념—은 근대 법치주의의 기초로 작용한다.

이 전통은 고대 로마의 법질서가 단순히 이어진 결과가 아니다. 버먼은 11세기와 12세기에 교황 그레고리우스 7세가 세속 권력에 맞서 교회의 독립과 우월성을 주장하며 추진한 '교황 혁명'을 그 출발점으로 본다. 일단 교황은 로마 시민이 아닌 주교단 전체의 선출을 거쳐야 했고(1059년), 이를 통해 정통성과 독립성을 강화했다.[36] 서임권 투쟁에서 드러난 것처럼, 당시의 대립은 정치 권력과 법적 권위의 우위를 둘러싼 투쟁이었다. 교황과 교회는 로마의 유스티니아누스 대법전을 활용해 교회법을 재정비하고, 법률가 집단을 동원해 황제와 대립했다. 1050년에서 1150년 사이 교황 혁명으로 확립된 교회법 체계는 이후 세속 권력에도 '법'을 통한 경쟁과 대응을 요구했다.

중세사회에서 교회법은 성직자 규율에 국한되지 않았다. 결혼과 상속처럼 교리가 개입하는 모든 사안은 교회법의 관할이었고, 이는 약속과 맹세가 중요한 역할을 하는 상업 거래나 계약에서도 마찬가지였다. 다만 왕족은 왕법Royal Law, 귀족은 봉건법Feudal Law, 상인들은 상업법Merchant Law과 도시법Urban Law의 적용을 동시에 받았다. 관할권이 겹치는 이러한 다원적 법질서 속에서 각각의 법체계와 법원은 경쟁과 협력을 반복했고, 이것이 버먼이 말하는 '법체계의 다양성'과 자율성을 뒷받침했다.

교회법에서 출발한 법적 전통은 12세기 이후 장원, 봉건, 왕권, 도시, 상업 영역으로 확산되며 분화와 통합의 긴장관계를 유지했다.

유대와 그리스의 종교적 결합에서 태어난 기독교, 로마의 법 전통, 그리고 중세 크리스천돔 안의 다원적 정치질서가 결합하여 하나의 강력한 서구의 법적 전통을 만들어낸 셈이다. 버먼은 이 전통이 근대에 이르러 독일의 종교개혁(16세기), 영국의 청교도 혁명(17세기), 프랑스·미국의 네이션 혁명(18세기), 러시아의 공산주의 혁명(20세기) 같은 대변화를 거쳤음에도 불구하고, 기본 구조와 정신은 유지했다고 본다.[37] 시기마다 기독교적 양심, 공정성, 전통, 여론, 이성, 인권, 집단주의, 사회 평등과 같은 새로운 가치가 덧붙여졌을 뿐, 근간은 변하지 않았다. 따라서 버먼이 서구의 법적 전통이라고 부른 이 구조는 서유럽에만 한정되는 것이 아니라, 오늘날 세계적으로 통용되는 근대 법질서의 핵심 토대를 이룬다.

사랑과 폭력의 기독교

기독교의 메시지는 기본적으로 사랑과 평화다. 기독교의 사랑은 만인을 향한 보편적 사랑이다. 게다가 폭력을 거부하는 태도를 지향한다. "네 오른편 뺨을 치거든 왼편도 돌려대라"(「마태복음」 5:39)라는 메시지는 비폭력의 가장 극단적인 행동 지침이다. 가장 가혹하면서도 치욕적인 로마 제국의 십자가 형벌을 기꺼이 받아들이는 예수의 행동은 비폭력의 첨단을 달린다. 이런 점에서 기독교는 "눈에는 눈, 이에는 이"(「레위기」 24:20)로 대표되는 고대의 상호주의 도덕관에서 벗어나 대립하는 종교라고 할 수 있다.

프랑스 혁명 이전에 네이션 사상의 기초를 다진 장자크 루소는 기독교 국가가 전쟁을 잘 치르지 못할 것으로 보았다. 기독교의 기본적인 메시지와 세상을 대하는 기독교도의 태도가 모두 평화적이진 않더라도 소극적이라고 보았기 때문이다.[38]

고통의 계곡에서 자유인이건 노예이건 무슨 상관인가? 그들에게 중요한 것은 천국에 가는 일이며, 순응은 천국으로 가는 수단이 아닌가. 외국과의 전쟁이 벌어지면 시민들은 별다른 문제 제기 없이 전장에 나선다. 누구도 도망칠 생각은 없고, 각자 의무를 다하지만, 승리를 향한 열정은 없다. 그들이 잘하는 일은 승리하는 것이 아니라 죽는 일이다. (…) 명예와 조국에 대한 사랑이 불타는 관대한 민족들과 전쟁을 벌여보라. 기독교 레스 푸블리카가 스파르타나 로마와 맞선다면, 독실한 기독교인들은 정신을 차릴 틈도 없이 패배하고 무너질 것이다. 혹은 적이 그들을 무시해버려 간신히 살아남을 터다. (…) 사실 내가 '기독교 레스 푸블리카'를 논하는 것 자체가 모순이다. 두 단어는 서로 배타적이기 때문이다. 기독교는 복종과 종속을 설교할 뿐이다. 그 정신은 전제주의에 지나치게 우호적이어서 전제주의는 언제나 기독교를 이용한다. 진정한 기독교인은 노예가 되기 위해 태어난 존재다. 그들은 이를 알고도 놀라지 않는다. 이 짧은 인생이 그들에게는 그다지 가치 있는 것이 아니기 때문이다.

인류를 사랑한 나머지 벌거벗은 채 십자가에 매달려 희생한 예수와 상인이자 장군으로서 세력을 규합해 전투를 이끈 이슬람의 무하마드는 이런 점에서 무척 대조적이다. 유대 민족의 유일신과 구약이라는 공통분모를 가진 기독교와 이슬람은 행동과 폭력, 전쟁에 관해서는 상당한 차이를 드러낸다. 그렇다면 기독교가 지배하는 지역과 문화의 정치 문법은 비폭력과 평화를 실천했는가.

　불행히도 교리가 정치 영역에 그대로 반영되어 나타난 것 같지는 않다. 예를 들어 기독교 문명권인 유럽이 상시적인 전쟁 체제였다는 사실은 세계사를 잠깐만 살펴봐도 알 수 있다. 종교의 기원부터 전쟁이나 제국과 긴밀하게 연결되었던 이슬람권과 비교해보더라도 기독교 문명권은 더 전투적이고 분쟁적인 역사의 현장이었다. 상대의 폭력에도 사랑으로 답하라는 가장 비폭력적인 평화의 종교가 어떻게 가장 전투적이고 가혹한 투쟁이 일상적인 지역을 낳았는가. 이해하기 어려운 역설이기에 설명이 필요한 부분이고 현대의 전쟁 현상을 파악하는 데도 도움을 줄 수 있다.

　언제부터 평화의 교회는 폭력을 인정하고 정당화하기 시작했는가. 프랑스의 역사학자 플로리에 따르면 교회가 기사騎士를 동원해 자위自衛 행동에 나선 것은 중세에 재산을 획득하기 시작한 시기다.[39] 다시 말해 지킬 토지와 재산이 생기면서 교회는 폭력 전문가들을 고용하기 시작했고, 필요하면 폭력을 마다하지 않고 행사하는 세력으로 탈바꿈했다. 그리고 폭력을 행사할 수 있는 논리적 장치를 교리와 법을 통해 점차 마련했다.

직접적이고 물질적인 동인을 넘어, 11~13세기 십자군 원정은 종교적인 이유를 들어 다국적 군사 행동에 나선 대표적인 계획이었다. 십자군 운동이 시작된 시기도 앞서 분석한 교황 혁명기인 11세기 후반이다. 교황 우르바노 2세가 1095년 이슬람 세력이 점령한 예루살렘을 탈환하자고 주장했다. 교황과 교회가 성지 수복이라는 목표를 위해 기독교권의 군사를 동원함으로써 사실상 과거 이슬람 제국의 무력 확장 논리와 만나는 역사적 순간이었다. 물론 이슬람 제국이 정교政敎 일체의 세력이었다면, 크리스천돔은 교황과 교회가 주도하고 세속 정치 세력이 동원되는 형식이었다. 평화의 종교가 무력을 동원하는 이율배반적 태도와 행동은 비난받아 마땅하다.

다만 유럽 정치 문법의 특징은 기독교의 평화 메시지와 유럽의 전쟁 현실의 괴리를 인식하고 있었으며, 그 때문에 정당한 전쟁에 대한 고민과 논의가 본격적으로 시작된 부분도 있다. 예를 들어 13세기에 활동한 가톨릭 사상가 토마스 아퀴나스는 정당한 전쟁에 대해 세 가지 조건을 달았다. 첫째, 전쟁은 공공권력auctoritas principis이 주도해야지 사적 개인persona privata이 나선다면 범죄에 해당된다. 둘째, 정당한 이유causa justa가 있어야 하는데, 이 부분이 가장 많은 논쟁거리를 제공한다. 무엇이 정당한 이유인지를 판단하는 기준이나 주체가 모호했기 때문이다. 18세기부터 등장하는 국제법은 전쟁의 정당성 논리를 아예 포기하고 국가 간의 전쟁을 통제하려고 노력했다.[40] 셋째, 올바른 의도intentio recta를 반영해야 한다. 숨은 목표를 추구하거나 세상을 속여서는 곤란하고 공동의 이익을 추구하는 의도만이 정당하다.

십자군 원정 시기에 본격적으로 부각된 '정당한 전쟁'에 관한 논의는 사실 그 뿌리가 고대 로마의 키케로까지 거슬러 올라간다. 키케로는 국가가 무력을 행사할 수 있는 조건과 절차를 고민했으며, 이를 통해 전쟁이 단순한 폭력이 아니라 일정한 규범에 따라 수행되어야 한다는 관념이 형성되었다. 중세에 들어와 기독교적 사유가 이 전통을 이어받으면서, '정당한 전쟁' 논의는 한층 더 도덕적이고 신학적인 수준으로 발전했다. 이후 전쟁이 끊이지 않았던 유럽에서 이른바 '정전론正戰論, Just War Theory'은 현실 속에서 계속 다듬어졌다. 기독교 문명은 전쟁을 완전히 몰아내거나 종결시키지는 못했으나, 적어도 전쟁을 윤리와 정의의 문제로 사고하도록 만들었다는 점에서 중요한 의미가 있다.

　이 전통의 출발점에 서 있던 가톨릭교회는 20세기에 이르러 모든 전쟁에 대한 공식적 지지를 철회하게 된다. 그리고 기독교적 도덕 논의에서 파생된 규범들은 세속의 영역에서 국제법 체계로 옮겨져, 국가 간 전쟁을 통제하고 관리하기 위한 다양한 원칙을 형성했다. 국제법은 무력 충돌 자체를 완전히 없앨 수는 없었지만, 폭력의 범위와 행사 방식을 제한하려는 시도를 이어갔다.

기독교의 혁명성

기독교의 혁명성은 무엇보다 종교 자체의 성격에서 분명하게 드러난다. 예수는 전통과 보수의 수호자가 아니었다. 그는 전통의 형식성과 보수적 태도의 우매함을 날카롭게 비판하며, 새로운 복음을 전하는 개혁가였다. 예수의 제자들은 기존 유대교의 민족적 한계를 넘어 인류 전체를 향한 보편적 종교로 나아가도록 이끌었다. 예수가 폭력을 사용하지는 않았지만, 자신에게 가해지는 폭력을 온몸으로 받아들이는 극단적인 태도는 인간적이라기보다 신적이며, 동시에 혁명적인 모습이었다.

기독교는 사회적으로 '약자의 종교'라는 성격이 뚜렷하다.[41] 예수는 왕족 출신도, 부유한 귀족적 배경을 가진 인물도 아니었다. 더구나 하나님의 아들이 십자가에서 처형당하는 모습은 전지전능한 존재가 가장 굴욕적이고 취약한 상황을 스스로 선택하는 장면이었다. 그러나 예수의 십자가형은 끝이 아니라 부활을 향한 과정이었고, 빛이 지배하는 세상으로 나아가기 위한 필수적인 계단이었다.

종교개혁가 마르틴 루터는 이렇게 말했다. "하나님 말씀의 특징은 세상에 계속 혼란을 자아낸다는 점이다. (…) 이 혼란을 가라앉히려고 한다면 이는 하나님의 말씀을 세상에서 몰아내려는 의도다. 왜냐하면 하나님의 말씀은 전 세계를 바꾸고 다시 짓기 위한 것이기 때문"[42]이다. 이 발언은 가톨릭교회가 수백 년, 혹은 1000년 이상 종교적 오류 속에 머물 수 있으며, 이를 바로잡아야 한다는 시대적 요구를 반영한다. 동시에 기독교와 성서가 기본적으로 품고 있는 변화의 에너지를 날카롭게 지적한 말이기도 하다.

프랑스 출신의 인류학자로 미국에서 활동한 르네 지라르는 인류와 문화를 해석하는 독창적 시각으로 주목받은 지성이다. 그는 기독교를 단순한 종교가 아니라, 인류사회의 가장 깊은 층위에 흐르는 '비밀'을 드러내고 널리 알리는 인류학적 사건으로 보았다. 그의 설명을 살펴보자.[43]

인류의 문화적 진화에서 기독교는 자연선택론에서 문화가 담당하는 역할과 비슷한 자리를 차지한다. 다윈이 설명한 자연선택의 맹목적 메커니즘 속에서 인간이 문화를 통해 피해자의 단계를 넘어 해방의 길로 들어설 수 있었던 것처럼[인류는 문화를 통해 자연선택의 큰 굴레에서 벗어났다], 인류는 기독교를 통해 변화할 수 있었다. 기독교는 인류가 공동체의 분쟁과 위기를 극복하기 위해 '희생양을 죽여야 하는 단계'에서 벗어나는 전환점이 되었다. 기독교를 통해 인류는 희생양이 되는 피해자의 무고無辜함을 의식하게 되었기 때문이다. (…) 서구 문화는 종교적인 것을 '배제'함으로써 이성을 통해 종교나 신앙의 굴레에서 결정적으로 벗어나려 하지만, 실제로는 가장 깊이 박혀 있는 기독교적 뿌리를 드러낸다. 왜냐하면 현대 문화의 이데올로기적 지평선은 피해자의 중심성을 기본 원리로 삼기 때문이다. 홀로코스트의 피해자부터 자본주의의 희생자, 사회적 불의의 피해자, 그리고 전쟁과 박해, 생태적 파탄이나 인종, 성별, 종교적 차별의 피해자에 이르기까지 오늘날 우리 담론의 중심에는 언제나 '무고한 피해자'라는 인식이 있다. 이 관념을 우리 역사 속에 심은 것은 다름 아닌 기독교다.

지라르는 구약성서 속에서 이미 이러한 경향이 나타난다고 본다. 유대 민족은 하나님의 선택을 받았지만, 동시에 가장 가혹한 핍박과 고난을 겪는다. 마치 약자의 고통이 선택받은 자의 숙명처럼 보일 정도다. 「창세기」에서 죄 없는 동생 아벨을 죽이는 형 카인의 이야기, 아버지 이삭의 사랑을 독차지한 막내 요셉을 학대하는 형들의 이야기 등은 공동체 내부에서 무고한 희생양에게 가해지는 다수의 폭력을 잘 보여준다. 현대 민족주의에서 나타나는 『피해자의 경쟁』[44]이나 『희생자 의식 민족주의』[45]도 이러한 기독교적 세계관의 간접적 산물로 해석할 수 있다. 집단적 희생자라는 지위가 국제사회에서 하나의 가치로 인정되다보니, 서로 자신이 더 비참한 피해자임을 주장하는 경쟁까지 벌어지는 현실이 그것이다.

신약성서는 하나님이 세상에서 가장 비천하고 낮은 모습으로 나타난다고 말한다. 이는 고대사회에서 권력자가 신의 대표자로 여겨졌던 전통적 인식과는 전혀 다른 사고방식이다. "부자가 천국에 들어가는 것보다 낙타가 바늘귀로 들어가는 것이 쉬우니라"(「마태복음」 19:24)라는 구절도 부자에 대한 경고이자 사회적 약자에 대한 배려를 담고 있다. 물론 기독교를 '약자의 종교'로 규정하는 것은 어디까지나 현세의 시각이다. 그러나 강자·부자에 대한 경고와 약자·빈자에 대한 배려라는 메시지가 정치적으로 지닌 힘은 매우 컸다. 이것이 기독교가 지닌 또 하나의 혁명적 성격이었다.

　기독교의 혁명성은 고대 그리스·로마의 계급적 사고와 만나 폭발적인 화학 반응을 일으킬 수 있었다. 아테네와 로마 사람들은, 아무리 단합된 공동체라 하더라도 소수와 다수가 기본적으로 대립하고 투쟁한다는 사실을 잘 알고 있었다. 폴리스와 레스 푸블리카는 모두 소수 또는 다수가 지배하는 체제가 될 수 있었고, 누가 지배하든 두 세력이 경쟁하는 것은 당연하고 자연스러운 일로 여겨졌다. 아테네와 로마는 소수나 다수 어느 편이 항상 정의롭거나 옳다는 일반적인 전제가 없었다.[46] 기독교는 이런 구도 대신 강자/약자, 부자/빈자라는 틀로 사회를 보았고, 약자와 빈자를 소수이자 사회적으로 소외된 사람으로 인식했다. 그리고 그들에게 대한 배려와 사랑을 주장했다.

　이 장에서 중점적으로 살펴보는 중세 시기에 기독교의 혁명성은, 다양한 사회적 반란과 운동이 종교적 성격을 띠었다는 사실에서 잘 드러난다.[47] 중세 유럽에서 가톨릭교회로부터 이단으로 규정된 카타리파Catharism(12~14세기 프랑스와 이탈리아), 발도파Waldensians(12세기 프랑스와 이탈리아), 후스파Hussites(15세기 체코) 등은 모두 '사도적 가난'을 지향했다. 사도적 가난apostolic poverty이란 예수의 사도들이 초기 기독교 공동체에서 재산을 소유하지 않고 단순한 삶을 원칙으로 삼았던 데서 유래한다.

　앞서 절대적 평화의 종교가 어떻게 전쟁의 나팔을 불며 세력을 동원하고 전쟁이 일상적인 문화권을 형성했는지 그 아이러니를 지적했다. 기독교는 처음부터 카이사르의 영역을 인정하며 정치적 무관심을 보이는 듯했으나, 시간이 지나면서 황제나 왕을 인정하고 지지하며 권력의 편에 서기도 했다. 그러나 동시에 사회적 저항과 혁명의 중요한 이데올로기적 기반으로 작동하는 역설적인 모습도 드러냈다.

유럽에서 기독교가 보인 이런 다양한 양상은, 하나의 종교에 대한 획일적 평가와 판단이 얼마나 위험한지를 드러낸다. 평화의 메시지가 기독교의 중심 줄기라 할지라도 맹목적인 전쟁의 뿌리가 될 수 있고, 정치적 무관심이라는 보수적 태도가 상황에 따라 혁명적 열정으로 돌변할 수도 있다는 뜻이다. 같은 언어와 문법이 상황과 맥락에 따라 전혀 다른 메시지를 담을 수 있는 것처럼 말이다.

현대 정치 문법에서 매우 중요한 인식 가운데 하나가 진보적 역사관이다. 한국에서는 민주화의 필연성을 강조하기 위해 "닭의 목을 비틀어도 새벽은 온다"라는 표현이 있다. 이는 역사의 방향이 뚜렷하며, 그 흐름을 막으려는 노력은 하찮고 무의미하다는 뜻이다. 국민이 정치의 주인이 되는 민주화는 폭력으로도 막을 수 없는 거대한 흐름이라는 말이다.

민주화뿐 아니라 과학적 사고, 남녀 평등, 개인적 자유의 확대 등 현대 정치가 겪어온 많은 변화는 '역사적 필연성'을 전제로 한다. 미신은 점차 사라지고, 불평등을 낳는 사고와 관습은 구습으로 제거해야 하며, 개인의 자유는 계속 확대되리라는 믿음이다. 그러나 이 역사관은 한 가지 모순을 품고 있다. 만약 어떤 변화가 정말로 필연적이라면, 굳이 그 방향을 사회에 알리거나 그 방향으로 나아가도록 애쓸 이유가 없기 때문이다.

기독교는 이런 '역사의 방향성'을 제시한 결정적 종교였다. 고대 그리스와 로마는 사회마다 고유한 시간이 존재하더라도, 인류의 시간 자체는 반복적으로 재생된다고 생각했다. 신은 영원히 존재하지만, 인간세계의 시간은 순환하는 것이었다. 그러나 기독교는 시간과 역사의 보편성을 전제로 인류의 종말을 예언하고, 최후의 심판과 새로운 세상의 도래를 알렸다. 필리프 아리에스에 따르면 "중세는 포괄적으로 고려한 인류 전체의 역사에 대한 해석을 시도했기에, 고대 폴리스에서는 무시했던 세상 전체에 대한 역사적 시각의 영향력 아래 놓였다."[48] 「창세기」에서 최후의 심판에 이르는 하나의 거대한 서사를 인류 전체의 시간 속에 심어놓은 것이다. 이는 각 폴리스의 역사나 전쟁사를 기록한 헤로도토스나 투키디데스의 관점과는 전혀 다른 차원의 시각이었다.

중세에서 근대로 넘어오면서 유럽은 계몽주의에서 사회주의에 이르기까지 수많은 진보적 역사관을 생산했다. 계몽주의가 무지몽매한 종교를 비판하고, 사회주의가 기독교를 '민중의 아편'이라 비판했음에도, 인류가 하나의 궤도를 따라 나아간다는 사고의 기원은 기독교에 있다. 최후의 심판과 새로운 세상의 필연성이 그렇듯, 이성이 지배하는 세상도 반드시 올 것이라는 믿음이 자리 잡았다. 원죄로 더럽혀진 인류가 멸망하듯, 자본주의의 종말과 이후 도래할 이상사회를 예언한 마르크스의 사상 또한 이런 기독교적 역사관의 영향을 벗

어나기 어렵다.[49]

폴리스나 레스 푸블리카와 비교하면, 기독교는 본래 정치적 문법이 아니라 정치와 종교를 구분하는 틀이었다. 그러나 역사의 역설은 기독교가 폴리스나 레스 푸블리카 못지않게 깊은 정치적 영향을 남기도록 만들었다. 정치를 독립적인 규칙과 영역으로 규정하는 인식은 정교분리 없이는 성립될 수 없다. 16세기 마키아벨리 시대에 이 생각이 명확해졌지만, 그 뿌리는 고대까지 거슬러 올라간다.

앞서 '화학적 반응'이라는 표현을 썼듯, 기독교는 그리스 문명권과 결합해 1000년의 비잔티움 역사를 만들어냈지만, 정교분리를 낳지는 않았다. 반면 로마 문명권에서는 정치와 종교가 경쟁과 협력을 오가며 공존했고, 혼란스러운 역사 속에서 결국 정교분리가 탄생했다. 겉보기에 기독교와 폴리스 전통이 만나면 정교 융합이, 기독교와 레스 푸블리카가 만나면 정교분리가 이뤄진다고 생각하기 쉽지만, 좀더 설득력 있는 설명은 역사적 맥락을 더 세밀하게 살펴봐야 알 수 있다.

동로마와 서로마 제국 모두 폴리스, 레스 푸블리카, 임페리움의 전통을 아우르는 융합적 체제였다. 그러나 임페리움의 전통은 동서 모두에서 가장 강력한 구조였다. 여기에 기독교가 더해졌을 때, 동로마는 탄탄한 정치 권력에 종속된 교회를 유지했지만, 서로마는 제국이 붕괴한 뒤 무정부에 가까운 상황 속에서 종교와 정치의 특별한 관계가 형성되었다. 정치 권력의 공백은 교회가 세속적 업무와 사법 기능을 떠맡게 만드는 계기가 되었고, 이는 교회가 국가와 구분된 자율적 권위로 작동할 여지를 넓혔다. 이러한 상황이 장기화되면서, 교회와 세속 권력은 상호 견제와 역할 분담이라는 새로운 질서를 형성하게 되었다.

서로마에서 정교분리가 가능했던 것은 로마의 유산보다는 정치체제 붕괴라는 특수한 조건이 결정적이었다는 의미다. 반면 동로마에서는 교회가 강력한 정치 권력과 융합되며 '카이사르 교황주의'라는 형태가 자리 잡았다. "카이사르 교황주의의 실질적 의미는 정치 권력이 종교 권력의 담당자들을 임명하는 권력을 가지며 중세 초기 유럽의 전반적인 상황이었다고 할 수 있다."[50] 다만 11세기, 교황 혁명을 기점으로 서유럽과 동유럽의 길은 뚜렷이 갈라지기 시작했다.

2

기독교, 사회를 통제하다

　기독교의 장기적 영향력을 설명하는 핵심은 아무래도 종교와 정치를 구분한 데서 찾아야 할 것 같다. 정치와 종교가 한 손에 쥐어지면 권력자는 막강한 힘을 발휘한다. 그러나 그 권력이 무너지는 순간 정치와 종교가 동시에 바뀔 가능성이 크다. 고대 이집트의 파라오는 정치와 종교를 모두 지배했으나, 기독교 및 이슬람 세력의 확장으로 무너졌고 생존할 수 없었다. 반면 정치와 종교가 독립적이고 자율적으로 자신의 영역을 가지면 정치에 변화가 일어나더라도 종교는 계속될 수 있다.

　고대 로마 제국이 기독교를 수용하고 국교로 삼았으나 제국이 무너져도 기독교는 살아남았다. 정치와 종교의 구분은 어떤 의미에서 정치와 사회의 분립을 잉태하고 있었다고 볼 수 있다.[51] 물론 종교·정치 관계나 정치·사회의 상호 관계는 명확하게 구분하기 어렵고 서임권 분쟁은 이런 불확실성에서 만들어진 다툼이다. 교회는 정치 영역에 정통성을 부여하는 권한을 갖고 있다는 점에서 간섭의 열쇠를 쥐고 있었고, 정치는 무력을 통해 교회를 공격할 수 있었기에 비난받을 각오만 한다면 언제든 종교 영역을 침범할 수 있었다.

역사상 각자의 영역이 조금씩 규정되고 경계가 서서히 만들어지면서 교회는 유럽 사회를 통제하는 강력한 기제로 부상했다. 여기서는 대표적인 사례를 들어 기독교와 교회가 정치뿐 아니라 근대사회 전반의 문법을 형성하는 데 얼마나 결정적 요인이 되었는지 살펴본다. 우선 가족 구조에 기독교가 미친 영향을 살펴본 뒤, 개인주의의 근원으로 기독교를 조망한다. 마지막으로는 복지국가와 시민사회라는 근대적 사고의 형성에 미친 기독교의 영향을 관찰한다.

가족 제도: 일부일처제의 강화

가족 제도를 보면 기독교의 뿌리인 유대 민족의 문화와 고대 그리스·로마 문화는 크게 다르다. 유대 민족은 일부다처제였으나, 그리스·로마는 일부일처제였기 때문이다. 고대 로마에서는 "정식 결혼이건 아니면 동거이건 일부일처제가 유일하게 지배했다".[52] 유대와 그리스·로마, 두 가지 서로 다른 전통이 만나면서 새롭게 형성된 종교인 기독교는 그리스·로마의 가족 제도를 따랐다. 이어서 기독교의 일부일처제는 중세에 유럽 전역으로 확산됐다. 가족 제도가 사회의 가장 기초적인 구조와 사고를 형성하기에, 이 같은 변화는 단계별로 검토할 필요가 있다.

첫 단계는 일부다처제에서 일부일처제로의 변화다. 전형적인 문화적 융합 과정을 통해 유대 민족의 전통과 그리스·로마 민족의 관습이 서로 뒤섞였다고 볼 수 있다. 일반적으로 유대교가 약간의 적용을 거쳐 기독교로 발전했다는 시각은 이런 점에서 적절하지 않다. 기독교는 유대 민족의 역사에 뿌리를 두고 있으나, 기독교가 확산되는 시기에 정치·사회적으로 지배적인 문화는 그리스·로마 문화였기 때문이다. 일부일처제뿐 아니라 많은 기독교의 제도는 그리스나 로마의 전통과 접목한 결과다.[53]

두 번째 단계는 로마 제국의 경계를 넘어 일부일처제가 다른 유럽 지역으로 확산되는 부분이다. 일부일처제가 처음부터 기독교 교리의 핵심은 아니었다. 그러나 이 특수한 가족 제도는 기독교의 일부로 편입되었다. 폴 벤과 같은 학자는 기독교 이전에 이미 로마 사회에서는 상당 부분 현대적 의미의 핵가족이나 개인주의적 가족관계, 그리고 절제된 성 관습 등이 자리 잡았다고 설명한다.[54]

다른 한편, 기독교는 문화적으로 선진 지역이 된 로마 제국의 종교로서 '야만족'들이 앞다퉈 수용한 상징이었다. 문명화를 통해 야만에서 벗어나 정통성을 확보하려는 정치적 시도가 기독교의 수용을 촉진했다는 의미다. 결과적으로 그리스·로마의 일부일처제는 기독교에 편승하여 로마 제국 안팎의 다양한 민족의 가족 제도를 변화시키게 되었다.

세 번째 단계는 일부일처제가 유럽 전역에서 교회의 영향력 아래 강화되는 시기다. 기독교와 가톨릭교회는 유럽의 다양한 부족이 가졌던 전통과 역시 융합하고 그에 적응했다. 그리스·로마만큼 선진적 위상을 갖지는 못했으나, 그래도 오랜 기간 계속되어온 제도와 관습을 바꾸는 일은 언제나 어렵다. 기독교의 일부일처제는 로마의 제도를 경직된 방향으로 강화했다. 예를 들어 이혼을 어렵게 만들었다. 로마 제국 시기에 일부일처제는 원칙이었으나 잦고 수월한 이혼으로 개방적이고 유동적인 사회제도였다. 일례로 서기 48년 클라우디우스 황제는 세 번의 결혼과 이혼 뒤 네 번째 결혼으로 조카 소小아그리피나를 맞았다. 아그리피나는 칼리굴라 황제의 여동생이고, 첫 결혼에서 아들 네로를 얻었으나 미망인이 되었다. 네로는 이후 계부 클라우디우스에게 입양되어 황위를 이었다. 유동적이고 혼잡한 가계도가 일반인이 아니라 권력의 최고위층에서도 일상적이었음을 보여주는 사례다.

중세 기독교는 또 입양을 어렵게 해 로마의 광범위한 양자 제도를 축소했다. 이에 덧붙여 교회는 과부의 재혼이나, 형사취수兄死娶嫂를 금지함으로써 일부일처제의 정의를 강화·확대하고 근친혼을 막았다. 구디와 같은 학자는 이런 교회의 가족 제도 개혁이 재산 상속을 막아 교회의 부를 늘리려는 전략으로 해석하기도 한다.[55] 재혼이나 입양이 어렵다면 미망인의 재산이 교회로 귀속될 가능성이 큰 것

「황제 오토 1세」, 상아조각, 963년. 오토 1세와 부인 아델라이드, 그리고 황태자 아들이 예수의 발밑에 무릎 꿇는 모습이다. 일부일처제는 정치에도 막강한 영향력을 행사했고 중대한 결과를 낳았다. 교회가 혼인을 인정하고 관리하는 조직으로 부상하면서, 귀족이나 왕실도 강화된 일부일처제의 영향력 아래 놓였다.

은 확실하다. 실제 교회는 중세에 유럽에서 가장 부유한 세력으로 성장한다. 또 교회가 평화의 원칙을 포기하고 무기를 드는 데 물질적 이익이 큰 역할을 담당했음은 앞서 보았다. 하지만 구디가 분석하듯 경제적 이익을 얻기 위해 교회가 의도적이고 전략적으로 가족 제도의 강화를 추구했는지는 알기 어렵다.

일부일처제는 정치에도 막강한 영향력을 행사했고 중대한 결과를 낳았다. 교회가 혼인을 인정하고 관리하는 조직으로 부상하면서, 귀족이나 왕실도 강화된 일부일처제의 영향력 아래 놓였다. 영유아 사망률이 무척 높았던 중세에 강한 일부일처제는 재산뿐 아니라 권력 승계의 문제를 촉발했다. 한 명의 처에게서 후계를 얻을 가능성은 여러 명의 부인이 있는 경우보다는 낮았다. 이혼이 어렵다면 가능성은 더 낮아진다. 고대 로마와 달리 입양도 어려워 권력 계승의 문제는 한층 더 복잡해진다.

문제는 유럽이 중세에 킹덤의 시대로 돌입한다는 점이다. 게르만 민족의 전통에서 왕은 전사 가운데 우수한 자를 선출한 결과이고, 용맹한 혈통을 이어가는 지배 체제다.[56] 그리스나 로마와 비교해 중세 킹덤을 지배하는 논리는 점차 혈통으로 옮겨갔다. 혈통에 기초한 왕위 승계는 강화했는데, 동시에 후계자 생산은 일부일처제로 인해 어려워졌다는 말이다. 유럽이 빈번한 전쟁에 시달리는 가장 큰 이유는 이 같은 모순에서 비롯되었다. 대부분의 유럽 중세 전쟁이 왕위 계승 전쟁이라는 사실에서 이를 확인할 수 있다. 근세 18세기에도 스페인 계승 전쟁(1701~1714)이나 오스트리아 계승 전쟁

(1740~1748)은 여전히 일부일처제 아래 왕위 계승의 어려움을 보여주는 사례다. 스페인 계승 전쟁은 카를로스 2세가 자식 없이 사망해서 벌어진 전쟁이다.[57] 오스트리아 계승 전쟁은 아들이 없었던 신성 로마 제국 카를 6세가 딸 마리아 테레지아에게 제위를 넘기는 과정에서 발생했다.

일부일처제는 사회의 가족 제도지만 그 정치적 효과는 막대하다. 상당수 문화에서 일부다처제, 특히 권력 계층의 일부다처제는 계승자가 너무 많아 탈이었다. 유럽은 반대로 적당한 계승자가 없는 일이 오히려 빈번했고, 따라서 계승의 순서를 따지며 전쟁을 벌이는 일이 다반사였다. 중세 유럽의 가장 유명한 전쟁이라 할 수 있는 백년 전쟁은 전형적인 왕위 계승 전쟁이었다.

기독교가 낳은 개인주의

근대 문명의 중심에는 개인주의가 있다. 정치 영역에서 민주주의 제도가, 경제 영역에서 자본주의 제도가 대표적이라면, 사회 영역에서는 개인주의가 지배적이다. 민주주의를 바탕부터 살펴보면, 개인의 존엄성, 자유, 개인 간의 평등, 보통선거권 등 모든 핵심 원리가 개인주의와 불가분의 관계임을 확인할 수 있다. 경제에서도 마찬가지다. 자본주의나 시장의 출발점은 국가나 집단이 아니라 자율적이고 독립적인 주체로서 개인이다.

그렇다면 이런 개인주의가 민주주의나 자본주의, 근대사회를 낳은 원인일까, 아니면 반대로 시장경제와 민주주의가 발전하면서 개인주의 사회가 형성된 것일까? 인과관계는 복합적이고 얽혀 있어 단정하기 어렵다. 다만 기독교라는 종교가 중세 유럽 사회에서 어떻게 개인주의를 낳는 데 기여했는지를 살펴보는 일은 충분히 의미가 있다.

프랑스의 인류학자 루이 뒤몽은 평생 인도를 연구한 뒤, 인도라는 전체주의 문명과 유럽이라는 개인주의 문명을 대조했다.[58] 그의 핵심 논지는 인도에서는 '전체'의 관점에서 '개인'을 도출해내지만, 유럽에서는 '개인'에서 출발해 '전체'를 사고한다는 것이다. 예를 들어 인도의 카스트 제도는 사회 전체의 질서 안에서 각 카스트의 위치와 역할을 규정한다. 개인은 자신이 속한 카스트에 의해 모든 사회적 역할이 결정된다. 반면 근대 유럽에서 익숙한 사회관은 개인들의 합이 전체를 이룬다고 본다. 개인은 독립적·자율적 주체이며, 개인의 의견과 선택, 행동의 합이 집단적 결과를 만든다는 시각이다.

뒤몽은 이런 차이를 본질적인 것으로 규정하기보다 역사적 진화의 결과로 본다. 특히 유럽에서 개인주의가 발전한 경로는 기독교에 그 뿌리를 두고 있으며, 매우 점진적이고 특수한 과정을 거쳤다고 설명한다. 그는 기독교와 불교를 모두 '구원의 종교'로 규정한다. 출발점부터 이들은 사회적 소속감이나 의무보다 개인의 구원을 중시한다. 예컨대 힌두교가 지배하는 인도에서 불교나 자이나교는 사회적 의무보다 개인적 구원을 추구하며, 이 때문에 '세상 밖'으로 나가는 일탈적 성격을 띤다. 마찬가지로 그리스·로마의 다신교 사회에서 기독교 역시 개인의 구원을 희구하는 종교였다. "전쟁을 거부하고, 적을 사랑하라"라는 기독교의 부자연스러운 논리가 세상을 지배하기는 어려웠다. 기독교 신도는 카이사르의 영역을 넘어, 세상 밖 신의 영역으로 나아가야 했다.

뒤몽의 논리와 별개로 동아시아의 사례를 생각해볼 수도 있다. 유교가 전체주의적이고 현실 지향적 도덕관이라면, 도교는 세상 밖 구원을 추구하는 개인적 시도에 가깝다. 프랜시스 후쿠야마도 이렇게 말했다. "초월적 종교라기보다는 윤리라고 할 수 있는 유교는 항상 엘리트의 행동 규범code이었고, 대중의 오랜 믿음에서 진화한 도교는 비非엘리트의 저항적 종교의 한 종류로 기능했다."[59] 동아시아에서 성공한 엘리트는 유교 군자로 살고, 세상을 등진 엘리트는 도사처럼 살았던 배경을 잘 설명해주는 발언이다.

뒤몽은 이런 비교 속에서, 기독교가 매우 특이한 경로로 개인주의를 발화·발전시켜 근대사회를 낳았다고 본다. 기독교는 유일신 신앙이라는 점에서 불교나 도교와 다르다. 전지전능한 신은 인간을 '자신의 형상'으로 만들었고, 인간이 신적 존재는 아니나 신의 성격을 공유할 여지를 남겼다. 뒤몽의 역사·인류학적 분석은 이 잠재력이 어떻게 2000년에 거쳐 발현되었는지를 추적한다. 결과적으로, 모든 것을 주체적으로 판단·선택·행동하는 현대의 개인은 유일신의 모델을 가까이 닮아간 존재라는 것이다.

기독교의 개인주의 성향을 보여주는 사례를 몇 가지 들어보자.

첫째, 자유의지와 선택의 책임이다. 「창세기」에서 최초의 인간은 자신의 선택으로 죄를 짓고 그에 대한 책임을 졌다. 최초의 살인자인 카인도 마찬가지다. 전지전능한 하나님이지만 인간에게 선택의 자유를 부여하고, 자유로운 선택만이 가치를 높인다고 본다. 신학적으로는 '전지전능한 신이 왜 인간이 죄를 짓도록 허락하는가'가 큰 난제였다. 17세기 철학자 라이프니츠는 『변신론辯神論』에서, 하나님이 인간에게 선악을 구별하는 이성과 행동의 자유를 주었으나, 여전히 세상은 하나님의 계획 속에 전개된다고 설명했다.[60] 이 책의 부제는 '신의 선함, 인간의 자유, 악의 근원'이다.

둘째, 양심과 운명의 철저한 '개인성'이다. 유대교의 계약은 아브라함이나 모세 등 개인이 대표자로 맺지만, 동시에 소속 집단과 그 후손까지 포함한다. 반면 기독교에서 하나님은 신자 개개인과 연결된다. 천국은 집단이 아니라 개인의 자격으로만 들어갈 수 있는 곳이다. 최후의 심판에서 펼쳐질 삶의 대차대조표는 혈통이 아니라 개인의 행적을 적은 기록이다.

물론 선택과 계약의 원리는 기독교에서도 종종 집단주의적으로 해석·활용되곤 했다. 로마 제국이 기독교를 국교로 삼은 선택이나, 종교전쟁 시기에 '군주의 종교가 곧 백성의 종교'였던 원칙이 대표적이다. 그러나 뒤몽의 핵심 주장은, 기독교의 바탕에 원래부터 개인주의적 요소가 있었고, 그것이 역사적 전개에 따라 발전할 수 있었다는 점이다. 후쿠야마 역시 "크리스처니티가 가족을 붕괴시키다"라는 도발적인 장에서 유럽 개인주의의 부상을 설명했다.[61] 프랑스 사회학

자 앙리 망드라스도 이렇게 말한다.[62]

예수가 선포한 개인주의는 서구 사회에 깊이 스며드는 데에 2000년이 걸렸다. 어떤 사람들은 이데올로기가 현실의 변화를 따라가지 못한다고 생각한다. 중기적, 장기적으로 보더라도 실제로 이데올로기가 현실의 변화를 따라가지 못하는 사례는 종종 있을지 모른다. 그러나 1000년에 달하는 아주 긴 시간의 눈으로 보면, 가장 견고하고 영원해 보이는 현실의 구조를 이데올로기가 무너뜨리기도 한다. 물론 이렇게 간단하게만 볼 일은 아니지만, 중요한 사실은 이 개인주의야말로 서구를 다른 모든 문명과 구분 짓는 요소라는 점이다. 심지어 '다른 유럽'[그리스 정교가 지배했고 그 전통을 이어받은 동유럽]과도 구분되는 특징이다. 왜냐하면 서구를 제외한 다른 모든 문명에서, 인간은 사회의 한 구성원으로서 사회에 복종해야 하며, 사회가 없다면 아무것도 아닌 존재로 간주되기 때문이다.

마지막으로, 기독교가 그리스·로마의 개인주의와 선택적 친화력을 발휘했다는 점도 중요하다. 『일리아스』에서 아킬레우스의 죽음은 공동체의 승리에 기여하는 희생이었지만, 동시에 불멸의 명성을 얻으려는 개인적 선택이었다. 유럽 문명에서 아킬레우스와 예수는 각각 세속적 삶과 종교적 삶의 모델이었다. 목숨을 버려 영원한 삶을 얻는 선택은, 그 자체로 가장 극단적인 개인적 행위였다.

기독교의 보편 사랑과 자율 공동체

자본주의의 형성을 거시 역사적으로 탐구한 칼 폴라니는 전통사회의 오랜 결집력을 자유주의가 어떻게 해체·분해하는지를 잘 보여주었다. 그는 자유주의가 개인 중심 사회를 향해 나아감으로써 사회 조직을 파괴하고 찢으며 고통을 초래한다고 설명한다. 자본주의 "노동시장의 창설은 사회의 몸에 가해지는 생체 해부 행위"[63]라고까지 표현한다. 가족이나 가문, 마을 공동체 등 전통적인 사회 조직이 더는 상부상조의 기능을 수행하지 못하는 지나친 개인 중심 사회가 자유주의의 결과물이라고 설명한다. 개인이 자신을 책임져야 한다는 자유주의적 사고가 지배하는 자본주의 사회에서 전통적인 공동체는 해체되어 도움을 주지 못하기 때문이다.

자본주의 이전의 사회에서 사회를 기능하게 만든 조직은 다양했다. 혈통을 중심으로 꾸려진 가족이나 가문이 있을 수 있고, 지리적 근접성에 기초한 마을 공동체도 존재했다. 또 같은 직종에 종사하는 직능 길드도 중요한 공동체 조직을 형성했다. 그리고 유럽에서는 교회가 빈자, 약자, 부랑인들을 보호하는 복지 기능을 담당했다. 어떤 의미에서 혈통, 지리, 직종 등 공통점을 중심으로 형성된 공동체로부터 보호받지 못하는 사람들을 교회가 책임지고 보살폈다고 할 수 있고 대부분 이들 공동체도 종교 집단의 성격을 띠었다. 교구는 지리적 단위였는데 그 안에서 직능 길드는 특정 성자聖者를 수호성인으로 삼아 활동하곤 했다.[64] 군인이나 수도사들은 성 마르틴을, 금속공예 길드는 성 엘루아를 수호성인으로 삼는 식이다.

여기서 우리는 모순에 직면한다. 기독교가 사회복지의 개척자적 역할을 하면서 동시에 개인주의의 근원에 있다면 이것이야말로 강한 내부 모순 아닌가. 기독교가 실천하는 사랑의 사회운동을, 기독교에서 발화한 개인주의와 자유주의가 파괴하고 있으니 말이다. 하지만 사회 현상에서 이런 모순은 그리 특이하거나 드물지 않다. 예를 들어 자유민주 사회가 자신을 파괴할 수 있는 반反자유, 반反민주 세력을 허용하는 것을 우리는 역사에서 빈번하게 목격했다. 가장 강력한 반자유 세력으로 나치가 성장한 것은 독일 제국 아래서가 아니라 바이마르 민주공화국 밑에서다.

기독교가 개인주의와 복지사회의 근원에 동시에 도사리고 있다는 형식적 모순을 이해하려면, 이 둘을 초월하는 좀더 포괄적인 원칙이나 정신을 파악해야 한다. 앞서 지적했듯 기독교는 개인적 구원의 종교다. 이런 점에서 개인주의적 사고와 삶으로 치달을 수 있는 잠재력을 가득 안고 있다. 동시에 기독교는 사랑의 종교이며 그 대상은 가족, 가문, 이웃, 동료 등을 포함하지만 기본적으로 인류 전체다. 특히 약자에 대한 고려, 배려, 사랑을 강조한다. 달리 말해 아무런 연고가 없는 사람에 대한 사랑을 강조하는 셈인데, 우리는 이를 보편적 사랑이라고 표현할 수 있다. 사랑의 주체도 개인이고 대상도 개인이다.

이런 사고의 방향으로 한 단계 더 나아가면 보편적 개인주의의 세계관이 바탕에 깔려 있음을 알 수 있다. 모든 인간은 신의 이미지로 만들어졌기 때문에 사회적 신분이나 지리적 소속, 재산의 규모와 상관없이 유일신을 믿고 사랑하듯 아끼고 보살펴야 한다는 논리가 가능하다. 실제 유럽 중세사회에서 교회는 보편적 사랑을 실천하는 데 앞장섰다.[65] 물론 비非기독교도에 대한 박해나 마녀사냥 등 권력을 남용하는 배타적 폭력의 주체였음 또한 명백한 역사적 사실이다. 그러나 각종 빈자, 병자에 대한 복지를 도맡아 근대 공동체 복지 개념의 뿌리가 된 것도 확실하다. 특히 16세기 종교개혁 이후, 국가가 교회 재산과 복지 기능을 일부 흡수하면서 세속 권력의 복지 제도가 태동했다. 18~19세기 산업화와 도시화 과정에서 이 유산은 세속적·보편적 복지 정책의 기초로 재구성되었다.

정치 문법의 영역에서 게르만 또는 야만 부족들이 그리스·로마의 문명세계로 진입하면서 기독교를 채택하여 정통성을 높였다는 것을 앞서 보았다. 서유럽의 사회적 토대를 관찰하면 층층이 쌓인 종족적 다양성이 놀랍다. 다음 장에서 상세히 다룰 프랑스나 영국을 보자. 프랑스에는 원래 골족이라 불리는 켈트 민족이 살았고, 로마 제국 시기 이탈리아반도의 로마인들이 와서 지배하며 정착했다. 이후 게르만 민족의 프랑크, 고트, 반달 등 다양한 세력이 영토를 지배하면서 또 한 층을 형성했다. 영국도 초기의 켈트족 바탕에 로마인, 앵글족과 색슨족, 이후 노르만족 등 끊임없는 인구 이동과 지배 세력의 정착이 이어졌다.

이런 종족적 다양성이 현실에서 어떻게 관리되었는지 알 길은 그다지 많지 않다. 다만 각각의 정체성을 기반으로 종족적 집단이나 공동체를 형성하여 대립했다고 보기는 어렵다. 오히려 놀라운 사실은 종족적 다양성이 정치적으로 표출되지 않고 점진적으로 하나의 새로운 공통의 정체성으로 발전해갔다는 점이다. 무력을 통한 정치적 지배와 함께 종교를 통한 사회적 통제가 그 원인이라고 생각할 수 있다. 그리고 사회적 통제의 원칙이 기독교의 보편성과 포괄성을 어느 정도 담보하고 있었다는 사실이 도움이 되었으리라는 가설은 가능하다.

중세 유럽의 정치 문법은 다양성에 있었고 기독교와 세속 권력이 서로 자율적 영역을 인정함으로써 가능했다. 카이사르와 신의 영역 분립에서 출발한 이런 경향은 비단 정교 문제뿐 아니라 사회 곳곳에서 자율적 영역이 형성되는 논리적 기반이자 모델이 되었다. 중세 유럽의 사회 문법에서 대학은 전형적으로 자율성을 인정받은 공동체다. 교회가 가졌던 성역의 논리는 대학에도 적용되었고 이는 학문적 자율성이 성장하는 기반이었다. 교황이 헌장을 통해 대학의 자율성을 인정하면, 대학이 있는 도시나 국가, 교회조차 개입하기 어려웠다.[66] 대학은 교황의 원칙적 영향력 아래 놓였으나 실제로 교황이 다수의 대학을 세밀하게 통제할 수는 없었다. 따라서 볼로냐, 파리, 옥스퍼드 등 대학이 처음 설립된 현장에서 대학 공동체는 일종의 치외법권 지역을 형성했다.

유럽이 만들어낸 근대 정치의 시민사회란 그리스 폴리스의 모델과 로마 레스 푸블리카의 모델에서 개념을 도출해냈으나, 시민사회를 형성하는 다양한 자율적 공동체 또는 영역이라는 측면에서는 기독교 중세의 유전자도 함께 지닌다는 뜻이다. 대학만큼 의미 있는 자율적 공동체로는 각종 수도회를 들 수 있다. 기독교가 지배하는 사회에서 수도회 또한 교회와 교황의 지배 아래 놓였으나 실제로는 엄청난 자율성을 누렸다. 특히 이들은 초국적 조직을 통해 해당 국왕이나 영주, 도시국가, 자본 등으로부터 독립된 조직이었다. 중세 유럽의 수도회는 현대 자본주의 사회의 다국적 기업을 연상케 할 정도로 다수의 자회사와 천문학적 부를 축적하며, 인력을 동원하는 자율 조직으로 성장했다. 예를 들어 12세기 초 클뤼니 수도회는 1184개 지부를 크리스천돔에 두고 있었다. 클뤼니 수도회의 물질적 풍요를 비판하면서 창립된 성 베르나르의 시토 수도회도 12세기 말에는 343개 지부를 두고 있었고, 놀라운 농업과 철강 생산 능력을 자랑했다.[67] 평등 원칙을 중시했던 중세 수도회에서 실제로 투표 제도나 자본주의 주식회사의 원칙 등이 많이 만들어졌다는 사실은 의미심장하다.

3
기독교의 개혁과 계승

기독교 중세사회에서 자본주의와 복지국가라는 상반된 경향의 기본 원칙이 함께 발전할 수 있었던 것처럼, 가톨릭교회도 현대 정치에 모순적인 유산을 남겼다. 여기서는 세 가지 사례를 통해 가톨릭의 유산이 복합적으로 전승되는 양상을 살펴본다.

첫째, 가톨릭에 대한 비판과 이에 따른 종교개혁이다. 이름만 보면 종교 부문에서의 변화처럼 보이지만, 실제로 종교개혁의 핵심은 정치적 성격에 있었다. 과거 서임권 투쟁이나 동서 기독교 분립에서 보았듯, 정치 권력과 교회의 관계는 16세기 종교개혁을 계기로 큰 변화를 맞이했다.

둘째, 종교 자체를 부정하는 정치 세력의 등장이다. 18세기 계몽주의는 종교와 정치의 결합을 비판하며, 이성에 기초한 새로운 정치의 등장을 주장했다. 그러나 가장 급진적인 시도는 19세기 중반 마르크시즘에서 나타났다. 마르크스는 종교를 '인민의 아편'으로 규정하며, 종교를 현실을 왜곡하고 지배 질서를 정당화하는 이데올로기의 핵심으로 보았다. 그럼에도 계몽주의와 마르크시즘 모두, 넓은 문명사적 맥락에서 보면 기독교의 영향권을 완전히 벗어났다고 하기는 어렵다.

셋째, 가톨릭 기독교와 민주주의를 결합해 새로운 시대에 맞는 정치사상과 세력을 주도하려는 노력이다. 기독교 민주주의는 교회가 절대 왕정과 결합해 앙시앵 레짐Ancien Régime(구체제)의 핵심을 형성했던 과거를 부정하고, 민주주의라는 시대정신을 받아들인 결과였다. 놀랍게도 기독교 민주주의는 21세기 유럽에서 가장 강력한 정치 세력 중 하나로 성장했으며, 유럽 통합을 이끄는 주요 동력이 되었다.

종교개혁과 민족주의

기독교가 안고 있는 정치 문법 가운데 하나의 원칙이 혁명성이라는 사실은 앞서 언급했다. 약자에 대한 배려와 전통에 대한 도전은 기독교의 핵심 성격이라고 해도 과언이 아닙니다. 물론 기독교가 현실 정치에 대해 명확한 요구나 방침이 있는 것은 아니다. 정교 분립이 가능했던 이유는 정치에 대한 무관심이 기독교의 기본 입장이기 때문이다. 그러나 종교와 정치가 결합하면 강력한 변화나 혁명의 동력으로 작동하는 사례를 발견할 수 있다.

16세기 유럽 각지에서 동시다발적으로 일어난 종교개혁 운동은 중세 가톨릭교회의 부패나 모순, 문제점이 원인을 제공했다. 동시에 단순히 종교 또는 사회적 측면을 넘어 정치 권력의 자율성을 확보하려는 노력과도 긴밀하게 연결되어 있다. 마르틴 루터의 종교개혁은 독일 지역 군주들의 적극적인 지원이 없었으면 불가능했다.[68] 성공회로 번역되는 영국교회의 개혁과 독립도 잉글랜드 헨리 8세의 정치적 이익과 주도력이 결정적이었다. 장 칼뱅의 개혁 또한 제네바 공화국이라는 지리적이고 정치적인 기반이 생존과 확산을 가능하게 만들어주었다.

16~17세기 유럽은 종교 전쟁의 소용돌이에 빠지는데 대립의 축은 종교 문제였다. 하지만 정치 권력의 문제 역시 적어도 종교만큼 중요했다.[69] 교회가 평화의 종교를 내세우면서도 전쟁을 정당화하는 과정에서 토지와 재산이 결정적 역할을 했음은 이미 지적했다. 16세기 가톨릭교회는 유럽에서 가장 거대한 토지와 재산을 보유하는 집단이었다. 종교개혁은 군주들에게 가톨릭교회의 재산을 몰수하는 결정적 수단이었다. 스칸디나비아 왕국들의 루터교로의 개종은 교회 재산 몰수라는 경제적 이익과 무관하지 않다.

물론 당시 유럽의 군주들이 재산을 차지하기 위해 종교개혁이 필요하다고 주장한 것은 아니다. 이 점이 이후 공산당 혁명 세력과의

「에드워드 6세와 교황」, 16세기.
죽어가는 헨리 8세가 에드워드를 후계자로 지목하는 가운데 아래쪽에 우습게 표현된 교황이 인상적이다.
군주들은 민족 정체성을 내세워 먼 곳에서 자신들을 지배하려는 교황을 비난했고 교회의 이질성을 부각시켰다.

차이다. 군주들은 그보다 민족 정체성을 내세워 먼 곳에서 자신들을 지배하려는 교황을 비난했고 교회의 이질성을 부각시켰다. 16세기에 탄탄한 민족 정체성이 존재하지는 않았으나, 로마 교회 및 교황과의 대립은 빈약한 민족 정체성을 강하게 만드는 데 요긴했다.

민족 정체성의 핵심은 언어였고 종교의 대중화에서 언어는 뼈대를 형성했다. 종교개혁은 대중이 알아들을 수 없는 라틴어로 미사를 진행하는 가톨릭교회를 부정하면서, 누구나 이해하는 로컬 언어를 활용했다. 루터는 성경을 독일어로 번역함으로써 근대 독일어의 아버지 같은 역할도 담당했다.[70] 칼뱅은 사촌이 맡은 성경의 프랑스어 번역에 서문을 작성했다. 영국에서도 제임스 국왕이 학자들을 모아 성경을 공동 번역시켰고, 그 결과가 유명한 킹 제임스 성경이다. 중세에 마음대로 성경을 번역하다간 사형을 당했다는 현실을 고려하면 다양한 번역 작업의 혁명성을 알 수 있다.

고대 그리스가 '말의 향연'을 벌이는 문화였듯, 기독교도 「창세기」에 하나님의 천지창조가 '말씀'으로 이뤄진다 하여 말과 표현의 문화를 기본 바탕으로 삼았다. 과거에 로마인들이 히브리어와 그리스어로 된 성경을 라틴어로 번역해 사용하고 전파했듯, 이제 프랑스, 독일, 영국인들은 각각의 언어로 성경을 번역해 예배하고 또 세계 다른 지역으로 전파하곤 했다. 이런 관점이라면 중세 교회가 라틴어를 통해 신도들과 격리 및 차별화한 것이 오히려 비정상이고, 종교개혁을 통해 신앙이 대중의 언어로 깊이 파고드는 관습이 오히려 예루살렘·아테네·로마를 연결해주는 정상적인 방식일 수 있다.

이처럼 유럽에서 근대의 시작은 종교개혁과 민족 문화를 통한 종교의 대중화에서 찾아야 한다. 성경은 16세기부터 유럽의 '베스트셀러'로 떠오르면서 출판 산업의 발전을 가져왔다.[71] 프로테스탄트 지역을 중심으로 집집마다 성경을 두고 가족이 모여 읽는 습관이 만들어졌다. 가톨릭을 부정하는 종교개혁을 정당화하기 위해서는 새로운 교리가 필요했고, 그 교리의 핵심 가운데 하나가 '오직 성경Sola Scriptura'을 믿는 것이었기 때문이다. '오직 성경'은 '오직 믿음Sola Fide' '오직 은혜Sola Gratia'와 함께 프로테스탄트 신앙의 3대 원칙이다. 이제 기독교는 성당에서 성직자를 매개로 신과 소통하는 종교가 아니라 스스로 읽고 신과 직접 소통하는 종교로 진화할 수 있었다. 물론 개인이 스스로 읽기 위해서는 글을 깨쳐야 했고, 이 때문에 프로테스탄트 국가는 일찍이 국민 교육에 나섰다. 프로이센과 스칸디나비아 등은 유럽에서 제일 먼저 의무 교육을 시작한 나라다.

대중 교육의 초기 동력은 프로테스탄티즘이 전도를 목적으로 벌인 열정적인 활동에서 비롯되었다. 곧이어 가톨릭교회의 교구 학교들도 비슷한 종교적 목적을 가지고 이 운동에 동참했다. 1524년 루터는 이미 성별과 관계없이 소년 소녀 모두를 대상으로 의무 교육을 시행하는 학교를 운영하라고 각 시 정부에 요청했다. 가톨릭교회 역시 1563년 트리엔트 공의회에서 제23차와 제24차 회기를 이 교육 문제에 할애하며 대응했다.[72]

개신교의 또 다른 교리인 '오직 믿음'은 가톨릭교회와 성직자가 지닌 지도자 지위는 중요하지 않고, 신도의 믿음만이 구원을 보장해 줄 수 있다고 말한다. 목사는 신부神父, 즉 아버지가 아니다. 하나님 앞에서 평등한 인간들 가운데 조금 더 노력한 사람일 뿐이다. 과거 로마 문법에서 설명했던 프리무스 인테르 파레스일 뿐이다. 개신교가 위계가 분명한 거대한 초국적 조직인 가톨릭교회를 부정하면서, 유연하고 민주적이며 분산된 공동체로 발전할 수 있었던 배경이다. 물론 개신교는 오직 믿음만을 추구하다보니, 인간의 주관성이 강하게 작동하고 따라서 종파가 한없이 늘어나는 경향도 보인다.

현대적 관점에서 흥미로운 포인트는 종교개혁의 폭풍에도 불구하고 가톨릭이 여전히 살아남아 프로테스탄트와 대립적이면서 보완적인 형국을 만들어냈다는 사실이다. 유럽의 라틴계 지역인 이탈리아, 프랑스, 스페인 등에서는 가톨릭의 지배력이 유지되었던 반면, 영국이나 스칸디나비아는 프로테스탄트로 이행했다. 독일이나 스위스, 베네룩스 지역 등은 가톨릭과 프로테스탄트가 여전히 공존한다.

특히 미국은 종교개혁의 나라 영국에서조차 극단적이라고 평가받으며 차별의 대상이 되었던 청교도가 바탕에 깔린 문화다. 청교도뿐 아니라 기독교가 만들어낸 다양한 극단적 종파들은 구대륙을 떠나 대서양 너머 신세계에서 자신들의 이상을 실현하려 했다.[73] 기존 틀을 타파하고 새로운 세상을 건설하려는 이상이, 미국이라는 곳에서 혁신과 변화를 향한 에너지로 돌변하는 논리다.

종교개혁의 출발점에는 민족적 기반을 활용해 왕권을 강화하려던 군주의 계산이 담겨 있었다. 중유럽 신성로마 제국이나 스칸디나비아, 영국 등의 군주들에게 로마 가톨릭교회로부터의 종교적 독립은 정치적 자율성의 획득이나 강화를 의미했다. 미국이라는 새 영토에도 영국이나 네덜란드 등을 기반으로 하는 청교도 집단이 이주함으로써 유럽의 특정 민족을 옮겨 심은 셈이었다. 그러나 미국은 유럽처럼 군주가 직접 지배하는 상황이 아니었다. 게다가 시간이 지나면서 민족 문화적 기반을 초월하는 변화와 혁신의 무리가 공존하는 사회를 낳았다. 종교에서 시작된 변화가 초유의 정치 상황과 어우러지면서 새로운 정치 문법의 형성을 낳는 의외의 결과를 초래하게 되었다는 뜻이다.

공산주의와 인류 구원

영국의 사학자 홀랜드는 『도미니언』에서 마르크스처럼 과학적 세계관과 사회주의를 주장했던 인물조차 얼마나 기독교적 틀 속에서 사고했는지를 잘 설명했다.[74]

"각자 능력에 따라 일하고 각자 필요한 만큼 가져간다." 이 구호는 마치 과학의 공식처럼 명확하게 들렸지만, 실제로는 과학에서 나온 것이 아니었다. 「사도행전」에 익숙한 사람이라면 그 뿌리를 곧바로 알아차렸을 것이다. "재산과 재물을 팔아 모든 사람에게 저마다 필요한 대로 나누어주곤 하였다." 기독교 역사 내내, 초창기 교회에서 실행된 이러한 형태의 공산주의는 여러 시대의 급진주의자들에게 영감을 주었다. (…) 마그마처럼 끓어오르는 마르크스의 분노는 그가 즐겨 쓰던 과학적인 문장의 껍질을 종종 뚫고 밖으로 분출되었다. 자칭 유물론자인 그는 아이러니하게도 기독교의 교부敎父들이 한때 봤던 방식과 똑같은 방식으로 세상을 보는 경향이 있었다. 다시 말해 그는 세상을 선과 악의 우주적 힘들이 충돌하는 전장으로 보았다. (…) "자본은 죽은 노동이다. 흡혈귀처럼 살아 있는 노동을 빨아들여야만 살 수 있다. 더 오래 살수록 더 많은 노동의 피를 빨아들인다. 이것은 '부수 현상Epiphenomena'에서 해방된 사람의 이성적 언어라기보다 예언자들이 신성한 영감을 받았다고 주장할 때 쓰는 성서적 어휘에 더 가까웠다. 마르크스가 계급 투쟁 모델을 구축하며 사용한 단어들, 가령 '착취' '노예화' '탐욕'은 경제학자의 냉정하고 명확한 용어들보다 훨씬 더 오래된, 성경 속 표현들이었다. 만약 마르크스가 주장한 대로, 공산주의가 그 추종자들에게 기독교로부터 해방되는 방식을 제공했다면, 그 방식은 기묘하게도 기독교를 약간 변형해 다시 내놓은 것에 지나지 않았다.

유럽 역사에서 일반적으로 진보적 사상은 기독교와 대립하면서 성장한 것으로 알려졌다. 대표적인 사례가 18세기 사상으로 불리는 계몽주의로, 미신이 지배하는 중세를 어둠 또는 무지몽매의 시대로 규정하고, 미래를 인간 이성이 지배하는 빛의 시대로 보는 관점이다.[75] 동양에서 계몽啓蒙주의로 번역한 개념의 원래 의미는 "빛을 비춘다"라는 뜻의 Enlightenment, 또는 프랑스어에서 '빛들'이라는 뜻의 Lumières를 내포한다.

중세라는 표현은 고대 그리스·로마와 근대 사이에 존재하는 '가운데 시기'라는 뜻이다. 이런 인식은 르네상스 시기부터 시작된 것으로 보인다. '부활'이라는 의미의 르네상스는 근대와 통하는 시기라고 할 수 있다. 중세는 유럽의 역사관에서 대략 로마 제국의 멸망부터 유럽의 대항해 시대가 시작되는 1500년경까지를 포괄한다. 정치적 형태의 다양성과 종교적 통합성이 지배하는 시기라고 볼 수 있다.

근대에는 1000년을 지속한 크리스처니티의 유산을 뛰어넘어 새로운 세계관과 시대를 여는 과거 부정의 논리가 강조되었다. 하지만 정확하게 따져보면 기독교의 시각과 관점은 유럽의 거의 모든 근대 논리에 뚜렷한 흔적을 남긴 것은 물론, 대부분 결정적인 몸통을 형성하고 있다. 위에서 보았듯 계몽주의의 원래 유럽어 개념은 빛을 담고 있다. 그리고 그 빛은 기독교적 기원에서 유래한다. 옥스퍼드대학의 모토는 "주님은 나의 빛Dominus Illuminatio Mea"이라는 성경 구절에서 유래하고, 지구 반대편 서울대학교도 "진리는 나의 빛Veritas Lux Mea"이라는 간판을 내걸고 있다.

대학이라는 기관은 중세 기독교가 지배하는 시기에 만들어져 어쩔 수 없이 종교적 모토를 상처처럼 안고 있다고 치자. 근대를 여는 16~18세기 과학이 발전하는 과정에서도 기독교의 유일신 세계관이 크게 공헌했다는 사실은 다수의 연구가 확인한 바 있다.[76] 하나의 신이 세상을 창조했으므로 세계를 지배하는 일정한 규칙이 존재할 것이라는 믿음은 과학적 탐구의 근원이 되었다. 게다가 신은 인간에게 이성을 선사했으므로 인간은 이성을 통해 신이 만든 세상의 원리와 법칙을 파악하여 이롭게 활용할 수 있다는 믿음이 있었다. 진리를 탐구하고 기술을 통해 활용하는 근대성은, 신의 선물을 기꺼이 받아들여 은혜에 보답하는 길이라는 뜻이다.

계몽주의의 핵심인 인간 이성에 대한 믿음은 기독교적 교리와 세계관에 기초하는 측면이 있다. 인간의 이성은 신의 선물이기에 이를 잘 활용한다면 신의 섭리에 가까이 갈 수 있는 도구이자 수단이 된다는 생각이다. 성경조차 이성을 통해 논의하고 토론하고 그럼으로써 신의 뜻을 잘 해석할 수 있다는 믿음은 중세부터 내려오는 신학의 기본 토대다. 프랑스 계몽주의가 시도한 『백과전서』는 세상을 구성하는 신의 창조물과 현상에 대한 종합적 접근법을 반영한다. a부터 z까지, 알파부터 오메가까지 세상에 순서를 부여하고 세밀하게 탐구하는 일이야말로 하나님의 작품과 영광을 노래하는 방법이 아니겠는가.

19세기의 마르크스는 진보적 역사관으로 기독교를 비롯한 모든 종교를 이데올로기라고 비판했다.[77] 특히 혁명이라는 과업을 달성하는 데 기독교 세계관은 인민의 전투성을 약화시키는 아편이라고 지목했다. 그러나 마르크스의 혁명은 신기하게도 기독교 최후의 심판과 유사한 역할을 담당한다. 우선 혁명은 필연적이다. 역사가 특정한 방향으로 전개되고 예언한 종말을 맞을 것이라는 확신이야말로 기독교적 시각이다. 다음으로 이런 필연성과 인간 노력의 모순도 기독교와 공산주의가 흡사하다. 정말 필연적인 결과라면 왜 굳이 이를 이루기 위해 노력해야 하는가. 다른 사람은 모두 지옥에 가더라도 나는 선택받은 소수에 속하기 위해서인가. 개인적 구원의 종교인 기독교에서 이런 논리는 가능하겠으나, 인류 전체를 고려하는 마르크스주의 관점에서는 추가적인 모순이다.

끝으로 마르크스가 예언한 공산주의 사회는 기독교의 천국이 땅으로 내려온 모습이다. 모든 것이 완벽하고 인간은 모두 행복을 누리는 세상이니 말이다. 물론 기독교의 천국은 여전히 알 수 없는 미래의 약속이나, 공산주의는 러시아 혁명을 통해 실현되어 커다란 실망을 안겨주었다. 공산주의 실험은 천국은커녕 자본주의 지옥보다 못한 경험으로 드러났고 하나둘 붕괴하거나 '공산당·자본주의'(중국) 혹은 '세습·공산군주제'(북한)처럼 이상한 형태로 변했기 때문이다.

정치 문법의 관점에서 공산주의 국가의 실험은 기독교의 종교 문법을 모방하여 하나님의 폴리스를 지상에서 실현하려 했다. 기독교가 만들어낸 분립의 정치 문법을 부정하고 융합의 정치 단위를 형성하려 했기 때문이다. 유일신의 종교인 기독교의 정치 문법에서 만들어진 신정국가는 권력의 집중이 극도로 이뤄질 수밖에 없다. 마르크스 이데올로기는 공산국가에서 새로운 성경이 되었고, 마르크스의 말씀은 이후 레닌이나 스탈린, 마오쩌둥의 말씀으로 이어졌다. 최근에는 시진핑 이데올로기라는 이름으로 동아시아에까지 영향력을 발휘하고 있다. 물론 마르크스에서 시진핑으로 오면서 기독교적 보편성은 자취를 감추고 중국적 민족주의가 강화되었지만 말이다.

정치는 물론 사회에서 기독교적 흔적을 완전히 지워버리려 했던 시도가 유럽 정치사에 있어 무척 흥미롭다. 20세기 독일을 지배한 나치의 역사관은 유대 민족의 종교에 뿌리를 두고 있는 기독교가 유럽을 부패하고 쇠퇴하게 했다고 주장한다.[78] 자연에 기초한 나치의 세계관은 '혈통의 법칙'에 따라 인종Race이 생명과 삶의 기본 단위라고 보았다. 독일 민족은 고대에 자유롭고 역동적인 활발한 민족이었는데, 동방의 유대 민족이 만들어낸 유대교와 기독교가 유럽인들을 속여 나태하고 쇠약하게 만들었다고 설명한다. 워낙 오랜 기간 유대교와 기독교가 유럽의 민족들을 역사적 오류의 길로 빠지게 했기에, 일단은 유대 민족부터 타파하고 점진적으로 기독교도 사회에서 지워야 한다는 계획이 나치 이데올로기의 핵심이다.

그렇다면 나치즘은 유럽 역사 2000년을 지배한 기독교 대신 무엇을 제시한 것일까. 북유럽 아리안 민족이 자연에서 얻은 생명력과 에너지, 투쟁의 힘과 지배 능력을 되찾아야 한다고 설명했다.[79] 사랑의 종교인 기독교는 원죄의식을 전파해 복종적이고 나약한 인간을 생성했다고 비판한다. 기독교의 사랑은 나약함이고, 성경에서 중요한 역할을 하는 인간의 이성, 자유의지는 민족과 같은 집단의 정체성을 약화시키며 사람들을 개인의 이득으로 인도함으로써 공동체의 에너지를 빼앗는 역사 퇴보의 유전자다.

20세기 유럽은 물론 전 세계를 혼란으로 이끌었던 두 이데올로기인 공산주의와 나치즘은 둘 다 기독교 유산에 대해 적대적인 태도를 드러냈다. 공산주의는 종교를 부정하면서도 기독교의 역사관을 도용했다. 인간의 세속적 역사가 종말을 맞는다는 기독교 세계관을 반영해 자본주의의 종말을 예언했고, 최후의 심판과 하나님 세상의 도래를 반영한 공산주의 지상 천국을 알렸다. 나치즘은 유대교와 기독교를 유럽의 순수성을 오염시키는 사고로 규정하고 말살하려 했다. 그러나 공산주의나 나치즘 둘 다 오히려 자신이 유럽 및 인류 역사의 지울 수 없는 오점으로 기록되었다.

기독교 민주주의

기독교가 정치 형태에 대해 무관심하거나 중립적이라는 사실은 이미 반복적으로 살펴보았다. 기독교는 헤롯의 왕정, 그리스의 폴리스나 로마의 레스 푸블리카, 로마 제국 등 딱히 선호하는 현실 정치 형태가 없다. 다만 가톨릭교회는 로마 제국의 임페리움 모델을 자연스레 모방·재현하는 구조다. 그러나 기독교는 중세에서 근대로 넘어오면서 과거의 정치 형태에 집착하는 기득권 세력으로 인식되었고, 따라서 반反민주적인 집단으로 공격 대상이 되었다.

가장 대표적인 사례가 프랑스 대혁명이다. 가톨릭교회는 프랑스에서 절대 왕정과 동일시되었고 당시 앙시앵 레짐 사회에서 막대한 토지와 부를 보유하고 있었다. 새로 들어선 혁명 세력은 왕정 복귀를 지원하고 희망하는 가톨릭교회를 적으로 규정했고, 교회의 재산을 몰수해 혁명 정부의 재원으로 활용했다. 19세기 내내 프랑스에서 가톨릭교회는 보수적 왕당파로 자리매김했고 혁명 세력은 반종교, 반기독교적 이념을 강화했다.[80] 20세기 중반까지만 하더라도 프랑스의 투표 행태에서 가장 중요한 요인은 계급보다 종교였을 정도다. 사람들은 가톨릭 신앙과 실천이 깊을수록 보수적이었고, 무신론에 가까울수록 진보적인 세력을 지지했다.

다만 프랑스를 비롯해 유럽 전역에서 민주주의의 발전이 이뤄지면서 교회나 기독교도 시대의 흐름을 역행할 수는 없었다. 교황 레오 13세는 1891년 발표한 '레룸 노바룸Rerum Novarum' 칙령에서 당시 자본주의로 인한 사회적 불평등을 비판했다. 이 칙령에서 교황은 국가가 다수의 빈민을 구제하기 위해 일정한 역할을 담당해야 한다고 명시했다. 동시에 소유권과 가족을 부정하는 사회주의는 빈곤 문제를 해결하기 위한 대책이 될 수 없다고 지적했다.[81] 교회가 사회 문제에 적극적으로 개입할 수 있는 교리적 기반을 제공함으로써 기독교 민주주의의 출범을 위한 기본 조건이 마련되었다. 부연하자면 교회는 1000년 이상 계속된 왕정과의 결합에서 벗어나 민주 국가라는 새로운 현실을 수용하기 시작했다는 말이다. 이 또한 기독교가 처음부터 가졌던 유연성이나 정치 중립성이 없었다면 불가능한 변화였다.

유럽에서 가장 오래된 기독교 민주주의 정당은 독일의 중앙당Zentrum으로 교황의 칙령 이전인 1870년대부터 활동해왔다. 독일은 프랑스 같은 공화국이 아니라 제정의 형식에서 의회 선거를 하는 나라였기에, 로마 교황청에서 볼 때 가톨릭계 정당의 창립과 정치 참여는 문제가 되지 않았다. 반대로 프랑스 공화국은 가톨릭교회를 공격하고 부정하는 체제였기에, 프랑스에서 정치 참여는 종교적 배신에 해당됐다. 프랑스 공화정은 악惡 그 자체였고, 어울리거나 참여하면 안 되는 체제였다. 독일의 제정은 여전히 황제가 통치하는 킹덤 - 임페리움의 체제였기에 정치 참여 자체가 문제 되지는 않았다. 이후 중앙당 첸트룸은 독일 바이마르 공화국(1919~1933)에서 중요한 정치 세력으로 활동했으나 나치 체제 아래서 해산했다.

흥미로운 점은 이탈리아에서도 1919년 기독교 민주주의 계열의 이탈리아 민중당PPI이 돈 루이지 스투르초의 주도하에 출범했으나, 1926년 무솔리니의 파시스트 체제에 의해 해산되었다는 점이다. 독일과 이탈리아에서 나치즘과 파시즘은 두 기독교 민주주의 정당을 없앴다. 그리고 나중에 기민주의 정당은 두 나라에서 민족·국수주의를 반성하며 극복하고, 유럽의 코스모폴리스 질서를 만드는 중요한 일꾼으로 등장하게 된다.

특히 제2차 세계대전 이후 기독교 민주주의는 유럽에서 중요한 정치 세력으로 부상했다.[82] 전후 유럽석탄철강공동체ECSC와 유럽경제공동체EEC의 창설을 주도한 주요 정치인 상당수가 기독교 민주주의 정당 출신이었다. 이들은 전쟁의 폐허 위에 평화와 협력을 구현하기 위한 사상적 토대로 기독교의 보편주의와 초국가적 연대성을 결합했다.

흥미롭게도 오랜 기간 민주주의를 실천했고 민족·제국주의가 강했던 영국이나 프랑스에서 기독교 민주주의는 별 호응을 얻지 못했다. 반면 민족주의나 권위주의 체제를 경험했다가 붕괴한 독일, 이탈리아, 스페인에서 기독교 민주주의는 탄탄한 정치 세력으로 자리 잡았다. 영국에서는 우파의 보수당, 프랑스에서는 민족주의 우파의 골리즘 등이 뿌리 깊은 전통을 자랑하며 정치 공간을 차지했다. 반면 독일에서는 나치, 이탈리아에서는 파시스트, 스페인에서는 프랑코 등이 몰락한 후 생긴 정치적 공백을 중도 우파 기독교 민주주의가 대변하게 되었기 때문이다.[83] 부연하자면 영국과 프랑스는 기존 우파가 워낙 강했기에, 상대적으로 늦게 역사의 무대에 등장한 기독교 민주주의가 진입할 공간이 없었던 셈이다. 반대로 독일, 이탈리아, 스페인에서는 기존 우파의 몰락이 신생 세력인 기민주의의 도입을 가능하게 만들었다.

기독교 민주주의는 정확히 따지면 유럽 정치 스펙트럼에서 중도의 위치를 점한다. 사회문화적 쟁점에 있어 기민주의는 우파에 더 기울어 있다. 개방적인 자유주의보다는 보수적 도덕관에 더 가깝기 때문이다. 가톨릭교회의 보수적 성향을 항상 대변하지는 않더라도, 정서적으로 개방보다는 전통에 가깝다. 또 민족이나 국가 등 집단적 정체성을 선호하는 태도도 우파적이다. 반면 사회경제적 쟁점에서 기민주의는 좌파에 근접해 있다. 자본주의와 자유주의가 만들어내는 사회 불평등에 민감하고, 이를 극복하기 위한 국가의 개입이나 분배, 복지를 바람직한 상부상조와 사랑의 실천으로 보고 선호하기 때문이다. 예를 들어 독일의 기민당은 '사회적 시장경제'를 만들어낸 주체다.

물론 한국에서 흔히 상상하듯 기독교 민주주의는 교회가 주도하는 기독교 정당이 아니다. 기민주의는 기독교의 거대 담론 속에서 인간의 가치를 존중하고 사회적 화합을 중시하는 정치 사조다. 19세기 출범할 당시 기민주의는 기독교 정신에 근거하여 자유주의의 개인적 성향과 물질 지향을 비판했고, 사회주의의 계급 투쟁과 무신론도 거부했다. 기민주의 세력의 지도자들이 반드시 독실한 신도였던 것도 아니고, 교회가 공식적으로 목소리를 내는 구조도 아니었다. 바로 그 덕분에 기민주의는 정상적인 정치 세력으로 성장할 수 있었다. 기민주의, 자유주의, 사민주의는 오늘날까지 유럽 정치사상의 골격을 형성한다. 특히 유럽연합 차원에서 보면 기민주의와 사민주의는 유럽 대부분의 국가에 뿌리내린 대륙적 정치 세력이라고 할 수 있다.

  중세 유럽은 로마의 제도와 기독교의 정신이 결합해 형성된 독특한 정치·사회 질서를 발전시켰다. 폴리스와 레스 푸블리카가 제공한 공적 사유의 전통은 기독교의 보편성과 결합해 새로운 정치 문법을 만들어냈다. 종교와 세속 권력의 분립은 이 시기에 제도적·관념적으로 정착했으며, 교회와 왕권이 경쟁과 협력을 반복하는 가운데 자율적 영역과 공동체가 성장했다. 수도회, 대학, 길드, 교구와 같은 중세사회의 자율적 조직들은 근대 시민사회의 전범이 되었고, 이는 근대 민주주의와 자본주의, 그리고 복지국가의 유전자 속에 깊이 새겨졌다.
  그러나 기독교의 영향은 단선적이지 않았다. 사랑과 평화의 복음은 십자군 전쟁과 종교 재판의 폭력성을 함께 품었고, 개인 구원의 종교는 동시에 공동체 복지를 조직했다. 중세는 이렇게 상충하는 원리들이 한 사회 안에서 공존하고, 때로는 충돌하며 때로는 새로운 질서를 만들어내는 실험장이었다. 이 복합성과 역설이야말로 중세 정치 문법의 본질이며, 이후 종교개혁, 계몽주의, 민주주의, 그리고 현대 유럽 통합에 이르는 장기적 궤도의 출발점이었다.

21세기 초 유럽연합은 대륙 전체를 포괄하는 헌법을 준비하면서 "유럽을 기독교 세력으로 명시해야 하는가"라는 논쟁을 벌였다. 가톨릭 전통이 여전히 강한 폴란드가 이런 주장을 들고나왔다. 유럽 문명은 기독교에 기반하고 있으므로 헌법의 전문에 포함해야 한다고 주장했다. 그러나 유럽연합 다수의 회원국은 반대했고, 결과적으로 헌법과 조약 어디에도 문화적 정체성을 선언하는 조항은 들어가지 않았다.

그렇다면 기독교적 뿌리가 명백한데도 왜 조약에 이를 명시하지 않았을까. 사실 누가 보더라도 유럽연합을 구성하는 국가들과 사회는 기독교 문명에 뿌리를 두고 발전해왔으며, 여전히 기독교적 사고의 틀 안에서 움직인다. 인간과 사회를 지배하는 시간의 기준인 달력만 보더라도 유럽은 기독교 사회다. 부활절과 크리스마스는 가장 큰 연중행사이며 학교와 직장은 두 종교 행사의 리듬에 맞춰 바캉스를 운영한다. 공간 차원에서도 마찬가지다. 유럽은 도시뿐 아니라 농촌까지 교회와 성당의 촘촘한 그물망으로 이루어져 있다. 시간과 공간을 모두 기독교적 기호가 지배하는 사회다. 게다가 앞서 설명했듯 유럽의 가장 강력한 정치 세력은 기독교 민주주의를 핵심 이념으로 삼는다. 유럽의회 유럽인민당EPP 원내 그룹은 "기독교적 가치가 없는 유럽은 영혼이 없는 유럽이라 할 수 있다"고 강조한다.[84]

그러나 기독교의 특징은 종교와 정치를 결합하는 것이 아니라 구분하는 데 있다. 역설적으로 유럽이 기독교적인 이유는 바로 헌법에 종교적 특징을 명시하지 않아도 되는 정교 분립의 전통이 있기 때문이다. 유럽이 기독교적인 이유는 개인에게 선택의 자유가 있고, 그 자유의지로 선택한 신앙만이 진정한 가치라는 인식이 사회 전반에 퍼져 있기 때문이다. 나아가 유럽은 자신들이 이룬 문명적 성과의 보편성을 확신하며, 이를 세계로 널리 확산하고자 한다는 점에서도 기독교적이다.

5장
중세의 킹덤
: 프랑스와 잉글랜드

　찰스 3세는 2023년 어머니 엘리자베스 2세를 이어 통일 왕국United Kingdom의 국왕으로 즉위했다. 통일 왕국의 정식 명칭은 '대영 및 북아일랜드 통일 왕국'인데 대영Great Britain은 잉글랜드, 웨일스, 스코틀랜드를 포괄하며 북아일랜드는 아일랜드섬의 북부를 가리킨다. 잉글랜드에서 북아일랜드까지 적어도 네 개 민족Nation을 아우르는 나라라는 점에서 통일 왕국UK이라 불린다.

　찰스 3세는 우리가 흔히 영국이라 부르는 통일 왕국의 국왕만 담당하는 것이 아니다. 그는 영국을 넘어 코먼웰스Commonwealth를 형성하는 14개국의 국가 원수다. 한 국왕이 분리된 여러 나라의 국가 원수를 맡는 제도는 1867년 캐나다에 도미니언(자치령)을 수립하면서 만들어졌고 이후 광범위하게 퍼졌다. 호주나 뉴질랜드가 뒤를 이었고, 제2차 세계대전 후 독립한 일부 국가들도 이 제도를 택했다. 따라서 찰스 3세는 영국에 거주하나 태평양에 자리 잡은 파푸아뉴기니의 국가 원수이기도 하다. 영국은 이들 국가에 여전히 총독Governor General을 파견하여 왕권을 대표하도록 한다.

찰스 3세는 2022년 70세를 훌쩍 넘은 노년에 왕위를 계승했다. 어머니가 70년이 넘는 장기간(1950~2022) 왕권을 유지했기 때문이다.[1] 엘리자베스 2세의 집권 기간을 뛰어넘는 사례는 17~18세기 프랑스의 루이 14세가 유일하다. 다섯 살에 왕위에 오른 루이 14세는 1643년부터 1715년까지 무려 72년 넘게 왕위를 유지하면서 최장 집권의 세계 기록을 보유하고 있다.[2] 1848년에 즉위하여 1916년 사망할 때까지 통치한 오스트리아의 프란츠 요제프 황제도 68년으로 만만치 않은 장기 집권자로 기록되어 있다.[3] 아무리 현대 의학이 발달했다 하더라도 찰스 3세가 어머니 엘리자베스 2세나 이웃 나라 프랑스의 루이 14세의 장기 집권 기록에 도전하기는 어려워 보인다.

유럽 역사에서 가장 오래 재임한 루이 14세와 엘리자베스 2세는 각각 프랑스와 영국이라는 대국을 대표한다. 게다가 루이 14세는 남성, 엘리자베스 2세는 여성이다. 프랑스 군주제에는 여성이 왕으로 즉위할 수 없다는 금녀禁女 전통이 있었던 반면, 영국은 다수의 여성왕이 즉위한 전통이 있다. 16세기 엘리자베스 1세는 일찍이 영국을 강대국으로 만든 훌륭한 군주로 자리매김했다.

이런 점에서 찰스 3세는 어머니로부터 왕위를 물려받은 매우 영

「루이 14세의 초상화」, 이아생트 리고, 1701. 절대 왕정의 상징이자 유럽의 최장수 재임 왕. 17~18세기 프랑스는 절대 왕정의 첨단을 달리면서 킹덤의 전형적인 사례로 발전했다. 70년이 넘는 기간을 태양왕이라 불리는 한 사람의 유능한 왕이 권력을 집중시키면서 만들어낸 결과다.

국적인 국왕인 셈이다. 하지만 그의 아버지이자 엘리자베스 2세의 남편 필립 공은 그리스와 덴마크 왕실의 자손이다. 뒤에서 상세히 보겠지만 유럽의 왕실은 혈통으로 서로 긴밀히 연결되어 있어 거의 하나의 커다란 유럽 왕족을 형성하고 있다고 봐도 무리가 아니다. 부계父系 중심의 관점에서 역사를 본다면 영국의 왕권을 그리스나 덴마크가 차지해버린 셈이지만 말이다.

민주공화국, 그것도 대통령 임기를 5년 단임제로 못 박은 나라의 국민 시각으로 볼 때 국왕, 왕족, 왕위 계승, 70년 집권, 총독과 같은 단어들은 시대착오적으로 들린다. 민주주의와 자본주의라는 가장 첨단의 정치 및 경제 제도를 개척하고 만들어낸 나라 영국은 왜 군주제라는 과거의 제도를 21세기까지 유지하고 있는 것일까. 가장 근대적인 정치 문법의 선두 주자가 어떻게 가장 중세적인 제도를 아직도 끌어안고 있는 것일까.

이 장에서는 킹덤 즉 왕의 영역을 중심으로 유럽에서 형성된 정치 문법을 살펴본다. 그동안 정치의 유럽적 뿌리를 탐구하면서 등장한 개념들은 무척 특수했다. 폴리스는 고대 그리스에서만 발견할 수 있는 독특한 개념이었고, 레스 푸블리카나 임페리움도 로마 고유의 개념에 가깝다. 크리스천돔은 로마와 비잔티움의 두 갈래로 나뉘었으나 여전히 다른 문화에서는 발견하기 어려운 종교와 정치의 분립을 만든 역사 경험이었다. 반면 킹덤은 유럽뿐 아니라 세계 다수의 문명에서 확인할 수 있는 어느 정도 보편성을 띤 정치 문법이라고 할 수 있다.

1

유럽 킹덤의 보편성과 특수성

세계 다수의 문명은 왕이라는 제도를 발전시켰다는 점에서 매우 비슷하다. 심지어 정치 문법에 대한 인류학적 접근으로 유명한 라인하르트 벤딕스와 같은 학자는 『왕이냐 인민이냐』라는 질문을 책 제목으로 붙였을 정도다.[4] 인류가 수십 명 정도의 집단 규모에서 성장하면서 씨족, 부족, 종족 등을 형성하면 결국 왕이 지배하거나 인민이 지배하는 체제의 두 갈래 길이 있다는 의미다. 물론 왕이 주로 지배하는 과거에서 인민이 지배하는 현대로 역사의 방향이 정해져 있다는 의미도 담겨 있다.

유럽 역사에서도 왕은 아주 오래 존재한 흔한 제도다. 그리스는 바실레우스Basileus라는 명칭을 사용했으며 이는 부족의 수장을 일컬었던 것으로 보인다.5 부족의 단계를 뛰어넘어 좀더 커다란 규모의 집단을 이끄는 수장, 여러 부족의 수장 가운데 가장 주도력을 가진 우두머리는 와낙스Wanax라는 표현을 적용했다. 왕중왕王中王에 해당된다고 말할 수 있는데 예를 들어 『일리아스』에서 미케네의 아가멤논은 와낙스로 지칭된다. 그리스 문명은 또 아르콘Archon이라는 표현도 남겼는데, 아르콘은 아르키라는 형식으로 모나키(하나의 지배Mon-archy), 하이라키(위계질서Hir-archy) 등의 개념으로 연결된다. 다만 아르콘은 왕뿐 아니라 공적 임무를 수행하는 폴리스의 기능에도 적용되었다.

고대 로마에서도 레스 푸블리카가 등장하기 전에는 왕이 지배하는 세상이었다. 로마는 렉스Rex라는 명칭으로 왕을 불렀고, 로마가 임페리움이 된 다음 주변부 다른 민족의 왕들을 이렇게 불렀다. 로마의 황제와 주변 왕의 관계를 로마 사회의 주종관계Patron-Client에 비유했고 따라서 '우호·동맹 왕友好同盟王, Rex sociusque et amicus'이라는 표현이 존재했다. 유대 민족의 헤롯은 제국에 종속된 왕의 한 사례다. 라틴어의 렉스는 프랑스어의 루아Roi나 스페인어의 레이Rey로 변했고 영어·프랑스어의 로열Royal, 스페인어의 레알Real 등에서 이를 확인할 수 있다. 영어를 통해 우리에게 익숙한 킹은 게르만 민족의 언어에서 유래한다.

유럽의 왕들은 다른 지역의 왕과 몇 가지 커다란 특징을 공유한다. 우선 왕은 한 명의 인물을 일컫는다. 고대 로마의 레스 푸블리카에는 항상 두 명의 집정관이 있었고, 기능별로 다수의 관료나 책임자가 존재했다. 그러나 왕이 둘이나 셋인 사례는 찾아보기 어렵다. 달리 말해 킹덤이란 모나키, 즉 하나가 지배하는 고유의 형태에 가깝다. 기껏해야 킹과 퀸, 즉 왕과 왕비가 존재할 뿐이다. 또는 엘리자베스처럼 여왕에게는 부군Consort이 있으나 여전히 왕위는 한 사람의 것이다.

한 사람이 집권하는 왕정에서는 권력이 집중되는 경향이 강하다. 킹덤의 권력은 대개 피라미드 구조를 가지며 중요한 결정은 왕 한 명에게 집중되어 올라간다. 왕의 명령이 미치는 영역이 확대되면 될수록 점점 더 커다란 피라미드가 형성된다고 할 수 있다. 물론 킹덤의 피라미드가 만들어지고 유지되는 방식은 다양할 수 있다. 봉건주의처럼 귀족 영주의 집합으로 킹덤이 형성될 수도 있고, 제국처럼 다수의 왕국을 황제가 통치할 수도 있다.

왕의 정통성에서 매우 중요한 요소는 혈통이다. 한 사람의 능력이 중요하고 한 사람에게로 권력이 집중되면서 왕국은 대개 왕조의 형성을 동반한다. 킹덤은 지속성을 확보하기 위해 왕조의 논리를 발전시키고 이는 혈통에 기초한 권력과 제도의 기본 틀을 마련한다. 예를 들어 "프랑스 모나키는 세습제로서 왕조의 원칙이 뿌리내렸다. 따라서 왕의 영토는 재산의 상속자에게 이전되며 재산의 상속자는 동시에 왕위의 상속자이기도 하다".[6] 기존에 우리가 검토한 폴리스, 레스 푸블리카, 임페리움, 크리스처니티 등과는 전혀 다른 원리의 정치 문법이 등장한다는 의미다.

비잔티움과 게르만의 전통

벤딕스는 유럽사의 왕국 전통 속에서 두 가지 뚜렷한 계보를 보았다. 하나는 동로마 제국의 유산을 이어받은 비잔티움 모델로, 교회와 황제가 하나의 권력으로 결합한 신정 체제였다. 다른 하나는 서로마 제국 붕괴 이후 게르만 부족이 세운 왕국들로, 무력과 혈연을 중심으로 권위를 세운 정치질서였다. 이 두 모델은 중세 유럽 정치의 틀을 형성했고, 이후 러시아·동유럽과 서유럽 국가들의 서로 다른 권력 문법으로 발전했다.

게르만계의 다양한 부족은 서로마 제국과 유기적인 관계를 형성하면서 제국을 지탱하는 주변부 세력으로 기능하는 한편, 장기적으로는 제국의 경계를 무너뜨리면서 안팎으로 붕괴하게 만드는 역할을 했다. 서로마의 마지막 황제를 폐위시킨 오도아케르는 다뉴브강 유역 출신의 외부인이었으나 로마 제국의 용병 장군이 되었고, 서로마 황제의 폐위는 형식적으로 동로마 황제의 장군으로서 수행한 일이었다. 일방적으로 게르만 부족이 침략해 들어와 로마를 멸망시켰다는 역사적 관점보다는, 제국 안에서 중심과 주변의 복합적인 관계로 파악하는 관점이 더 정확하다는 말이다.

로마 제국에서 정통성을 잃었던 킹덤의 논리는 이들 게르만 부족을 통해 서유럽으로 다시 진입하게 되었다. 제국의 수도 로마를 공격했던 게르만족과 현대 프랑스와 독일에서 활동하면서 거대한 제국을 다시 만들었던 프랑크족, 영국으로 건너간 앵글족이나 색슨족 등 사실 로마 제국의 영역으로 침투해 들어온 세력은 다양하다. 게다가 역사적으로 이들의 전통이나 관습을 세밀하게 알기는 어렵다.[7] 여기서는 서로마 제국에 침투해 들어와 정착한 게르만 부족들의 공통된 특징에 주목한다.

첫째, 이들은 주변부 세력으로서 자의식을 갖고 있었고 로마가 문명세계의 중심이라는 인식을 확실히 지니고 있었다. 게르만 세계가 세상의 중심이라는 다소 황당한 생각은 20세기 나치 시대가 돼서야 등장했다.[8] 게르만 부족은 영국의 섬, 프랑스의 평야, 이탈리아의 계곡, 스페인의 도시를 점령했으나 이들은 자신의 관습과 모델을 점령한 지역에 투영하기보다는 로마의 법과 관습과 문화를 받아들였다. 특히 라틴어를 수용함으로써 고대 아테네와 로마가 축적한 문화를 고스란히 이어받았다. 이들이 가졌던 문화적 콤플렉스가 얼마나 강했던지 18~19세기가 되어서도 영국과 독일의 엘리트들은 여전히 '그랜드 투어'라 불리는 이탈리아반도 여행을 통해 문명을 익히고 배우는 과정을 거치곤 했다.

둘째, 게르만 부족은 앞다퉈 기독교를 수용함으로써 문명적 세례를 받으려 했다. 물론 언어와 법, 종교는 서로 긴밀하게 연결되어 있으나 라틴어와 로마법을 받아들였다고 반드시 기독교를 수용하리라는 보장은 없었다. 역사적으로 따지면 기독교 자체가 로마에 가장 최근에 수용된 문화 요소였기 때문이다. 여기서도 우리는 유일신의 강력한 호소력과 힘을 확인할 수 있다. 로마 제국이 무너진 후 로마의 교회는 제국의 틀과 정신, 형식적 상징성을 그대로 물려받았고 따라서 주변부의 부족이나 왕국에 엄청난 정통성의 보루로 작용했다. 온 세상을 지배하는 유일한 신, 그리고 그 신을 현세에 대표하는 교회가 갖는 정신적 권력은 게르만 왕국의 무력을 포장해주는 요긴한 장치였다.

셋째, 게르만 부족은 전쟁을 중시하고 무력이 권력의 핵심이었다는 점에서 고대 그리스나 로마와 유사했다. 물론 아테네에서처럼 언어와 토론이 중요한 역할을 하지는 않았던 듯하고 로마처럼 레스 푸블리카나 임페리움의 개념은 중심이 아니었다. 그러나 아테네, 로마, 게르만은 모두 용맹한 전사가 권력을 쥐고 리더십을 발휘하는 문화였다. 특히 독일과 프랑스의 모태가 된 프랑크족은 용맹한 전사를 수장으로, 그리고 왕으로 선출하는 문화를 갖고 있었다. 정확히 어떤 과정으로 선출되었는지 확인하기는 어려우나 용사를 방패에 올려세워 공동체가 환호함으로써 왕을 뽑는 전통이 있었다고 전해진다.

권력의 성격을 문文과 무武로 구분해보면, 유럽은 무력을 중시하고 동아시아는 문文을 축으로 했다는 점에서 비교적 뚜렷한 차이를 보인다. 유럽의 중세 시기 왕이 글을 읽지 못하는 것은 큰 문제가 되지 않았으나, 말을 타고 전쟁을 수행하는 일은 빼놓을 수 없는 임무였다. 예를 들어 중세 독일 지역의 한 시인은 "말을 타지 않고 열두 살까지 학교에 남아 있는 사람은 성직자밖에 할 수 없다"[9]고 빈정댔다.

반면 동아시아의 초원 민족은 몽골에서 여진에 이르기까지 중원을 차지하고 중화를 자처하면, 글을 읽고 군자의 길로 들어서야 했다. 21세기 영국의 찰스 국왕부터 그의 아버지까지 모두 상당 기간 군 장교로 복무했다는 사실도 이를 뒷받침한다. 유럽의 왕은 무엇보다 군의 최고 사령관이자 전투에 직접 나서는 전사였다.

넷째, 유럽의 게르만 민족은 기독교를 수용하면서 일부일처제를 실천했고 이는 언제든 죽음을 맞을 수 있는 전사 왕의 관습과 결합되면서 매우 불안정한 왕조들을 양산했다. 일부일처제 아래서 후계자를 확보하는 데 많은 걸림돌이 있었다는 사실은 앞서 살펴보았다. 여기에 어린 시절부터 칼싸움과 말달리기, 창 겨루기를 하다보면 전쟁과 훈련에서 어리거나 젊은 나이에 죽는 왕족이 수두룩했다. 프랑스 왕 앙리 2세는 1559년 스페인·영국과 평화를 이루는 카토 캄브레지스 조약 체결을 기념하는 축제에서 몸소 마상 창 겨루기 시합에 나섰다가 부상으로 사망했다.[10] 당시 나이 40세였고 왕위에 오른 지 12년만이었다. 신체적 위험을 피하지 않는 문화가 유럽에서 얼마나 보편적이었는지를 상징적으로 보여주는 사건이다.

유럽에는 한 왕조가 조선처럼 500여 년을 지속하는 예는 특별했다. 일본의 야마토 황실처럼 1000년을 넘어서는 것은 더 말할 나위 없다. 가장 오랜 역사를 자랑하는 영국이나 프랑스의 경우 하우스(가문)라는 표현을 쓰는데, 대가 끊기면 다른 가문으로 왕권이 넘어가곤 했다. 유럽에서 잉글랜드나 프랑스의 왕위가 여러 가문에 의해 연결되는 한편, 일부 가문은 여러 나라의 왕위나 영토를 차지하기도 했다. 합스부르크 가문은 현재 스위스 아르가우 지방에 있던 합스부르크 성을 근거지로 형성되었으며, 이후 오스트리아, 헝가리, 스페인,

신성로마 제국 등 중부 유럽 다수의 왕위와 영토를 장악했다.

　게르만 부족이 서로마 제국으로 침공해 들어오면서 나타난 공통된 특징은 크게 네 가지였다. 첫째, 라틴어와 로마 문화를 적극적으로 수용했고, 둘째, 기독교를 받아들여 문명적 정통성을 확보했으며, 셋째, 대중이 선출하는 전사 왕의 전통을 유지했고, 넷째, 일부일처제와 전사 문화가 결합해 왕조의 안정성을 위협했다. 이러한 요소들이 서로 결합되면서 다른 문명권에서는 보기 어려운, 유럽 특유의 정치·사회적 전통이 형성되었다.

　로마와 기독교의 수용은 유럽 안에 공동의 문화권을 형성했다. 같은 게르만 부족이라 하더라도 활동 지역이나 사용하는 언어는 서로 달랐지만, 일단 로마 제국의 영토로 들어오면 오히려 공통성이 강화되었다. 그러나 권력과 무력의 결합, 그리고 왕조의 불안정성은 이러한 공통 문화권 내부에서조차 빈번한 전투와 전쟁을 촉발했다. 통치자는 전투를 통해 자신의 정통성을 입증해야 했고, 왕위 계승의 불안정성은 반복해서 분쟁을 불러일으켰다.

　크리스천돔의 정치 문법이 종교와 정치의 구분 및 분립에 있었다면, 유럽 킹덤의 문법은 주권의 한계와 상대성에 있었다. 왕국은 기독교 교회의 인정을 받아야 했고, 로마 문화를 수용하여 문명적 세력임을 증명해야 했다. 게다가 왕국의 지속성과 결집력은 언제든 해체되거나 다른 왕조로 넘어갈 수 있는 불안정성에 시달렸으며, 이러한 구조는 전쟁의 상시화를 낳았다.

외세의 침략과 봉건주의

고대 그리스의 알렉산드로스와 로마 군단이 지중해 전역은 물론 북아프리카와 서아시아까지 영향력을 확장한 시대가 있었다. 그러나 로마 제국이 무너진 뒤, 5세기부터 15세기에 이르는 중세의 1000년은 그 반대였다. 이번에는 유럽이 외부와 주변부로부터 끊임없는 침투와 도전을 받았다.

첫 번째 물결은 4~6세기에 있었던 게르만 부족의 대이동이었다. 앞서 살펴본 것처럼 이들은 서로마 제국의 붕괴와 함께 유럽 각지에 정착해 새로운 권력 지형을 만들었다. 이어 7~8세기에는 아라비아반도에서 급부상한 이슬람 세력이 북아프리카를 거쳐 유럽 서남부로 진입했다. 그들은 이베리아반도를 넘어 프랑스 중심부까지 도달했는데 732년 푸아티에 전투에서 샤를 마르텔이 승리함으로써 유럽의 이슬람 지배를 막았다.[11] 당시 이 전투가 패배로 끝났다면, 파리와 라인강 유역까지 이슬람 세력이 진출하는 것은 시간문제였을 것이다. 푸아티에는 유럽사의 향방을 가른 분기점이었다.

비슷한 시기 북쪽에서는 스칸디나비아의 바이킹들이 새로운 위협으로 등장했다. 8세기부터 11세기까지 그들은 유럽 전역을 침략했고, 바다를 건너 북대서양의 아이슬란드·그린란드·캐나다까지 발을 뻗었다. 이들은 '북쪽 사람들'이라는 뜻의 노스맨Norsemen으로 불렸고, 프랑스 센강 하류 지역이 '노스맨의 땅'이라는 뜻의 노르망디Normandie로 불리게 된 것도 이 때문이다. 1066년 노르망디의 노스맨들이 영국을 침략해 새 왕국을 세운 '노르만 정복'[12]은 서유럽 정치사에 커다란 전환점이 되었다.

바이킹의 활동 무대는 서유럽에만 국한되지 않았다. 그들은 지중해 남단까지 진출해 시칠리아에 정착하기도 했다. 10세기 시칠리아는 아랍 세력의 지배 아래 있었고, 아랍식 지배자인 에미르가 다스리는 에미레이트였다. 그러나 11세기 노르망디 출신 용병들이 이탈리아 남부 전쟁에 동원되면서 세력 균형이 변했고, 12세기에는 이들이 시칠리아의 새로운 주인이 되었다. 이렇게 시칠리아는 북유럽, 남유럽, 아랍 문화가 교차하는 융합의 장이 되었다.

9~10세기에는 또 다른 외부 세력이 동쪽에서 밀려왔다. 중앙아시아의 마자르 부족은 유럽 중부로 침투해 현대 헝가리 지역에 정착했다. 중세 사학자 마르크 블로크는 『봉건사회』에서 이 시기를 "북쪽의 노스맨과 동쪽의 마자르족이 유럽의 지형을 바꾼 시대"로 묘사했다.

결국 중세 유럽은 로마와 게르만의 융합이라는 이미 다문화적인 토대 위에, 아랍·바이킹·마자르라는 외부의 전투적 세력이 잇따라 더해진 복합적이고 역동적인 세계였다. 이로써 유럽의 정치와 문화는 단일한 뿌리에서 자라내지 않고 다양한 충격과 융합을 거듭하며 형성되었다.

중세의 봉건주의는 대단히 혼란스러운 시대의 한가운데서 탄생했다. 어떤 면에서 이런 혼란으로부터 태어났다고도 할 수 있다. 이런 혼란을 조성하거나 지속시키는 원인 중 일부는 유럽 사회 내부의 변화와는 전혀 상관없는 사건들이었다. 게르만족의 침략이라는 뜨거운 도가니 속에서 수 세기 전 형성된 새로운 서구 문명은, 이번에는 스스로가 공격받는 성城의 형세가 되었고, 더 정확히 말하자면 절반 이상 점령당한 모습이었다. 남쪽에서는 아랍족과 아랍화된 이슬람의 신도들이, 동쪽에서는 헝가리족이, 그리고 북쪽에서는 스칸디나비아족이 몰려왔다.[13]

아랍 세력과 나머지 두 세력(노스맨과 마자르) 사이에는 뚜렷한 차이가 있었다. 아랍은 이미 이슬람이라는 강력한 유일신 종교를 이데올로기적 기반으로 갖춘 채 유럽에 진입한 반면, 바이킹과 마자르는 이전의 게르만 부족처럼 전투력을 앞세웠으나 문화적으로는 열세에 있었다. 그 결과 이들은 기독교와 로마의 전통을 받아들이고 이를 자신들의 지배와 통합에 적극적으로 활용하는 모습을 보였다.

마자르 부족의 수장이었던 이슈트반은 1000년 크리스마스(혹은 1001년 1월 1일)에 교황 실베스테르 2세가 보낸 왕관을 쓰고 즉위함으로써 헝가리라는 킹덤을 탄생시켰다. 이 사건은 800년 크리스마스에 샤를마뉴가 황제로 즉위한 장면과 나란히 놓을 수 있는, 유럽 정치사의 결정적 순간이었다. 800년의 게르만 부족 황제 즉위가 임페리움과 크리스천덤의 조우를 뜻했다면, 1000년의 마자르 왕 즉위는 킹덤과 크리스천덤의 만남을 상징했다.[14] 이슈트반은 이웃 바바리아의 공주를 부인으로 맞았고, 덕분에 신성로마 제국의 황제로 부상할 하인리히 2세의 처남이 되었다. 이슈트반은 가톨릭교회의 인정과 함게 혼인을 통해 유럽 왕실 네트워크에 진입함으로써 '야만적인' 마자르족을 유럽 중세 봉건사회에 정착시키는 상징이 되었다.

물론 킹덤과 크리스천덤의 만남은 아주 오랜 전통으로 이미 496년 크리스마스에—최근 연구는 499년이 정확하다고 추정한다—프랑크족의 왕인 클로비스가 기독교로 개종하면서 세례를 받은 전례를 들 수 있다.[15] 그는 수하의 전사 3000명과 함께 개종하고 세례를 받음으로써 집단적 기독교 수용의 의지를 보였다. 게다가 511년에는 주교들을 모아 오를레앙 공의회를 열어 교회와의 관계를 정립하기도 했다.

이슈트반의 기독교 수용은 대담한 결단이었다. 프랑크족이나 바이킹이 진출한 프랑스·영국·지중해 지역은 이미 오래전부터 기독교 문화권에 속해 있었기에 그들의 기독교 수용은 비교적 자연스러운 흐름이었다. 그러나 로마의 직접적인 영향권 밖이었던 중부유럽 헝가리에서 마자르족이 기독교를 받아들인 사건은 이후 기독교가 동유럽과 북유럽으로 확산하는 데 결정적인 출발점이 되었다.

이베리아반도에서 전개된 이슬람 세력과 기독교 세력의 대립도 같은 시각에서 이해할 수 있다. 이베리아는 로마 제국의 핵심 권역 중 하나였고, 기독교 전통 또한 고대부터 깊게 뿌리내리고 있었다. 그런데 8세기 이곳에 이슬람 세력이 진입하여 또 하나의 유일신 종교를 이식하면서, 이미 성립된 기독교 문화권 안에 새로운 종교 체계가 침투해 맞부딪치는 독특한 장면이 펼쳐졌다.[16] 스페인 남부에서는 이슬람, 기독교, 유대교가 나란히 존재하며 세 유일신 종교가 공유하는 사상적 뿌리와 공통점을 엿볼 수 있었다. 특히 이슬람이 지배한 그라나다에서는 제한적이지만 유대교와 기독교가 공적·사적 영역에서 일정한 공간을 확보하며 살아갈 수 있었다.

그러나 이 평화는 언제나 불안정했다. 8세기부터 15세기까지 이베리아 전역에서 이어진 북부 기독교 왕국과 남부 이슬람 제국의 장기 대립은, 유일신 종교가 본질적으로 지닌 배타성과 독점성이 어떻게 정치·군사적 갈등으로 전환되는지를 여실히 보여준다. 같은 하나님을 믿는다고 해도, 그 해석과 주도권을 둘러싼 경쟁은 공존의 가능성을 끊임없이 위협했다.

중세 유럽 킹덤의 문법은 이상에서 설명한 다양한 외세의 침략과 그로 인한 유럽의 정치·사회적 상황 속에서 이해할 수 있다. 중세 유럽의 정치 권력은 취약할 수밖에 없었다. 게르만, 바이킹, 마자르 등의 부족은 모두 외부에서 새로운 지역으로 이동해온 세력이다. 이들 부족의 킹은 전쟁을 잘하는 집단의 수장이지만, 새로운 영토에서 자신들과는 다른 다수의 주민을 통치해야 하는 실정이었다. 종족·문화적으로 다양한 집단을 다스리려면 공동의 정체성에 의존하기보다, 교환적인 관계가 형성될 가능성이 크다. 예를 들어 게르만 부족은 프랑스에 진입하면서 기존 골족의 주민 다수는 물론, 로마 시대 엘리트를 형성했던 이탈리아 출신 귀족들을 상대해야 했다. 여기에 다시 바이킹 지배의 시대가 되면 종족적 다양성은 더 커지고 정치는 더 복합적으로 변할 수밖에 없다.

킹덤의 구조적 취약성은 세속 권력이 결국 교회라는 단단한 집

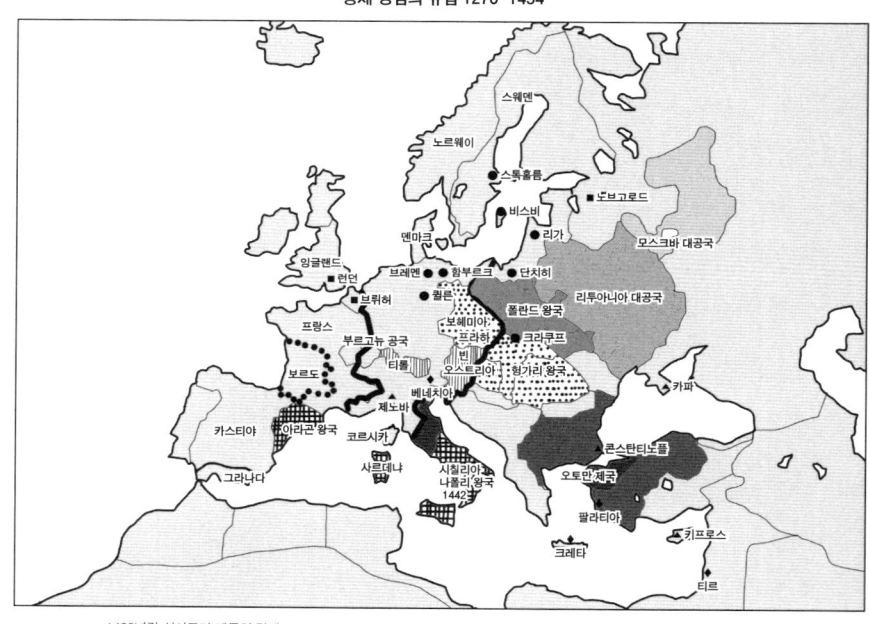

중세 킹덤의 유럽 1270~1454

단의 영적 지도력에 종속된다는 점에서도 확인할 수 있다. 로마 제국의 정치적 구조는 붕괴했으나 가톨릭교회는 로마 제국보다 더 강한 생존력을 증명하면서 강력한 피라미드 구조의 조직으로 유럽 사회를 지배했다.[17] 교회의 성직자 집단은 새로 진입한 게르만, 바이킹, 마자르 등과는 다른 기존 엘리트의 영역이었다. 교회는 또 전투력은 없었으나 신흥 지배 부족이 결여한 행정력과 문화력을 보유하고 있었다. 새롭게 침투해 들어온 세력은 로마 교황의 공식적 인정은 차치하더라도, 현지 교회와 타협해야만 영토를 지배할 수 있는 상황이었다.

킹덤과 왕조의 논리는, 고대 유럽의 지배적 전통이었던 폴리스, 레스 푸블리카, 임페리움과는 기본적으로 다른 성격을 지녔다. 고대 폴리스에서도 모나키(군주제)는 존재했지만, 권력이 한 사람에게 집중되면 언제든 폭군Tyrant으로 변질될 수 있다는 경계심이 널리 퍼져 있었다. 특히 폴리스와 레스 푸블리카의 결합은 중세 유럽에서 수많은 도시국가가 발전하는 밑거름이 되었으며, 로마의 본거지였던 이탈리아반도는 그러한 도시국가 성장의 핵심 무대였다.

이에 비해 킹덤이 본격적으로 성장한 무대는 그리스·로마와 지리적으로 먼 프랑스와 잉글랜드였다. 로마 제국의 영토 안에 속하면서도 수도 로마와 거리가 있었던 파리와 런던은, 고대 문명 유산과 게르만·바이킹 문화가 결합해 새로운 정치 문법을 형성할 수 있는 독특한 지리·문화적 조건을 갖춘 곳이었다.

유럽에서 국가 건설이 본격적으로 추진된 시점은 다른 대륙에 비해 매우 늦었다. 바로 이 점이 훗날 유럽인들이 누리게 될 정치적 자유의 중요한 근원이 되었다. 법치나 국가의 책임이 확립되지 않은 상황에서 국가가 너무 일찍 세워지면, 그만큼 주민을 강압적으로 통치하는 체제가 더 효과적으로 작동하기 때문이다.[18]

중세 유럽을 대표하는 봉건주의의 핵심은 개인적인 관계를 제도화한 데 있다. 봉건제는 로마 제국이 구축했던 행정 조직과 법제라는 '견고한 건축물'이 아니라, 개인과 개인 사이의 충성과 신뢰를 제도화한 정치 구조였다. 집정관·호민관·원로원처럼 규칙과 임기를 갖춘 로마식 제도는 게르만·바이킹 사회의 습속과는 성격이 달랐다. 규모가 작은 공동체에서는 제도보다 개인적인 관계가 우선하며, 이런 사회가 훨씬 더 넓은 영토를 지배하게 되면 개인적 충성의 중요성은 더 강화된다.

그 핵심 의례가 '오마주Homage'다.[19] 프랑스어 homme(사람)에서 나온 말로, "내가 당신의 사람"임을 공식적으로 맹세하는 의식이다. 칼을 놓고 무릎을 꿇은 채 칼자루에 손을 얹고 충성을 서약하는 모습은, 훗날 기독교의 기도 자세로 변형되었다. 원래 두 팔을 벌리던 초기 기독교의 기도 동작이, 봉건 시대에는 두 손을 모으는 형식으로 바뀐 것이다. 이는 정치적 충성과 종교적 신앙이 동일한 상징 언어로 통했다는 사실을 보여준다. 봉건적 충성을 저버리는 것은 배교나 신성모독과 같은 반역 행위로 여겨졌다.

잉글랜드와 프랑스의 관계는 이러한 복합적인 오마주의 특성을 잘 드러낸다. 잉글랜드 왕실은 원래 프랑스 노르망디에서 건너갔기에 도버해협 양쪽에 영토를 가졌다. 잉글랜드에서 확보한 영토는 독자적인 통치권을 행사했지만, 프랑스 내 일부 영토는 프랑스 왕에게 오마주를 맹세해야만 영주권을 행사할 수 있었다. 즉, 같은 인물이 영국의 '독립된 왕'이자 동시에 프랑스 왕에게 종속된 '영주'인 셈이었다. 이러한 복합 관계에 왕위 계승 문제가 더해지면서 백년전쟁을 비롯한 수많은 유럽 분쟁이 촉발되었다.

봉건제는 개인의 충성에 기반한 만큼 구조적으로 취약했다. 충성을 거부하거나 배신하면 관계가 곧바로 무너질 수 있었고, 한 인물이 독립 영주이면서 동시에 종속 영주라는 모순적 상황이 자주 발생했다. 자크 르고프는 이를 "평등한 자들 사이의 위계적 관계une hiérarchie entre égaux"라고 불렀다. 이 취약성을 보완한 장치는 '명예와 명성'이라는 윤리 체계였다. 기독교는 이런 개인 관계를 신성한 의무로 보장했고, 교회라는 범유럽적 네트워크는 명예 관리에 핵심적인 역할을 했다. 결국 봉건주의와 기독교는 서로를 지탱하는 유기적 결합 관계였다.

왕의 두 신체

여러모로 취약한 킹덤의 정치 문법은 보완을 필요로 했다. 그 첫 단계는 이미 지적하고 강조했듯 기독교의 힘을 빌리는 것이었다. 정신·문화적 영역에서 교회의 지배력을 인정하고 그 위상이나 재산을 보호하는 대가로 킹덤은 속세에서 신을 대표하는 존재로 공식적인 인정을 받아갔다. 왕권신수설王權神授說은 말 그대로 왕이 권력을 신으로부터 받았다는 의미다. 신과 카이사르의 영역을 구분했던 전통과는 정반대 원리를 내세운 셈이지만, 교회와 왕권이 여전히 구분되어 있다는 점에서 분립을 완전히 폐기한 것은 아니었다. 왕권과 종교의 결합을 요약하는 의례로 축성을 들 수 있다.

> 축성祝聖, Sacre은 사람을 자신에게 주어진 조건과 지위를 넘어, 다른 사람들 위로 올리는 구별과 변화의 의식이다. 축성된 왕은 평범한 인간과는 다른 차원의 존재로 변화하여, 신과 인간 사이를 잇는 중개자로 부상한다. 신으로부터 받는 축성은 특별한 명예라고 할 수 있다. (…) 축성의식은 성경 구약까지 거슬러 올라가는 아주 오랜 의례로 대관식戴冠式과 도유식塗油式으로 구성된다. 이를 통해 왕은 심장과 정신이 변화하며, 새로운 존재로 다시 태어난다.[20]

축성의식은 세속적 권력의 종교적 인정으로 프랑스는 랭스 대성당에서 대주교가 주도하며, 영국은 웨스트민스터 성당에서 캔터베리 대주교가 이끈다.[21] 신성로마 제국에서 왕위의 축성은 아헨에서 쾰른 대주교가 의식을 주도하지만, 황제 축성은 로마에서 교황이 진행하는 형식이다. 축성의식은 구약성경의 전통을 재현함으로써 종교적 권위를 부여하고, 교회가 왕권을 인정하는 중요한 과정이었다.

중세 영국이나 프랑스의 왕은 또 기적을 행사하는 성스러운 인물이었다. 일명 기적 왕Rois thaumaturges이라고 불리면서 예수가 환자를 돌보며 기적을 이뤘듯 신민에게 기적을 베푸는 존재로 부상했다.[22] 왕은 하나님이 세상을 통치하라고 선정한 인물이기에 신민을 사랑하고 종교적 힘을 발휘하는 존재라는 논리다. 특히 즉위식에서 왕은 나력瘰癧을 치료하는 기적적 능력을 지닌 것으로 알려졌고, 12세기부터 영국이나 프랑스에서 새로 즉위한 왕과의 접촉으로 병이 나았다는 전설이 내려온다.

두 번째 단계는 왕국의 지속성을 확보하는 일이었다. 에른스트 칸토로비치는 역작 『왕의 두 신체』에서 왕은 자연 인간의 몸과 정치적 몸Body politic, 두 종류의 신체를 갖는다는 믿음이 생겼다고 설명했다.[23] 기독교는 영혼과 신체를 나누어 보았다. 자연의 신체는 일정한 시간 동안 삶을 누리다 부패하고 사라지는 반면, 영혼은 영원히 계속된다고 생각했다. 종교에서 신체와 영혼의 구분은, 정치 분야에서는 왕의 자연적 신체는 죽음으로 소멸하더라도 정치적 몸은 영원히 유지된다는 사고로 연결되었다.

어느 문화에서나 왕은 다소 성스러운 기능을 몸에 지니고 있었고 왕조의 지속성을 확보하는 일은 최우선 과제였다. 다만 유럽 문명에서 유일신의 종교인 기독교는 정치적 정통성을 한 인물에게 집중하는 성격을 더 강하게 가졌고, 영원히 사라지지 않는 영혼이라는 개념도 각별하게 강했다. 기독교적 의미를 띤 왕의 정치적 몸은 자연스럽게 국가의 지속성이라는 개념으로 발전할 수 있었다. 자연적 신체를 가진 왕 개개인은 죽고 사라지더라도, 이들을 초월하는 하나의 정치체가 존재한다는 생각이 부상했다는 의미다. 서구에서 신체와 영혼의 구분과 같은 형이상학적 접근으로 국가 개념이 발전했다면, 동아시아는 왕실과 종묘사직宗廟社稷이라는 구체적이고 현실적인 연결을 통해 국가의 지속성이 유지된 셈이다.

프랑스의 고대 그리스 전문가 이스마르는 "왕의 신체의 이중성은 그리스도의 존재적 이중성을 벗어나서는 생각하기 어렵다"[24]고 단언한다. 여기서 한 걸음 더 나가, 왕실 가문이나 왕조가 대체되더라도 정치적 몸은 계속할 수 있다는 생각까지 진보한다면 근대적 국가 개념에 다가서는 셈이다. 기독교의 영향을 받은 킹덤에서 몸은 썩더라도 영혼은 몸을 바꿔 계속 살 수 있다는 생각이 있었으나, 반대로 고대 그리스에서는 몸(폴리스)과 정치 체제가 필연적으로 함께 간다고 생각했다. 우리는 아테네라고 똑같이 호명하나 아리스토텔레스에게 기원전 '450년의 민주 폴리스'와 기원전 '403년의 과두제 폴리스'는 같은 폴리스가 아니었다는 의미다. 적어도 근대 국가의 지속성은 폴리스보다는 킹덤과 크리스천돔에 많은 빚을 지고 있다.

세 번째 단계는 왕국의 집중력을 강화하는 일이다. 중세 초기 국왕은 수많은 영주 가운데 선출된 강력한 영주, 우두머리 영주를 의미했다. 왕과 주변의 영주는 봉건적 오마주를 통해 충성관계가 맺어졌으나, 각각의 영주는 자신의 영지와 군사력, 주민을 확보하고 있었다. 시간이 흐르면서 왕은 기독교의 세례로 신에게서 통치권을 받은 특별한 영주로 부상했고, 공동체의 '정치적 몸'을 개인적으로 상징하는 존재로 떠올랐다. 봉건적 충성을 종교적 세례와 역사적 지속성으로 강화한 셈이다.

16세기 프랑스의 사상가 장 보댕(1530~1596)은 근대 국가 이론에서 '절대 주권' 개념을 정립한 대표적 인물이다. 그가 활동하던 시기는 종교개혁 이후 가톨릭과 개신교가 프랑스 전역에서 격렬한 내전을 벌이던 때였다. 종교 전쟁이 장기화되면서 국가는 심각하게 분열되었고, 기존의 봉건질서나 전통적인 권위만으로 질서를 유지하기는 어려웠다. 이런 상황에서 보댕은 왕권을 중심으로 국가의 절대적 주권을 확립해야만 내전을 종식하고 평화를 회복할 수 있다고 보았다.

그가 말하는 주권sovereignty은 단순한 '최고 권력' 이상의 개념이었다. 보댕은 주권을 "그 누구와도 나눌 수 없는, 궁극적이고 절대적인 권위"로 정의했다. 주권은 기존의 관습법, 인간이 만든 실정법, 심지어 군주의 취임 서약과 같은 계약조차 구속할 수 없으며, 오직 자연법과 신의 법에만 복종한다고 보았다. 중요한 점은 자연법을 해석하는 주체가 곧 주권자 자신이라는 것이다. 따라서 어떤 개인이나 집단도 '신의 뜻'을 대신 해석해 군주를 제약할 수 없다는 논리였다.[25]

이 과정에서 보댕은 고대 로마의 레스 푸블리카가 전제한 권력 구조를 근본적으로 바꾸었다.[26] 로마의 정치 체제에서는 권력을 기능별로 분할하는 원칙이 있었다. 명령권(임페리움)은 황제가, 권위(아욱토리타스)는 원로원이, 법적 권력(포테스타스)은 행정관이 맡았다.

이렇게 권력이 나뉜 상태에서 최종 결정권은 원칙적으로 '피플'에 있었다. 그러나 보댕의 국가 이론은 이런 분할 구조를 해체하고, 주권과 권력을 모두 군주라는 단일한 주체에게 집중시켰다. 다시 말해, 로마식 '분산된 권위'에서 봉건 시대의 '분권적 영주 권력'을 거쳐, 근대 초기에는 '중앙집권적 절대 군주권'으로 권력의 무게중심이 옮겨 간 것이다.

17세기 왕에게 모든 권력이 집중되는 절대주의Absolutism는 킹덤 문법의 이상형 또는 완성체라고 할 수 있다. 프랑스 절대주의 왕권의 상징인 루이 14세가 "짐이 국가다"라고 표명할 수 있었던 자신감은 국왕이 명실상부한 정치체의 구현이었기 때문이다. 루이 14세가 유럽의 모든 왕이 부러워할 만큼 화려한 베르사유궁을 짓고 그곳에 전국의 귀족과 영주를 모아 머물게 했던 관습은 절대주의 아래 권력의 집중 현상을 잘 보여준다. 원래 봉건주의에서 귀족과 영주는 자신의 영지에서만큼은 군림하는 존재였다. 그러나 루이 14세는 이들을 왕궁에 모아놓고 인질로 삼았던 셈이다.

영국에서 홉스가 『리바이어던』이라는 저작을 통해 절대주의의 이론적 기초를 제공한 것도 17세기다.[27] 당시 영국은 혼란스러운 내란으로 1649년 국왕 찰스 1세를 처형하고 무질서와 폭력이 범람했다. "만인의 만인에 대한 투쟁"이라는 구호로 유명해진 리바이어던은 성서에 등장하는 괴물을 뜻한다. 상시적이고 혼란스러운 인간들의 투쟁에 종지부를 찍고, 평화와 안정을 얻기 위해서는 강력한 힘을 집중시킨 괴물적 존재가 필요했다는 설명이 홉스 정치 이론의 핵심이다. 권력의 집중과 독점이—막스 베버는 국가를 합법적 폭력의 독점 기관으로 정의하지 않았던가—사회의 안전을 보장한다는 근대 국가론의 뿌리를 킹덤의 절대주의 논리에서 찾을 수 있다는 의미다.

왕은 귀족을 모아놓고 권력을 집중시키는 것은 물론 모든 신민과 개인적인 관계를 맺음으로써 정치적 몸의 중심으로 부상한다. 프랑스와 영국에서 장기간 만들어진 정치적 몸은 사실 매우 다양한 배경과 문화의 집단을 하나로 묶어내는 놀라운 경험이었다. 로마의 임페리움이 시민권이라는 법적 장치를 통해 다양한 사람을 하나로 묶어냈고, 크리스천돔이 유일신에 대한 신앙으로 다양한 인간을 포괄하는 틀을 형성했다면, 킹덤은 눈코입이 있고, 살아 숨 쉬며 말하고 전쟁하는 왕에 대한 충성을 통해 다양한 신민을 하나로 통합했다. 이런 점에서 킹덤은 임페리움이나 크리스천돔보다 더 구체적이고 인간적일 수도 있다는 생각이 든다.

킹덤은 그리스 문법에서 분류한 정치 체제 가운데 모나키의 의미를 강력하게 실현한 모습이다. 영국의 국왕은 잉글랜드에서 시작해 웨일스, 스코틀랜드, 아일랜드까지 통합하여 하나로 묶은 것은 물론, 대서양 넘어 아메리카의 식민지까지 거대한 날개로 신민을 품었다. 18세기 보스턴이나 필라델피아 식민지에서조차 통일 왕국의 국왕은 사람들을 하나의 공동체로 포괄하는 강력한 상징이었다는 말이다.[28]

킹덤과 의회

중세 유럽의 킹덤을 지배하는 정치 문법 가운데 다른 문명권에서는 찾아보기 어려운 특징이 바로 '의회'였다. 물론 킹덤의 실질적인 권력은 여전히 왕에게 집중되었지만, 유럽의 여러 왕국에서는 다양한 사회 세력이 공식적인 틀 안에서 모여 회의를 열고 국정을 심의·토론하는 장이 제도화되어 있었다. 이러한 의정 기구로는 영국의 의회Parliament, 프랑스의 삼부회의Les États Généraux, 신성로마 제국의 제국회의Reichstag, 스페인의 코르테스Cortes 등이 대표적이다. 이들은 모두 중세에 뿌리를 두고 발달해, 왕권의 절대성을 제약하고 정치적 협의 문화를 발전시키는 기반이 되었다.

중세의 정치 환경에서 이러한 의회들을 곧바로 '민주적' 기구라고 부르기는 어렵다. 그러나 이들은 서로 다른 집단의 이해관계를 한자리에 모아 논의할 수 있도록 구성된 제도였다는 점에서, 비록 국왕처럼 강력한 권력 집중을 행사할 수는 없더라도 국왕이 지니지 못한 집단적인 대표성을 확보하고 있었다. 의회는 처음부터 국정의 입법이나 재정과 같은 결정적 권한을 장악한 것은 아니지만, 역사적 변동기마다 기회를 포착해 일정한 권력을 행사할 수 있는 발판이 되었다. 이러한 특성 덕분에 의회는 시간이 흐르면서 왕권과 나란히 정치 무대의 한 축으로 자리 잡을 수 있었다.

이런 관점에서 프랑스의 삼부회는 흥미롭다.[29] 삼부회는 12~13세기, 국왕이 기존의 교회 성직자와 귀족 대표에 더해 도시의 부르주아 대표를 포함시키면서 탄생한 심의 기구였다. 14세기에 들어서면서 정치적·재정적 위기 상황에서 사회 각 계층을 동원하는 수단으로 소집되는 일이 잦아졌고, 이 과정에서 점차 제도화되었다. 그러나 영국 의회나 스페인의 코르테스에 비하면 권한과 영향력 면에서 제한적이었다. 그럼에도 18세기 프랑스 혁명 전야에 소집된 삼부회는 절대 왕정을 흔들고 강력한 의회 체제로 발전하는 출발점이 되었다.

유럽 정치 문법에서 의회의 기원을 설명할 수 있는 요소는 여러 가지다. 고대 그리스 폴리스의 문법에 비춰보면, 의회가 귀족정aristocracy이나 과두제oligarchy로 기능할 가능성은 분명 존재한다. 그러나 이는 의회가 설치되었다는 사실만으로 성립되지 않는다. 소수의 '훌륭한 사람들aristoi'이 실제로 권력을 장악하고 국정을 주도할 때 비로소 귀족정이라고 할 수 있다. 그리스에서 말한 데모크라시가 직접 민주주의였다는 점에서, 중세 유럽의 의회 제도와는 기본적으로 차이가 있다.

고대 로마의 레스 푸블리카는 하나(군주) – 소수(원로원) – 다수(평민)의 원칙을 조화시키려 했다는 점에서 다양한 집단의 회의체를 당연한 정치 요소로 받아들였다. 로마의 세나투스(원로원)는 귀족의 전당이라는 점에서 영국의 상원Chamber of Lords과 유사하며, 다수를 대표하는 하원Commons은 고대 정치에서 '다수'를 반영하는 구조와 닮아 있다.

1642년 영국에서 의회가 주도하는 혁명이 한창이던 시기 국왕 찰스 1세는, 왕권을 부정하는 것은 곤란하며 영국 킹덤의 전통인 '하나(국왕) – 소수(상원) – 다수(하원)'의 균형과 원칙을 지켜야 한다고 호소했다.[30] 이는 국왕조차 권력을 독점하는 절대 군주로서 자신을 규정하기보다, 상원 및 하원과 함께 권력의 삼각 균형을 이루는 한 축으로서 자신을 이해했음을 보여준다. 달리 말해, 영국은 킹덤이었지만 17세기 혁명의 와중에도 '국왕 – 귀족 – 평민'의 분할 구조가 권력의 정당성을 뒷받침했다. 고대 로마의 레스 푸블리카는 명칭뿐 아니라 권력과 제도의 균형이라는 정신까지 킹덤의 틀 속에 전해진 셈이다.

1688~1689년 명예혁명 이후 영국은 의회 민주주의의 전통을 확립했고, 18세기에는 이를 기독교 교리와 결합해 정치적 정통성을 강화했다. '자유 영국인의 신조Freeholder's Political Catechism 1773'은 이를 상징적으로 표현한다. 여기서는 기독교의 신이 성부 – 성자 – 성신의 삼위일체를 이루듯, 영국의 왕·상원·하원이 각각 "아버지 – 아들 – 정신"을 대표한다고 설명한다.[31]

이처럼 왕과 의회가 형성하는 권력의 균형은 고대 로마의 레스 푸블리카 정신과 중세 크리스천덤의 종교 원리가 결합해 새로운 정치 담론으로 발전했다. 여기에 게르만 부족이 가졌던 수장 선출의 관습이나 전사 집회의 전통도 일정한 영향을 주었을 가능성이 크다. 다만 자료의 부족으로 중세 의회 형성의 전 과정을 재구성하기는 어려운데, 레스 푸블리카의 제도적 유산이 게르만·바이킹 등의 회의 문화와 융합해 유럽 각지에서 다양한 의회 제도가 태동했다고 보는 것이 타당하다.

　근대 정치의 문법을 만들어내는 데 결정적인 역할을 한 유럽의 두 사례는 영국과 프랑스다. 흥미롭게도 두 나라는 킹과 의회가 대립하는 과정을 특정 부족과 다른 부족, 정확히 말하자면 지배 부족과 피지배 부족의 다툼으로 묘사하는 역사 신화를 만들어냈다. 역사적 사실을 동원하지만 크게 왜곡한다는 점에서 신화다.

　영국은 프랑스보다 일찍 의회의 전통이 뿌리내렸다. 잉글랜드는 1066년 노르만 부족을 이끌고 영국을 점령한 윌리엄 정복자를 통해 킹덤이 자리 잡았고, 그 과정에서 상당히 명확한 구도의 정치 체제가 형성되었다. 여느 킹덤과 마찬가지로 왕이 정점에 존재하나, 정복에 참여한 귀족들이 하나의 집단을 형성하면서 상원을 꾸렸고, 기존에 잉글랜드에 살았던 주민들을 대표하는 하원이 구성된 셈이다.

　잉글랜드에서 왕과 귀족이 노르만 출신의 지배 계층을 의미한다면 평민은 기존 주민들을 지칭하게 된 모습이다. 영국 정치사에서 매우 흥미로운 전설은 '노르만 족쇄Norman yoke'라고 부를 수 있는 가설이다. 노르만족이 침략해 기존의 앵글로·색슨 주민을 족쇄로 매어놓고 지배한다는 논리이며, 여기서 해방되는 것이 잉글랜드의 진정한 정치 목표가 되어야 한다는 논리다. 색슨족도 사실 침략으로 잉글랜드를 지배하게 된 이주민이라는 사실을 고려하면 역사적 궤변이기는 하지만, 어쨌든 노르만(왕과 상원) 대 색슨(하원)의 대립 구조는 영국의 하원 역할을 강화하는 데 크게 기여했다.

　프랑스에서도 유사한 정치 신화를 발견할 수 있다. 프랑크족은 게르만 부족으로 프랑스로 넘어와 지배 계층을 형성하면서 왕실과 귀족의 대부분을 차지했다. 반면 골Les Gaulois족은 원래 프랑스에 살던 민족으로 평민을 구성하며 여기에 로마의 영향력이 가미되었다고 볼 수 있다. 잉글랜드에서 노르만/색슨의 대립처럼 프랑스에서도 프랑크/골족의 대립이 부상하면서 귀족의 지배를 비판하는 데 활용되었다.

> 피지배자인 골족과 지배자인 프랑크족의 대립은 18세기부터 〔19세기〕 제2제정 또는 그 이후까지도 프랑스 사회에서 귀족과 제3신분, 귀족과 부르주아의 대립을 상상하는 틀로 작동했다. 달리 말해 '계급의 대립으로 시작해 이 대립을 통해 골과 프랑크의 역사적 대립도 성장한 셈이다'.[32]

잉글랜드와 프랑스의 정치사는 17세기와 18세기를 거치면서 서로 전혀 다른 길을 걷게 되었지만 출발점은 비슷했다. 두 나라 모두 중세부터 점진적으로 진행된 왕권 집중이 17세기에 이르러 절정에 달하면서, 흔히 '절대주의 왕정'이라 불리는 정치 형태를 경험했다. 이는 단순히 왕의 권력이 강해졌다는 뜻을 넘어, 국정 전반에서 왕이 최종적이고 유일한 결정을 내리는 체제로의 전환을 의미했다.

이 시기에 프랑스의 장 보댕(『공화국에 관하여』)과 영국의 토머스 홉스(『리바이어던』)는 각각 정치사상 차원에서 절대주의를 정당화하는 강력한 이론적 토대를 마련했다. 보댕은 '주권은 절대적이며 나눌 수 없다'고 주장했고, 홉스는 '사회질서를 유지하기 위해서는 모든 권력을 하나의 절대 권위에 집중해야 한다'고 역설했다.

그러나 권력이 한곳에 지나치게 집중되면, 필연적으로 그에 대한 사회적 반발이 커진다. 프랑스와 영국 모두 이러한 반발이 점차 고조되었고, 결국 혁명이라는 형태로 분출되었다. 하지만 혁명의 양상과 결과는 두 나라에서 극명하게 달랐다. 이는 이후 유럽 정치사의 흐름에 결정적인 분기점이 되었다.

킹덤에서 근대로

17세기 영국은 정치와 종교가 얽힌 대규모 권력투쟁의 무대였다. 전반기에는 국왕 찰스 1세와 의회 세력 간의 갈등이 내전으로 폭발했고, 1649년 찰스 1세가 처형되면서 영국은 잠시 공화정 체제를 맞았다. 이 시기 올리버 크롬웰이 권력을 장악해 '청교도 혁명'이라 불리는 종교개혁적 성격을 강화했지만, 그가 죽은 다음 공화정은 오래가지 못하고 1660년 왕정이 부활했다.

그러나 왕권은 이전처럼 절대적이지 않았다. 왕과 의회 사이의 긴장은 여전히 해소되지 않았고, 1688년 '명예혁명'으로 불리는 정치적 전환이 일어나면서 의회 민주주의의 기틀이 마련되었다. 이 과정에서 종교 문제가 중요한 불씨로 작용했다. 당시 영국의 왕권은 대륙의 가톨릭 세력과 밀접하게 연결되어 있었고, 이에 반발한 혁명 세력은 프로테스탄트라는 영국적 정체성을 내세웠다. 예컨대 찰스 1세는 프랑스 국왕 앙리 4세의 딸이자 가톨릭 신자인 앙리에타 마리와 결혼했는데, 이는 영국에서 가톨릭에 대한 불신과 두려움을 확대시키며 의회파의 반발을 더 자극했다.

1640년대 내전이 끝난 뒤 크롬웰은 새로운 공화정을 수립하고 그 이름을 '코먼웰스Commonwealth'라 했다. 이는 '공동의 부'라는 뜻으로, 라틴어 레스 푸블리카의 영어 표현이라는 점에서 로마 정치 문법의 상징적 부활로 볼 수 있다. 물론 당시 레스 푸블리카라는 개념이 현대처럼 반드시 왕정과 대립하는 의미로 쓰인 것은 아니다. 예를 들어 보댕의 저술에서 확인할 수 있듯, 레스 푸블리카는 '공적인 현안에 대한 중요성'을 강조하는 정치 체제로서, 왕정이나 심지어 절대 왕정과도 결합할 수 있는 개념이었다.[33]

17세기의 사상가 홉스도 비슷한 관점을 취했다. 그는 "공화정이란 인간들이 평화를 획득하고 스스로 보호하기 위해 만든 인공적 인간Artificial Man"[34]이라고 설명했다. 홉스가 쓴 『리바이어던』의 부제 또한 '종교적·정치적 공화정의 구성, 형태, 권력'이었다. 여기서 주목할 표현은 '인공적 인간'인데, 이는 킹덤과 레스 푸블리카 모두가 자연적으로 발생한 질서가 아니라, 인간이 설계하고 만든 '인공적 결합체'라는 시각을 드러낸다. 이렇게 보면, 가산제적家産制的 킹덤에서 근대적 네이션으로 넘어가는 이 과도기는 유럽 정치사에서 중대한 고비였다고 할 수 있다.

1649년 영국은 내전 끝에 찰스 1세를 처형하고 크롬웰의 공화정을 세웠다. 그러나 이 체제는 오래가지 못했다. 1660년 왕정이 복귀하면서 '킹덤'이라는 정치 문법이 여전히 강한 뿌리를 가지고 있음을 보여주었다. 흥미롭게도 처형된 찰스 1세와 앙리에타 마리 사이에서 태어난 두 아들이 차례로 왕위에 올랐다. 먼저 찰스 2세(재위 1660~1685)가 즉위했고, 제임스 2세(재위 1685~1688)가 뒤를 이었다.

특히 제임스 2세는 가톨릭 신도였다. 이로 인해 영국 내부에서는 소수의 가톨릭 세력(왕족과 귀족 일부)과 다수의 프로테스탄트가 주도하는 의회 세력 간에 다시 한번 대립 구도가 형성되었다. 그러던 중 1688년 제임스 2세가 아들을 얻자 상황은 급변했다. 가톨릭 왕조가 장기적으로 이어질 가능성이 커진 것이다. 이를 위협으로 느낀 의회 세력은 과감한 선택을 했다. 네덜란드에서 프로테스탄트 군주를 초청해 쿠데타에 가까운 권력 교체를 단행한 것이다.

이 사건이 바로 1688~1689년의 '명예혁명'으로, 영국사에서 중요한 분기점이자 세계 민주주의 역사에서 빼놓을 수 없는 사건으로 평가된다.[35] 명예혁명 이후 영국은 국왕의 권한을 의회가 제도적으로 통제하는 '의회 군주제'의 길로 들어섰기 때문이다.

18세기 영국은 절대 왕정과는 다른 킹덤의 새로운 문법을 개척했다. 국왕의 상징적 의미와 형식적 권력을 유지하면서 실질적으로는 의회가 주요 사안을 토의하고 결정하는 체제를 만들어낸 것이다. 이런 정치 체제의 형성에는 우연이 상당히 크게 작용했다. 18세기 초반 영국은 당연한 후계자가 없는, 유럽 킹덤에서 상당히 빈번한 상황에 직면했다. 왕족의 족보를 따져 영국 왕실의 친척인 하노버 공국의 군주를 영국의 국왕으로 초빙했다. 영국이 해외에서 초빙한 취약한 군주가 아니라 프랑스처럼 강력한 국내 기반을 가진 군주였다면 의회제가 발전하기 어려웠을 것이다.

영국 국왕으로 초빙된 하노버 공국의 조지 1세(재위 1714~1727)와 2세(재위 1727~1760)는 영어도 잘 구사하지 못했고, 시간의 절반가량을 영국이 아닌 대륙에서 보낼 정도로 영국 정치에는 큰 관심이 없었다. 의회가 국정의 중심이 될 수 있는 기반이었던 셈이다. 조지 2세의 손자인 조지 3세(재위 1760~1820)는 영국에서 태어났고, 영어를 구사했으며, 영국에 체류하는 진정한 영국 왕이라고 할 수 있었으나, 1788년 이후에는 정신병을 앓아 재위하되 정치에 직접 관여하기는 어려웠다. 재위하는 60년 가운데 절반이 넘는 기간은 정신병에 시달려 의회의 역할이 강화되었다.

17~18세기 프랑스는 절대 왕정의 첨단을 달리면서 킹덤의 전형적인 사례로 발전했다. 70년이 넘는 기간을 태양왕Roi-soleil이라 불리는 한 사람의 유능한 왕이 권력을 집중시키면서 만들어낸 결과라는 점에서, 여기서도 역사에서 우연이 중요하다는 사실을 확인할 수 있다. 왕이 단명했거나 정신병에 걸렸다면 프랑스 역사는 크게 달라졌을 가능성이 있다. 영국에서 만들어진 의회 군주제가 하나-소수-다수의 균형을 중시하는 레스 푸블리카의 유형에 가까웠다면, 프랑스가 배출한 절대 군주제는 하나의 지배, 즉 모나키의 전형이었다.

프랑스에는 또 상하원의 의회가 아니라 삼부회가 존재했다. 삼부회는 성직자, 귀족, 평민 세 종류의 신분으로 구성되었는데, 영국의 의회보다 권한이 축소된 자문 기구에 불과했다. 14세기 초에 형성되었다는 점에서 중세적 킹덤의 유산이라고 할 수 있는데 1614년 마지막으로 회동한 뒤 유명무실한 기구가 되었다.[36] 달리 말해 태양왕의 절대 왕정 시대에 왕권에 그림자를 드리울 수 있는 모임이나 기구는 설 자리가 없었다는 뜻이다. 삼부회가 다시 역사에 등장하는 시기는 1789년, 거의 200여 년 만에 절대 왕정이 더는 스스로 위기를 극복하기 어려운 국면에 봉착했을 때다.

영국에서의 의회 군주제가 국왕의 권한을 견제하고 축소하면서 지속성을 확보했다면, 프랑스의 절대 군주제는 18세기의 복합적 위기를 극복하지 못했기 때문에 대혁명으로 붕괴됐다. 킹덤은 성직자, 귀족, 평민을 대표하는 삼부회를 200년 만에 소집해 위기를 극복하려 했으나 이 결정으로 혁명의 물꼬가 트였기 때문이다.

어떤 점에서 17세기 영국과 비슷한 양상으로 프랑스도 혁명을 통해 국왕을 처형했고 공화정이 수립되었다.[37] 영국에서 크롬웰의 '코먼웰스'와 비슷하게 프랑스에서는 로베스피에르의 공화정이 등장한 것이다. 프랑스는 라틴어를 그대로 이어받아 레퓌블리크, 즉 '레스 푸블리카'의 명칭을 살렸다. 역사의 아이러니는 프랑스도 나폴레옹이 공화정에서 부상하여 제정으로 체제를 변화시키면서, 고대 로마와 비슷하게 왕정, 공화정, 제정의 길을 걸었다는 점이다.

영국과 프랑스의 정치 경로 비교

전통적인 킹덤	혁명	공화정/제정	왕정 복고	진화
영국 찰스 1세 1625년 즉위 1649년 처형	1642~1649 가톨릭 왕/프로테스탄트 의회의 대립	1649~1660、 크롬웰의 코먼웰스	1660~1688 찰스 2세, 친가톨릭/ 제임스 2세, 가톨릭	1688~1689 윌리엄과 메리, 프로테스탄트 의회 군주제
프랑스 루이 16세 1774년 즉위 1793년 처형	1789~1792 왕권과 가톨릭교회를 둘러싼 대립	1792~1815 로베스피에르의 공화정, 나폴레옹 제정	1815~1830 루이 18세 샤를 10세	1830~1848 루이 필리프 의회 군주제

영국과 프랑스의 역사 여정의 유사성은 여기서 끝나지 않는다. 17세기 영국이 혁명과 내전을 거쳐 왕정을 복구했듯, 프랑스 역시 18~19세기에 혁명, 공화정, 제정을 차례로 거친 뒤 다시 왕정을 복구했다. 1815년부터 1848년까지 프랑스는 두 차례의 왕정을 경험했다. 전기에는 루이 18세와 샤를 10세가 강력한 왕권을 행사했고, 후기에는 루이 필리프가 제한적 왕권을 유지했는데, 두 체제 모두 앙시앵 레짐 시기의 절대 왕권과는 달리 의회를 제도적으로 인정했다.

이처럼 영국과 프랑스는 단순히 킹덤의 전형을 만든 두 역사 사례가 아니라, 근대로 넘어가는 과정에서도 놀라울 만큼 닮은 궤적을 걸었다. 그리고 두 나라에서 확인할 수 있는 킹덤의 문법은, 로마 제국의 붕괴 이후 1000년 이상 유럽 정치를 지탱해온 원칙의 집합이었다. 오늘날의 정치질서와 권력 구조를 이해하려면, 이 오래된 문법이 여전히 현대세계의 배후에서 작동하고 있음을 잊지 말아야 한다.

게르만권의 전통: 신성로마 제국

영국과 프랑스—더 정확히는 잉글랜드와 프랑스—는 수 세기에 걸친 전쟁과 경쟁 속에서 점차 강한 국가 체제를 구축했다. 이 과정에서 주변 영토를 병합하고 통치력을 확장함으로써 킹덤을 강화했고, 훗날 네이션으로 발전할 토대를 마련했다.[38] 스페인 역시 비슷한 시기에 중앙집권적 국가를 만드는 데 성공했다.

반면 독일과 이탈리아는 같은 유럽 대륙 안에 있으면서도 상황이 달랐다. 두 지역 모두 고대 그리스·로마의 유산을 공유했고, 게르만 부족과 다른 이민족의 침략 및 융합이라는 역사적 과정을 거쳤음에도 불구하고, 국가 형성은 19세기 후반에야 비로소 이루어졌다.

그렇다면 같은 문명권과 비슷한 역사적 기원을 가졌음에도 불구하고 왜 어떤 지역은 일찍 국가로 통합되고, 다른 지역은 수 세기 동안 분열과 지연을 겪었을까? 중세 유럽사를 살펴보면 서유럽과 중유럽 사이에 뚜렷한 구조적 차이가 드러난다. 서유럽에서는 잉글랜드와 프랑스가 각각 런던과 파리를 정치·경제·문화의 중심지로 삼아 점차 강력한 킹덤으로 성장했다. 반면 독일과 이탈리아를 포함하는 중유럽에는 이와 전혀 다른 정치 구조, 즉 '신성로마 제국'이 자리 잡고 있었다.

신성로마 제국은 단순한 국가라기보다, 고대 로마 제국의 유산과 기독교 세계Christendom를 하나로 묶겠다는 이상에서 출발한 정치적 연합체였다. 그 기원은 800년 크리스마스, 프랑크 왕 샤를마뉴(카롤루스 대제)가 로마 교황청으로부터 황제의 관을 받아 즉위한 역사적 사건으로 거슬러 올라간다. 이 순간은 교황권이 제국의 정통성을 부여하고, 제국이 교회를 수호한다는 상징적 결합의 출발점이었다.

샤를마뉴의 제국은 현재의 프랑스, 독일, 이탈리아 등 서유럽과 중유럽을 포괄하는 거대한 영토를 지배했다. 그러나 그가 죽은 뒤 제국은 세 갈래로 분할되었고, 그 결과 서쪽의 프랑스는 독립적인 킹덤으로 빠르게 성장했다. 반면 이탈리아와 독일을 포괄하는 나머지 지역은 '제국'이라는 이름을 유지하면서도, 서유럽의 킹덤과는 다른 형태로 중세를 이어갔다.

유럽의 정치 문법 형성이라는 차원에서 본다면 새롭게 만들어진 신성로마 제국은 매우 흥미로운 장치다.[39] 기본 단위로 킹덤, 귀족령, 교구, 폴리스 등이 존재하는 한편, 이들을 총괄하는 제국이 더 높은 단위로 뒤덮는 이중 구조였기 때문이다. 유럽 역사를 논할 때 프랑스나 스페인이 킹덤의 지역이라면, 독일이나 이탈리아는 임페리움의 영역이다. 킹덤에는 킹이 있으나 임페리움에는 황제가 재위한다.

물론 신성로마 제국이 고대 로마 제국처럼 강력하고 통일된 지배 구조를 갖추고 있었던 것은 아니다. 황제가 제국의 최고 권위를 상징하긴 했지만, 실질적인 권력은 각 기초 단위가 행사했다. 이들 기초 단위 위에 존재하는 초국적 제국은 주로 형식적이고 상징적인 권한을 지닌 셈이었다. 신성로마 제국 안에는 실질적인 군사력과 정치력을 보유한 강력한 왕국이 다수 존재했다. 고대 로마 제국에도 왕국이 있기는 했으나, 이는 주로 이탈리아 본토가 아닌 서남아시아 등 제국의 주변부에 자리했고, 중심부의 왕이 동시에 황제를 겸하는 일은 없었다. 이에 비해 신성로마 제국은 제국의 중심부를 이루는 왕국의 왕이 곧 황제 역할을 겸할 수 있는 제도를 갖추고 있었다. 10~11세기를 전후해 신성로마 제국을 구성한 주요 왕국은 게르마니아, 이탈리아, 보헤미아, 부르고뉴 킹덤이었다.

신성로마 제국의 기본 단위에는 킹덤뿐 아니라 귀족령도 다수 있었다. 공작이 소유하는 공국(또는 공작령 Duke/Duchy)이 귀족령 가운데는 가장 크고 강력한 단위였다. 공국이 더 커지면 왕국으로 발전할 수 있었다. 예를 들어 보헤미아는 공작령 또는 공국이었으나 11세기 즈음 왕국으로 발전했다. 합스부르크 가문이 지배하는 오스트리아도 출발할 때는 공국이었다. 그러다가 위상이 높아지면서 14세기에 대공국 Archduchy이 되었다. 다른 한편 21세기 유럽연합의 회원국인 룩셈부르크의 공식 명칭은 여전히 대공국 Grand Duchy이다. 왕이 소유한 나라가 아니라 대공작의 영토였기 때문이다.

신성로마 제국의 또 다른 기본 단위로는 교회가 지배하는 주교主敎, Prince-Bishop령이 존재했다. 귀족령을 지배하는 세력이 무력을 바탕으로 영토를 점령한 자들이라면, 주교령은 교회를 대표하는 성직자가 종교적이고 세속적인 권력을 동시에 행사하는 영역이다. 독일 지역에서 이런 주교령이 특히 강한 영향력을 행사했다. 마인츠, 쾰른, 트리어의 주교령은 가장 대표적인 세력으로 인정받았으며, 14세기부터 신성로마 제국의 황제를 선출하는 일곱 명의 군주 가운데 세 명을 차지했다. 신성로마 제국 안에는 이들 세 주교령 말고도 마그데부르크, 잘츠부르크, 브레멘, 브장송 등 다수의 주교령이 존재했다. 세속적 권력을 갖는 주교이건, 일반 종교적 권한만 갖는 주교이건, 주교를 선출하는 것은 대성당의 성직자 회의Cathedral Chapter다.

왕국과 귀족령, 주교령 말고도 신성로마 제국의 기본 단위로 자유도시가 있었다. 말 그대로 자유도시란 도시가 자율성을 갖고 스스로 통치하는 구조다. 로마의 교황이나 신성로마 제국의 황제가 특정 도시에 헌장을 통해 자유를 부여하는 형식을 취했다. 아우크스부르크, 함부르크, 뤼베크, 뉘른베르크 등은 대표적인 독일 지역의 자유도시다. 이탈리아 지역에서는 베네치아, 제노바, 피렌체 등의 폴리스가 지중해의 지배권을 놓고 경쟁하는 거대한 해양 세력으로 부상한 바 있다.

신성로마 제국의 황제는 세속 권력을 대표했지만, 정통성 측면에서는 취약한 위치에 있었다. 로마에 자리한 교황은 유럽 기독교 세계의 최고 정신적 권위자였고, 선출된 황제에게 황관을 수여할 수 있는 상징적·정치적 권한을 지녔다. 이 때문에 황제의 권위는 교황의 승인이라는 외부 요인에 의존할 수밖에 없었다.

더욱이 교황은 종교 지도자일 뿐 아니라, 제한적이지만 이탈리아반도 중심부의 영토를 직접 다스리는 세속 군주이기도 했다. 이에 따라 독일 지역을 기반으로 한 황제와 로마의 교황은 필연적으로 충돌했고, 중세 유럽 정치사의 주요 구도 중 하나인 교황파Guelfes와 황제파Ghibellines의 대립을 낳았다. 특히 13세기, 인노켄티우스 4세 교황(재위 1243~1254)과 프리드리히 2세 황제(재위 1220~1250) 사이의 갈등은 극단으로 치달았다. 교황은 황제의 암살을 명령했고, 황제는 교황의 서신을 소지한 자는 손발을 절단하라는 명령을 내릴 정도였다.⁴⁰

영국이나 프랑스와 달리 독일과 이탈리아의 전신이라 할 수 있는 신성로마 제국은 여러 킹이 제국 안에 공존하는 특이한 제도였다. 황제는 제국을 대표한다는 점에서 영광과 정통성을 누리기는 했으나 그렇다고 프랑스나 잉글랜드의 킹보다 반드시 강한 존재는 아니었다. 일찍이 세습 왕조를 형성한 두 킹덤에 비해 신성로마 제국은 황제를 선출했다. 14세기부터 제국의 황제는 네 명의 왕과 세 명의 대주교가 뽑는 형식을 취했기 때문이다.

더 흥미로운 사실은, 제국 내 권력 균형을 의식해 때로는 의도적으로 취약한 군주를 황제로 선출했다는 점이다. 강한 왕국의 군주가 황제에 오르면 권력이 한쪽으로 지나치게 쏠릴 수 있다는 우려 때문이었다. 실제로 13세기에는 킹도 아니었던 합스부르크가의 루돌프 백작을 '로마인의 왕Rex Romanorum'으로 뽑은 사례가 있다. 당시 '로마인의 왕'은 교황의 승인과 대관식을 거쳐야 비로소 황제가 되었지만, 루돌프 1세는 굳이 교황의 인정이나 대관식을 추구하지 않았다. 근대에 들어 역사학자들은 이 명칭 대신 '게르마니아의 왕Germaniae Rex'이라는 표현을 사용하게 되었다.⁴¹

이후 15세기 프리드리히 3세부터 제국이 멸망한 19세기까지, 합스부르크 가문은 신성로마 제국 황위를 사실상 세습하며 오스트리아 공작을 대공으로 격상시켰고, 보헤미아 왕국과 헝가리 왕국을 포함한 광대한 영토를 지배하는 유럽의 대표적 군주로 성장했다. 그러나 적어도 처음 신성로마 제국의 대표로 부상했을 때만큼은, 강력함이 아니라 오히려 '취약함'이 선택의 이유였다.

신성로마 제국의 현실은 현대의 유럽연합과 유사한 점이 한두 가지가 아니다. 가장 대표적인 사례만 꼽자면 제국의 황제가 자신이 통치하는 킹덤의 세력만큼만 힘이 있었다는 사실이다. 그것은 유럽연합에서 순회의장국 정상이 형식적으로는 유럽 전체를 대표하지만, 자국의 세력만큼만 발언권을 가진다는 현실과 유사하다. 프랑스나 독일 정상이 의장을 맡으면 강력한 리더십을 발휘하나 헝가리와 같은 소국에다 빅토르 오르반처럼 유럽에서 권위주의로 비판을 받는 지도자라면 힘은 줄어든다. 또 제국에서 취약한 군주를 황제로 내세울 때가 있듯 유럽연합에서도 작은 규모의 회원국에서 집행위원장과 같은 지도자를 선출하는 일이 적지 않다. 유럽연합 지도자 가운데 벨기에(장 레, 샤를 미셸)나 룩셈부르크(가스통 토른, 자크 상테르, 장 클로드 융커) 출신이 많은 배경이다.

'개인적 결합'과 제도적 통합

신성로마 제국의 역사가 보여주는 또 다른 유럽 정치 문법의 특징은 '개인적 결합Personal Union'의 개념이다. 유럽의 킹덤은 기본적으로 킹이 킹덤을 재산처럼 소유하는 제도다. 그것은 현대사회에서 자본가가 회사를 소유하는 관습과 상당히 비슷하다. 같은 사람이 여러 회사의 주인이 될 수 있듯, 유럽의 킹은 여러 킹덤을 물려받을 수 있었다. 막스 베버가 유럽의 전통적인 정치 체제를 가산주의Patrimonialism라고 부른 배경이다. 왕이 왕국을 재산으로 여기는 한편, 왕조가 대를 이어 왕국을 소유하니 왕국은 가산이라는 의미다.

대표적으로 스코틀랜드의 제임스 6세는 1567년부터 재위했는데, 1603년 잉글랜드와 아일랜드의 왕위를 물려받으면서 제임스 1세로 즉위했다.[42] 같은 인물이 스코틀랜드에서는 제임스 6세이고, 잉글랜드와 아일랜드에서는 제임스 1세라는 뜻이다. 달리 말해 스코틀랜드와 잉글랜드, 아일랜드의 킹덤은 각각 따로 유지되면서 한 사람이 여러 킹덤을 개인적 차원에서 결합한다는 의미다. 영국은 개인적 결합의 역사가 계속되다가 '제도적 결합'으로까지 이어지면서 영국이라 불리는 통일 왕국을 만들어냈다.

15세기 이후 신성로마 제국에서는 오스트리아 대공이 제국의 황제직과 오스트리아 공국을 동시에 보유하며 '개인적 결합'을 이루었다. 이 결합이 수백 년간 계속되었기에, 겉만 보면 영국처럼 하나의 정치 단위로 통합될 가능성도 있어 보였다. 그러나 실제로 신성로마 제국은 성격이 달랐다. 기본적으로 여러 독립 세력의 연합체였고, 초국적 성격을 지녔으며, 무엇보다 황제를 선출하는 제도였다. 바이에른, 작센, 프로이센 등 강력한 왕국과 귀족령의 군주들이 오스트리아를 견제했고, 오스트리아가 이들을 군사·정치적으로 완전히 흡수하기 전에는 통합이 어려웠다. 황제 선출권을 가진 마인츠, 쾰른, 트리어의 주교령 역시 실상은 독일의 주요 세속 군주 가문과 밀접히 연결돼 있었기에, 합스부르크가 제국을 독점하는 데에는 구조적 한계가 있었다. 시간이 흐르면서 프로이센은 제국 내부에서 합스부르크에 필적하는 경쟁 세력으로 부상했다.[43]

개인적 결합의 문법은 오스트리아-신성로마 제국의 사례보다는 오스트리아-보헤미아-헝가리에 더 잘 들어맞는다. 영국에서 제임스 6세 및 1세가 통합의 출발점이 되었듯, 오스트리아 대공은 이웃 보헤미아와 헝가리 왕국의 왕으로 즉위함으로써 개인적 차원에서 킹덤 통합을 이뤄냈다. 16세기가 되면 합스부르크 왕가의 페르디난드 1세는 오스트리아 대공국을 기반으로 신성로마 제국의 황제(1558), 보헤미아의 왕(1526), 헝가리의 왕(1526)이라는 타이틀을 중복해서 보유하게 되었다.[44] 앞서 보았듯 제국의 황제는 선출직으로 이미 페르디난드의 할아버지 프리드리히 3세와 아버지 막시밀리안이 보유했던 타이틀이며, 보헤미아와 헝가리 왕국에서는 각각 프라하와 부다의 의회Diet가 합스부르크 가문 페르디난드에 왕위를 선사했기 때문이다.

합스부르크 가문의 대표는 이제 계속해서 오스트리아-보헤미아-헝가리를 개인적인 결합으로 묶어 통치하는 존재가 되었다. 동시에 신성로마 제국의 황제를 맡아 중유럽의 대표 역할을 담당했다. 이런 중세적 질서가 종결되는 것은 1806년 혁명 프랑스와 나폴레옹의 군대가 신성로마 제국을 무너뜨리면서다. 근대의 카이사르를 꿈꾸는 프랑스의 나폴레옹이 1804년 황제로 즉위하자 오스트리아의 프란츠 2세도 보헤미아와 헝가리를 포괄하는 제국임을 선포하며 황제로 즉위했다. 신성로마 제국은 무너졌지만, 새롭게 오스트리아·헝가리·보헤미아를 묶어 제국으로 선포한 것이다.

이처럼 19세기 들어 유럽에서는 제국이라는 명칭이 남용되면서 다소 혼란스러운 지경에 빠져든다. 18세기까지 유럽인들이 인정하는 제국은 기독교권을 하나로 묶으면서 로마 제국의 유산을 이어받는 샤를마뉴의 제국이 유일했다. 제국은 보편적으로 세계를 하나로 묶는다는 개념이 강했기 때문이다. 다만 고대 로마 제국과 달리 중세 샤를마뉴의 제국은 점차 유럽의 한 부분만을 지배하는 형국이 되었다. 프랑스, 잉글랜드, 카스티야 등의 킹덤이 세력을 키우면서 신성로마 제국과 경쟁하는 모양새가 되었고, 신성로마 제국은 게르마니아나 이탈리아 등 중유럽으로 영향권이 축소되었다. 18세기까지 유럽 역사에서 제국이란 이처럼 독일 지역을 지배하는 체제를 지칭하는 이름이었다. 프랑스나 잉글랜드의 킹들이 독일 지역의 황제나 제국과 경쟁했다는 말이다.

19세기에 프랑스 나폴레옹이 제국을 선포하고 황제로 즉위하는 한편, 이에 질세라 오스트리아도 제국으로 탈바꿈하면서 황제가 부상함으로써 유럽에는 적어도 두 명의 황제가 등장했다. 정확하게 말한다면 유럽에서 제국은 과거 로마의 임페리움 모델과 중세 킹덤의 모델이 혼재한 모습으로 새롭게 만들어진 셈이다.[45] 임페리움은 기본적으로 하나이며 세계의 중심을 자부한다. 나폴레옹은 프랑스 파리에 세계의 중심을 두고자 했고, 프란츠 2세는 오스트리아 빈을 세계의 중심으로 선포한 셈이다. 제국이 하나가 아닌 다수가 됨으로써 일관된 지배를 의미하는 임페리움보다는 넓은 지역의 다수의 킹덤을 포괄하는 제도적 결합체로서의 성격을 강화했다.

물론 과거에도 여러 제국이 서로 경쟁하면서 공존한 사례는 있었다. 로마 제국이 동서로 나뉜 것이 대표적으로, 원래의 로마와 새로 만들어진 콘스탄티노플이 서로 제국의 중심이 되어 경쟁했기 때문이다. 9세기부터 새롭게 형성된 신성로마 제국은 15세기까지 동로마의 비잔틴 제국과 공존했다. 비잔틴 제국을 무너뜨리고 오토만 제국을 형성한 술탄 술레이만은 스스로 로마의 유산을 이어받는 제국이라고 공표했다. 종교적으로는 기독교에서 이슬람으로 변화가 있었으나, 지중해 동부를 지배하는 정치적 제국은 이어받겠다는 포부였다.

비잔틴이 무너지고 오토만이 들어서면서 비잔틴의 그리스 정교 전통을 물려받겠다는 러시아도 제국을 선포하고 나섰다. 러시아의 군주 이반 4세는 1547년부터 스스로 차르라고 불렀는데, 이는 카이사르의 러시아식 표현이다.[46] 러시아가 모스크바를 제3의 로마라고 부른 이유도 여기에 있다. 이탈리아반도의 원래 로마와 콘스탄티노플이라는 제2의 로마에 이어, 그리스 정교의 중심이 옮겨온 모스크바가 제3의 로마라는 논리다. 이처럼 16세기 유럽에는 이미 신성로마 제국, 오토만 제국, 그리고 러시아라는 세 제국이 서로 로마의 유산을 주장하며 경쟁하기 시작했다.

하지만 19세기 제국의 확산은 이전과는 차원을 달리했다. 중세의 제국이란 로마와의 역사적 연결성, 종교적 계승 등에서 최소한의 정통성을 확보해야 했다. 19세기의 제국은 다양성의 시대로 접어든다고 분석할 수 있다. 나폴레옹이 프랑스에서 선포한 제국은 고대 로마의 레스 푸블리카와 임페리움의 전통을 이어받으려는 노력이다. 로마와 유사하게 프랑스 대혁명을 통해 킹덤의 체제를 무너뜨리고 만든 레스 푸블리카/임페리움의 역사이기 때문이다. 그러나 오스트리아는 다수의 서로 다른 정치 단위를 포괄적으로 묶을 뿐이다. 그런 점에서 로마 제국의 유산과는 성격을 달리한다. 달리 말해 오스트리아는 다수의 킹덤 위에 존재하는 임페리움이라는 의미가 더 강하다는 뜻이다.

19세기에 들어서면서 '제국Empire'이라는 명칭은 유럽의 주요 강대국들 사이에서 널리 사용되기 시작했다. 영국은 본래 하나의 통일 왕국이었으나, 유럽 외부로 팽창하여 여러 킹덤과 영토를 지배하게 되면서 스스로를 '엠파이어'라 부르기 시작했다. 특히 1858년 인도의 광대한 영토가 동인도회사에서 영국 정부로 이양되자, 영국의 왕은 명목상 인도의 황제Empress of India(빅토리아 여왕)라는 칭호를 겸하게 되었다. 한편 1870년 독일은 통일을 이루었고, 프로이센의 킹이 '라이히Reich'의 황제로 즉위했다.[47] 새로 탄생한 독일 제국은 프로이센을 중심으로 바이에른, 작센 등 여러 킹덤을 포괄하는 정치 구조였던 터라 '황제'라는 칭호가 제도적으로 정당화되었다.

임페리움이 19세기에 다수로 불어나면서 나타나는 명칭의 인플레 현상은 흥미롭다. 중세에서 이어져 내려온 신성로마 제국이 프랑스의 내셔널리즘으로 붕괴된 이후, 프랑스와 오스트리아가 네이션 중심의 제국으로 출범했다. 1870년 독일이 질세라 네이션의 이념으로 뭉쳐 새로운 제국을 만들자, 영국도 공식적으로 당시 빅토리아 여왕을 엠프레스Empress 즉 여황女皇으로 부르기 시작했다. 19세기 유럽에서 제국은 킹덤의 논리와 네이션의 사상, 그리고 임페리움이 부여하는 위대함과 영광을 얼버무려놓은 혼합체 형식이 되었다.

킹덤의 논리가 가장 강하게 구현된 제국은 오스트리아였다. 여러 민족으로 구성된 다양한 영토가, 마치 가문의 재산처럼 상속된 왕의 '개인적 결합'에 의해 묶여 있었기 때문이다. 게르만 언어와 관습을 지닌 오스트리아, 슬라브계 보헤미아, 마자르 민족의 헝가리가 서로 다른 언어와 문화를 유지하면서도 한 왕관 아래 결속했다.

이에 비해 네이션의 사상을 제국 속에서 구현하려 한 대표적인 예는 프랑스였다. 시민 중심의 공동체라는 원칙을 바탕으로, 나폴레옹은 '프랑스 황제'가 아니라 '프랑스인들의 황제Empereur des Français'라는 칭호를 썼다.[48] 이는 주권재민의 원칙과 제국의 틀을 결합하려는 시도였다.

한편 같은 네이션의 통합 원리와 다수의 킹을 통합하는 '개인적 결합'의 원리가 균형을 이룬 사례는 프로이센이 주도한 독일 제국에서 찾을 수 있다. 그리고 1867년의 오스트리아–헝가리 제국 출범은 네이션의 논리와 킹덤의 논리가 타협에 이른 전형적인 사건이었다. 19세기 들어 네이션의 의식이 고조되면서 헝가리는 점점 오스트리아 킹덤의 종속에서 벗어나려 했고, 1848년 '민중의 봄' 이후 민주적 압력은 더 강해졌다. 오스트리아 황제는 결국 헝가리라는 네이션을 제도적으로 인정하면서 일정한 자율성을 보장했다.

그러나 오스트리아-헝가리 제국이 완전히 네이션의 원칙을 구현한 것은 아니었다. 오스트리아 지역은 여전히 게르만계와 슬라브계가 공존했고, 헝가리 지역 역시 헝가리 민족이 지배적 지위를 차지함으로써 내부의 슬라브계 민족의 반발을 불러일으켰다. "합스부르크 왕가는 민족국가라는 개념에는 언제나 무관심했고 초국적 왕정이라는 개념을 선호했다. 왜냐하면 군주에 대한 충성이 다양한 민족을 하나로 묶는 근본적 관계였으며 애국주의의 의미를 지녔기 때문이다."[49] 오스트리아가 제도적 변화에도 불구하고 수 세기 동안 계속된 킹덤의 전통에서 벗어나기 어려웠다는 뜻이다.

21세기의 시각에서 보면 영국은 입헌군주제의 전형이고, 프랑스는 공화국의 전형이다. 이런 결과만 놓고 보면 두 나라가 전혀 다른 역사적 궤적을 걸어온 듯하지만, 실제로는 그렇지 않다. 킹덤의 원리가 강하게 작동했다는 점에서, 두 나라는 적어도 19세기 후반까지 놀라울 만큼 유사한 정치 구조를 공유했다. 프랑스가 비로소 공화정의 길로 완전히 들어선 계기는 1870년 보불전쟁에서 프로이센에 패배한 다음이다. 이 패배로 제2제정(1852~1870)이 종말을 고했고, 제3공화정이 수립되었다.[50] 프랑스 정치사를 상세히 살펴보면 사실 1870년대에도 프랑스는 왕정과 공화정 사이에서 고민하는 모습이었다. 전쟁 이후 선출된 의회에서 왕당파와 공화파가 팽팽하게 대립하는 상황이었기 때문이다. 프랑스 왕당파는 또 19세기 내내 공화정을 위협하는 세력으로 능동적으로 활동했다.

프랑스에서 제정과 왕정을 완전히 동일시할 수는 없으나 둘 다 모나키, 즉 하나의 지배 유형이라는 점에서 킹덤 논리가 중심이라고 볼 수 있다. 여기서 프랑스가 완전하게 레스 푸블리카의 길로 들어선 계기는 분명 프로이센과의 전쟁이라는 지정학적 요인이 결정적이었다. 제정을 무너뜨린 사건은 내부적 혁명이나 변화가 아니라 외부의 적이었기 때문이다.

섬이라는 지리적 특성으로 외부의 침략으로부터 상대적으로 자유로운 영국도 1688년 명예혁명 당시 네덜란드로부터 오렌지 공과 메리 공주가 군대를 이끌고 바다를 건너 침략해 들어간 쿠데타가 장기적 의회 역할 강화에 결정적이었음을 확인할 수 있다. 체제의 붕괴와 변화에서 외부적 요인과 전쟁이라는 요소의 중요성을 확인할 수 있다.

영국과 프랑스의 사례를 넘어 유럽 전체를 놓고 본다면 킹덤의 문법은 제1차 세계대전 때까지 대세를 형성했다. 1914년 세계대전이 발발할 당시 유럽의 주요 강대국 가운데 공화정을 가졌던 나라는 프랑스가 유일하다. 영국과 독일의 왕실·황실은 서로 혈연관계로 긴밀하게 연결되어 있었다. 19세기 영국을 장기 집권한 빅토리아 여왕은 유럽 왕실의 할머니라고 불릴 정도였으며 영국의 에드워드 7세 국왕은 독일 제국 빌헬름 2세 황제의 외삼촌이었다. 따라서 전쟁 발발 당시 영국의 국왕 조지 5세(빅토리아 여왕의 손자)는 독일 황제(빅토리아 여왕의 외손자)와 사촌간이었다. 형제나 친척 간의 싸움은 킹덤이라는 유럽 정치 문법의 대단히 일반적인 작동 양식이었고 20세기의 제1차 세계대전도 예외가 아니었다.

오스트리아 - 헝가리 제국을 지배하는 합스부르크 왕조나 러시아의 로마노프 왕조, 이탈리아에 새로 들어선 사보이 왕가 등도 전쟁의 주요 당사자로서 유럽 국제정치를 지배했다. 로마노프 왕조의 마지막 차르 니콜라스 2세의 부인 알렉산드라도 빅토리아 여왕의 손녀다. 러시아의 니콜라스 2세 자신도 덴마크 국왕 크리스티안 9세의 외손자. 러시아와 영국처럼 먼 나라의 왕조도 촘촘한 혈연관계로 연결되었다는 의미다.

오스트리아 - 헝가리의 합스부르크 왕조는 영국이나 독일, 러시아보다는 프랑스, 이탈리아, 스페인 등 지중해 왕조들과 더 긴밀한 관계를 맺었다. 가톨릭/프로테스탄트의 대립으로 왕실의 혼인에서 서로를 피하는 경향이 강했기 때문이다. 프로테스탄트 영국은 가톨릭을 배척했다. 영국은 의회주의로 민주적 전통을 가장 먼저 만든 나라이기는 했으나, 오랜 기간 여전히 가톨릭 세력을 정치 권력에서 배제하는 시스템이었다.[51] 1829년이 돼서야 가톨릭 신도들이 투표권을 얻었으며, 가톨릭 신자와 왕족의 결혼이 가능해진 것도 2013년에 와서다! 왕족이나 귀족이 아닌 평민과의 결혼이 가톨릭교도와의 결혼보다 먼저 가능해졌다는 의미다. 가톨릭 왕실도 프로테스탄트를 피하기는 마찬가지였다. 오스트리아 - 헝가리의 합스부르크 왕조는 프로테스탄트 왕족·귀족과 결혼하게 되면 개종을 조건으로 내세우곤 했다.

자연스럽게 유럽의 왕실 가계도 가톨릭과 프로테스탄트로 양극을 형성하게 되었다. 제1차 세계대전 발발 당시 이탈리아의 국왕 비토리오 에마누엘레 2세는 친할머니 쪽으로 합스부르크가 레오폴드 2세의 후손이다. 사보이 가문이 이탈리아를 통일하기 전에는 합스부르크 가문이 이탈리아의 다양한 왕실을 지배했다. 제1차 세계대전에는 참여하지 않았으나 유럽의 한 축을 담당하는 스페인의 알폰소 13세의 어머니도 합스부르크 가문 출신이다.

알다시피 러시아의 로마노프 왕조는 1917년 볼셰비키 혁명으로 무너졌다. 제1차 세계대전 이후 독일에는 군주제가 폐지되고 바이마르 공화국이 수립되었으며, 오스트리아-헝가리 제국의 붕괴는 오스트리아, 헝가리, 체코슬로바키아, 유고슬라비아 등 다수의 신생 국가를 낳았다. 이들 국가 대부분은 공화정의 형식을 채택했다. 여기에다 제2차 세계대전의 패전 이후 이탈리아마저 왕정을 폐지하고 공화국으로 전환했다. 이렇게 20세기에 접어들어 유럽에서 킹덤의 시대는 비로소 막을 내렸다. 로마 제국이 몰락한 뒤 1000년 넘게 지속된 군주제의 장막이 걷히고, 고대 이래 자취를 감췄던 공화정의 시대가 부활한 것이다. 시기만 놓고 보면, 현대 공화정으로 전환한 유럽의 역사적 변화는 한반도와도 크게 다르지 않다.

20세기 초반까지 유럽에서 킹덤의 문법이 강력한 영향력을 발휘하며 지배적 위상을 가졌고, 킹덤은 이후 네이션으로 연결되었다는 인식은 유럽이나 다른 대륙이나 비슷하다. 이런 유사성은 두 가지 오해를 낳았다. 우선, 킹덤이라는 형식과 외모의 유사성으로 유럽 킹덤이 갖는 특징을 가린다. 조선 왕조나 잉글랜드의 다이너스티가 같다고 착각하게 만든다. 다음은 유럽이 킹덤 이전에 가졌던 폴리스와 레스 푸블리카의 문법, 그리고 킹덤과 공존해온 크리스천돔의 문법도 은폐한다. 여기서 설명을 통해 유럽 킹덤의 특수성이 조금 더 잘 드러나기를 기대한다.

2

국가와 사회의 분립

크리스천돔의 정치 문법은 종교와 정치를 구분하고 분리했다. 킹덤의 문법은 이 정교 분리의 전통을 이어받으면서도, 조금 다른 방향의 분리 원칙을 덧붙였다. 그것이 바로 오늘날 아주 당연하게 여겨지는 국가와 사회의 분리다. 사회가 국가의 토대이자 주체로서 존재하고, 국가는 사회를 대표하거나 대변하면서도 때로는 사회 바깥에서 이를 억압하거나 통제하는 외부 권력이라는 인식이다. 이러한 국가 - 사회의 구분은 다음 장에서 다룰 '네이션의 문법'과 '주권재민'의 원칙 속에서 더 뚜렷하게 드러난다. 하지만 그 기원을 거슬러 올라가보면, 이미 킹덤의 문법 속에서 이러한 분화의 가능성이 싹트고 있었다.

킹덤 시기 정치와 사회의 관계는 1000년이 넘는 세월 동안 서서히 변화했다. 이 장에서는 그 변화를 세 가지 차원에서 살펴본다. 첫째, 왕실과 귀족의 관계 변화다. 왕권이 강화되는 과정에서 귀족이 이를 견제했고, 이 견제가 의회라는 제도의 발전으로 이어졌다. 왕실이 '국가'라는 새로운 틀을 만들어갔다면, 의회는 점차 '사회'를 대표하는 장치로 부상했다. 둘째, 왕과 국가, 그리고 관료제의 분리다. 킹덤의 체제 안에서 점차 '국가는 곧 왕'이라는 등식이 희미해지고, 국가가 왕과 구별되는 독자적 존재로 인식되기 시작했다. 셋째, 명예 중심의 규범이다. 킹덤이 중시한 명예와 위계의 관념은 정치 영역을 넘어 사회 전체를 지배하는 규범으로 확산됐고, 사회 구성원들의 행동과 가치관에 깊이 스며들었다.

이 세 가지 흐름은 킹덤이 단순히 군주 개인의 지배 체제를 넘어, 현대적인 '국가-사회 분리'의 씨앗을 품고 있었음을 보여준다.

가산제와 유럽의 다원주의

킹덤이라는 정치 체제를 관통하는 보편적 특징 가운데 하나는 '가산제家産制, Patrimonialism'다. 가산제라는 말에는 두 가지 뜻이 있다. 하나는 가부장적 세습이고, 다른 하나는 재산이다. 즉, 가산제란 왕이 공동체 전체를 자신의 '집안'처럼 다스리며, 공동체의 재산을 사유재산처럼 관리하는 방식을 말한다.

언뜻 보면 '부모의 재산을 자식이 물려받는다'는 단순한 의미가 정치와 무슨 상관이 있는지 의아할 수 있다. 하지만 독일의 사회학자 막스 베버는 절대주의 왕정 시기, 국가와 왕실의 재산이 구분되지 않던 현상을 분석하면서 이 개념을 정치학의 핵심 범주로 제시했다. 당시 왕은 자신이 통치하는 영토와 그 안의 사람, 자원, 세금 수입을 모두 자신의 가문이 소유한 재산처럼 취급했고, 정치 운영도 그 '가산'의 관리로 여겼다.[52] 따라서 전통적인 킹덤이란, 가부장적 왕조가 세습을 통해 권력을 이어받고, 동시에 공동체 전체의 재산을 독점적으로 관리·분배하는 정치 체제다. 이런 점에서 가산제는 킹덤의 가장 깊은 곳에 자리한 속성이라 할 수 있다.

부르디외도 킹덤의 가산제와 시골 농촌 가족의 가산제가 매우 유사하다고 지적했다.[53] 국가 규모의 커다란 영토를 보유한 왕실이나 프랑스 농촌에서 땅 몇 마지기를 가진 농민이나 가산제의 논리는 비슷하게 적용된다는 말이다. 가산제의 전형적인 전략은 재산을 불리는 것이고, 후계를 보장하는 것이며, 재산이 분할되지 않는 제도를 만드는 일이다. 농촌 총각이 신부를 찾는 '결혼 전략'은 땅, 즉 재산을 팽창하기 위한 노력으로 왕실 간에 맺어지는 정략결혼과 다르지 않다. 후계를 보장하는 일은 대부분 아들을 낳아 땅을 물려주는 것이다. 부계사회에서 딸은 재산을 빼앗기는 결과를 낳기 때문이다. 여성이 왕위에 오르는 제도를 부정했던 프랑스와 독일 지역의 전통이다. 그리고 아들이 여럿이면 재산이 분할되지 않도록 장자 상속이나 한 아들에게 집중적으로 재산을 몰아주는 전략을 선택한다. 예컨대 재

「아라곤 왕실의 가계도」, 16세기. 우수한 혈통을 자랑하는 왕조의 논리를 볼 수 있다. 전통적인 킹덤이란, 가부장적 왕조가 세습을 통해 권력을 이어받고, 동시에 공동체 전체의 재산을 독점적으로 관리·분배하는 정치 체제다.

산을 받지 못하는 아들을 성직자로 키우거나 다른 지방으로 보내는 관습이 존재한다. 왕실도 아들들 사이에 영토를 나누면 샤를마뉴의 제국처럼 쇠퇴의 길로 접어들 가능성이 크다. 따라서 유럽에서 중세 초기 이후에는 왕국을 나누는 경우를 찾아보기가 어려워졌다.

국가를 절대적 통치자의 사적 재산으로 여기는 사고는 21세기에도 여전히 많은 나라에서 볼 수 있다. 공화주의나 심지어 공산주의 국가에서도 권력을 차지한 독재자가 장기 집권으로 치닫고 결국은 세습을 통해 권력을 후세로 이양하는 사례들은 킹덤의 원시적 논리와 문법이 매우 강한 생존력을 지녔음을 증명한다.

유럽은 킹덤의 논리가 다양한 이유로 인해 취약했다는 게 특징임을 앞서 강조했다. 고대 그리스의 폴리스나 로마의 레스 푸블리카 논리가 엘리트층에서 강한 영향력을 발휘하고 있었고, 가톨릭교회가 킹덤의 정통성을 공식적으로 인정해줘야 했다. 무엇보다 문화적으로 이질적인 주민들을 통치해야 했으며, 다른 영주들과 봉건적인 관계를 통해 복합적인 정치력을 발휘해야 했다.

인류학적 접근으로 다양한 문화의 정치질서를 검토한 프랜시스 후쿠야마는 특히 이 마지막 부분에 주목한다.[54] 왕실과 귀족의 상호관계 설정이 국가의 역사에 결정적인 영향을 미쳤다는 것이다. 왕실이 재산과 권력을 집중하게 되면 국가의 행정 부문이 강화되면서 '강한 국가', 독재적 성향의 국가로 나아간다. 가장 전형적인 사례가 중국인데 진시황이 국가 권력을 집중한 이후 가산제적 왕권을 견제하는 세력이 부족했고, 결국 중국은 강한 왕권과 국가 권력의 대표적인 정치를 발전시켰다는 주장이다. 반면 유럽에서는 왕권의 발전이 의회를 통한 귀족들의 견제, 가톨릭교회에 뿌리를 두고 있는 사법권의 감시로, 복합적 균형의 다원적 정치로 이행했다는 설명이다.

후쿠야마는 왕권의 강약이 근대 국가 형성에 어떤 영향을 미쳤는지를 비교하면서, 왕권이 지나치게 약한 대표 사례로 동유럽의 폴란드를 지목한다.[55] 영국이나 프랑스에서는 왕과 귀족이 서로를 견제하며 미묘한 균형을 이루었다. 왕은 귀족을 억제하면서도 협력을 필요로 했고, 귀족은 왕권을 약화시키려 하면서도 국가의 틀을 유지하고 그 안에서 권력을 행사했다. 이 균형 속에서 근대적 국가의 기틀이 점차 마련될 수 있었다. 그러나 폴란드에서는 사정이 달랐다. 귀족(슐라흐타szlachta) 계급의 권력이 지나치게 강해 왕권이 극도로 약화되었고, 의회(세임Sejm)에서 귀족 한 명이 반대하면 결정을 무효로 만드는 자유 거부권Liberum veto 같은 제도까지 있었다. 이 때문에 국가는 강해지거나 개혁에 성공할 수 없었고, 외세 침략에 취약해진 폴란드는 18세기 말 세 차례에 걸쳐 주변 강대국에 의해 분할·소멸되는 운명을 맞았다.

반대로 러시아는 귀족의 권력이 지나치게 약하고, 절대 왕정을 대표하는 차르의 권력이 압도적으로 강한 사례였다. 귀족들은 차르에게 종속된 '하인Servant 귀족'에 가까웠고, 두마Douma라 불리는 의회도 실질적인 견제 기관이 아니었다. 후쿠야마의 표현을 빌리면, 러시아는 서유럽의 '균형 체제'보다는 중국과 유사한 가산제 국가의 경로를 걸었다. 왕과 귀족이 서로 균형을 이루며 발전한 서유럽 모델과 달리, 동유럽의 두 사례는 한쪽으로 기울어진 권력 구조가 국가의 장기적 안정을 어떻게 저해하는지를 잘 보여준다.

유럽 킹덤의 특징은 봉건주의라 불리는 다원적 가산제에서 찾을 수 있다. 잉글랜드나 프랑스라는 킹덤의 주인은 국왕이었고, 영토와 재산은 국왕의 관할이었다. 그러나 국왕과 왕실이 직접 보유하는 가산과 다른 귀족들이 충성 오마주를 통해 간접적으로 포괄하는 지역은 성격이 엄연히 달랐다. 왕실의 가산은 대를 넘어 상속해줄 수 있는 것이었다. 그리고 결혼을 통해 불릴 수 있는 재산이었다. 왕실은 전쟁이나 결혼을 통해 직접 보유하는 재산을 확장하려는 전략에 집중했다.

유럽 킹덤의 역사에서 가장 운이 좋았던 상속 군주는 카를 5세(1500~1558)다.[56] 그는 친가, 외가 조부모가 모두 군주의 상속 재산을 남겨 유럽 대륙 규모의 가산을 물려받았다. 친할아버지는 합스부르크가 오스트리아 왕위를, 친할머니는 부르고뉴 지역의 영토를, 외할아버지는 스페인 동부 아라곤을, 그리고 외할머니는 스페인 중심의 카스티야를 물려줌으로써 대서양에서 지중해, 북해를 접하면서 알프스 근처까지 포괄하는 거대한 영토를 받았다. 그는 자신이 물려받은 제국을 동생 페르디난드(오스트리아)와 아들 펠리페(스페인) 사이에 나눠줌으로써 다시 분할했다.

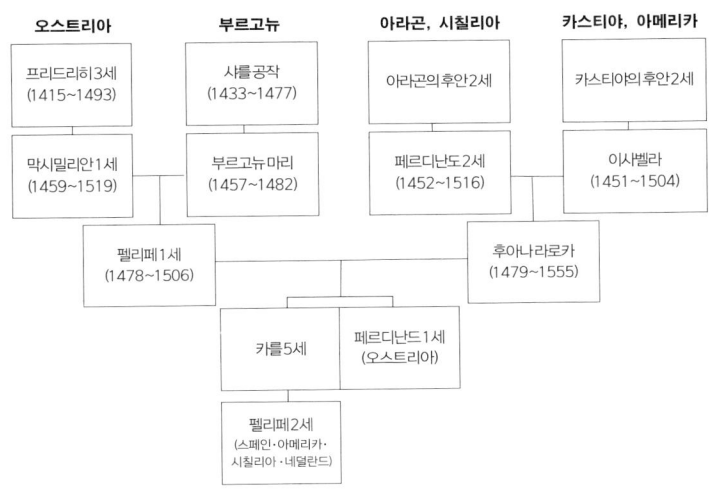

카를 5세의 가계도와 유산

    자신이 직접 소유한 영토가 아니라면, 국왕도 봉건 영주의 협력 없이는 통치를 이어가기 어렵다. 국왕 입장에서 봉건 영주들은, 충성을 맹세했더라도 같은 문화를 공유하며 함께 침략에 나섰던 '동료 귀족'이었고, 반면 평민을 대표하는 이들은 원래 그 땅에 살던 '토착민'에 가까웠다. 잉글랜드 의회의 상원과 하원 구조는 이런 현실을 반영한다. 상원(귀족원)은 봉건 영주들의 이해를 대변했고, 하원(평민원)은 토착민과 도시 부르주아의 목소리를 담았다.

    이런 구조는 국왕이 군사력을 동원하는 데도 어려움을 주었다. 잉글랜드나 프랑스의 국왕이 필요할 때마다 직접 군인을 모으기 힘들었던 이유가 여기에 있으며, 대개 국왕은 용병을 고용해야 했다. 봉건 영주들의 병력은 기본적으로 '자기 영지' 방어를 위해 조직된 것이고, 평민 병사들은 다른 종족·지역 사람들을 위해 싸울 동기가 약했다. 그래서 원정을 가거나, 특히 장기간 전쟁을 치를 때는 열정이 떨어졌다.

이런 다원적·분산적 상황을 이해하지 않으면 16~17세기 유럽에서 부상한 주권Sovereignty 개념의 필요성을 파악하기 어렵다.[57] 주권이란 국왕이 하나의 정치 공동체 전체에 대해 행사하는 '최고의 권위'를 뜻한다. 반면 종주권Suzerainty은 봉건질서에서 왕이 자신에게 충성을 맹세한 영주들과 맺는 관계를 가리킨다. 유럽에서 '강력한' 주권 개념이 도입된 이유는 통치 구조가 봉건 영주와 국왕 사이에 나뉘어 있었기 때문이다.

주권이라는 단어 자체가 초월적·우월적이라는 뜻의 super와 지배·통치를 뜻하는 reign을 결합한 것이다.[58] 국왕이 전국의 토지를 '가산'처럼 전부 직접 소유하지 않더라도, 그의 권위와 영향력은 개별 영주를 넘어선다. 토지를 실제로 소유하는 주체가 영주나 부르주아라 하더라도, 군주는 그 토지에 대해 명령할 권리를 지닌다. 이 순간 단순한 토지土地가 아니라 국왕의 명령이 미치는 '영토領土'가 탄생하는 셈이다.

16세기 장 보댕은 주권이란 절대적이며 동시에 영원하다고 규정했다. 이어 17세기 토머스 홉스는 주권을 절대적이며 불가분Indivisible하다고 정의했다. 여기서 '불가분'이라는 개념이 특히 중요한데, 이는 국가의 최고 결정권이 다른 사람이나 기관에게 나뉠 수 없음을 의미한다. 즉, 왕의 결정권은 본질적으로 단일하고 분리될 수 없다는 주장이다.

홉스가 주권의 본질을 이렇게 규정한 배경에는 '자유'에 대한 그의 이해가 있었다. 그는 이렇게 썼다. "리버티liberty나 프리덤freedom이라는 단어는 반대가 없다는 순수한 의미를 갖는다. (내가 여기서 반대라고 부르는 것은 운동에 외부적 장애가 없음을 뜻한다.) 이들 단어는 이성이 없거나 살아 있지 않은 존재에도 적용되고, 또 생각하는 존재에게도 적용된다."[59] 홉스에게 자유란 사과가 나무에서 떨어질 때, 행성이 우주 공간을 이동할 때, 그리고 인간이 행동할 때 동일하게 적용되는 원리다. 이 맥락에서 국가의 주권은 '국가라는 공동체가 외부의 방해 없이 스스로 결정하고 행동하는 자유'라고 볼 수 있다.

이렇게 보면 홉스는 절대주의 왕권의 이론가이지만, 동시에 그 출발점에 개인의 자유와 권리를 두었다는 점에서 근대 국가 이론의 토대를 놓았다. 그의 '불가분의 주권' 개념은 이후 공화정에도 이어졌고, 프랑스 헌법 제1조가 "프랑스 공화국은 불가분하고, 종교적으로 중립적이며, 민주적이고 사회적이다"라고 규정하게 된 사상적 뿌리 중 하나가 되었다. 달리 말해, 유럽에서 불가분의 주권을 강조한 배경에는 봉건 시대의 권력 분산 구조를 극복하려는 필요가 자리 잡고 있었다.

왕권이 주권으로 발전하고, 귀족의 권리가 의회 또는 사회를 대표하는 형식으로 제도화된 과정은 잉글랜드에서 선명하게 드러난다. 잉글랜드의 상원House of Lords은 귀족 계층을 대표하는 기관으로서, 왕의 권한을 제약하고 견제하는 기능을 제도적으로 보장받았다. 이러한 구조는 귀족이 단순히 왕의 부하가 아니라, 독자적 정치 세력으로서 국가 운영에 참여할 공간을 마련했다는 점에서 의미가 크다.

반면 프랑스에서는 귀족이 의회로 발전하는 길이 훨씬 더 좁았다. 귀족이 독립적으로 정치적 권리를 행사하기보다는, 왕정 체제 속에서 국왕의 신하이자 국가 기구의 일부로 편입되는 경향이 강했다. 다시 말해, 프랑스의 귀족은 사회를 대표하는 정치 기구를 형성하기보다는 왕권과 긴밀히 결합해 통치 구조 안으로 흡수되었다. 이로 인해 프랑스에서 사회의 대표성을 띠며 성장한 집단은 귀족이 아니라, 상공업과 도시를 기반으로 세력을 넓힌 부르주아 계층이었다.

국가의 탄생과 관료 집단

정치사를 연구하는 학자들은 근대 국가의 탄생을 서로 다른 관점에서 설명한다. 국제정치학에서는 주로 1648년 베스트팔렌 조약을 중요한 분기점으로 본다. 30년 전쟁이 끝난 뒤 체결된 이 조약에서, 국가 주권이 국제질서의 핵심 원칙으로 확립되었고, 이를 계기로 근대적 국가 체제가 국제무대에서 자리를 잡았다는 것이다. 반면 비교정치학에서는 1789년 프랑스 대혁명을 중시한다. 혁명 이후 '국왕의 나라'가 아니라 '민족의 나라'를 표방하는 정치 체제가 등장했고, 민족을 중심으로 한 국가 형성이 본격화되었다는 해석이다.

사회학자 피에르 부르디외는 이들 양쪽 설명과는 조금 다른 시각을 제시한다. 그는 근대 국가의 핵심을 이루는 논리와 제도는 훨씬 이전, 중세 유럽의 킹덤 시기부터 서서히 준비되고 있었다고 본다.[60] 킹덤의 문법 속에서, 객관적이고 중립적이며 자율적인 '국가'라는 관념이 차츰 자리 잡았다는 것이다.

중세의 킹덤은 본질적으로 가산제의 성격을 지녔다. 왕조와 국가가 사실상 동일시되는 체제였다. 오늘날의 국가처럼 분리된 행정 조직이나 기구가 존재했다기보다, 프랑스를 지배하는 카페Capet 왕조가 곧 '프랑스'였고, 국가 운영은 가문의 가부장적 질서 속에서 이루어졌다. 이러한 상황이 근대 국가의 탄생 이전 단계로서 중요한 의미를 지닌다.

가부장제 왕조와 가산제에서 벗어나 독립된 '국가' 개념은 어떻게 등장했을까? 이를 이해하기 위해서는 두 단계를 상정할 수 있다. 첫 번째 단계는 국왕의 손이 미치지 않던 영토까지 통합하는 과정이다. 중세 유럽에서 국왕이 직접 소유하지 않은 봉건 영주들의 영토는 원칙적으로 영주 개인의 재산이자 독립된 지배권의 대상이었다. 그러나 주권이라는 개념이 확립되면서, 국왕은 비록 그 땅을 상속받거나 매입하지 않았더라도 봉건 영주를 지휘하고 그 영토를 통제할 권리를 주장할 수 있게 되었다. 이것은 종주권을 넘어서는 것이며, 여러 개의 종주권을 하나의 권력 아래 묶어내는 과정이었다.

두 번째 단계는 국가라는 기구를 국왕 개인과 분리하는 과정이다. 주권 개념을 통해 확보한 포괄적 지배 권한을 '국왕의 사유재산'이 아닌 '국가의 재산'으로 포장하고, 국왕이라는 개인과 거리를 두게 하는 것이다. 이 단계에서 '국가'는 점차 추상적이면서도 객관적인 존재로 자리 잡기 시작했다. 달리 말해, 첫 번째 단계가 권력과 자산을 '집중'시키는 시기라면, 두 번째 단계는 그것을 국왕으로부터 '독립'시키는 시기였다. 이렇게 해야만 중앙 권력이 더 효과적으로 자산을 관리하고, 정치적 통합을 안정적으로 유지할 수 있었다.

영국과 프랑스의 역사적 사례는 가산제 왕조가 점진적으로 근대국가의 형성으로 연결되었음을 잘 보여준다. 영국에서 공동법Common Law의 전통은 각 지역의 관습이나 해당 지역 영주의 통치를 넘어서는 국왕의 법치를 뜻했다.[61] 여기서 '공동'이란 잉글랜드 전역에 동일하게 적용되는 법을 의미했으며, 국왕이 나서서 객관적이고 초월적인 권위를 갖고 시행했다. 이런 점에서 공동법은 봉건적 분점을 극복하는 근대적 킹덤의 집중 논리였다.

시간이 흐르면서 민족국가가 등장하고 주권재민의 원칙에 따라 성문법이 제정되자, 공동법은 관습을 중시하는 구시대적 법 체제로 여겨졌다. 그러나 본래 의미를 살펴보면, 공동법은 단순한 관습법이 아니라 지역적 분권을 뛰어넘어 국가 통합과 중앙집권을 가능하게 한 핵심 장치였다.

중세 프랑스에서도 법원의 법률가들이 왕의 권한과 재산권 문제를 다루면서 점차 일반적이고 객관적인 '공동의 이익' 개념이 형성되었다. 프랑스의 파를르망Parlement은 어원이 '말하다Parler'에 있듯이 원래는 의회보다 '논의의 장'을 뜻했다. 실제로 잉글랜드의 팔러먼트Parliament처럼 입법 기능을 수행하기보다는 법적 논의를 진행하는 사법기관에 가까웠다. 파를르망은 또한 전국의 단일 기관이 아니라 주요 도시마다 설치된 고등법원이었고, 그중 파리의 파를르망Parlement de Paris은 수도에 있는 최고 행정법원의 성격을 띠었다. 따라서 영어와 유사한 이름 때문에 입법부로 오해하기 쉽지만, 본래 기능은 사법 중심이었다.[62]

파리 법원인 파를르망에서의 논의를 살펴보면 어떻게 구체적 사안에 대한 논의가 일반적 이익, 즉 국익 개념으로 발전하는지 사상적이고도 기술적인 진화를 목격할 수 있다. 살아서 재위하는 왕의 이익과 왕조의 이익은 때로 상충했고, 또 왕조의 이익이 포괄적인 프랑스의 이익과 반드시 일치하는 것은 아니었음을 논쟁과 토론을 통해 알수 있다.[63] 법원에서 논쟁을 벌이는 법 전문가들은 왕을 대변하는 일시적 논리나 왕조의 이익을 강조하는 편파적 논리를 물리치고, 좀더 장기적이고 객관적이며 중립적인 이익 개념에 충실하기 시작했으며, 이것이 바로 국익의 테두리를 만들어갔다.

영국 의회에서도 17~18세기 입법의 대상이 되는 법은 두 종류로 나뉘었다. 하나는 국익을 지향하는 법으로 장관이나 의원이 발의했고, 다른 하나는 개개인의 특별한 이익을 고려해 청원을 통해 입법 대상이 된 법이었다.[64] 말하자면 사익Private interest과 공익Public interest 모두 의회의 토론과 입법의 대상이 될 수 있었다는 뜻이다. 의원 발의 법안은 사익과 공익이 혼재할 가능성이 컸는데, 그 이유로 '사적 의원의 법안Private member's bill'이라고 불렸다. 프랑스에서 왕조와 법조인의 대립 속에서 공익이나 국익의 개념이 부상했다면, 영국에서는 의회에서 다양한 이익이 논의되는 가운데 공익 및 국익의 사고가 서서히 모습을 갖춰가기 시작했다.

18세기 루이 14세는 "내가 곧 국가다"라고 선언했지만, 실제로 프랑스에서 '국가' 개념은 이미 중세부터 법원의 법적 논의를 통해 형성되고 있었다. 반면 영국에서는 국가 개념이 의회의 정치적 논의를 거치며 점차 뚜렷한 형태를 갖추기 시작했다. 왕들이 대를 이어 왕조를 세워나가듯, 프랑스의 법관들은 재판과 법률 논의를 통해, 영국의 의원들은 입법과 정치 토론을 통해 각각 국가의 기초를 다졌다. 이런 과정에서 법관들은 법과 제도의 전문가로, 의원들은 공익과 국익을 논하는 정치인 집단으로 성장했다. 중세 말과 근세 초에 이르러 이들은 결국 단순한 왕의 시종이나 충신이 아니라, 국가라는 더 넓은 틀을 대표하고 운영하는 핵심 관료·정치 집단으로 자리 잡았다.

법이 근대 국가를 낳았다는 공식은 개념사의 흐름에서도 확인된다.[65] 오늘날 '국가'는 영어로 State, 프랑스어로 État라고 부른다. 15세기로 거슬러가면 이 단어들은 '공적인 것', 곧 공법公法이나 공권公權을 뜻했다. 이는 고대 로마의 Res Publica와 사실상 같은 의미다. 이러한 의미 변화에는 12세기 볼로냐의 법학자들이 발견한 유스티니아누스 대법전이 결정적인 역할을 했다. 그들은 법전 속 표현 status rei publicae에서 뒤의 res publicae를 생략하고 status만을 채택해 사용했는데, 이 status는 '공적인 것·공법'이라는 뜻과 함께, 사적인 것·민법과 달리 영원하고 변치 않으며 강한 힘을 지닌 상태를 의미했다. 요컨대 '국가'라는 개념의 어원은 Res Publica의 권력, 즉 공권력이 중세 유럽의 킹덤 문법과 결합하여 발전한 산물이었다.

동아시아는 유럽과 마찬가지로, 또 어떤 면에서는 더 오래되고 거대하며 세밀한 관료 체제를 갖추고 있었다. 국정을 논의하면서 전문가 집단이 형성되었다는 점에서도 유럽보다 앞섰을 가능성이 크다. 예를 들어 후쿠야마는 "전한前漢 시기의 중국 정부는 현대 관료 국가의 모든 기준을 잠재적으로 충족한다"고 단언한다.[66] 그러나 유럽은 이런 논의가 공개적으로 진행되었다는 사실, 그리고 기록으로 남아 축적되면서 진화의 바탕으로 작용했다는 차이점을 드러낸다. 무엇보다 유럽은 왕권이 훨씬 더 약했다는 점에서 견제와 제약이 심했고, 따라서 왕실과 국가의 구분이 더 수월했을 수 있다.

노블레스 오블리주

'노블레스 오블리주Noblesse Oblige'라는 개념은 중세 유럽의 귀족사회에서 형성된 일종의 규범적 원칙으로, 정치적·군사적 특권을 누리는 계층이 그에 상응하는 도덕적 의무와 봉사의 책임을 져야 한다는 사상이다. 프랑스어를 직역하면 "귀족성貴族性은 강요한다"이며, 이는 단순한 사회적 기대가 아니라 신분적 지위가 곧 행위 규범의 근거가 된다는 관념이다.

근대 이후 귀족이 제도적으로 소멸한 국가에서도 이 표현은 숙어로 살아남았다. 혁명 이후 귀족이 폐지된 프랑스나 미국, 그리고 왕정이 민주화를 거친 영국에서도 '노블레스 오블리주'는 여전히 사회 지도층의 책임과 모범을 일컫는 말로 사용된다. 흥미로운 점은, 유럽식 세습 귀족의 전통이 부재한 한반도의 근대 자본주의 사회에서도 이 용어가 빈번히 쓰인다는 사실이다. 이는 한국 사회가 지도층의 도덕적 품격과 공적 책임을 강하게 요구하는데, 실제 현실에서는 이를 충족시키지 못하는 엘리트 계층에 대한 불신과 불만이 적지 않음을 보여준다.

유럽 사회에서 노블레스 오블리주란 킹덤의 문법에서 목숨까지 위험에 처하더라도, 언약을 중시하고 명예와 명성을 최고의 가치로 여기는 태도를 뜻한다. 심지어 법으로 규정하지 않는 부분도 윤리적으로 중요하다면 지키는 것이 귀족에게 적합하다는 의미다. 노블레스 오블리주의 전형적인 제도는 명예나 명성과 관련된 다툼을 결투로 해결하는 일이다. 국가의 법이 결투, 즉 사적 폭력을 불법화한 뒤에도 귀족이나 귀족의 관습을 지향하는 사람들은 결투를 벌이곤 했다.[67] 적어도 사회의 상류층에서는 국가의 논리를 초월할 수 있다는 상징적 행위였다. 마치 국가의 법은 평민을 위한 일반적인 규칙이며, 귀족이라면 일반을 넘어서는 초월적이고 우월적인 도덕관을 가져야 한다는 듯이 말이다.

킹덤의 문법이 사회를 지배하게 된 대표적인 사례는 경쟁과 결투의 문화다. 토너먼트Tournament는 중세 봉건 유럽에서 열리던 마상 시합 게임에서 유래한다. 토너먼트는 원래 팀을 구성해 진행되기도 했고, 개인 대 개인의 형식을 보이기도 했다. 후자는 전투 장비를 갖추고 말을 탄 채 두 사람이 서로를 향해 달려가면서 창으로 상대방을 공격해 낙마시키는 게임이다. 말이 달리는 속도의 충격으로 심각한 부상이나 사망까지 초래할만큼 위험했지만 명예를 중시하는 유럽의 귀족이라면 피할 수 없는 활동이었다.

고대 그리스 올림픽의 레슬링이나 로마의 검투사의 결투와는 다른 차원의 물리적 대결이었다. 귀족들의 무력 게임은 레슬링보다 폭력적이고 위험했기에 목숨을 잃는 일도 종종 있었다. 또 토너먼트는 검투사 같은 사회적 하류층이 연출하는 스펙터클과는 다른 귀족들의 놀이였다.

토너먼트의 특징은 승패가 명확한 게임을 다단계로 벌여 최종 승자를 가리는 사회 제도다. 현대사회의 대다수 스포츠는 이런 형식을 도입했기에 우리에게는 무척 익숙하다. 과거 동아시아의 과거 시험에서 다수가 경쟁하여 장원 급제를 선출하는 방식과는 크게 다르다. 과거科擧는 일대일 결투를 벌이는 형식이 아니었고 16강, 8강, 4강, 결승 등의 피라미드 형식의 구조를 형성하지도 않았다. 경쟁, 대결, 승패, 우승 등의 개념은 킹덤 토너먼트 문법의 중요한 특징이며, 현대사회까지 지속적인 영향을 미치고 있는 셈이다.

킹덤의 문법이 가장 오랜 기간 공식적으로 작용한 영국에서 19세기 다수의 근대 스포츠가 발명되어 발전한 것은 우연이 아니다. 킹덤의 전투가 개인적 대결이나 집단적 경쟁을 모두 포함했듯, 토너먼트의 주체도 개인 기사와 집단적 팀을 포괄했다. 폴로, 축구, 럭비, 크리켓 등은 모두 팀을 형성해서 대결을 일삼는 게임이다. 킹덤의 개인주의와 집단성이 결합한 결과라고 볼 수 있다.

근대 스포츠의 문법에서 중요한 페어플레이 개념도 킹덤의 명예 규칙을 따른다. 승패에서의 득실을 따지기보다 명예를 중시하며 정당한 규칙을 지키는 태도이기 때문이다. 인간 자체를 놀이를 즐기는 존재인 '호모 루덴스'로 정의한 요한 하위징아는 "유럽의 전쟁에 관한 규칙은 기사도 특유의 명예 코드에서 발전해나왔다"면서 "아주 최근까지 전쟁이란 고귀한 귀족적 게임, 즉 왕들의 스포츠"[68]로 여겨졌다고 설명한다.

같은 맥락에서 19세기 중반 축구가 귀족들의 게임이던 시절, 경기에서 심판의 존재를 거절했다는 사실은 뜻깊다. 심판의 존재 자체가 플레이어들이 범칙할 수 있다는 가능성과 의심의 표현이었고, 의심을 받는다는 사실은 귀족들의 명예를 훼손하는 일이라고 여겼기 때문이다. 축구의 고장 영국에서 '심판'이 처음 게임의 규칙에 등장하는 시기는 1881년, 즉 근대 축구의 시발점으로 여기는 1856년의 케임브리지 규칙이 정해진 지 한참 뒤다.[69] 대결을 통해 최고의 승자를 가리는 게임을 진행하는 과정에서 규칙과 형식을 따르지 않는다면 의미가 없다는 철학을 반영한다. 남이 범칙이나 위법을 발견하지 못할 수도 있으나 페어플레이 정신은 스스로 양심에 거리끼지 않도록 행동하는 것을 요구한다. 승리를 거두고 최고의 자리를 차지하더라도 페어플레이를 위배하는 행동을 했다면 명성을 더럽힌다는 윤리관은 킹덤의 문법에서 가까운 기원을 찾을 수 있다.

형식과 의례를 통한 지배는 특정 문명에만 국한되지 않는 보편적 현상이지만, 유럽에서는 킹덤의 전통이 근대 국가로 전환되었다는 점에서 그 특수성이 두드러진다. 홉스봄과 레인저의 고전 『전통의 발명』[70]은 민주화 이후에도 전통 속에서 정통성의 뿌리를 찾으려는 시도가 얼마나 집요하게 이어졌는지를 잘 보여준다.

프랑스의 정치철학자 브루노 카르센티는 네이션의 등장을 "상부의 귀족 계급과 하부의 서민 계급 사이에 있는 중심 계급classe pivot이 사상과 정치를 지배하는 시대"로 규정하며, 20세기 중반까지도 킹덤의 귀족적 논리가 유럽 정치 문화의 중요한 축이었다고 분석한다. 그의 말대로 "정치에서 권력의 귀족주의적 인식이 종말을 맞은 시점이 1945년"[71]이라는 점은, 네이션이 확고히 자리 잡은 시기가 생각보다 최근임을 시사한다.

역사적으로 유럽의 킹덤은 현대적 네이션의 직전 단계에 해당됐다. 영어의 Kingdom은 '왕king'과 '영역domain'의 결합이며, 프랑스어 royaume은 라틴어 regimen(왕이 지배하는 영역)에서 유래했다. 유럽의 전통사회 역시 다른 지역처럼 가산제를 운영했으나, 봉건적 다원 정치 구조로 인해 권력의 집중이 쉽지 않았다. 이로부터 절대주의 왕권을 확립해야 할 기능적 필요가 생겼고, 그 과정에서 주권 개념, 왕과 구분된 국가 재산권, 그리고 국가 운영의 논리와 원칙이 발전했다.

고대 그리스·로마의 정치 전통에서 왕은 하나의 지배, 귀족은 소수의 지배, 평민은 다수의 지배를 상징했는데, 유럽의 킹덤은 형식적으로는 '하나의 지배'를 구현하면서도 의회의 상·하원과 다양한 제도를 통해 소수와 다수의 이익을 동시에 반영하는 독특한 군주정 체제를 형성했다. 근대 국가는 이러한 킹덤의 구조를 계승해 사회를 통합하는 장치로 작동했지만, 동시에 왕과 완전히 동일시되지는 않음으로써 국가와 사회의 구분을 내포했다. 오늘날의 노블레스 오블리주, 페어플레이, '전통의 발명'과 같은 문화적 요소는 킹덤의 문법이 근대 국가 형성에 기여했을 뿐 아니라, 네이션이 국가의 핵심 개념으로 자리 잡은 이후에도 여전히 사회 윤리와 정치 문화에 깊게 스며 있음을 보여준다.

3

킹덤의 생존

고대 그리스의 폴리스나 로마의 레스 푸블리카는 역사 속에서 찬란한 순간을 남겼지만, 그 자체의 제도적 형태로 오늘날까지 이어지지는 않았다. 크리스천덤 역시 한때 유럽 전체를 묶는 정신적·정치적 질서였으나, 세속화와 종교 다원주의 속에서 이제 지배적인 정치 형식으로 존재하지 않는다.

그러나 킹덤은 다르다. 그것은 유럽 정치사의 가장 오래된 문법 가운데 하나이면서도, 변화하는 시대 속에서 형식과 기능을 변주하며 21세기까지 살아남았다. 영국, 스페인, 스웨덴, 노르웨이, 덴마크, 네덜란드, 벨기에, 룩셈부르크 등은 여전히 군주제를 유지하고 있으며, 이들 중 상당수는 유럽 통합과 세계 정치의 핵심 무대에서 주도적 역할을 하고 있다. 심지어 왕정의 전통을 유지하지 않는 국가들조차, 킹덤의 정치적 문법이 다른 제도적 옷을 입은 채—공화국이나 제국 속에서도—여전히 작동하고 있다.

여기서는 세 가지 사례를 통해 킹덤의 문법이 어떻게 현대 정치를 포괄하고 있는지 파악한다. 첫째, 유럽 킹덤의 문법은 국제사회라는 개념을 발전시킨 기반이었다. 둘째, 킹덤의 문법은 추상적 정치 공동체의 의인화擬人化를 통해 현대 정치에서 국가 원수라는 개념을 발전시켰다. 마지막으로는 킹덤의 문법이 실현하는 모나키가 오히려 근대 국가의 원칙과 결합하여 '공화정 군주'라는 역설적 기능을 낳았음을 확인할 수 있다.

평등한 국제관계의 형성

1648년 베스트팔렌 조약은 근대적 국제관계의 출발점으로 상징적 의미가 있다. 근대적 국제관계는 여러 의미를 내포하는데, 핵심은 국가가 주권을 대표하며 주권국가들 사이에 평등한 관계가 존재한다는 원칙이다.[72] 앞서 16세기의 보댕과 17세기의 홉스가 절대적 주권 개념을 만들었다는 점을 말했다. 킹덤의 문법이 강화되면서 군주에게로 권력이 집중되는 역사 운동의 결말이라고 할 수 있다. 여기서 우리가 강조하고 싶은 부분은 절대적 주권과 전쟁 문화가 결합했을 때 주권과 주권의 무력 충돌은 지속적인 전쟁과 혼란을 낳을 수밖에 없다는 현실이다. 17세기부터 21세기까지 유럽의 역사는 이런 전쟁의 역사이며 실제로 최근 벌어진 러시아의 우크라이나 침공 사례에서도 절대 주권의 충돌을 확인할 수 있다.

베스트팔렌과 같은 조약은 주권을 인정받는 다수의 국가가 참여하여 협상을 통해 평화 체제를 구축하는 일이다. 유럽의 역사가 흥미로운 이유는 전쟁이 빈번한 만큼 전쟁에 종지부를 찍고 평화를 약속하는 조약도 매우 많았다는 사실이다. 심지어 내전이라도 무력 충돌에 참여한 두 진영이 조약을 통해 평화의 조건을 합의하고 무기를 내려놓았다.

인류의 발전에서 게임과 규칙의 중요성을 강조한 하위징아는 유럽 역사의 특수성을 잘 지적했다. 그는 국가들 사이의 관계를 단순히 아군과 적군의 원칙에 비춰서 논의하는 칼 슈미트의 이론을 맹렬하게 비판한다. "이 이론은 적을 경쟁하는 상대로 고려하는 일조차 거부한다"면서, 그러나 "인류는 한심한 아군 – 적군 관계에서 벗어나야만 비로소 인간 상태의 존엄성에 도달할 수 있다"[73]고 말한다. 전쟁만을 일삼는다면 야만이고, 이를 극복하면서 경쟁과 상호 존중으로 나아가야 문명으로 발전한다는 하위징아의 설명이다.

베스트팔렌 조약을 가능하게 한 역사적 배경은 이미 중세부터 존재했던 봉건주의 킹덤의 문법에서 찾을 수 있다. 조약은 봉건사회에서 가장 중시했던 개인적 약속과 충성, 신뢰와 명예라는 문법 속에서 비로소 이해되기 때문이다. 현실적 이익을 위해 공동체가 서로 충돌하고 전쟁을 벌인 것인 인류 역사의 상수常數다. 다만 모든 전쟁을 조약이라는 약속으로 결말짓는 관습은 매우 유럽적인 킹덤의 문법이다. 예를 들어 동아시아 임진왜란에서는 다른 나라를 치려고 원정에 나섰다가 정복하지 못할 정도로 저항이 거세면, 그냥 말을 돌려 퇴군하는 형식이었다.

프랑스의 역사학자 아르노 블랭은 『1648 베스트팔렌의 평화: 새로운 유럽 질서』라는 저서에서 당시 유럽 정치 체제의 동질성이 베스트팔렌 질서를 가능하게 했다고 설명한다.[74]

17, 18세기의 유럽은 기본적으로 세습 왕조 또는 일부에서는 선출 왕조가 지배하고 있었으며 모두 코즈모폴리턴(다국적) 귀족 엘리트가 주도하는 같은 정치 문화를 보유했다. 이 동질성이 국제 체제의 시멘트로 작용했으며 정부의 결정과 행동이 합리성을 유지할 수 있는 중요한 기반이 되었다.

중세 봉건사회는 킹덤의 정치 문법과 크리스천돔의 문법이 서로 결부되어 있었다. 한편에는 교황이 인정한 국왕이 다수 존재했고, 각각의 왕은 덕분에 종교적 아우라와 정통성을 자랑할 수 있었다. 국왕과 국왕의 관계는 크리스천돔 안에서 완전히 평등하지는 않다 하더라도 적어도 대등한 관계로 여겨질 수 있었고, 같은 종교의 같은 유일신을 믿는다는 점에서 서로를 신뢰하고 약속과 명예를 공유하는 관계가 될 수 있었다.

16세기 스페인과 오스트리아의 왕위를 동시에 차지한 카를로스

5세는 신성로마 제국의 황제였고, 프랑수아 1세는 프랑스의 국왕이었다. 황제와 왕은 형식상 격이 다르지만, 두 사람은 각각 자신이 다스리는 영토와 주민에 대해 기독교 세계의 공인을 받아 군림했다는 점에서 대등한 위치에 있었다. 이들은 유럽의 주도권을 둘러싸고 여러차례 전쟁을 벌였으며, 전투 결과 프랑수아 1세가 카를로스 5세의 인질이 되기도 했다.[75] 그러나 그 관계는 단순한 승자 – 패자의 구도가 아니었다. 조약 체결과 재정적 보상이라는 약속이 전제되어 있었고, 그 조건이 충족되면 인질도 풀어주었다. 스페인의 카를로스 5세가 프랑스 왕조를 종식시키고 영토를 흡수해 유럽을 통일할 수 있었을 것처럼 보이지만, 실제로는 16세기에 이미 유럽의 왕조 관계가 크리스천돔의 상호 존중과 기득권 보장을 원칙으로 운영되고 있었음을 보여준다.

세계사에서 결정적인 16세기는 유럽인들이 외부를 향해 원정에 나선 대항해 시대의 시작점이다. 유럽 안에서의 영토 확장이나 주민의 확보보다는 외부를 향한 확장에 나섰다는 사실은 여러 의미를 내포한다. 아메리카와 같은 비기독교 지역에 대해서는 군사적 확장이 수월했고, 다른 유럽 세력과의 경쟁이 적었다. 앞서 지적했듯이 카를로스 5세는 자신의 영토 가운데 오스트리아 부분을 동생에게 이양하는 군주였으나 아메리카에는 독점적으로 진출해 강력하게 지배하는 모습을 보였다.

중세 이래 유럽의 왕조들은 긴밀한 혼인관계를 통해 네트워크를 형성했으며, 이를 하나의 거대한 '유럽 왕실'이라고 불러도 될 정도였다. 실제로 이 시기 유럽에서 벌어진 다수의 전쟁은 서로 다른 나라 간의 투쟁이라기보다, 동일한 네트워크 안에서의 상속 분쟁이나 영토 재산권을 둘러싼 갈등이었다. 이러한 분쟁은 단순한 무력 대결이 아니라, 내부적 관계에 기반한 협상과 조약을 통해 종결되곤 했다. 특히 합의가 성사되면 당사자뿐 아니라 그와 혼인이나 혈연으로 얽힌 다른 군주들도 주목했고, 약속의 이행 여부에 따라 군주의 명성과 정치적 신뢰가 크게 달라졌다. 이러한 맥락에서 유럽인들에게 '국제법'은 기본적으로 같은 정치·문화권에 속한 문명국들 사이의 규범이었다. 이는 유럽 바깥 지역의 정치 공동체에는 반드시 적용할 필요가 없는, 자문화 중심적 성격을 지니고 있었다.[76]

이처럼 근대 국제관계의 형성은 슈미트식의 레알폴리티크Realpolitik만큼이나, 하위징아식의 친족 정치 문법이 적용될 수 있다. 아무리 가진 영토가 작더라도 신의 가호를 받는 군주는 다른 킹과 대등한 지위다. 유럽에는 "왕도 자신의 왕국에서는 황제"라는 말이 있다. 원래 이 표현은 프랑스의 국왕이 독일 지역에서 선출된 신성로마 제국의 황제나 로마의 교황과 대등하다는 사실을 강조하는 수사였다. 그러다 나중에는 영국 통일 왕국의 국왕도 이런 주장을 공유하곤 했다. 적어도 형식적인 평등의 국제관계가 이런 방식으로 서서히 형성되었음을 알 수 있다. 유럽의 외교 관행은 이처럼 왕족과 귀족사회의 "충성관계에서 외교 조약de l'hommage vassalique aux accords diplomatiques"으로 발전했다는 의미다.[77]

오늘날 국제사회에서는 21세기의 초강대국인 미국과 남태평양의 인구 수십만 명 규모의 소국도, 외교관계에서 형식적으로는 동등한 주권국가로 대우받는다. 국가 원수들이 정상회담에서 만날 때는 국력이나 인구, 경제력의 차이를 불문하고 동일한 의전 절차가 적용되며, 의자 배치·국기 게양·의전 순서 등 모든 형식에서 평등성이 보장된다. 예컨대 유엔 총회에서 투표권은 미국이나 투발루나 똑같이 한 표이며, G20과 같은 다자 회의에서도 국가 원수들은 원탁 회의를 하거나 동등한 발언 순서를 통해 평등하게 취급된다.

이러한 형식적 평등의 전통은 단지 현대 국제법의 산물이 아니며, 이미 유럽의 킹덤 시기에 형성된 외교 관습을 계승한 것이다. 당시 유럽의 군주들은 국력의 차이에도 불구하고 서로를 기독교 세계의 정통 군주로 인정하며 '왕 대 왕'의 관계를 유지했다. 전쟁이나 영토 분쟁 후에도 조약을 통해 관계를 회복하고, 대면할 때는 동등한 지위를 부여하는 것이 관례였다. 이는 시진핑 국가주석이 홀로 긴 테이블 한쪽에 앉아 다수의 외국 정상을 맞이하는 장면처럼, 한쪽의 우월성을 시각적으로 드러내는 제국적 연출과는 대조적이다. 유럽식 국제관계의 형식적 평등은 군주들 간 상호 존중의 문화에서 뿌리를 찾을 수 있으며, 이는 오늘날까지도 외교 의전과 다자 회의의 문법 속에 살아 있다.

공동체의 의인화

오늘날 모든 국가는 원수元首를 둔다. 프랑스어에서는 국가의 '대장chef de l'État', 영어에서는 국가의 '수뇌head of State'라는 표현을 쓴다. 두 국가의 원수가 만나는 자리는 정상회담Summit이라 불리며, 국제정치에서 가장 상징적이고 격식 있는 행사 중 하나다. 이런 형식은 유럽 킹덤의 문법에서 비롯되었다. 과거 왕과 왕이 만나는 장면은 단순한 정치 협의가 아니라 서로의 지위를 인정하고 대등함을 연출하는 의전의 무대였다. 그 과정에서 화려한 연회나 군사 퍼레이드가 곁들여졌으며, 특히 왕실 혼인은 외교와 동맹을 강화하는 최고 수준의 의례였다. 국가를 한 인격체처럼 표현하고 지도자를 그 '머리'로 인식하는 방식은 이렇게 탄생했다.

칸토로비치의 '왕의 두 몸'은 국왕이 자연적 신체와 정치적 몸으로 구분됨을 확인했다.[78] 그리스인들이 죽음을 맞는 존재로서 인간을 지칭했듯 왕도 언젠가는 죽을 운명이었다. 하지만 왕실과 국가는 영원히 계속되는 추상적 존재여야 했고, 그런 면에서 신적 지위로 올라갈 수 있어야 했다. 왕이 살아서 재위하는 동안 자연 신체와 정치적 몸은 일치했다. 정치적 몸은 사실 여러 요소로 구성된 복합적이고 추상적인 존재다.

국가에는 영토가 있고 주민이 있다고 현대 정치학은 설명하지만, 중세에 정치적 몸이란 기본적으로 왕실과 충성을 맹세한 귀족, 그리고 기사들의 집단이었다. 백년전쟁과 같은 장기 투쟁을 거치면서 주민들도 공동체 의식을 공유하기 시작했는데, 이런 정치의식의 상징은 물론 국왕이었다. 한 개인이 거대한 집단과 공동체를 몸에 떠안고 숨 쉬는 모습이었다. 개인과 공동체의 일체화야말로 킹덤 문법의 핵심이었고, 이런 전통은 현대사회의 국가 원수에게까지 이어진다.

킹덤의 유산이 아니라면 굳이 국가에 수뇌가 있을 이유도, 대장을 정할 이유도 없다. 로마의 레스 푸블리카는 두 명의 집정관을 둬 마치 샴쌍둥이 같은 모습이었다. 물론 로마의 집정관은 왕이 되는 꿈이라도 꿨다가는 정치 생명이 끝났다. 로마 제국은 임페라토르를 두었으나 황제도 여러 명일 때가 적지 않았고 레스 푸블리카, 즉 공적인 일을 담당하는 사령관이라는 인식이 강했다.

왕이 국가의 수뇌라고 인식되는 중요한 고리는 크리스천돔에서 찾을 수 있다. 공동체를 하나의 몸으로 보는 인식 자체가 기독교의 중요한 교리에 속하기 때문이다. 교회는 신도들의 공동체이고, 이들이 바로 예수의 몸을 형성한다는 믿음은 중세에 유행했다. 종교 공동체의 인식은 수월하게 정치 공동체로 이식될 수 있었고, 따라서 정치적 몸Body politic이라는 개념도 자연스럽게 부상했다.[79] 정치 공동체가 하나의 몸을 형성한다면 당연히 그 머리는 왕의 몫이다. 국가라는 정치 공동체를 몸으로 표현하고, 왕이라는 개인이 그 몸의 머리로 여겨지며, 주민은 몸의 다른 부분, 예를 들면 팔다리나 오장육부, 또는 세포라고 생각할 수 있는 문화적 바탕이 형성됐다. 시간이 지나면서 이런 인식이 당연해지면 사람들은 머리가 없는 몸을 상상할 수 없게 된다.

유럽은 또 고대 그리스 신화부터 추상적 개념을 신으로 표현하는 전통을 지녔다. 그리스에서 신들은 인간과 유사한 모습을 하고 있으나, 단지 죽지 않는 영원불멸의 존재라고 설명했다. 따라서 추상적 개념의 의인화는 고대 그리스·로마의 전통적 사고 계보에서 자연스러운 현상이다. 19세기 유럽 지도는 각 국가나 민족을 사람으로 표현해 그리기도 했다. 예를 들어 영국은 브리타니아라는 여신으로 표현했다.

국가를 하나의 몸으로 보는 유럽적 문법은 국가를 가족으로 보는 동아시아적 문법과 대비되는 듯하다. 유럽어의 State나 Etat를 국가國家라고 번역해 자연스럽게 사용하는 동아시아에서 가장 익숙한 문법은 가족家族이나 가문家門이었기 때문일까. 예를 들어 국부國父와 국모國母라는 명칭은 가부장제적인 시각에서 정치 공동체를 보는 관점이다. 물론 유럽에도 이런 인식이 없다고는 할 수 없으나, 귀족과 평민의 신분 차이가 뚜렷했던 문화에서 가족적 개념은 그리 흔하거나 대표적이었다고 보기 어렵다.

킹덤의 문법이 지배하는 유럽에서 공화정을 부활시켜 현대적 모델로 수립한 사례는 프랑스다. 킹덤을 무너뜨리고 공화정을 세운 만큼 왕을 연상시킬 수 있는 권력 독점을 피하려 했다. 따라서 18세기 대혁명 직후 제1공화정 아래 프랑스는 집단적 지도 체제를 운영했고 국가 원수에 해당되는 직책을 만들지 않았다.[80] 하지만 결국은 나폴레옹의 일인 체제로 귀결되었다. 또 19세기에도 프랑스 정치사가 반복적으로 드러냈던 경향은, 왕정을 단절시키더라도 결국 공화정이 지속되지 못하고 한 사람이 지배하는 제정으로 귀결되었다는 점이다. 1789년의 대혁명은 공화정을 거쳐 나폴레옹의 총통, 황제로 귀결되었고, 1848년의 혁명도 제2공화국을 거쳐 나폴레옹의 대통령 당선과 황제 즉위로 진행되었다.

「잉글랜드와 스코틀랜드의 연합」, 페테르 파울 루벤스, 1634.
여성으로 그려진 잉글랜드와 스코틀랜드가 왕세자 찰스에게 왕관을 씌우는 모습이다.
개인과 공동체의 일체화야말로 킹덤 문법의 핵심이었고,
이런 전통은 현대사회의 국가 원수에게까지 이어진다.

프로이센과의 전쟁에 패하면서 제정이 끝나고, 1870년대 정치적 불확실성의 시기에 프랑스는 왕정과 공화정 사이에서 고민했다. 의회에서 왕당파와 공화파가 서로 대립하는 가운데 프랑스는 왕당파 인물 막마옹을 대통령으로 선출하고 7년이라는 긴 임기를 보장함으로써 타협했다.[81] 공화파는 왕정 복고를 막았다며 만족했고, 왕당파는 막마옹이 개인적으로 왕정을 지지하는 인물인 만큼 언제든 왕정 복고가 가능하다고 생각했다. 프랑스는 제3공화국으로 진화하면서 공화정이 결국 뿌리내리게 되었으나, 국가 원수는 왕이나 황제를 연상케 하는 대통령이 맡았다.

유럽에서는 공화정도 대통령이라는 국가 원수를 두는 시스템으로 정착했다. 킹덤의 유산을 무시하고 지우기 위해 공화정이 국가 원수를 제도적으로 외면했던 시기는 프랑스에서 1790년대의 짧은 기간만이었다. 제1차 세계대전 이후 국제무대의 강대국으로 부상한 미국의 모델—대통령이 국가 원수를 대신하는—은 새로운 원칙으로 자리 잡았다. 명확한 임기를 가진 국가 원수지만, 현대사회에서도 대통령은 여전히 과거의 왕과 마찬가지로 국가를 상징하는 인물이다. 불행히도 집단 지도 체제는 현대 공화정에서 자리 잡지 못했다.

재위와 통치

1688년 명예혁명 이후 18세기에는 영국에서 의회를 중심으로 정부가 구성되어 통치하는 제도가 서서히 발전했다. 국왕은 존재했고 여전히 상당한 영향력을 행사하는 인물이었으나, 일상적인 국가 정책은 의회에서 다수의 지지를 받는 정부가 행사한다는 인식이 자리 잡았다. 소위 왕은 재위Reign하고 정부는 통치Govern하는 분업의 원칙이 킹덤 문법에 도입되는 셈이다. 재위가 형식과 상징적 기능을 뜻한다면, 통치는 실질적 권리의 행사를 일컫는다.

19세기 영국에서 의회 민주주의가 정립된 이후 『이코노미스트』의 창립자 월터 배젓은 국가는 장관들로 구성된 '효율적인efficient' 부분이 필요하지만 동시에 "주민의 존경을 자극하고 유지할 수 있는 위엄dignified"이 있는 부분도 필요하다고 설명했다.[82] 1867년 캐나다가 최초의 자치령으로 부분적 독립을 하던 시기에 쓴 글이다. 그리고 이때부터 영국의 국왕은 유럽의 통일 왕국을 구성하는 지역뿐 아니라, 다른 대륙의 식민지에서 독립된 국가의 원수도 겸하기 시작했다.

영국의 국왕은 여전히 코먼웰스 다수 국가의 원수 기능을 수행하고 있다. 역사적으로 통일 왕국 영국의 형성은 잉글랜드와 스코틀랜드라는 두 왕국의 왕위를 한 사람이 동시에 맡은 데서 그 기원을 찾을 수 있다. 제임스 6세는 1567년 스코틀랜드 왕위에 올랐고, 1603년 엘리자베스 여왕 사망 이후 잉글랜드 왕위를 물려받으면서 제임스 1세로 즉위했다. 한 인물이 스코틀랜드와 잉글랜드의 '이중 왕'으로 1603년부터 1625년까지 재임한 것이다.

현대사회에서 한명의 국왕이 다수의 국가를 다스리는 체제가 가능한 이유는 바로 재위와 통치의 구분에서 찾아야 할 것이다.

2025년 현재 여전히 영국의 국왕이 국가 원수 기능을 담당하는 국가는 호주, 캐나다, 뉴질랜드 등 영국 주민이 이주한 지역이 대부분이며, 서인도제도나 태평양의 작은 섬나라들이다. 자메이카 정도가 상당한 인구 규모를 자랑하며 비유럽인이 다수를 차지하는 국가로, 여전히 영국 국왕의 영역에 포함된다고 할 수 있다.

역사의 아이러니는 킹덤의 형식적 문법이 유지된 영국보다, 킹덤을 부정하고 공화정을 수립한 프랑스에서 오히려 과거 절대 군주와 가장 유사한 통치자가 등장했다는 사실이다. 프랑스는 제3공화국과 제4공화국에서 의회가 권력 구조의 정점에서 국정을 지배하는 모습이었으나, 1958년 제5공화국에 들어서면서 대통령의 역할이 제도적으로 대폭 강화되었다. 특히 1962년 개헌을 통해 국민의 직접 투표로 선출함으로써 대통령의 민주적 정통성을 강화했다.

지난 60여 년 동안 프랑스의 대통령은 민주 국가 가운데 가장 강력한 권력을 누려왔고, 헌법학자들은 프랑스의 제도를 대통령제Presidential regime를 넘어 대통령주의Presidentialism라고 부를 정도다. 형식적으로 프랑스의 5공은 이원집정부제라 불린다. 대통령 선출과 의회 선거가 두 경로의 민주적 정통성을 수립하고, 대통령과 의회의 신임을 모두 받아야 정부가 형성될 수 있기 때문이다. 그러나 현실 정치에서 대통령은 정당을 주도하고 지배하며 실제로는 대통령이 의회에서 다수를 차지하면 모든 권력을 집중시키는 성향을 보인다.

오죽하면 프랑스 대통령을 두고 '공화정의 군주Monarque républicain' 또는 '공화주의 왕정Monarchie républicaine'이라는 표현을 사용하겠는가.[83]

프랑스 정치학의 거두 모리스 뒤베르제의 저서 『공화주의 왕정』의 부제는 "어떻게 민주 체제가 스스로 왕을 만드는가"다. 형식상 공화정이지만 실제로는 군주제나 왕정이라는 의미. 사실 공화주의와 모나키의 조합은 반드시 상충하는 성격이 아니다. 다음 장에서 상세히 보겠지만 레스 푸블리카란 공익을 도출해내는 과정이고, 루소가 말했던 일반 의지란 하나의 의지를 창출하는 과정이기도 하다. 공익도 하나고 킹덤도 하나의 지배라면, 공익과 킹덤이 융합되지 못할 논리적 이유는 없다는 말이다. 역사학자 조엘 코르네트는 절대적 왕을 프랑스의 강박관념Obsession이라고까지 표현한다.[84]

> 프랑스 역사의 특징은 강력한 군주제(모나키)를 아주 일찍부터 강조해온 '절대주의' 전통이며, 이는 장기적 시간 속에 뿌리내린 정치 문화의 핵심이다. 이러한 '프랑스적 강박관념'은 시대와 체제를 막론하고 반복적으로 나타났으며, 심지어 1962년 이후 보통선거의 세례를 받은 '공화정의 군주'에게까지 적용된다. 2017년 새로 당선된 대통령[85]도 예외가 아니었다. 그는 민주적이고 민족적이며 대중적인 축성祝聖, Sacre을 거쳐, 로마의 신 중의 신 유피테르에 비유될 만큼 강력한 지도자로 불렸다. '절대적 왕Roi absolu'이라는 개념은 바로 이런 전통과 인식을 압축하는 말이자, 이 책의 제목이며 존재 이유다.

물론 프랑스의 대통령은 킹덤의 문법뿐 아니라, 고대 로마의 레스 푸블리카나 임페리움의 원칙을 이어받았다는 사실도 잊으면 안 된다. 예를 들어 프랑스 대통령이 보유하는 비상 시기에 대비한 권력(헌법 제16조)은 로마 집정관들이 일시적 독재자로 지명받으면 가졌던 전권을 연상케 한다. 프랑스 대통령은 또 의회에서 충분한 지지를 동원하지 못하면 국민에게 직접 호소하여 국민투표(헌법 제11조)를 통해 정치적 정당성을 확보하기도 한다. 이 또한 과거 레스 푸블리카와 임페리움의 시절에 민중에게 호소하던 정치적 관행을 상기시킨다.

현대 프랑스에서 확인할 수 있듯, 유럽의 정치 문법은 고대부터 다양한 원칙이 혼재된 복합적인 구조였다. 다만 유럽 문명의 특징은, 세계 여러 지역에서 보편적으로 나타나는 킹덤—즉 특정 가문이 가부장제에 기반하여 가산제를 운영하며 사회를 지배하는 정치 형태—이 고대 그리스·로마의 정치 전통과 긴장관계 속에서 형성되었다는 점이다. 폴리스와 레스 푸블리카에서 왕정은 폭정과 긴밀히 연결되었으며, 가능한 한 피해야 할 정치 형태로 인식됐다.

그러나 유럽도 1000년이 넘게 킹덤의 원칙이 지배하는 시기를 경험했다. 로마 제국 이후 '짧은 중세'라고 할 수 있는 15세기까지, 또는 '긴 중세'의 의미에서 18세기까지 유럽을 지배한 원리는 킹덤이었다. 이 장에서 우리는 유럽의 킹덤이 지니는 몇 가지 특징을 강조했다. 요약하자면 유럽의 킹덤은 다른 대륙이나 지역과 비교해 취약했다. 우선 그리스와 로마의 전통적인 정치 문법에 따르면 킹덤이란 야만적 민족의 관습에 불과했다. 킹덤은 무력을 앞세워 문명 지역으로 침략해 들어온 부족들의 정치 형태로 폴리스의 이성적 계획이나 레스 푸블리카의 균형감이 없는 제도일 뿐이었다. 정치 문법의 정통성에서 크게 뒤졌다는 의미다.

다음으로 유럽의 킹덤은 봉건주의라는 독특한 제도에 의존했다는 점에서도 취약했다. 일반적으로 킹덤은 권력을 집중시키는 제도다. 대개 같은 종족 문화적 특징을 가진 공동체에서 씨족, 부족 등이 킹덤으로 발전하는 형식이기 때문이다. 그러나 유럽에서 킹덤은 다른 종족 문화적 배경을 가진 주민들 위에 세워졌고, 그것도 다양한 갈래가 각각의 영토를 지배하는 형식이었다.[86] 킹은 귀족 영주 가운데 한 명이었고, 대부분 선출되었으며, 선출된 이후에도 영토에 대한 권리를 주장하기는 어려웠다. 유럽 1000년의 킹덤 역사는 이런 취약성을 점차 강화하는 과정이라고 봐도 큰 무리가 없다.

마지막으로, 유럽 킹덤의 취약성은 종교와의 관계에서도 분명히 드러났다. 가톨릭교회는 로마 제국의 국교로 자리 잡으며 이미 대륙 전역에 촘촘한 조직망을 구축했다. 킹들은 정치적 권력을 가졌음에도 불구하고 교회가 정통성과 권위를 인정하지 않으면 지배가 불안정해질 수 있었다. 즉, 킹과 교회는 서로를 필요로 하면서도 경쟁하는 긴장관계에 있었다. 이러한 구조 속에서 유럽은 기본적으로 기독교 사회Société chrétienne였으며,[87] 대륙 규모의 강력한 종교 세력과 분할된 정치 세력 사이의 불균형은 매우 특수한 국제사회를 낳았다. 하나의 종교라는 문명적 우산 아래 있으면서도 정치적 통합은 이뤄지지 못한, '기독교 킹덤'의 국제사회였다.

16세기부터 유럽은 새로운 정치 문법의 형성기에 들어섰다. 근대세계를 규정하는 민족, 즉 네이션이 서서히 나타나기 시작한 것이다. 오늘날 동아시아에서처럼 민족을 정치 공동체의 당연한 단위로 여기는 시각은 세계사적으로 예외에 가깝다. 한국과 일본은 지리적 통일성과 문화적 동질성이 장기간 일치한 드문 사례다. 반면 유럽은 문화와 정치 공동체가 전혀 일치하지 않는 가운데 복합적으로 공존했다. 그래서 유럽의 네이션은 자연스럽게 형성된 것이 아니라, 정치적 필요와 협상 속에서 인위적으로 만들어진 산물이었다. 다음 장에서는 이러한 네이션이 어떻게 형성되었는지를 구체적으로 살펴본다.

6장
근대의 네이션
: 영국, 미국, 프랑스

민족은 동아시아 정치에서 핵심적인 개념이다. 한국, 중국, 일본은 모두 민족을 가장 높은 수준의 절대적 정치 개념으로 올려놓고, 민족을 중심으로 국가를 규정하며, 민족의 부흥과 발전을 최고의 목표로 추구하는 듯하다. 남한과 일본, 대만 등은 자유민주주의를, 북한과 중국은 공산주의를 각각 유럽에서 수입해 국가의 기본 이념으로 삼고 있다. 자유민주주의는 국민 개개인의 자율성과 결정권이 존중되는 정치 체제로 민주공화국의 형식을 띤다. 대한민국이나 중화민국이 대표적이다. 공산주의 역시 계급 해방에 방점을 두지만, 궁극적으로는 개인의 행복과 자아실현을 목표로 하며 인민공화국의 형식을 자랑한다. 중화인민공화국과 조선민주주의인민공화국이 그 예다.

민국民國이나 인민공화국人民共和國은 전통적인 국명이 아니라 근대에 만들어진 명칭이다. 여기서 자연스럽게 떠오르는 질문은 왜 동아시아에서 민국이나 인민공화국이라는 표현이 20세기부터 갑자기 등장했는가 하는 점이다. 이들 국명은 19세기 유럽에서 만들어져 세계로 전파된 민족 또는 네이션의 개념에서 비롯되었다. 한민족, 조선 민족, 중화 민족, 일본 민족 등 동아시아의 어떤 민족도 19세기 이전에는 존재하지 않았다.

게다가 민족은 동아시아에서 어찌나 강력한 정치 이데올로기로 부상했던지, 그 개념의 유럽적 기원을 언급하는 행위 자체가 커다란 도전에 직면한다. 개념은 수입된 것일 수 있으나 민족이라는 실체는 오래전부터 존재해왔다는 주장을 쉽게 접할 수 있다. 이는 우리가 애용하는 붉은 배추김치가 수천 년의 역사를 가졌다고 생각하는 것과 비슷하다. 고춧가루로 음식을 버무려 맛을 내는 습관은 임진왜란 이후의 일이고, 배추로 김치를 담그기 시작한 것은 그보다 더 뒤의 일이다. 그럼에도 김치는 우리 민족의 대표 음식이기에 긴 역사가 있다고 생각한다. 실제로 우리는 지구상의 다른 많은 집단처럼 채소를 소금에 절여 보관했다가 먹는 습관이 오래전부터 있었다. 1000년 전의 절인 채소가 현재 배추김치의 기원이므로 김치의 역사는 1000년이 넘는다는 논리(또는 논리의 비약)는 민족 개념사에도 적용할 수 있다.

이 장에서는 '민족'이라는 번역 개념보다 원어인 네이션nation을 사용한다. 동아시아의 일부 학자들은 네이션보다 족류族類 또는 국족國族이라는 개념을 제시하기도 했다.[1] 영어의 네이션은 프랑스어의 나

시옹, 독일어의 나치온 등으로 발음은 약간 다르지만 유사한 의미를 공유한다. 앞서 도시국가보다는 폴리스를, 공화국보다는 레스 푸블리카를 사용했듯, '민족'이나 '국민'보다는 네이션을 직접 논의하는 것이 정치 문법의 기원을 이해하는 데 더 적합하다.

물론 네이션이라는 유럽어를 사용하더라도 문제가 완전히 해소되는 것은 아니다. 네이션의 의미와 이해는 나라와 정치사상의 전통마다 크게 다르기 때문이다. 일반적으로 네이션을 연구하는 학자들은 두 가지 유형을 구별한다.[2] 하나는 혈통을 중시하면서 언어와 문화를 강조하는 종족적 네이션의 형식이다. 동아시아의 민족 개념과도 밀접하게 닿아 있는 유형으로, 대표적인 학자는 앤서니 스미스다. 그의 대표 저작 제목이 바로 『네이션의 종족적 기원』이다.[3]

다른 하나는 정치적 선호와 의지를 강조하는 시민적 네이션의 형식이다. 혈통이나 문화, 언어가 다르더라도 정치적 동질성이나 시민적 연대를 중시하는 개념이다. 겔너는 스미스와 대립하는 근대적 민족론의 대표적인 학자다. 그는 네이션이 역사적 뿌리를 바탕으로 발전했다기보다 근대 자본주의와 개인주의의 기능적 필요 속에서 생성되었다고 본다.[4] 근대적 민족론은 네이션 자체보다 내셔널리즘이 네이션을 만들어낸다는 인식이 강하다. 그래서 네이션에는 거의 항상 내셔널리즘이 따라붙는다.[5] 종족적 네이션이 독일을 모델로 삼는다면, 시민적 네이션은 프랑스나 미국을 모델로 삼는다.

네이션에 관한 논의는 기존의 다양한 유럽 정치 뿌리와는 결이 약간 다르다. 네이션의 문법은 유럽에서 만들어졌으나, 유럽은 물론 전 세계에서 여전히 강력한 영향력을 발휘하는 현재진행형 문법이다. 폴리스, 레스 푸블리카, 크리스처니티, 킹덤 등은 긴 역사적 뿌리가 있으나 오늘날 그대로 유지되지는 않았다. 네이션은 이러한 선행 문법의 영향을 간직하는 동시에 새로운 논리를 덧붙였고, 세계적으로 보면 여전히 전성기를 구가하고 있다. 따라서 이 장에서는 네이션의 기원과 형성이라는 1단계, 네이션이 사회와 결합하는 2단계, 그리고 네이션이 시대적으로 변천하는 역사적 3단계로 나누어 그 정치 문법을 분석한다.

우선 네이션의 문법이 17세기부터 영국과 프랑스를 중심으로 형성되어 19세기 유럽, 그리고 20세기 전 세계로 확산된 경로를 살펴본다. 다음으로 네이션이 결속력 강한 공동체를 대규모로 만들어내는 데 특별히 효율적인 정치 문법이라는 점을 강조한다. 마지막으로 이렇게 형성된 강력한 공동체가 왜 서로 충돌할 수밖에 없는지, 공존의 지속 가능성이라는 관점에서 논의한다.

1

네이션의 경로와 문법

데이비드 흄은 「정부의 첫 번째 원칙」이라는 글에서 정치의 본질에 대해 논의하면서, 정치적 지배란 소수가 다수를 지배하는 형식이기에 힘에만 의존할 수는 없다고 설명한다. 다수는 소수보다 힘이 강하기 때문이다. 소수가 다수를 지배할 수 있는 정치의 본질은 따라서 힘이 아니라 의견, 생각, 믿음에서 비롯된다는 설명이다.[6]

철학적 시각으로 인간사를 바라볼 때 가장 놀라운 사실은 아주 작은 수의 사람이 매우 많은 사람을 어떻게 그렇게도 쉽게 통치하는가에 있다. 그리고 이 다수의 사람이 자신의 감정과 열정을 포기하고 지배자들에게 암묵적으로 복종하는가에 있다. 이 기적 같은 놀라운 일이 어떻게 일어날 수 있는지를 살펴보면, 힘은 항상 피지배자 측에 있으며, 지배자들을 지탱하는 토대는 의견opinion뿐이라는 사실을 발견하게 된다. 따라서 정부란 오직 의견에 의지할 뿐이다. 이 명제는 가장 독재적이고 군사적인 정부에서부터 가장 자유롭고 대중적인 정부에 이르기까지 모두에 적용된다.

이런 관점에서 네이션은 인류가 만들어낸 가장 강한 정치 공동체다. 다수의 적극적이고 자발적인 참여를 정치 공동체 형성의 핵심 원리로 삼았기 때문이다. 네이션은 다수의 개인적 감정과 열정을 하나의 집단으로 묶어내면서, 구성원들이 자신의 고유한 감정이나 열정을 포기하지 않고도 스스로 지배하는 구조를 창출한 매혹적인 장치다.

앞서 언급한 종족적 민족과 시민적 민족은 다수를 정의하는 두 가지 방법에 불과하다. 종족적 민족이란 같은 조상이나 혈통을 공유한다는 믿음에 기초해 자발적으로 참여하고 복종하는 공동체를 의미한다면, 시민적 민족은 하나의 공동체를 형성하고자 하는 평등한 의지를 통해 결속력을 다지는 집단을 뜻한다. 공동체의 틀이 역사·운명적으로 주어졌느냐, 아니면 인공적으로 만들어졌느냐의 차이가 있지만, 어떤 경우라도 구성원의 참여는 중요하다. 얼핏 종족적 공동체가 시민적 공동체보다 자연스럽고 따라서 시기상 먼저 형성되었으리라고 추측할 수 있다. 하지만 역사적으로 먼저 형성된 것은 시민적 공동체다.

킹덤에서 네이션으로

다른 대륙과 비교했을 때 유럽 킹덤의 특징은 신민臣民과 지배 계급의 종족적 차이에 있다고 강조했다. 로마 제국의 붕괴 이후 왕족·귀족과 주민은 대개 서로 다른 종족적 집단이었다. 앞서 영국에서 노르만과 색슨족의 대립, 그리고 프랑스에서 프랑크와 골족의 대립을 소개한 바 있다. 로마 제국의 중심이었던 이탈리아반도에서도 사정은 마찬가지였다. 6~8세기 이탈리아 북부는 게르만계 롬바르드족이 지배했고 그 연유로 밀라노 부근 지역은 롬바르디아라는 명칭을 갖게 되었다. 즉 롬바르드족이 지배했고 로마인들은 일부 지배 계층에 흡수되었겠으나, 대다수는 피지배 계층이었다는 의미다.

이런 유럽의 특징으로 인해 종족적 집단의 동질성은 취약했고, 이를 정치적 단위의 기둥으로 삼기에는 무리였을 수 있다. 킹덤은 지배 계층의 철저한 이해와 셈법에 따라 경계가 유동적으로 움직이는 구조였다. 유럽에서 제일 먼저 네이션 개념을 발전시킨 사례는 강한 킹덤을 바탕으로 역사의 경험을 반복하면서 동질성을 만들어간 잉글랜드와 프랑스다.

왕·귀족과 주민의 문화적 정체성이 다른데 왜 잉글랜드와 프랑스는 네이션의 개념을 발전시켰던 것일까. 영국과 프랑스의 백년 전쟁(1337~1453)이 도버해협 양안에서 민족 정체성이 처음 만들어지는 데 공헌했다고 역사학자들은 분석한다. 어떤 싸움이든 진행되는 과정에서 투쟁 당사자들은 결속력을 다진다는 사실은 잘 알려져 있다. 게다가 백년전쟁이라는 표현이 보여주듯 장기간 계속되는 투쟁은 효과가 더 강하다. "전쟁이 국가를 만들고, 또 국가가 전쟁을 만든다"는 틸리의 명제는 유럽 중세에서 익히 확인할 수 있다.[7] 국가와 네이션, 두 개념은 같은 의미로 사용되기도 하고, 구분되기도 한다.

무엇보다 중요한 사실은 이런 빈번한 전쟁으로 인해 주민 동원의 필요성이 강화되는 가운데, 전쟁의 기술 또한 주민의 중요성을 드높이는 방향으로 전개되었다는 점이다.[8] 중세 초기의 전쟁은 소수의 귀족이 중무장한 채 말을 타고 싸우는 형식이었다면, 보병이 소총으로 무장하고 대포와 포병이 등장하면서 귀족의 군사적 기여도는 낮아졌다. 킹덤의 관점에서 보면 귀족이나 기사의 동원만큼 중요해진 요소가, 목숨 바칠 각오가 되어 있는 다수 주민의 동원 여부다.

유럽의 주민들은 기본적으로 왕족이나 지배 귀족과 동질성이 낮다. 농촌 주민들은 다른 언어와 풍습을 가진 왕·귀족을 위해 목숨 바쳐 싸울 동기가 없었다. 골족의 배경을 가진 파리 근교의 농민이 먼 지역에서 점령해 들어온 프랑크 왕·귀족을 위해 싸울 이유를 찾기 어려웠다는 뜻이다. 색슨어를 사용하는 런던 근교의 농민도 노르망디에서 건너온 왕·귀족의 이익을 위해 목숨을 바칠 이유는 별로 없었다. 로마 제국 시기에 이탈리아에서 이주해온 라틴어를 사용하는 런던이나 파리의 도시민들 또한 프랑크나 노르망디 왕·귀족과는 다른 문화적 정체성을 가졌다. '도시민'들이 중시한 것은 말 그대로 '시민사회'의 독립성과 자율성이지 왕을 위해 충성하는 일이 아니었다.

서로 경쟁하면서 전쟁을 이끄는 왕실, 그리고 어떻게든 전투를 피하려는 주민과 도시민들, 즉 왕실과 주민 사이에는 근본적인 이해 상충이 존재했다. 거시 역사적으로 본다면 이처럼 충돌하는 이해를 하나로 만드는 기묘한 '마술'이 네이션이었다. 네이션은 영어에서는 의미 전달이 좀 어려우나 프랑스어의 '태어나다'를 뜻하는 동사 Naître, 또는 태어남을 의미하는 Naissance와 상통한다. 네이션은 같은 곳에서 태어난 사람들을 일컫는 용어로 만들어졌다. 중세 유럽 대학에서 네이션이란 같은 지역에서 태어난 사람들을 의미했다.[9] 현대 한국으로 치면 대학 안의 동향 모임, 즉 향우회鄕友會다.

민족주의가 지배하는 현대에 사는 우리는 이런 동질성을 무척 중요하게 생각한다. 그러나 중세 유럽에서 같은 지역에서 태어났다는 사실은 그리 중요하지 않았다. 귀족, 상민, 노비 등의 사회적 신분이 중요했고, 자신이 속한 작은 지역의 언어나 관습이 중요했으며, 도시민이라면 직업이 중요했다. 네이션은 사회적 신분과 문화적 정체성을 초월하는 더 큰 규모의 영역을 포괄하는 새로운 사회 문법이었던 셈이다. 단지 같은 지리적 영역에서 태어났다는 사실이 하나의 새로운 집단 정체성을 만들기 시작한 것은 유럽의 정치적 혁명이었다.

물론 민족이라는 혁명은 어느 순간 갑자기 일어난 사건이 아니다. 베니딕트 앤더슨이 『상상의 공동체』에서 적절하게 설명했듯, 중세 후기 인쇄술의 발전과 종교개혁, 민족 언어의 확산은 모두 네이션 개념을 전면으로 밀어 내세운 중대한 변화들이다. 어느 날 갑자기 깨달음을 통해, 또는 어떤 정치적 결정이 네이션의 탄생을 가져온 것은 아니다. 네이션의 형성은 지배 계층과 피지배 계층의 수 세기에 걸친 복합적 상호관계 속에서 이뤄졌다.

영국은 킹덤의 형식을 유지하면서 네이션을 발전시켰다. 앞 장에서 살펴보았듯 잉글랜드는 웨일스, 스코틀랜드, 아일랜드 등을 차례로 킹덤의 논리에 맞춰 흡수했다. 통일 왕국이란 왕관Crown을 중심으로 다양한 지역을 하나로 묶은 결과다.[10] 잉글랜드와 스코틀랜드는 문화적으로 서로 달랐으나, 같은 왕에게 충성을 맹세한다는 점에서 공통된 정체성을 가졌다. 웨일스 주민들은 바다 건너 하노버를 오가는 왕들과 별 공통점이 없었으나, 런던 웨스트민스터 의회에 대표를 선출해 파견하기에 잉글랜드와 하나의 공동체를 형성한다고 할 수 있었다.

무엇보다 통합 왕국은 종교개혁을 통해 스페인이나 프랑스 등 대륙의 가톨릭 세력과 대립하는 독자적 정체성을 갖고 있음을 확고하게 인식했다. 영국은 오늘날까지 킹덤이 네이션을 얼싸안는 구조를 유지하고 있는데, 스코틀랜드의 독립 시도에서 보듯 킹덤의 약화는 네이션의 붕괴나 분화로 이어질 위험을 안고 있다.

프랑스도 처음에는 영국과 마찬가지로 킹덤을 통해 네이션을 발전시켰다. 프랑스 왕실은 결혼과 전쟁이라는 양면 전략으로 점차 왕실의 영토를 확대했다.[11] 17세기에 이르러서는 유럽에서 가장 거대한 영토를 하나의 왕조가 지배하는 성과를 이룩했다. 게다가 절대 왕정을 통해 강력한 중앙집권적 국가 기구를 건설함으로써 유럽의 중심으로 자리 잡았다. 베르사유는 절대 왕정의 상징으로 유럽 대륙 모든 왕실의 모델이 되었고, 프랑스어는 문화적으로 유럽 왕실과 귀족을 지배하는 언어로 떠올랐다.

　엄밀하게 따진다면 17~18세기에도 프랑스 왕실이 유럽의 왕실과 귀족을 주도했으나, 프랑스 국내 주민들이 하나의 민족적 일체성을 느꼈다고 말하기는 어렵다. 지방에서는 여전히 일상적으로 방언을 썼고, 각 지역의 고유한 전통과 관습, 법률이 사람들의 생활을 지배했다. 프랑스 킹덤에서 태어나 사는 사람들은 프랑스인이라 불렸고 지도에 나타난 프랑스의 정체성을 공유했으나, 이들을 하나로 묶는 장치는 매우 인위적이고 형식적인 것들이었다. 그러나 아래에서 살펴보게 되듯 하나의 왕관 아래 몸통을 형성했던 사람과 영토와 관습은 프랑스 대혁명을 통해 본격적으로 역사의 주인공으로 등장하게 된다.

네덜란드의 사례

　프랑스나 미국처럼 혁명을 통한 네이션 형성의 대표적 사례를 다루기 전에 그리 잘 알려지지 않았지만 매우 중요한 역사적 선례로 네덜란드를 살펴볼 필요가 있다. 예를 들어 미국의 언론인 파리드 자카리아는 현대의 자유민주주의를 낳은 다양한 혁명 가운데 첫 번째 사례로 네덜란드를 꼽으며, '최초의 자유 혁명'이라고 부른다.[12] 네덜란드 지역의 도시와 주민들은 합스부르크 왕가의 종주권에 반기를 들고 1560년대부터 1640년대까지 80여 년간 투쟁과 전쟁을 거쳐 독립을 쟁취했다. 이들은 1579년부터 국가연합, 즉 콘페더레이션Confederation을 형성해 새로운 정치 단위를 발명하고 제시했다는 점에서 과연 혁명적이었다.

네덜란드는 18세기 미국이나 프랑스보다 앞서 만들어진 네이션의 한 형태라고 할 수 있다.[13] 16세기 네덜란드의 형성에 가장 결정적인 요소는 세 가지, 즉 지리, 종교, 정치경제였다. 원래 네덜란드 지역은 앞서 언급한 왕위 상속의 행운아 카를 5세의 영토다. 네덜란드는 벨기에 및 남쪽 부르고뉴 지역과 한 묶음으로 공작이나 백작에게 귀속되는 영토다. 프랑스란 이름은 게르만 부족 가운데 프랑크족에서 유래하고, 잉글랜드도 게르만 부족 중 앵글족에서 비롯된다. 실제로 색슨과 앵글족은 네덜란드 지역에서 영국 쪽 섬으로 넘어간 부족이다. 하지만 프랑스나 잉글랜드와 달리 네덜란드는 그야말로 저지대, 즉 '낮은 땅'을 의미하는 자연 지리적 표현이다. 부족이나 종족 등 인간 집단이 아닌 땅의 특징이 나라의 이름이 되었다는 말이다.

이 지역 사람들의 종족적 특징은 언어에서 찾을 수 있다. 네덜란드어는 게르만 계통 언어의 한 갈래라고 볼 수 있다. 언어적 특징만을 고려한다면 네덜란드 역시 독일이라는 나라의 한 부분이 될 문화적 요소를 갖춘 셈이다. 다만 독일 지역의 수많은 정치 단위와는 달리 네덜란드는 일찍이 하나의 네이션을 형성하면서 독립했다. 문화적 특징을 공유하는 오스트리아와 독일이 서로 다른 나라가 되었듯이, 네덜란드는 아주 이른 시기에 다른 네이션으로 자리매김한 모양새다.

낮은 지대라는 명칭은 사실 네덜란드와 벨기에가 공유한다. 다만 네덜란드는 낮은 지대의 북부에 위치하면서 합스부르크가의 지배에 저항한 세력이고, 벨기에는 지배를 수용하여 충성한 세력이다. 네덜란드와 벨기에는 하나의 네이션이 될 수 있는 공통의 지리적 조건을 갖고 있었으나, 정치적 선택에 따라 결국 둘로 나뉘었다. 북아메리카에서 미국은 영국에 반항하여 독립을 선택했으나, 캐나다는 영국에 충성하여 계속 지배를 받은 사례와 유사하다. 미국과 캐나다가 한 나라가 되어도 전혀 이상하지 않듯, 네덜란드와 벨기에도 하나가 될 조건을 갖추었으나 정치적 의지와 선택에 의해 둘로 나뉘었다.

여기서 네덜란드 형성의 두 번째 결정적 요소인 종교가 등장한다. 16세기 당시 유럽 전역은 종교개혁으로 가톨릭과 프로테스탄트의 대립이 가장 중요한 정치적 대립과 분쟁의 요인이었다. 저지대 북부의 도시와 사람들이 네덜란드라는 새로운 정치 단위를 형성하는 데 결정적으로 도움을 준 요인이 바로 프로테스탄트 세력이라는 점이다. 네덜란드의 종주권은 오스트리아와 스페인에 자리 잡은 합스부르크 왕실에 있었다. 합스부르크 왕가는 기본적으로 가톨릭 세력의 대표 주자였다.

따라서 네덜란드가 독립을 쟁취하기 위해 80여 년을 싸운 대상은 스페인이라는 민족국가라기보다는 펠리페 2세라는 합스부르크가의 군주였으며, 그가 상징하는 가톨릭 세력이었다. 펠리페 2세의 지배에 충성하는 벨기에 지역은 종교적으로 가톨릭 세력이 우세했다. 물론 저지대 북부와 남부, 즉 네덜란드와 벨기에에 모두 가톨릭과 프로테스탄트 세력이 공존했다. 다만 북부에서는 프로테스탄트가 다수였고, 남부에서는 가톨릭이 강세였다. 1648년 베스트팔렌 조약으로 네덜란드는 독립을 인정받았고, 대표적인 프로테스탄트 중심 세력으로 부상했다. 유럽의 프로테스탄트 유학생들이 네덜란드의 라이든대학으로 몰려가는 현상도 이때부터 유행했으며, 네덜란드는 자·타칭 '프로테스탄티즘의 이스라엘'로 떠올랐다.[14]

네덜란드 네이션 형성의 세 번째 요소는 자본주의적 도시들의 연합이라는 정치경제적 특징이다. 중세 후기 이탈리아의 도시국가들은 자본주의적 상업 문화를 발전시켰으나, 정치적으로 분열되어 서로 경쟁하는 체제였다. 특히 베네치아와 제노바는 해상 제국을 형성하며 서로 지중해의 패권을 놓고 다퉜다. 반면 네덜란드는 무려 일곱 개 주가 연합한 형태였다. 헬데를란트, 홀란트, 제일란트, 위트레흐트, 오버레이설, 프리슬란트, 호로닝언이다. 중세부터 이탈리아 북부와 저지대는 각각 남유럽과 북유럽에서 도시 밀도가 가장 높은 지역이다. 이탈리아가 지역적 분산과 경쟁의 체제였다면, 네덜란드는 다수의 도시가 하나의 연합을 형성하면서 세계 무역과 자본주의의 중심으로 떠올랐다. 네덜란드는 여러 도시국가의 힘을 하나로 집중시키는 정치적 혁신을 통해 이탈리아를 넘어설 수 있었고, 세계를 지배하는 세력을 가질 수 있었다.[15]

네덜란드는 미국이나 프랑스처럼 세계 혁명의 모태가 되지는 않았다. 그러나 로마 이후 가장 크고 강력한 레스 푸블리카를 형성하는 데 성공했다. 중세까지 베네치아가 대표적인 레스 푸블리카였다면,

16세기부터는 '네덜란드 연합 지역United Provinces of the Netherlands'이 '더치 공화국Dutch Republic'으로 불리면서 유럽의 대표적인 공화국으로 부상했다.[16] 네덜란드는 합스부르크 왕가와 가톨릭으로 상징되는 전제주의에 저항하는 새로운 정치 모델로 자리매김했다.

유럽의 역사를 관통하는 자유의 담론은 네덜란드의 집단 정체성에 큰 기둥이 되었다. 네덜란드는 종교의 자유는 물론 학문과 언론, 출판의 관용이 지배하는 땅으로 유명해졌고 스페인이나 프랑스에서 탄압받는 프로테스탄트와 유대인들이 대거 이주하는 자유의 지방Provinces이 되었다. 1688년에는 네덜란드의 오라녜/오렌지 윌리엄 공이 군사를 이끌고 영국으로 진입해 가톨릭교도인 장인丈人 제임스 2세를 몰아내고 왕위를 차지하면서 명예혁명을 통해 영국의 자유화를 주도하게 된다.

네이션의 부상

네이션의 부상을 알리는 프랑스와 미국의 혁명은 시기상 18세기 말로 일치한다. 현대 정치 문법에서 네이션의 기원을 따지는 방식은 다양하지만, 주어진 영토에서 삶을 영위하는 주민들의 정치 공동체라는 의미를 중시한다면 단연 미국과 프랑스의 혁명을 들 수 있다. 미국의 혁명은 1776년 독립선언으로부터 영국과의 전쟁을 통해 미합중국을 수립하는 과정을 일컫는다. 프랑스 대혁명은 1789년 인권 및 시민 선언부터 킹덤을 종결하고 공화국을 수립하는 과정을 말한다. 18세기는 계몽주의 시대로 알려졌고, 인간의 보편적 존엄성이나 공화주의적 권력의 균형, 합리적 사고를 통한 사회 변화 등에 대한 인식이 지식인층에서 빠르게 확산되었다. 실제로 미국과 프랑스 혁명을 주도한 인물들은 상호 교류를 통해 이념적 기반을 공유하곤 했다.

네이션이라는 역사의 새로운 주인공이 떠오르는 데 우리가 주목해야 할 부분은 문화·종족적으로 같은 집단 내부에서 혁명을 통해 새로운 공동체가 부상했다는 사실이다. 미국이라는 네이션이 탄생하는 과정은 외세와의 싸움이 아니라, 같은 영어를 쓰고 개신교라는 동일한 종교적 기반을 가진 영국 본토 세력으로부터의 독립을 의미한다. 아메리카 대륙 식민지에 거주하는 주민들의 공통점은 거주지의 지리적 근접성과, 같은 왕관의 지배 아래 놓였다는 사실이다.[17] '아메리칸'들은 킹덤의 충성 논리를 부정하고 출생의 지리적 공통성을 정치적 공동체 형성의 핵심으로 대체한 셈이다.

프랑스 혁명은 분명히 동질적인 문화·종족적 단위 안에서 일어난 사건이었다. 혁명의 출발점이 된 삼부회의 소집은 프랑스 킹덤의 역사적 전통을 불러오는 행위였다.[18] 그러나 제3신분, 즉 일반 시민들을 대표하는 계층이 귀족과 성직자의 전통적 특권을 축소하고, 나아가 왕의 지배에 종지부를 찍는 과정을 주도하면서 혁명의 방향은 급선회했다. 이 과정에서 다수의 왕족과 귀족들은 해외로 망명했고, 외국의 군사적 개입을 유도해 혁명을 되돌리고자 시도했다. 그 결과 프랑스 혁명은 외세와의 전쟁이라는 새로운 국면을 맞았지만,

이는 어디까지나 혁명의 부산물이었을 뿐 외세와의 투쟁이 혁명의 직접적인 원인은 아니었다. 다시 말해, 프랑스 네이션의 탄생은 내부에서 킹덤과 봉건적 특권 체제를 해체하는 과정을 통해 이루어진 것이었다.

미국이나 프랑스에서 네이션은 태생적으로 혁명성을 지닌다. 킹덤의 문법과 틀 속에서 자라났으나, 킹덤을 부정하고 계승하는 양면성을 지니고 있다. 킹덤과 네이션의 차이는 민주적 성격에 있다. 킹덤은 왕이 공동체를 정의하고 규정하는 주체이나, 네이션은 왕이 아니라 같은 지역에서 태어나 자란 사람들이 공동체를 만든 결과다. 영국에서 이주했거나 앵글로·색슨이 아니더라도 같은 아메리카 대륙의 뉴욕이나 필라델피아의 주민이라면 미국 네이션의 일원이다. 파리의 프랑스어와는 전혀 다른 브르타뉴어를 사용하는 사람이라도, 프랑스라는 국토에서 태어난 자는 프랑스 공화국 시민이 되는 것과 마찬가지 이치다. 네이션과 민주주의의 상관관계에 대해 리아 그린펠드는 다음과 같이 단호하게 설명한다.[19]

> 주권이 민중People에게 있고, 민중의 다양한 계층 사이에는 근본적인 평등이 존재한다는 사실을 인정하는 데서 근대적 네이션의 본질이 형성되었다. 이는 동시에 민주주의의 기본 전제이기도 하다. 민주주의는 태생적으로 내셔널리티의 의미를 지니고 있었으며, 맞물려 있다. 이 연결성 밖에서는 어느 하나도 온전히 이해할 수 없다. 다시 말해, 내셔널리즘은 민주주의가 세계에 등장한 형

「프랑스 공화국의 선포」, 장자크 샹팽, 19세기 중반.
1848년 5월 4일 프랑스 하원의사당 건물 앞에서 시민들의 환호 속에 제2공화국을 선포하는 장면이다.
미국이나 프랑스에서 네이션은 태생적으로 혁명성을 지닌다.

식이며, 민주주의는 마치 나비가 고치 안에 있듯 네이션의 개념 안에 포함되어 있었다.

베니딕트 앤더슨이 날카롭게 지적하듯, 네이션 개념의 전파와 확산을 가장 생생하게 보여주는 무대는 어쩌면 중남미일지도 모른다.[20] 19세기 초반, 이 지역에서는 미국과 프랑스 혁명의 이념을 이어받아 독립혁명이 연이어 일어났다. 주도 세력은 같은 이베리아반도 출신이면서, 식민지에 정착해 세대를 이어온 스페인계 정착민들이었다. 이들은 본토 카스티야에서 파견한 지배계급의 통치와 차별에 맞서 독립을 추진했다.

당시 스페인 제국의 식민지 관료제 구조를 보면, 본토 출신 관료는 제국 전역을 옮겨다니며 경력을 쌓고, 능력에 따라 본국의 고위직으로 진출할 수 있었다. 반면 식민지에서 태어난 스페인계 관료는 자신이 태어난 식민지—가령 페루 출신이면 페루, 필리핀 출신이면 필리핀—안에서만 근무할 수 있었고, 승진에도 분명한 한계가 있었다. 이 제도적 장벽은 현지에 정착한 스페인 엘리트들에게 깊은 불만을 안겨주었고, 그들이 주도적으로 혁명과 독립운동에 뛰어든 배경이 되었다. 아메리카에 정착한 영국인들이 독립을 추진한 상황과 비슷했다.

네이션의 탄생에 대해 우리가 또 정확하게 이해해야 할 부분은 혁명성을 뛰어넘는 보편성이다. 프랑스 시민과 인권 선언의 첫 조항은 "모든 인간은 법적으로 자유롭고 평등하게 태어나 그 상태를 유지한다"로 시작된다. 프랑스 영토에 사는 사람들이 아니라 모든 인간이라는 보편적 지향을 지닌다는 뜻이다.

그 이유나 배경으로는 그리스 문화의 보편성, 로마 제국의 개방성, 크리스처니티의 포괄성 등 다양한 요인을 들 수 있다. 중요한 사실은 네이션이 프랑스인이라는 특수성보다는 인류를 향하는 보편성으로 시작되었다는 점이다. 프랑스 사람이란 다른 민족과 어떻게 다르다거나 어떤 체제를 지향한다는 주장은 없다. 자유롭고 평등한 인류의 시대를 여는 데 프랑스가 앞장섰다는 결론만이 특수하다면 특수하다.

미국에서도 혁명과 독립의 배경에는 보편성이 자리하고 있다. 토머스 페인은 『상식Common Sense』에서 미국인의 조상이 영국이라는 신화를 비판하면서, "아메리카의 조상 국가Parent country는 잉글랜드가 아니라 유럽"이라고 강조했다. 그는 "우리만의 정부를 갖는 것은 우리의 자연스러운 권리"라고 선언함으로써 자치의 근원은 잉글랜드에서 전해진 자유가 아니라 인류의 권리임을 확인했다.[21] 종족적 성격을 부정하면서 동시에 보편성을 확실하게 드러내는 주장이다.

프랑스나 미국의 네이션이 갖는 혁명성과 보편성에 대해, 이들의 역사에서 드러나는 제국주의적 행태를 꼬집으며 위선적인 포장이라는 반박도 있다. 실제로 프랑스는 18세기 혁명의 여파를 몰아 유럽의 이웃 나라를 점령하여 지배하기도 했고, 19세기 내내 영국과 경쟁하며 세계의 제국주의 세력으로 군림했다. 미국도 영국과 다투면서 독립을 얻어낼 때는 반反제국주의의 기치를 내세웠으나, 19세기부터는 먼로 독트린을 통해 다른 나라를 지배하는 제국주의적 성향을 드러낸 바 있다. 특히 20세기 냉전기에는 미국의 제국주의가 세계의 비난을 받는 대상이 되기도 했다.

그러나 미국과 프랑스가 제국주의를 경험한 사실은, 역설적으로 두 네이션이 지닌 혁명성과 보편성을 확인해주는 사례이기도 하다. 미국과 프랑스 네이션의 뿌리는 사회적 지배와 특권을 무너뜨리는 혁명 정신, 그리고 누구나 자유와 평등을 누려야 한다는 보편적 가치에 있었다. 바로 그 때문에, 미국이나 프랑스의 식민 지배를 받는 집단은 언제나 종주국의 혁명적·보편적 정체성을 근거로 제국주의를 비판하고 그에 항의할 수 있었다.

다시 말해, 두 네이션이 세운 가치 체계는 기본적으로 외부로 확산할 수 있는 성격을 지녔다.[22] 제국주의는 평등의 원칙에서 벗어나며, 모든 이가 자유를 가져야 한다는 보편성의 원칙과도 충돌한다. 그래서 단기적으로는 혁명 정신에 대한 모순이다. 하지만 장기적으로 보면, 이 모순을 극복하려는 과정에서 오히려 네이션의 원칙이 더 확산되는 결과를 낳기도 했다.

프랑스는 나폴레옹의 제국을 통해 이웃 나라를 지배하고 자국의 영역을 넓혔다. 이 과정에서 독일, 베네룩스, 스위스, 이탈리아, 이베리아 등지로 프랑스 네이션의 혁명성과 보편성이 전파되었고, 이들은 반발하면서도 프랑스를 모방해 각자의 네이션을 형성하려는 욕구를 키웠다. 프랑스의 식민지였던 아프리카와 아시아에서도 네이션, 자유, 평등의 이데올로기는 빠른 속도로 전파되었고, 알제리나 베트남은 반발적 네이션의 형성을 통해 프랑스의 손아귀에서 벗어나려고 전쟁을 벌였다. 미국도 프랑스와는 다른 형식의 제국주의였으나 네이션의 확산에 공헌한 부분은 뚜렷하다.

혁명성, 보편성, 확산성에 이어 마지막으로 강조할 부분은 개방성이다. 미국은 13개 주로 시작했으나 점차 영역을 넓혀 50개 주의 거대한 대륙적 국가로 성장했다. 미국이라는 네이션은 확산과 개방을 통해 지난 250여 년 동안 계속 커져왔다. 프랑스는 제국의 붕괴 및 탈식민화로 영토가 작아졌다고 생각할 수 있다. 그러나 프랑스 본토 안에는 다양한 배경의 문화·종족적 집단이 이주해 들어왔고, 프랑스 역시 미국 못지않은 다양한 문화의 용광로가 되었다. 특수성보다는 개방성을 강조하는 네이션이 계속해서 역사적 영향을 미친 결과라고 할 수 있다.

미국이 앵글로·색슨뿐 아니라 유럽의 다양한 이민 집단을 받아들여 하나의 새로운 네이션으로 융화했듯, 프랑스도 유럽의 다양한 지역이나 이제는 세계 각지에서 몰려드는 다양한 인종과 문화를 프랑스 시민의 네이션으로 융합하고 있다. 요약하자면 원래 네이션을 형성한 미국과 프랑스는 우리가 민족이라는 개념으로 생각하는 모델과는 전혀 다른 성격이다. 어쩌면 네이션은 민족이 아니라 민주족民主族이라고 부르는 편이 더 정확할 것이다. 왜냐하면 "네이션이란 민중people과 민주주의의 만남이 낳은 아이"이기 때문이다.[23]

반反네이션

프랑스나 미국에서 만들어진 네이션이 '민주족'의 의미를 갖는다면 독일은 전형적으로 반反네이션의 경향을 띤다. 독일에서 점진적으로 만들어진 모델도 영국이나 미국, 프랑스처럼 장기적으로는 네이션으로 발전했다. 그러나 독일의 네이션이란 영국의 통합 왕국처럼 하나의 킹덤에서 왕권에 대립하면서 성장한 공동체도 아니었고, 미국처럼 영국의 왕권에 저항하면서 독립한 공동체도 아니었으며, 프랑스처럼 킹덤을 붕괴시키고 대체하면서 등장한 공동체도 아니었다.

독일은 이웃 프랑스에서 성공적으로 부상한 네이션에 대항하여 만들어진 네이션이라는 의미에서 반네이션이며, 주어진 틀이 아닌 새로운 원칙에 의거하여 원래 모델과는 다른 네이션을 만들어야 했다는 점에서도 반네이션이다. "독일의 내셔널리즘을 세계 무대에 결국 등장하게 만든 사건은 프랑스가 주도한 혁명 전쟁의 와중에 나타난 프로이센의 패배다."[24] 프랑스라는 외세에 저항하면서 만들어진 네이션, 그리고 프랑스와는 다른 원칙을 추구하는 네이션이라는 이중적 특징이 독일 네이션을 규정하는 셈이다.

앞서 살펴본 네이션의 특징을 독일의 사례에 비추어 검토해보자. 우선 미국과 프랑스의 혁명성은 독일에서 찾아보기 어렵다. 독일에서 네이션 부상의 주요 과정은 미국이나 프랑스처럼 기존 왕권과 귀족 등의 기득권 및 특권을 무너뜨리는 혁명이 아니었다. 중세부터 서서히 왕권을 강화하면서 킹덤을 구성한 잉글랜드나 프랑스와 달리 독일에는 통합적 정치 단위가 형성되지 않았다. 매우 느슨한 형식의 신성로마 제국이 존재했으나, 그것은 말뿐인 제국이었지 실제로는 권력의 집중이 이뤄지지 못한 연합체에 불과했다. 게다가 오스트리아 합스부르크 왕가는 독일/게르만 문화권의 일부만을 지배했고, 다른 한편으로는 독일/게르만이 아닌 문화권을 포괄하는 애매한 킹덤을 형성했다. 따라서 독일은 네이션과 국가를 동시에 규정하고 건설해야 하는 이중적 과제를 떠안은 셈이다.

독일은 네이션을 구성하기 위해 오히려 기존의 킹덤을 강화할 수밖에 없었다. 혁명성이 아니라 지리상 제한적이었던 킹덤의 영역을 넓히는, 달리 표현하자면 킹덤의 논리를 강화하는 성격을 지닐 수밖에 없었다. 실제로 독일 통일의 주체는 프로이센과 오스트리아였고, 통일은 이 두 킹덤의 역사적 사명이었다. 게르만계의 독일과 오스트리아 두 국가는 1938~1945년의 짧은 합병Anchluss 기간을 제외하고는 여전히 분열 상태다.[25] 일반적으로 독일의 통일이라고 부르는 1871년 독일 제국의 선포는 프로이센 킹덤의 확산에 의한 결과라고 봐야 한다.

비스마르크가 주도한 통일이 프랑스와의 전쟁을 통해 달성되었고, 프랑스 베르사유 궁전에서 제국의 황제가 즉위했다는 사실은 독일 네이션의 특징을 상징적으로 잘 보여준다. 독일 제국의 출범은 네이션의 완성을 의미했고, 그 행사를 프랑스 킹덤의 상징인 베르사유 궁에서 진행한 것이다.

국제정치를 넘어 독일이 프랑스에 대해 갖고 있던 정치·문화적 열등감이나 집착을 보여준다. 당시 프로이센의 빌헬름 왕은 황제로 등극하면서 두 가지 불만이 있었다.[26] 하나는 황제란 왕들의 합의로 추대되어야 하는데 왕이 아니라 의회Reichtag가 황제의 등극을 주도하는 형식이었다는 점이다. 다른 하나는 '독일의 황제Kaiser von Deutschland'가 되었어야 하는데, 독일의 또 다른 주도 세력인 오스트리아를 고려해 '독일인 황제Deutscher Kaiser'에 그쳤다는 사실이다. 독일 통일에서 킹덤적 특징이 강하게 드러나는 부분이다.

프랑스 혁명에서 나타난 보편성도 독일에서는 찾아보기 어렵다. 요한 고틀리프 피히테는 1808년 발표한 『독일 국민에게 고함』에서 독일만이 진정한authentic 네이션이라며 프랑스처럼 골족, 로마인, 프랑크족 등이 뒤섞인 잡탕이 아니라고 강조했다.[27] 프랑스나 미국이 보여준 보편적 원칙의 선언은 독일로 오면서 특수성의 강조로 대체된다고 해도 과언이 아니다. 원래의 네이션이 인간의 자유와 평등을 주장했다면, 독일의 네이션은 독일 민족의 특수성인 언어와 문화를 강조하면서 부상했다. 프랑스가 조상이나 혈통을 따지기보다 인간이 가진 근본적인 동질성을 강조했다면, 독일은 오히려 오랜 전통의 특수성에 주목하면서 왜 독일이 특별하고 독보적인 공동체를 형성하는지를 부각하는 셈이다.

물론 독일의 네이션이 갖는 보편성을 완전히 부정하기는 어렵다. 독일도 각각의 네이션이 갖는 전통과 권리를 인정하면서 세계 또는 인류가 네이션으로 구성되었다는 사실을 확인했다. 말하자면 특수한 네이션의 보편성이라고 부를 수 있다. 19세기 초 헤겔은 "자유의 의식을 처음 가진 것은 그리스인들이었기에 그들은 자유로웠다. 하지만 그리스인과 로마인은 인간 그 자체가 아니라 소수만이 자유를 누린다는 사실을 알고 있었다"면서 "게르만 민족들이 처음으로 인간이 그 자체로서 자유롭다는 의식, 그리고 정신적 자유만이 진정한 자유의 성격이라는 사실을 기독교를 통해 알게 되었다"고 설명한다. "보편적 역사란 자유 의식의 진보"[28]라고 봤던 헤겔의 역사철학에서, 게르만 민족들은 소수가 아닌 다수 또는 전체가 자유를 누린다는 의식을 가졌고, 따라서 인류 역사의 특수한 임무를 수행하는 셈이었다.

그러나 현실에서 이런 특수성과 보편성의 조합은 매우 불안정한 관계로 표출된다. 게르만과 슬라브의 문화적 공동체는 동유럽 지역에서 지속적인 분쟁의 조합을 형성했으며, 심지어 같은 게르만이라고 볼 수도 있는 스칸디나비아와 독일, 네덜란드와 독일 등도 특수성의 범주에 대한 다툼을 초래해왔다. '민주족'에서 민주적 성격을 강조한다면 예를 들어 주민투표로 소속을 결정할 수 있다. 그러나 역사적 민족의 성격은 매우 모호하고 복합적이기에 쉽게 드러나지 않으며 항상 분쟁과 투쟁의 근원이 될 가능성이 크다.

보편성과 특수성의 대립은 '확산 방식'에서 가장 분명하게 드러난다. 프랑스와 미국에서는 자유·평등이라는 보편 가치가 스스로 규범적 잣대가 되어 내부 모순을 드러내고 그것을 고치는 압력을 만든다. 따라서 이들이 제국주의적 지배를 시도할 때, 피지배 집단은 바로 그 보편 가치(자유·평등·권리)를 근거로 제국을 비판하고 그에 저항할 수 있었다. 달리 말해, 보편주의는 자기비판의 언어를 피지배자에게도 제공하므로 단기적으로는 지배와 가치의 충돌이라는 모순을 낳지만, 장기적으로는 그 가치를 밖으로 '수출'하는 확산성을 갖는다. 반면 독일식 제국주의가 강조한 것은 '우리'만의 역사·혈통·정신 같은 특수성이었다. 특수성은 본질상 경계와 구획을 두껍게 만들고, 외부를 동화의 대상이 아니라 배제·서열화의 대상으로 보기 쉽다. 이때 확산은 가치의 전염이 아니라 정체성의 경쟁이 되고, 국제 관계는 자연히 제로섬에 가까워진다.

> 우리가 문화 혁명이라는 표현을 사용하는 이유는, 나치가 아주 오래전부터 존재하던 문명Zivilisation과 문화Kultur의 구분을 다시 끌어다 썼기 때문이다. 나치의 논리에서 문명이란 인위적이고 표면적이며 부정적 보편주의를 특징으로 한다. 반면 문화는 내면성Innerlichkeit의 깊은 곳에 뿌리를 두고 있으며 인종의 우선적 역사성에 기반한다. 이런 관점에서 나치의 문화 혁명은 고고학적 작업이다. 점차 게르만 인종의 본질을 왜곡하며 덮어버린 다양한 문화적 침전물을 하나씩 벗겨내려는 시도였기 때문이다.[29]

이러한 '문화 혁명'의 구상은 본질적으로 보편적 가치의 확산을 거부하는 것이었다. 보편적 가치가 외부와의 소통을 전제로 한다면, 나치가 상상한 문화는 외부와의 단절을 통해서만 순수성을 유지할 수 있었다. 따라서 이들의 확산은 설득이나 동화同化가 아니라, 배제와 정복을 통한 공간적 확장, 즉 힘에 의한 강제였다. 이런 구조 속에서 게르만의 특수성에 기초한 민족주의와 슬라브의 특수성을 뿌리로 삼는 인종적 민족주의는 서로를 '없애야 할 존재'로 간주하며 대립했다.

결과적으로 독일식 네이션의 확산은 제로섬 게임의 국제관계를 만들어내는 경향이 강했다. 나치가 내세웠던 생명 공간Lebensraum의 개념은 이 경향을 상징적으로 보여준다. 여기서 공간은 '공존의 장'이 아니라, 반드시 누군가를 몰아내고 차지해야 하는 '배타적 자원'으로 이해되었다. 이런 확산은 필연적으로 다른 공동체와의 충돌을 낳고, 그 결과 국제사회는 끊임없는 경쟁과 전쟁의 위기에 노출될 수밖에 없었다.

마지막으로 개방성 차원에서 보더라도 독일의 네이션은 특수성에 갇혀 폐쇄적인 모습을 보인다. 물론 통일을 이루는 과정은 개방적이다. 독일이라는 네이션에 포함된다고 자연스럽게 여겨지는 주민을 흡수하는 과정은 개방적이라는 뜻이다. 프로이센은 독일 민족을 통합하면서 프로이센을 넘어 바이에른 왕국이나 쾰른 도시국가 등을 포괄해나갔다. 오스트리아를 안슐루스(합병)로 통합했고, 동유럽이나 러시아 및 소련 지역에 정착해 살던 독일계 이민을 대거 받아들였다.

그러나 언어와 문화를 달리하는 사람들에 대해서는 폐쇄적인 특징을 보였다. 나치 치하에서 유대인에 대한 정책과 학살은 열외로 치더라도, 민주주의가 정착된 독일에서조차 이주민에 대한 태도는 무척 폐쇄적이었다.[30] 제2차 세계대전 이후 서독에는 터키계 이민자들이 다수 정착하기 시작했다. 독일은 이들을 일시적 이주 노동자Gue-starbeiter로 규정하고 경제적 필요를 충족하는 도구적 존재로 보았다. 따라서 이들이 장기적으로 독일에서 생활하면서 2세, 3세를 낳더라도 영주권이나 국적을 취득하는 것은 힘들었다. 소련에서 태어나 독일어를 하지 못하지만, 독일 조상을 가졌음을 증명할 수 있는 이들은 쉽게 독일 국적을 얻는 반면, 막상 독일에서 태어나 완벽하게 독일어를 구사하는 터키계는 여전히 외국인으로 남아야 하는 현실이었다. 독일이 이런 폐쇄적 국적 정책을 완화하기 시작한 것은 2000년대 들어서다.[31]

프랑스가 주도한 민주족은 사회과학에서 시민 민족주의로 정의하고, 독일의 민족은 종족 민족주의로 규정하곤 한다. 이 장에서 우리가 강조하고 싶은 포인트는 유럽의 정치 문법에서 네이션을 본다면, 단순히 민족이 아니라 '민주족'과 '종족민種族民'이라는 두 가지 커다란 유형으로 나뉜다는 사실이다. 게다가 우리가 동아시아에서 종족과 문화에 기초한 민족에 익숙하다고 해서 종족민 유형이 더 지배적이거나 앞선다고 보는 속단은 곤란하다. 유럽에서는 민주족이 오히려 더 일찍 제시된 모델이었고, 독일식 특수한 종족민은 나중에 등장한 네이션의 개념으로 반反네이션의 성격을 지닌다는 사실이다.

이상에서 살펴본 네이션의 문법은 프랑스, 미국을 중심으로 영국과 상당한 유사성을 보이는 초기 네이션의 버전과 독일에서 등장해 중·동유럽에 전파된 종족적 네이션의 버전이 공존하는 셈이다. 물론 역사적 생성 과정에서 만들어진 특징은 하나의 유형을 형성하지만, 그렇다고 미국이나 프랑스가 이상형의 시민 민주족 개념에 충실하고 독일도 이상형의 종족적 민족에만 의존하는 것은 아니다. 현실에서 시민적 버전과 종족적 버전은 복합적으로 섞여 있다. 시민적 개념을 내세우는 프랑스나 영국도 '전통의 발명'이라는 관습에서 볼 수 있듯 역사적 뿌리를 강조하며, 독일도 1990년대 국적법 변화에서 볼 수 있듯 영토에 기초한 시민적 개념을 포섭해 들어가기 때문이다.

네이션의 확산

세계사적 관점에서 네이션은 과거 유럽의 다양한 정치 문법보다 훨씬 더 성공적이었다. 폴리스나 레스 푸블리카, 크리스천돔과 킹덤은 결코 유럽적 모델이 인류 전체로 확산됐다고 보기 어려운 사례다. 레스 푸블리카는 리퍼블릭, 즉 공화국이라는 이름으로 많은 국가에 전파되었으나 그야말로 정치적 단위나 커다란 형식에서 껍데기만 수출됐다. 킹덤 역시 한 사람에게 권력을 집중시키면서 왕조의 지속성을 강조하기에 세계 각지에서 찾아볼 수는 있으나, 유럽적 특징이 수출되었다고 주장하기는 어렵다.

반면 네이션의 형식과 문법은 20세기를 거치면서 가장 성공적으로 전 세계에 확산돼 세계 정치 문법을 통일했다. 민족주의 연구의 대가 겔너는 샤미소라는 작가의 프랑스 혁명기 소설을 소개하면서 이제 네이션은 사람의 그림자처럼 불가분의 관계가 되었고, 따라서 네이션이 없는 사람은 그림자 없는 사람처럼 이상한 존재가 되어버렸다고 말한다. 그러면서 "네이션에 속한다는 것은 인류의 본질적 속성은 아니지만, 마치 그런 것처럼 되어버렸다"고 설명한다.[32]

킹덤이라는 형식은 유럽뿐 아니라 아시아나 아프리카에 전통적으로 존재했다. 그러나 영토에 기초한 평등한 시민의 공동체로서 네이션은 많은 대륙과 문화에서 생소한 존재였다. 대서양을 둘러싼 유럽과 아메리카 양안에서 만들어진 네이션, 그리고 독일에서 생성된 반네이션의 모델은 점차 유럽 안에서 모든 국가를 포괄하게 되었고, 이어서 전 세계 모든 대륙에 침투해 들어가 이제는 자생적 생명력을 갖게 되었다.

네이션의 성공적인 확산을 시기별로 살펴보면 크게 다음과 같은 단계를 확인할 수 있다. 미국과 프랑스의 혁명적 네이션의 모델은 18세기에 등장했고, 이어 19세기에는 유럽과 아메리카에서 다른 지역으로 확산됐다. 유럽보다 먼저 일률적 확산이 일어난 지역은 앞서 언급했듯 아메리카 대륙이다. 영국에 저항하는 영국인들이 세운 미국에 이어, 이번에는 스페인에 저항하는 스페인 사람들의 나라가 중남미에 다수 등장했다. 물론 스페인과 포르투갈의 아메리카 식민지들이 독립전쟁에 나선 중요한 이유는 나폴레옹이 유럽에서 이베리아반도의 두 나라를 점령함으로써, 종주국이 약해졌던 계기가 결정적으로 작용했다. 포르투갈은 유럽의 본국이 나폴레옹 군에 점령당

하자, 왕실이 식민지 브라질로 아예 이동해와서 정착했다.[33]

앞서 우리는 반네이션의 사례로 독일을 중점적으로 살펴보았다. 그러나 1871년 독일이 종족적 민족의 개념을 앞세워 통일에 성공하기 전에 이미 네이션은 유럽 정치를 흔드는 중요한 쟁점으로 떠올랐다. 1820년대 오토만 제국에서 벗어나 독립을 추구했던 그리스는 네이션을 앞세운 중요한 정치 모델의 사례였다. 터키계와 그리스계는 서로 다른 종족적 기반이 있었고, 이슬람과 그리스 정교라는 종교의 차이가 언어 및 문화와 더불어 강한 차별성을 만들었다. 이들은 15세기 비잔틴 제국의 종말 이후 새로운 오토만 제국 안에서 공존해 왔으나, 19세기 들어 네이션의 원칙이 부상하면서 그리스의 독립으로 이어졌다.

오토만 제국뿐 아니라 러시아 제국, 오스트리아·헝가리 제국 등 다양한 종족적 배경을 가진 공동체를 포함하고 있던 정치체들도 위기를 맞았다. 이탈리아는 오스트리아·헝가리 제국을 반도에서 몰아내면서 1866년 네이션 기반의 독립을 쟁취했다. 이탈리아는 도시가 국가의 틀이 되는 폴리스와 레스 푸블리카·임페리움의 강한 전통이 있었기에 네이션의 형성이 늦어졌다고, 19세기 전반기 주세페 마치니의 『이탈리아인을 향한 호소문』(1831)은 설명했다.[34] 이탈리아 역사에는 베네치아나 피렌체와 같은 강한 도시국가가 존재했고 보편성을 지향하는 교황의 크리스천덤, 황제의 임페리움이 있었으나 반도를 하나로 묶는 킹덤은 없었다는 뜻이다.

러시아, 오스트리아·헝가리, 오토만 제국이 뒤엉켜 지배하던 중·동유럽은 임페리움의 형식이 네이션의 새로운 꿈틀거림으로 몸살을 앓게 되었다. 1914년 발칸반도에서 비롯된 제1차 세계대전의 발발은 네이션의 부상과 긴밀히 연결되었고, 1919년 세계대전을 종결하는 평화 조약은 네이션을 국제무대의 표준으로 삼는 결정적인 계기였다.

19세기 후반이 되면 네이션의 영향력은 국가와 정부의 제도적 영역을 넘어 문화 예술 전반으로 확산됐다. 음악 분야도 예외가 아니어서, 유럽 각지의 작곡가들은 자신들의 네이션을 대표하는 '민족주의 음악'을 창작하려고 애썼다. 이는 각국의 언어·전통·역사를 음악적 언어로 번역하는 시도였고, 폴란드의 쇼팽, 체코의 스메타나, 노르웨이의 그리그처럼 특정한 민족 정체성을 예술로 구현한 인물들이 탄생했다. 그러나 이러한 노력은 흥미로운 역설을 낳았다. 민족적 차이를 강조한 작품들이 오히려 일정한 형식과 스타일로 수렴되며, '네이션 스타일'이라는 공통된 음악적 경향을 만들어낸 것이다.[35]

1914년 이전에 다양한 민족주의적 주장에도 불구하고 하나의 음악적 유럽은 존재했다. 이 '음악의 인터내셔널'은 모든 음악에 민족적 색채를 입혔다. 그러나 음악가들이 서로 차이를 드러내려 하면 할수록, 또 각자의 네이션에 봉사하며 그 특징을 알리려 하면 할수록, 역설적으로 그들의 음악은 상호 모순 속에서 서로 닮아가고 비슷해졌다.

이러한 문화 현상은 정치 영역에서도 반복되었다. 민족주의가 각국의 독특함과 자율성을 강화하는 듯 보였지만, 실제로는 유럽 전역에 '네이션의 문법'을 심화시키는 방향으로 작용했다. 1920년대 국제사회의 상징적 기구가 '리그 오브 네이션스League of Nations', 즉 '네이션의 동맹'이었던 것은 우연이 아니다. 제2차 세계대전 이후 이 기구가 '유나이티드 네이션스United Nations', 즉 '네이션 연합'으로 재편되면서, 네이션은 단지 지역 질서가 아니라 세계 질서를 조직하는 기본 단위로 자리 잡았다. 마치 단어들이 모여 문장을 이루듯, 인류 세계는 '네이션'이라는 단위들이 모여 하나의 구조를 형성한다는 원칙이 공식화된 셈이다.

제1차 세계대전을 종결하는 평화 조약이 만들어낸 유럽 지도는 각각의 네이션이 자신의 국가를 갖는 네이션 국가의 표준화다. 세계대전을 통해 오스트리아·헝가리와 러시아 제국이 붕괴되면서 폴란드, 체코슬로바키아, 헝가리, 오스트리아, 유고슬라비아, 라트비아, 리투아니아, 에스토니아 등이 중·동유럽에 등장한 네이션 국가의 사례다. 아일랜드의 통합 왕국으로부터의 독립도 비슷한 시기인 1921년에 이뤄졌다.

제1차 세계대전이 유럽의 네이션들을 만들어냈다면, 제2차 세계대전은 다른 대륙으로의 네이션 확산에 결정적이었다. 19세기 스페인이 나폴레옹의 군대에 의해 무너지면서 스페인의 식민지들이 독립에 나섰듯, 20세기 영국과 네덜란드와 프랑스가 나치의 군대에 의해 무너지면서 취약해지자 식민지들은 독립을 위한 투쟁에 돌입했

제1차 세계대전 이후 네이션의 유럽

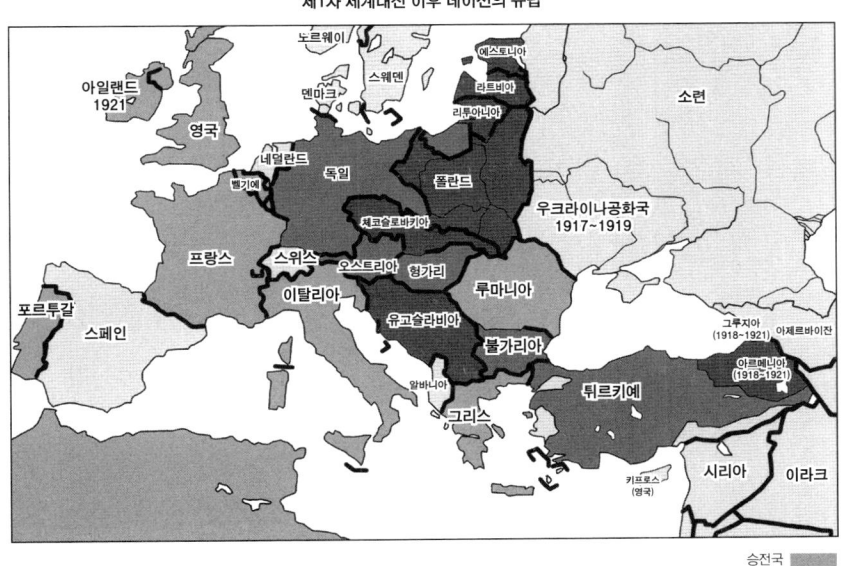

다. 인도와 파키스탄은 전쟁이 끝나자마자 영국으로부터 독립을 쟁취했고, 인도네시아는 네덜란드로부터 독립했으며, 알제리나 베트남은 프랑스를 상대로 독립전쟁에 돌입해 네이션으로 결집하면서 독립을 쟁취했다. 1960년대가 되면 제국과 식민지라는 정치 지배의 형식은 정당성을 상실하고 역사의 뒤안길로 사라지는 운명을 맞는다.

가장 늦게 독립을 획득하여 다수의 신생국이 등장한 지역은 아프리카다. 15세기부터 아프리카는 유럽인들에게 항해 기지를 내주었고, 19세기에는 유럽 제국주의의 대상으로 분할을 겪어야 했다. 초기에 아프리카를 차지하기 시작한 포르투갈과 스페인, 이어서 진출한 네덜란드, 그리고 영국과 프랑스는 물론, 가장 나중에 동참한 독일과 벨기에까지 다양한 흔적을 남겼다. 특히 아프리카 현지의 사정과는 무관하게 유럽의 지배 세력 분포에 따라 경계가 만들어졌다. 같은 유럽 국가의 지배를 받았더라도 독립 과정에서 임의적인 행정 구역에 따라 서로 다른 나라가 되기도 했다.[36] 예를 들어 중앙아프리카의 프랑스 식민지 가봉과 콩고는 아무런 역사적 실체나 차이가 없지만, 임의로 만들어진 프랑스 식민 행정 구역이라는 이유로 각각 다른 나라로 독립했다.

이처럼 아프리카는 식민 지배의 우연에 따라 국가가 형성되는 과정을 겪었고, 그중 다수가 독립한 뒤 네이션을 만들어야 하는 과제를 떠안았다. 20세기 신생국의 형성에서 '구성의 부조리함'을 지적할 때 자주 등장하는 사례가 아프리카인 이유다. 그러나 정확하게 따져보면 아프리카 이전에 아메리카도 똑같은 경험을 했다. 아르헨티나와 칠레가 구분되는 이유, 또는 페루와 콜롬비아가 나뉘어야 하는 이유도 스페인 식민 지배의 경계가 그렇게 만들어졌기 때문이다.

아프리카 밖에서도 신생 국가의 부조리함 또는 인위적 성격은 다반사다. 프랑스의 정치학자 베르트랑 바디는 아예 '수입국가'라는 표현을 사용한다. 세계의 정치질서가 제국주의와 식민주의를 통해 서구화되어가는 과정을 일컫은 것이다.[37] 실제로 인도네시아나 인도, 파키스탄이 하나의 정치 공동체로 존재한 적은 없다. 이들 지역에는 물론 다양한 정치 공동체가 존재해왔다. 그러나 현대 인도네시아, 인도, 파키스탄처럼 광범위한 지역을 포괄하는 집중적인 정치 체제를 찾아보기 어렵다는 뜻이다. 킹덤의 역사적 깊이와 문화적 동질성, 국가의 전통이 모두 있는 예외적인 사례는 한반도와 일본, 중국이다.

아프리카와 아시아의 다양한 사례는 국가와 네이션, 그리고 역사 사이의 복합적인 관계를 잘 보여준다. 그러나 네이션의 문법이 형성된 유럽이나 아메리카라고 해서 이러한 복합성이 없는 것은 아니다. 역사적 뿌리를 지닌 종족적 공동체가 자신과 완벽하게 일치하는 국가를 갖는 경우는 매우 드물다. 이른바 '민족'이라 불리는 결속력 있는 종족 공동체가 근대 국가라는 지배·통치 기구를 온전히 장악해 역사와 국제사회 무대에서 활약하는 모습은 분명 네이션 국가의 이상형이다. 그러나 현실의 네이션과 국가는 크든 작든 이 이상형에서 벗어나 있다.

프랑스와 미국이 제시한 네이션을 '민주족'으로 번역하길 제안하는 것은 네이션의 혁명성과 근대성을 강조하는 방식이다. 프랑스와 미국에서 네이션은 18세기에 기존 질서를 뒤집는 혁명적 시도였고 변화를 추진하는 슬로건이었다. 네이션은 다른 나라에서도 똑같이 혁명과 변화의 동력이었다. 이미 주어진 공동체가 국가를 쟁취하거나 건설하기보다는, 자유롭고 평등한 사람들의 공동체 자체를 새롭게 만들어내는 과정이었다는 뜻이다.

종교에서 신을 가정하고 신을 믿으라고 하지 않는다. 신은 전제의 조건이고 무조건적 믿음의 대상이다. 마찬가지로 민족주의에서 민족은 가정假定 또는 이상형이지만, 무조건 오래전부터 존재해왔다고 믿어야 한다. 그래야 민족의 힘을 제대로 발휘할 수 있기 때문이다.

2

사회 통합의 용광로

일반적인 번역을 따르면 네이션은 민족이나 국민으로, 내셔널리티Nationality는 국적으로 통용된다. 유럽어에서 내셔널리티는 네이션의 성격을 지칭한다는 점에서 민족성이나 국민성으로 번역해야 자연스럽다. 네이션의 문법이 얼마나 효과적으로 전 세계를 뒤덮게 되었는가는 인류의 모든 인간이 극소수를 제외하고는 국적을 갖는다는 사실에서 쉽게 알 수 있다. 국적이 없는 극소수의 사람을 무국적자라 부른다. 여기서도 국적의 유무가 기준인 만큼 네이션은 인간 정체성의 가장 근본적인 요소다.

21세기 지구촌에서 국적은 어쩌면 성별보다 더 강력한 개인의 대표적이고 근본적인 특징이 되었다. 18세기 원래의 네이션이 미국과 프랑스에서 만들어진 이후 200여 년 동안 네이션은 소속된 개인을 동원하여 강력한 결집력을 자랑하는 단위로 성장했다. 인간이 전통적으로 가졌던 정치적, 사회문화적, 경제적 다양성을 하나로 묶어 녹여버리는 용광로의 역할을 효율적으로 진행했기 때문이다. 오늘날 유럽이나 미국 등에서 성적 취향이나 성별 자체를 하나의 선택적 조건으로 고려하는 경향이 강화되는 반면, 국적의 경계를 유동적으로 만드는 유사한 방향의 변화를 발견하기는 어렵다.

여기서는 네이션의 통합을 세 차원에서 살펴본다. 먼저 정치적 통합에서는 보통선거와 징병제, 표준화된 행정 구역 등 구성원 모두가 동일한 권리와 의무를 공유하는 제도적 장치를 통해 '시민 공동체'를 형성하는 과정을 다룬다. 이어 사회문화적 통합에서는 표준어 제정과 사전·문법의 정비, 학교와 군대를 통한 교육·언어·문화의 통일로 일상과 상상력을 하나의 '국민 문화'로 엮는 모습을 살펴본다. 마지막으로 경제적 통합에서는 시장·관세·노동을 통해 단일 경제권을 구축하고, 이것이 다시 정치·사회 통합을 강화하는 과정을 검토한다.

정치적 통합

프랑스 인권 선언은 모든 인간이 자유롭고 평등하다고 선포했다. 자유와 평등이라는 원칙의 선포는 네이션을 가장 강력한 정치체

political body로 만드는 데 결정적인 요소다. 자유는 자발성과 직결되는 개념이다. 조상들로부터 내려 전해오는 주어진 조건으로서의 내셔널리티가 아니라, 자유롭게 선택한 공동체로서의 네이션이라면 그만큼 더 가치를 지닌다는 의미를 살릴 수 있다. 『네이션이란 무엇인가』에서 에른스트 르낭은 그것은 시민들이 매일 하는 국민투표와 같다고 설명했다.[38] 하나의 공동체에 시민들이 자발적으로 참여하려는 의지가 모여 네이션을 형성한다는 뜻이다. 강요에 의해 의무감으로 행동하는 것보다 자유롭게 선택해 자발적, 적극적으로 행동하는 것이 더 강력한 공동체를 낳는다는 사실은 명백하다.

평등의 원칙은 다양한 차이와 차별성으로 인한 구분 및 분열을 없애고, 공동체를 하나의 균질한 집합으로 만드는 데 결정적이다. 처음에 프랑스에서 평등의 원칙이 공표된 이유는 왕과 귀족의 특권을 제거하기 위함이었고, 경제적으로 길드의 독점을 무너뜨리는 것이 또 다른 목표였다. 그러나 한번 공표된 원칙은 고유의 동력을 갖고 세상을 완전히 변화시킬 때까지 작동하곤 한다. 평등은 부르주아 계층과 귀족의 차별을 없앤 뒤, 차차 프티부르주아, 농민, 노동자 등 모든 인간에게까지 확산됐다. 투표권의 점진적 확산으로 인한 일반 투표 제도의 확립은 상징적으로 네이션 문법의 평등이 가져온 균질적 공동체를 잘 보여준다.

자유와 평등이 어떻게 네이션이라는 정치적 발명 안에서 조화를 이루고 결합할 수 있는지를 로크는 명확하게 설명한다. 그는 왕정이 존속한 영국에서 활동했지만, 자연 상태의 인간들이 모여 정치 공동체를 형성한다는 사회계약론을 제시한 이론가로, 네이션의 정신적 지주라 할 만하다. 로크의 전제는 명확하다. 인간은 자연 상태에서 이미 자유롭고 평등하다.[39]

> 인간이 자연에서 어떤 상태에 있는지 살펴봐야 한다. 인간은 완전한 자유 상태에 있다. 누구에게 허락받을 필요도 없고, 다른 사람의 의지에 종속되지도 않은 가운데 원하는 일을 할 수 있고, 자신의 몸과 소유물을 마음대로 활용할 수 있다. (…) 그 자연 상태는 또한 평등의 상태이기도 하다. 따라서 모든 권력과 법적 권리는 상호적이고, 어떤 사람도 다른 사람보다 더 많은 권리를 가질 수 없다.

자연 상태에서 이미 자유와 평등을 누리는 인간이 계약을 맺어 인공적으로 정치 공동체를 발명한다면, 그 공동체는 당연히 기존의 자유와 평등을 보장해야 한다. 강력한 절대주의 국가를 이론적으로 설계한 홉스조차, 리바이어던이 구성원의 안전을 지켜주지 못하면 존재 이유를 상실한다고 말했다. 로크가 그리는 자연 상태의 인간은 죽음의 공포에 짓눌린 존재가 아니라, 이미 노동을 하고 재산을 소유한 사람들이다. 그가 보기에 인간이 정치 공동체를 구성하는 이유는 자유와 재산을 더 확실하게 지키기 위해서다.[40]

이론적으로 평등이란 법적 권리의 평등이다. 프랑스 대혁명의 '인권과 시민 선언' 제1조는 "인간은 태어날 때부터 자유롭고 권리에 있어 평등하다"고 못 박는다. 이처럼 자유와 평등은 사상에서는 쌍둥이이고, 정치 선언에서도 언제나 짝을 이룬다. 20세기 프랑스의 정치 사상가 에티엔 발리바르는 아예 '자유평등'을 하나의 단어로 묶어 에갈리베르테égaliberté라고 불렀다.[41] 영어로 표현한다면 Equaliberty 정도가 될 것이다.

누구나 짐작하듯, 자유와 평등이 항상 나란히 가는 일은 쉽지 않다. 특히 자유의 중요한 요소로 간주되는 재산 문제에서 사회 구성원 간의 불평등은 언제나 깊고 심각하다. 재산의 격차는 곧 기회의 격차로 이어지고, 이는 자유를 누리는 능력에서도 현격한 차이를 만들어낸다. 따라서 자유와 평등의 관계는 자본주의 네이션이 태생적으로 안고 있는 근본적인 한계 가운데 하나다.

게다가 네이션의 역사 초기에 드러난 더 큰 문제는 정치적 권리의 불평등이었다. 시민이라는 이름 아래 묶여 있다고 해서 모두가 동등한 정치적 주체가 된 것은 아니었다. 투표권의 유무에 따라 정치적으로 '능동적인 시민'과 '수동적인 시민'이 구분되었고, 이 구분은 곧 정치 과정에서 발언권과 영향력의 차이로 이어졌다. 다시 말해, 같은 네이션의 구성원이라도 일부는 스스로 정치의 주인이 될 수 있었지만, 다른 일부는 그저 결정에 따르는 수동적 지위에 머물러야 했다.[42]

투표권을 기준으로 평등의 원칙이 점차 확대되는 과정을 살펴보면 흥미롭다.[43] 초기에 투표권은 재산을 가진 사람과 교육을 받은 사람에게 한정되었다. 재산은 책임을 질 수 있는 사람이라는 의미였고, 교육은 공공의 사안에 관한 판단 능력을 뜻했다.[44] 재산과 교육의 기준이 점차 완화되면서 19세기 중반부터 남성의 투표권이 보편적으로 인정되기 시작했다. 이어 20세기가 되면 여성까지 포함하는 보편적 투표권이 원칙으로 부상한다. 20세기 후반이 되면 일부 선진국에서 정기적으로 거주하는 외국인에게도 투표권을 부여하는 변화를 엿볼 수 있다.

역사적으로 투표권이라는 정치적 권리보다 더 빨리 평등의 원칙을 실현한 것은 군대의 징집이다. 18세기 프랑스 대혁명 이후 이웃 국가들의 연합에도 불구하고 프랑스가 성공적으로 저항하고 심지어 승승장구할 수 있었던 배경에는 국민군의 형성이 있었다. 국민군 즉 네이션의 군대는 자발성과 평등성을 기반으로 하여 형성된 대규모의 강력한 군대였다. 신민의 강제 동원보다 시민의 자발적 참여가 더 용감하고 적극적인 군대를 이루었으며, 용병의 변덕을 뛰어넘어 충성심이 강한 군대를 낳았다. 왕의 명예를 위해 싸워야 했던 과거의 농민 출신 군대와 달리 조국의 네이션 공동체를 위해 전쟁에 참여하는 시민의 군대는, 나폴레옹의 주도하에 놀라운 파괴력으로 유럽을 공포에 떨게 했다. 프로이센은 프랑스의 국민군에 패배한 뒤 징집병을 중심으로 군대를 개혁했고, 출신에 상관없이 누구나 장교가 될 수 있는 '군대의 네이션화'를 시행했다.[45] 군대와 전쟁을 통해 네이션의 문법이 확산된 사례다.

군대는 네이션 공동체를 상징적으로 드러내는 결과물이자, 그 공동체를 실질적으로 만들어내는 '훈련소' 역할을 해왔다. 위계질서와 명령 체계, 신속하고 정확한 소통이 핵심인 군대의 특성상 서로 다른 사회·문화적 배경을 가진 개인들은 입대와 함께 하나의 피라미드형 조직 내로 편입되었다. 프랑스 혁명군이 대표적인 사례다. 다양한 사회적 신분을 지닌 사람들이 군대라는 별도의 위계 구조를 경험함으로써 기존 사회와는 다른 질서를 실험했다. 여러 방언을 사용하던 병사들은 이제 프랑스 표준어에 익숙해져야 했다.[46] "군대를 다녀와야 사람이 된다"는 말은, 군대가 개인을 사회화하고 하나의 네이션 구성원으로 재편하는 능력을 압축적으로 보여준다. 투표권과 군대는 정치적 통합을 가장 분명하게 보여주는 장치다. 프랑스의 사상가 레몽 아롱은 "징집과 보통선거의 두 형태를 통해 국가에 모든 피통치자의 참여를 보장하는 원칙"이 네이션을 규정한다고 보았다.[47]

여기에 더해, 일상에서 시민의 삶을 지배하는 행정 구역과 제도 역시 정치적 통합을 구체화했다. 미국과 프랑스의 네이션은 전국을 균질하게 다듬는 '평등의 제조기'였다. 미국 연방의 각 주State는 나름의 관습과 전통을 유지할 수 있었지만, 모두가 주 정부와 입법·사법 체계를 갖춘 공통된 틀 위에서 운영되었다. 양원제를 채택한 주가 대부분이고, 행정·사법 조직도 기본 구조가 비슷해 전국적으로 유사한 제도와 권력 구조가 자리 잡았다.

프랑스는 이보다 더 철저했다. 과거의 지역명과 지방명을 없애고, 기초 행정 조직인 '도Département'를 동일한 행정 단위로 설계했다. 이름도 알파벳 순서의 번호로만 부여해, 01번 앵Ain에서 95번 발두아즈Val-d'Oise까지 약 100개의 동일한 단위가 반복된다. 파리는 75번이다.

「입대하는 농촌 청년」, 페르디난드 게오르크 발트뮐러, 1858.
국민의 평등한 징병은 네이션 문법의 핵심이다. 군대는 네이션 공동체를 상징적으로 드러내는 결과물이자, 그 공동체를 실질적으로 만들어내는 '훈련소' 역할을 해왔다.

정치적 통합은 결국 투표권과 군대라는 직접적인 참여 장치, 그리고 전국을 같은 틀로 재단한 행정 체계라는 제도적 기반 위에서 완성되었다. 이를 통해 구성원 모두가 하나의 정치 공동체 안에서 '같은 시민'임을 일상적으로 경험하게 되었다.

사회문화적 통합

보편성을 강조하는 프랑스와 미국의 네이션은 분명한 한계와 모순을 지니고 있었다. 모든 사람이 인간이라는 이유로 자유롭고 평등하다면 왜 미국이나 프랑스라는 네이션으로 공동체를 이뤄야 하는지는 명확하지 않다. 가장 설득력 있는 두 가지 이유는 첫째, 역사적으로 하나의 공동체를 이뤄왔다는 사실이다. 그러나 이런 역사성은 왕조와 킹덤에 의지한다는 점에서 네이션의 원리를 스스로 약화시킬 수 있는 논리다. 둘째, 지리적 근접성으로 공동체를 형성하는 실천적이고 편의상의 필요일 것이다. 물론 지리적 근접성의 경계를 형성한 것도 킹덤의 역사라는 점에서 첫째 조건과 비슷한 약점을 드러낸다. 게다가 지리적 근접성은 결집력을 담보하기에는 부족한 조건이다.

미국이나 프랑스처럼 보편성을 강조하는 네이션조차 사회문화적 통합을 추진하는 일은 초기부터 중요한 과제가 되었다. 모든 통합 현상이 그렇듯 사회문화적 통합도 하나의 표준을 확산시키고, 이 과정에서 다름을 제거하는 강제적 성격을 피하기는 어렵다. 대표적으로 네이션의 언어를 통합하기 위해서는 표준어와 억양 등이 필요하고, 이는 언어적 차이와 다양성을 제거하는 과정이기도 하다. 18~19세기 네이션에서 언어의 통합은 군대와 학교 교육을 통해 주로 이뤄졌다.

교육을 통해 모든 국민에게 같은 언어를 교육하려면 국어가 존재해야 한다. 네이션이 지배하는 세계관에서는 민족이 있고 언어가 있으며, 그 표준 민족어를 대중이 자연스럽게 말한다고 생각한다. 그러나 현실은 네이션을 만들어내기 위해 국민 표준어를 새롭게 제조해야 하고 이를 교사들에게 먼저 교육한 뒤, 대중에게 강제하거나 따르도록 심어야 한다. 단어를 망라하는 사전이 가장 기초적으로 필요했으며, 누구나 우러러볼 수 있는 인문학의 고전을 선정해야 하고, 언어를 관리하는 학술 조직과 기관이 필요했다. 그리고 공통의 표준어를 습득한 일군의 교사 집단이 정부의 도움을 받거나 민간 조직에 의존하여 대중 교육에 나서야 했다. 19세기 유럽에서는 국민 표준어를 만들기 위한 네이션의 경쟁이 활발하게 이뤄졌다.[48]

> 스웨덴 사람은 스웨덴어를 하고, 독일인은 독일어, 이탈리아인은 이탈리아어, 불가리아인은 불가리어를 한다. 20세기 말 유럽의 네이션 스테이트는 거의 모두 확실한 국어를 보유하고 있다. 각 국어는 사전과 문법을 통해 표준화되었으며, 언어 교육은 국가 교육 시스템의 가장 기초적인 토대가 되었다. (…) 언어가 곧 네이

선의 화신化身이라는 헤르더의 원칙은 여전히 강력한 영향력을 발휘하고 있다. 그러나 18세기 말 당시에는 이 원칙이 상당한 문제를 안고 있었다. 왜냐하면 루마니아인, 에스토니아인, 핀란드인 등의 표현은 네이션이나 언어를 가리키는 것이 아니라, 사회적 지위에 의해 규정된 주민 집단을 의미했기 때문이다. 따라서 영주들이 이들 농민의 언어를 쓴다는 사실은, 직접 밭을 갈거나 가축을 돌보는 일만큼이나 몰상식한 행동으로 여겨졌다.

이는 조선에서 배운 자의 언어였던 한문을 버리고 아녀자나 평민이 사용하던 한글을 써야 했을 때의 혼란스러운 상황과 비교해볼 수 있다. 한반도에는 외국 언어와 문자를 사용하는 지배 계층과, 토종 언어와 문자를 부분적으로 사용하는 주변 계층이 존재했다는 말이다. 심지어 공산주의 국가 중국조차 근대 네이션의 원칙을 받아들이면서 병음 체계를 통해 자국의 문자를 간편하게 만드는 작업을 진행했다. 언어와 문자를 통한 사회문화적 통합이야말로 네이션의 근간이기 때문이다.

네이션의 선두 주자인 프랑스조차 19세기 후반 제3공화국 시기에 이르러서야 초등 교육의 의무화를 국가 정책으로 확립했다. 이 조치로 비로소 모든 국민을 대상으로 한 초등 교육의 보편화가 가능해졌다. 사회학자 유진 웨버는 저서『농부에서 프랑스인으로』에서, 1870년대부터 1910년대 사이에 농촌 깊숙한 시골 마을마다 학교가 들어서면서 농민들이 점차 프랑스 시민으로 변모하는 과정을 생생

하게 그려냈다.⁴⁹

이와 유사한 상황은 다른 나라에서도 반복되었다. 1861년 통일을 이룬 이탈리아에서 정치인 마시모 다젤리오는 "이탈리아를 만들었으니, 이제 이탈리아인을 만들어내야 한다"는 말로 국가 형성과 국민 형성이 별개의 과제임을 강조했다.⁵⁰ 국가라는 틀이 세워졌다고 해서 곧바로 그 틀 안에 사는 사람들이 하나의 언어와 문화, 정체성을 공유하는 것은 아니었다.

미국 역시 예외가 아니었다. 넓은 이민 국가인 미국에서 영어가 국어로 자리 잡은 것은 의외로 늦은 시기였다. 독일어와의 경쟁 끝에 영어가 사실상의 국어로 굳어진 것은 19세기 후반이었으며, 그 전까지는 지역과 공동체마다 사용하는 언어가 달랐다. 표준어를 확립하고 이를 교육과 행정, 군대 등 사회 전반에 침투시키는 과정은, 네이션이 사회문화적으로 통합되는 핵심 경로였다.

특정 음식을 통해 민족 공동체를 하나로 묶는 시도도 19세기 교통의 발전과 함께 빠르게 진행되었다. 예를 들어 19세기 중반부터 유럽과 아메리카에서 시작한 철도 교통의 발전은 인류가 오랜 기간 머물러 있었던 말馬의 속도를 초월하는 엄청난 변화였다. 철도의 속도는 말이나 마차를 뛰어넘은 것은 물론, 수송 물량도 크게 늘렸다. 한 지역을 대표하는 식품이 이제 전국을 대상으로 유통되는 계기였다. 프랑스는 19세기를 거치면서 여러 지역의 치즈를 전국적으로 유통시켰고, 지역적 특산품의 집합이 '다양한 치즈의 나라 프랑스'를 만들었다.⁵¹ 샹파뉴 지방에서 생산된 고급 포도주, 샴페인도 축제나 기념일에 프랑스 사람들이 마시는 음료로 민족적인 상징이 되었고, 잇따라 해외로 수출되면서 프랑스의 명품으로 등장했다.[52]

미국에서도 케첩이나 콜라, 햄버거, 프라이드 치킨, 시리얼 등 다양한 음식이 미국을 하나로 묶으면서 민족적 상징으로 떠올랐다. 프랑스가 전통적인 산물을 근대적으로 포장하고 생산해 유통시켰다면 미국은 새로운 식품을 발명해 일단은 미국 전역에 퍼뜨리고, 이어서 세계로 수출했다.[53] 네이션의 시대를 연 미국과 프랑스가 음식 문화에서 세계를 주도하는 세력으로 떠오른 현상은 우연이 아니다. 자유와 평등으로 모든 국민이 동질성을 확보하는 순간, 단순히 법적이고 정치적인 권리의 평준화를 넘어 식생활처럼 일상을 지배하는 사회문화적 조건의 평준화가 진행되었고, 결과적으로 세계 무대에서 경쟁력을 가진 상품들을 생산해낼 수 있었다.

네이션의 문법이 사회문화적으로 통합을 진행하는 19~20세기에 근대 스포츠가 폭발적으로 확산된 현상도 우연이 아니다. 영국의 럭비와 축구, 미국의 야구와 농구, 독일의 체조 등은 네이션을 하나로 통합하는 효율적이고 강력한 기제가 되었다. 풋볼이라는 하나의 스포츠가 영국에서는 발로 차고, 미국에서는 손발을 활용하는 미식축구, 아일랜드에서는 게일 축구, 호주에서는 호주식 축구 Australian Football가 되었다. 앞서 음악에서 보았듯 비슷하면서도 달라야 하는 네이션의 문법이 반영된 결과다.

네이션 차원에서 스포츠 리그와 토너먼트의 대회를 반복해서 정기적으로 치르고, 또 네이션이 대항하는 대회를 국제·세계적으로 조직함으로써 네이션의 존재는 시민의 일상에 깊이 뿌리내렸다. 1896년 시작된 근대 올림픽은 스포츠를 통해 세계를 하나로 묶으면서 네이션으로 조합하는 놀라운 장치였다. 게다가 정치적 조직인 국제연맹이나 국제연합에 앞서 세계를 하나로 묶는 올림픽, 즉 스포츠의 조직이 먼저 시작되었다는 사실도 의미심장하다.

언어, 음식, 스포츠 등 당장 정치적이라고 보기 어려운 분야에서, 부지불식간에 네이션의 원리가 자리 잡고 사람들의 두뇌에 심어지는 현상을 영국의 사회학자 빌리그는 일상의 민족주의라고 불렀다.[54] 물론 앤더슨은 지도나 박물관 등의 기제를 통해 민족주의가 사람들의 상상력을 지배하는 현상을 지적한 바 있다. 빌리그는 이런 지도가 학교 교육을 통해 학생들에게 전파될 뿐 아니라, 바캉스를 즐기러 길을 떠날 때 가이드북을 통해서도 인식되고, 자동차의 번호판 모양이나 색깔 등에서 드러나 무의식을 지배하는 현상에 주목한 셈이다. 일상의 민족주의를 통해 네이션의 문법은 정치 영역을 넘어 사회문화 영역으로 확산된다. 정치와 사회문화의 조합은 네이션을 단순히 의도적이고 의식적이며 의지를 반영하는 문법을 넘어 자연스럽고 무의식적이며 당연하게 느끼는 존재로 떠오르게 했다.

경제적 통합

내셔널리즘의 정치적 기능과 경제적 필요를 강력한 연결 고리로 해석한 대표적인 학자는 어니스트 겔너다. 그는 거시 역사적 관점에서 경제 분야의 자본주의, 정치 분야의 내셔널리즘, 사회문화 분야의 개인주의를 하나의 통합적 현상으로 파악했다. 겔너에 따르면 근대 이전의 사회는 계급·신분의 격차가 뚜렷하고 지역별 특수성이 강하게 지배했다. 그러나 사회 엘리트층은 오히려 네이션과 무관하게 초국적 공통성을 유지했다. 왕과 귀족은 혼인과 영토 상속을 통해 네트워크를 형성했고, 성직자 역시 교황청이라는 초국적 조직 속에서 경력을 쌓았다. 상공업에 종사하는 길드 소속인이나 예술가도 국경을 넘어 활동했다.

겔너가 보기에 근대사회는 이 엘리트들을 네이션의 틀 안에 가두고, 이전에는 고립·독립적으로 운영되던 지역사회를 하나의 네이션으로 묶는 현상이다.[55] 사회문화적 통합에서 확인했던 언어·식품·스포츠의 전국적인 확산도 이런 변화의 일환이다. 그리고 이 통합은 거의 항상 경제적 의미를 수반한다. 시장이 넓어지면 언어 교사의 활동 무대가 커지고, 치즈의 판매 영역이 확장되며, 스포츠의 경쟁 무대도 전국과 세계로 확대된다.

이처럼 시장의 네이션화는 경제적 근대화의 핵심 요소다. 미국이나 프랑스는 기존의 식민지나 왕국의 지리적 틀을 활용했지만, 독일처럼 새로 네이션을 형성한 경우에는 정치적 통합에 앞서 경제적 관세동맹인 촐페라인Zollverein이 먼저 만들어졌다. 프로이센의 모츠 재무장관은 "같은 관세 지역 안으로 여러 국가가 연합하게 되면, 같은 정치 시스템으로 연합하는 결과를 낳을 것"이라고 설명했다.[56] 정치 통합이 경제적 필요로 이루어졌다고 보기는 어렵지만, 양자의 긴밀한 상호 연관성은 부인하기 힘들다.

겔너의 이론은 단순하지만 강력하다. 근대로의 이행은 정치·경제·사회문화를 모두 네이션 차원에서 재조직하는 전반적인 운동이다. 정치적 네이션, 전국적 시장 네트워크, 사회적 네이션의 공간은 모두 비슷한 원칙에 따라 형성된다. 매우 유사한 '개인'이라는 원자들이 모여 정치·사회문화·경제라는 집합을 이루고, 이를 끈끈하게 묶어 공동체로 만드는 것이 네이션이다. 네이션은 한편으로 전통적인 공동체와 신분을 해체해 자유롭고 평등하며 독립된 개인으로 해방하지만, 다른 한편으로 언어·문화·시장·애국심으로 결속된 새로운 공동체로 재편한다. 겔너가 말한 네이션의 문법은 바로 이 '해방과 새로운 종속'의 결합이다.

겔너의 설명이 네이션을 내부에서 통합하는 원리를 보여준다면, 아리기와 틸리의 분석은 정치와 경제의 관계를 역사적 변동 속에서 추적한다. 두 사람 다 시장의 확대와 네이션 형성의 상호 관계를 강조하며, 특히 근대 이전 초국적 경제 세력과 근대적 네이션의 만남을 중요한 전환점으로 본다.

정치에서 네이션의 등장과 경제에서 자본주의 발전을 유기적으로 엮어 설명한 학자 가운데 아리기가 있다.[57] 그는 근대 자본주의 경제 발전의 모태를 중세 이탈리아 도시국가에서 찾는다. 베네치아, 제노바, 피렌체, 밀라노 등은 지중해와 북유럽을 연결하며 유럽 정치경제의 중심으로 성장했다. 왕·귀족이 영토와 농민을 기반으로 세력을 확장한 잉글랜드나 프랑스와 달리, 이탈리아 도시국가들은 상인들이 지배하는 정치 체제를 바탕으로 영토 확장이나 군사 정복보다는 자본 축적에 주력했다.

틸리도 거시 역사 분석에서 중세 유럽이 영토의 논리와 자본의 논리로 양분되어 있었다고 본다. 도시국가는 자본 축적의 거점이었고, 영토 국가는 군사력을 기반으로 강제력에서 우위를 점했다.[58] 틸리에 따르면 근대적 네이션 국가는 도시의 자본 축적과 영토 국가의 무력 축적을 결합한 새로운 정치 형태이며, 도시 자본과 영토 국가의 만남이 네이션으로 귀결됐다.

네이션의 배경인 15~16세기에는 부상하는 군사 세력과 쇠퇴하는 경제 세력이 결합하는 장면이 나타났다. 아리기는 이를 스페인·포르투갈의 군사력과 제노바의 경제 네트워크가 결합한 사례로 해석한다. 스페인과 포르투갈은 8세기 이후 이베리아반도에서 이슬람 세력과 전쟁을 지속하며 군사력을 축적했고, 제노바는 정치·군사적으로는 쇠퇴했으나 금융과 상업 네트워크를 장악했다. 이 결합은 16세기 스페인·포르투갈의 세계 지배를 가능하게 했다.

이 뒤를 이어 세계 정치경제 질서를 주도한 것은 네덜란드였다. 네덜란드의 가장 큰 정치경제적 혁신은 국가연합의 형성이다. 마치 여러 도시국가를 한데 모아놓은 듯한 연합 정치 체제를 구축해, 도시국가가 지닌 '규모의 한계'를 극복했다. 스페인에서 분리·독립한 네덜란드는 새 국가를 킹덤이나 임페리움이 아닌 '국가연합Confederation'이라 불렀으며, 틸리는 이를 자본집약적 네이션 국가 모델로 규정했다.

17세기 세계 정치경제를 지배한 네덜란드는 18세기 들어 영국에 주도권을 내준다.[59] 영국은 네덜란드와 달리 영토 국가를 도시국가처럼 만드는 데 성공했다. 16세기 스페인은 제노바 자본과 결합해 해외로 진출했지만, 본토를 도시국가형 경제 발전의 무대로 삼지는 않았다. 반면 영국은 런던을 출발점으로 잉글랜드 전역, 스코틀랜드·웨일스, 그리고 아메리카 식민지까지 경제 발전의 네트워크를 확장했다. 틸리의 구분에 따르면 영국과 프랑스는 자본과 무력을 균형 있게 조합한 유형이고, 프로이센이나 러시아는 자본보다 영토성과 군사력을 집약적으로 활용한 유형이다.[60]

궁극적으로 20세기 세계 최강대국으로 부상한 미국은 대륙 규모의 네이션이다. 자본주의 발전의 관점에서 보면, 미국은 베네치아가 구축한 밀도 높은 경제 네트워크를 대륙 규모로 확대한 거대한 국가다. 중세 베네치아에서 불가능했던 일은 기술 발전을 통해 근대 네덜란드와 영국에서 실현 가능해졌고, 현대 미국에서는 이를 초대형 대륙 규모로 확장할 수 있었다.

정치와 경제의 통합은 서로 긴밀하게 맞물려 있지만, 동시에 분명한 차이도 드러낸다. 정치 통합은 네이션의 문법에 따라 이성적 설계와 제도적 결합에 기반하며, 구성원들에게 정서적 결속과 소속감을 심어준다. 반면 경제 통합은 자본주의적 논리에 따라 이익의 교환을 원칙으로 하며, 개방성과 확장성을 품고 있다. 유럽에서 출발한 네이션은 이렇게 정치와 경제의 두 영역을 아우르며 세계로 영향력을 넓혔다. 유사하면서도 서로 다른 속성을 지닌 정치·경제 통합은

19세기부터 오늘날까지 인류 역사의 강력한 추진력이었다.

일반적으로 경제 통합은 정치 통합보다 훨씬 더 빠른 속도로 진행되는 경향이 있다. 헝가리 출신의 경제사상가 칼 폴라니는 『거대한 전환』에서 이 점을 날카롭게 분석했다.[61] 그는 자본주의적 시장 통합은 기본적으로 국제적 성격을 띠며, 전통적인 사회 공동체가 가진 지역적 결속성과 충돌한다고 보았다. 시장의 팽창은 사람들을 '원자화'하여 전통적인 유대로부터 떨어뜨리고, 계약과 가격 같은 인위적인 관계로 묶는다. 반대로 사회는 구성원들의 안정과 균형을 유지하려는 결속력을 강화한다. 이 두 운동이 동시에 진행될 때, 균형이 깨지면 사회적 불안과 정치적 격동이 발생한다고 폴라니는 진단한다.

이 관점에서 보면, 19세기 이후 글로벌 자본주의를 비판하며 네이션의 강화나 부활을 주장한 여러 이데올로기—보수 민족주의든, 좌파 반세계화든—는 서로 다른 목표를 내세우더라도 모두 시장 통합이 초래하는 사회 해체에 대한 우려를 공유한다.

그러나 경제와 정치의 관계를 '모순'으로만 볼 필요는 없다. 어떤 때는 두 영역 사이에 단순히 속도의 차이만 존재할 뿐이기 때문이다. 경제는 기술·교통·금융의 발전에 힘입어 국제적, 심지어 세계 단위의 네트워크와 이익 구조를 빠르게 확장한다. 반면 정치 통합은 이해관계 조정, 권력 배분, 주권 문제 등 복잡한 제약 요인 때문에 속도가 느리다. 그 결과 경제가 앞서가고 정치가 뒤따르며, 때로는 양자가 대립하는 듯한 인상을 준다.

그렇다고 정치가 전혀 뒤따르지 않는 것은 아니다. 국제 또는 세계 차원의 자본주의 발전보다는 느리지만, 네이션을 넘어서는 정치적 변화도 분명히 존재한다.[62] 국제연맹이나 국제연합처럼 '유명무실하다'는 비판을 받는 기구도 있지만, 상징성을 지닌 세계 정치 기구임은 부정할 수 없다. 더 나아가 세계무역기구WTO나 다양한 유엔 산하 기구가 보여주듯, 기능과 영역별로 구축된 국제 레짐international regime은 정치가 네이션을 넘어설 수 있는 제도적 틀을 마련하고 있다.[63]

이 흐름의 가장 주목할 만한 사례가 바로 유럽연합이다. 유럽연합은 결속력과 제도의 측면에서 기존 국제기구를 질적으로 뛰어넘었으며, 기능별 국제기구를 넘어 전반적인 정치 단위를 구성한다는 점에서 독자적인 위상을 지닌다. 과거 네이션이 도시국가를 통합하고 확산시켰던 것처럼, 유럽연합은 네이션 자체를 통합하고 확산시키는 새로운 모델이 될 가능성을 보여준다.

정치·사회문화·경제라는 세 축에서 진행된 네이션의 통합은, 각 영역이 서로 영향을 주고받으며 하나의 거대한 흐름을 형성했다. 시장의 확대와 자본의 축적은 단일 경제권을 만들었고, 이는 언어·문화·교육의 통일을 뒷받침했으며, 표준화된 제도와 정치 참여 장치가 이를 공고히 했다. 겔너가 말한 '해방과 새로운 종속'의 결합, 아리기와 틸리가 강조한 자본과 무력의 조합, 그리고 폴라니가 경고한 시장 통합과 사회 결속의 긴장은 모두 네이션의 성장 과정에서 동시에 작동했다.

    그러나 이 과정이 항상 조화롭게 진행된 것은 아니다. 시장 논리는 경계를 허물고 이익을 넓히지만, 정치 논리는 경계를 설정하고 공동체를 보호하려 한다. 사회문화적 통합 역시 공통의 표준을 확립하면서 다양한 차이를 지우는 과정을 수반했다. 서로 다른 원리들이 맞물리는 지점에서 협력과 경쟁, 긴장과 타협이 반복되었으며, 여기서 네이션의 독특한 역사가 만들어졌다.

3

네이션, 계승과 변형의 문법

정치·경제적 관점에서 살펴본 네이션은, 폴리스처럼 자본 축적의 거점이자 임페리움처럼 보편적 확산을 지향하는 성격을 함께 지니고 있었다. 이제 시야를 넓혀, 네이션이 유럽의 기본 정치 문법 속에서 어떤 자리를 차지하는지 살펴볼 차례다. 폴리스에서 시작해 킹덤, 레스 푸블리카/임페리움, 크리스천돔에 이르기까지 네이션은 어떻게 형성되었는가. 그것은 완전히 새로운 정치 형태였을까, 아니면 기존 문법을 결합·변형한 혼성 구조였을까.

이 장의 마지막 부분에서는 네이션과 유럽의 과거 정치 문법을 하나씩 짝지어 비교한다. 가장 오래된 뿌리를 지닌 폴리스부터, 레스 푸블리카/임페리움, 크리스천돔, 킹덤을 차례로 검토하며, 각 짝에서 공통점과 차이점을 가려낸다. 이 비교 작업은 네이션이 계승한 핵심 요소와 새롭게 만들어낸 부분을 분별하는 데 중요한 단서를 줄 것이다.

아테네의 폴리스와 프랑스·미국의 네이션

폴리스와 네이션은 둘 다 시민으로 구성된 정치 공동체. 킹덤처럼 특정 인물이나 가문의 소유물이 아니라 권리를 가진 다수 시민의 몸통體이라는 뜻이다. 하지만 이들의 규모는 크게 다르다. 고대 그리스의 폴리스 가운데 가장 큰 규모를 자랑하면서 먼바다의 지역까지 지배했던 아테네만 보더라도, 근대 네이션의 시대를 연 프랑스나 미국과는 비교할 수 없을 만큼 작다. 아테네의 시민 규모는 고작 수천 명에서 수만 명이었지만, 혁명기 미국은 수백만 명, 프랑스는 유럽에서 가장 인구가 많은 나라로 1000만 명을 넘어서는 규모였다. 각각 폴리스와 네이션을 형성하는 시민뿐 아니라 여성처럼 시민권이 없었던 사람들, 노예, 이방인 등을 모두 포함하더라도, 아테네라는 폴리스는 네이션과 견줄 수 없는 작은 규모였다.

폴리스와 네이션은 민주주의를 이상으로 삼는다는 점에서도 유사한 정치 문법을 갖는다. 폴리스 가운데 아테네는 특히 민주주의를 자신의 특징으로 삼는 것은 물론, 자신이 지배하는 외부 폴리스도 민주주의적 체제를 갖도록 장려하고 때로는 강제했다. 아테네가 폭정을 증오하고 민주정을 이상으로 삼으며 확산시키려 했듯, 미국과 프랑스도 다른 킹덤들의 폭정을 비난했다. 국내에서는 절대주의를 종결하고 민주정의 시대를 열었으며, 이를 세계로 확산시키려는 이상을 가졌다.

물론 폴리스의 정치가 직접 민주주의였다면 네이션은 간접 또는 대의 민주주의라는 큰 차이점도 드러낸다. 아테네의 정치는 실시간으로 의견을 나누고 토론하며 투표를 통해 의사결정을 하는 민주주의였다. 반면 프랑스나 미국은 시민들이 한 장소에 모이는 것 자체가 불가능했고, 심지어 시민의 대표가 한 장소에 모이기 위해서도 상당한 기일이 필요한 커다란 규모의 정치 단위였다.[64]

한편 네이션은 폴리스보다 훨씬 더 보편적이고 일률적이었다. 폴리스는 같은 도시에 사는 사람이라도 시민권자와 그 가족, 이방인, 노예를 엄격히 구분했지만, 네이션은 훨씬 더 넓은 영토에 거주하는 더 광범위한 주민들에게 시민권을 부여했다. 물론 초기에는 여성과 인종이 다른 노예는 여전히 시민권 밖에 있었으나, 적어도 성인 남성이라면 모두 시민으로 인정받았다. 칸트는 시민의 조건을 '독립성'에 두었고, 현실에는 독립성을 확보한 능동적 시민과 종속적 관계에 묶인 수동적 시민이 있다고 구분했다.[65] 따라서 초기 네이션에는 소수의 능동적 시민과 다수의 수동적 시민이 있었으나, 궁극적으로 네이션은 모두를 시민으로 인정하는 방향으로 발전해왔다.

다른 한편, 폴리스는 네이션보다 시민의 직접적이고 적극적인 참여를 보장했다. 네이션에서는 더 많은 사람이 대표를 선출할 권리를 누렸지만, 실제 정치에 접근할 수 있는 통로는 오히려 좁아졌다. 사회과학에서 중요한 문제로 지적하는 본인-대리인principal-agent 관계가 대의제를 통해 네이션 정치 문법의 핵심으로 자리 잡았기 때문이다.[66] 본인이 권한과 명령을 대리인에게 위임하면, 대리인이 이를 그대로 따르기보다 다른 방향으로 행동할 가능성이 있다는 문제다. 민주정에서 시민 집단이 본인이라면, 대의 기구인 의회는 대리인이다. 의회가 시민의 의사를 반영하기보다 자기 이익을 우선시할 때, 이 고전적인 본인-대리인 문제가 정치를 부패로 이끈다.

민주주의라는 이름은 아테네와 파리, 워싱턴 D.C.를 함께 묶는 깃발이다. 그러나 고대 아테네의 민주주의는 프랑스나 미국보다 훨씬 더 직접적이었던 반면, 프랑스와 미국은 아테네보다 훨씬 더 보편적인 기반을 갖췄다. 동시에 미국과 프랑스는 민주주의에 대한 경계심도 지녔다. 특히 18~19세기 네이션을 설계한 주도층은 다수로서의 데모스와 민주주의를 잠재적으로 위험한 존재로 보았다. 그 결과 법적으로는 시민이라 하더라도 실질적 투표권 부여에는 신중했고, 점진적으로만 확대해나갔다.

앞서 폴리스를 살펴보았듯, 그리스인들은 시민 공동체로서의 폴리스가 강력하고 탄탄한 결속력을 가져야 한다고 믿었다. 플라톤의 『국가』에 등장하는, 가족조차 공유하는 공동체의 이상은 다소 과장이지만, 그리스인들이 공동체적 삶을 인간을 규정하는 가장 중요한 기반으로 여겼다는 사실만큼은 분명하다.

근대 네이션도 이런 공동체 의식과 결속력의 필요성을 상당 부분 계승했다. 앞서 살펴본 정치·사회문화·경제 각 영역의 통합 노력은 네이션의 핵심 특징이었다. 다만 폴리스는 시민 수가 적고, 구성원이 사회적·성별적 공통성을 지닌 운명 공동체였기에 통합이 비교적 수월했다. 반대로 네이션은 훨씬 더 많은 인구, 다양한 성별, 사회적 신분, 지역적 배경을 지닌 사람들을 하나로 묶어야 하는 과제를 떠안았다. 게다가 시민 전체의 결속을 국가 목표로 삼는 흐름은 네이션이 형성되던 18~19세기 초보다는 19세기 중반부터 20세기에 이르러 본격화됐다.

로마의 레스 푸블리카/임페리움과 미국·프랑스

네이션이라는 근대 정치 문법에 가장 큰 족적을 남긴 것은 역시 로마의 레스 푸블리카와 임페리움이다. 프랑스에서 레스 푸블리카의 전통을 잇는 공화국, 공화주의는 레퓌블리크République, 레퓌블리카니즘Républicanisme 등으로 국가 정체성의 핵심을 이룬다. 고대 로마의 레스 푸블리카와 개념상 다소 차이가 있더라도, 외형상으로는 이를 계승하고 있다는 사실을 분명히 표방한다. 프랑스에서 공화국이나 공화주의는 민주주의보다 더 자주 쓰이는 정치 용어이며, 국가의 정체성을 규정하는 핵심 가치로 자리 잡았다. 한국과 비교하면, 한국에서 '민주주의'라고 부르는 내용의 상당 부분을 '공화주의'로 대체해도 무방할 정도다.

이런 차이는 각국의 정치사 및 민주화 시점과 긴밀히 맞물린다. 프랑스 혁명은 왕권과 투쟁하는 성격이 강했고, 18세기 후반부터 20세기 전반까지 왕당파와의 체제 경쟁은 계속되었다. 당시 많은 사람에게 민주주의는 위험한 체제로 여겨졌기에, 우선 달성해야 할 목표는 민주주의가 아니라 공화정의 수립이었다.

혁명 세력은 기존의 크리스천덤에서 사용하던 연호를 거부하고 1789년을 '자유 1년'으로 명명했다. 이어 1792년 공화정을 선포하며 '프랑스 공화국 제1년'이라는 공화 역력을 공식 채택했다.[67] 새로운 시대의 시작을 공화정과 결합시킨 것이다. 그만큼 공화정은 민주주의보다 먼저, 그리고 더 강하게 국민주권의 상징으로 자리매김했다. 반면 한국은 1945년 광복 당시 이미 왕정이 폐지되고 공화정이 전제된 상태였으며, 이후에는 독재에 맞선 투쟁이 정치사의 중심 과제가 되었기에 민주주의가 핵심 가치로 떠올랐다. 20세기 들어 민주주의가 세계적인 이데올로기로 굳어진 상황도 이런 차이를 강화했다.

미국 역시 레스 푸블리카의 정신은 혁명과 독립을 이끄는 기본 이념이었다. 미국 건국의 핵심은 단순히 왕이 사라지고 선거를 통한 정치 제도를 수립한 데 그치지 않았다. "미국인들에게 공화주의는 잉글랜드로부터의 정치적 분리에 도덕적 차원과 유토피아적 깊이를 더해주는 내용이었다. 그 깊이야말로 미국 사회의 진정한 성격을 규정하는 것이었다."[68] 이런 점에서 미국의 공화주의는 정치 제도의 변

1935년 로마식으로 지어진 미국의 대법원. 미국과 프랑스의 네이션을 상징하는 주요 건축물은 모두 로마의 역사와 건축 양식을 반영한다. 예를 들어 미국의 의회 건물은 로마의 민중을 상징하는 캐피톨 언덕을 연상하도록 '캐피톨 힐'이라 불린다. 미국 연방대법원 건물 역시 로마식 기둥과 구조를 차용했다.

화이자, 사회의 도덕적·정신적 기초를 재편하는 이상적인 프로젝트였다.

미국의 양대 정당인 공화당과 민주당은 전형적으로 고대 그리스의 민주주의와 로마의 공화주의라는 두 전통을 현대 정치에 상징적으로 매개해준다. 미국과 프랑스의 네이션을 상징하는 주요 건축물은 모두 로마의 역사와 건축 양식을 반영한다. 예를 들어 미국 의회 건물은 로마의 민중을 상징하는 캐피톨 언덕을 연상하도록 '캐피톨 힐'이라 불린다. 미국 연방대법원 건물 역시 로마식 기둥과 구조를 차용했다. 프랑스의 국민대표 하원인 '아상블레 나시오날Assemblée nationale'(국민회의)도 로마식 건축물 안에 자리 잡았다.

또 양국의 상원은 모두 로마의 세나투스Senatus라는 명칭을 이어받았다. 미국의 Senate는 각 주를 대표하는 의원들의 집합이며, 프랑스의 Sénat는 간접 선출된 중진급 정치인들로 구성된다. 두 나라 모두 상원 의원의 임기(미국 6년, 프랑스 6년)는 하원 의원(미국 2년, 프랑스 5년)보다 길고, 전체가 한꺼번에 교체되지 않으며 부분적으로만 바뀐다. 이는 세나투스를 통해 정치적 안정성을 유지하는 로마의 전통을 현대적으로 계승하여 상원으로 하여금 다수 세력이 급히 바뀌는 하원과 균형을 이루는 제도적 장치로 만든 셈이다.

로마 레스 푸블리카의 제도적 디자인이 드러내는 가장 큰 특징은 균형과 견제다. 미국은 아예 건국의 아버지들 시대부터 견제와 균형Checks and Balance이 체제의 이념으로 자리 잡았다. 18세기 프랑스 사상가 몽테스키외는 "권력을 가진 사람은 누구나 한도에 도달할 때까지 권력을 남용하게 된다는 사실은 영원한 역사의 경험"이라며 "권력 남용을 막기 위해서는 제도의 장치를 통해 권력이 권력을 막아야 한다"고 주장했다.[69] 미국은 권력 남용에 대한 몽테스키외의 경각심을 진지하게 수용해 제도에 반영했다. 초기부터 행정부, 입법부, 사법부를 독립적인 기구로 보았고, 이들 간 권력 분립의 엄격한 유지를 원칙으로 규정했다. 프랑스에서와 유사하게 미국인들은 자신들이 공화정을 통해 완전히 새로운 정치의 시대를 열었다고 믿었다.[70]

혁명 세대의 미국인들은 자신들이 정치의 역사에 중대한 공헌을 했다고 굳게 믿었다. 한 집단people이 스스로 사회의 병폐를 진단하고, 이를 치료하기 위한 평화적 절차를 고안해낼 수 있음을 세계에 처음으로 보여주었다. 그들은 인간의 사고를 가둬두었던 정치 이론의 개념들을 과감히 허문 뒤, 새로운 공화주의 정치체의 틀을 훌륭하게 만들었고, 이를 통해 미래 정치에 대한 논의를 완전히 바꿔버렸다. 무엇보다 중요한 것은 그들이 자신이 이끈 이러한 변화를 잘 인지하고 있었다는 사실이다.

프랑스는 미국과 비교하면 역사적으로 권력의 분립보다는 집중이 부각되었다. 19세기 내내 프랑스의 정치 체제는 왕정과 공화정으로 번갈아 바뀌었는데, 왕정 시기에는 행정부가 우세했고, 공화정 시기에는 입법부의 중심성이 강조되었다. 이는 각 체제가 지닌 역사적 유산과 긴밀히 연결된다. 왕정은 절대 왕정 시절부터 내려온 중앙집권의 전통을 반영하고, 공화정은 시민의 대표 기구인 의회를 국가의 중심으로 둔 것이다.

이러한 흐름 속에서 나중에 '의회제Régime d'assemblée'라고 불리는 제도가 등장했는데, 이는 의회의 다수당이 행정부를 사실상 지배하는 구조였다. 그러나 의회 중심 체제는 장기적으로 불안정성을 노출했다. 특히 제3공화정(1870년대~1940)과 제4공화정(1944~1958) 때 의회 권력이 지나치게 강해지면서, 정권이 자주 교체되고 행정부의 장기적 정책 집행은 어려워졌다.

여기에 군부 쿠데타의 위협까지 더해져 체제가 흔들리자, 1958년 드골의 주도로 제5공화정이 수립되었다. 새 헌법은 행정부, 특히 대통령의 권한을 대폭 강화해 의회와의 균형을 도모했다. 대통령은 국정 전반에 걸쳐 강력한 영향력을 행사하며, 총리 임명권과 국회 해산권을 보유한다. 그 결과 프랑스 제5공화정은 '대통령제에 가까운 반半대통령제'로 불리며, 강력한 행정부 중심 체제를 갖추게 되었다.

이러한 변화는 로마의 레스 푸블리카가 위기 상황에서 '독재자' 제도를 통해 임페리움 체제로 변모했던 역사를 연상시킨다. 즉, 체제의 안정과 통치를 위해 권력을 집중시키는 방식은 고대 로마와 근대 프랑스 모두에서 반복된 셈이다.

시민권이라는 개념이 정치 공동체의 핵심으로 떠오른 출발점은 고대 그리스의 폴리스였다. 그리스는 혈통이나 종족에 기초하던 결속 방식을 버리고, 일정한 영토를 공유하는 사람들에게 '시민'이라는 새로운 자격을 부여했다. 즉, 혈연 공동체를 영토 기반의 정치 공동체로 전환한 것이다. 그러나 이러한 시민권은 기본적으로 개별 도시국가의 경계를 넘지 못했다. 아테네 시민권은 아테네라는 도시의 틀 속에, 스파르타 시민권은 스파르타라는 영역 속에 한정되었다.

반면 로마는 한 도시의 울타리를 넘어선 시민권 확장에 성공했다. 앞서 살펴보았듯 로마는 로마라는 도시를 기반으로 출발했지만, 시민권을 점차 이탈리아반도 전체로, 나아가 지중해 전역으로 확대했다. 로마 시민이 되는 일은 단순한 법적 지위 획득 이상의 의미가 있었다. 정치적 권리, 법적 보호, 경제적 네트워크, 문화적 정체성까지 함께 얻는 일이었기 때문이다.

이러한 '개방적 시민권'의 전통은 근대에 와서 프랑스 혁명과 미국 독립혁명에서 되살아났다. 두 혁명 모두 출발점에서는 특정 지역이나 계층이 주도했지만, 점차 그 경계를 조정해 더 크고, 더 넓고, 더 강력한 정치 공동체를 만들어나갔다. 이렇게 경계를 확장하고 새로운 구성원을 포용하는 능력은 혁명적 네이션이 지닌 핵심적 특징 가운데 하나가 되었다.

프랑스 대혁명에서 시민권의 개방성은 단순한 제도 변화에 그치지 않았다. 그것은 유럽 각국의 진보적 엘리트들이 '프랑스 시민'이라는 지위를 스스로 선택하고 획득함으로써 증명되었다. 영국·미국·독일 등지에서 공화주의 신념을 품고 프랑스 혁명의 이상을 확산시키려 했던 수많은 지식인이 프랑스 네이션의 일원이 되었다. 대표적으로 영국 출신의 토머스 페인은 이미 미국 시민이었지만 1792년 혁명 프랑스에서 시민권을 부여받았고, 국민공회Convention nationale 의원으로 선출되기까지 했다. 프랑스 국민공회는 제러미 벤담, 알렉산더 해밀턴, 제임스 매디슨, 조지 워싱턴 등 해외 정치가와 사상가들을 명예시민으로 추대하며, 혁명의 이상을 국경 너머로 확장하려 했다. 당시 '세계 의회' 구상을 주장한 프로이센 출신의 아나카르시스 클루츠, 폴란드 독립운동의 지도자 타데우시 코시치우슈코도 프랑스 시민으로 받아들여졌다.

시민권 개방의 범위는 개인을 넘어 집단 차원에서도 적용되었다. 대표적인 사례가 유대인 공동체다. 킹덤 체제에서 유대인은 대개 거주를 제한적으로 허락받는 존재였을 뿐, 국가의 완전한 구성원으로 인정되지 않았다. 그러나 1791년 프랑스 대혁명 정부는 수 세기 동안 프랑스 영토에서 살아온 유대인을 정치 공동체의 동등한 시민으로 인정했다.[71] 나아가 혁명군은 유럽 전역에서 유대인의 해방을 주도했다. 예컨대 프랑스 군대는 독일 프랑크푸르트 유대인 게토의 성벽을 허물어 유대인이 자유롭게 외부로 드나들 수 있도록 했고, 유대인 표식 착용 의무를 폐지했다. 독일의 로스차일드 가문이 게토에서 해방되어 유럽의 금융 무대에 진출할 수 있었던 것도 이 시기의 변화 덕분이었다.

미국은 건국 초기에 동부 13개 주에서 시작해 서부로 뻗어나가면서 서로 다른 역사와 문화를 지닌 집단을 흡수하는 개방성의 행진을 이어갔다. 이미 동부에는 영국계뿐 아니라 네덜란드계, 프랑스계 등 다양한 출신 배경의 집단이 공존하고 있었고, 신생 국가는 이들을 모두 시민권 체계 안에 포함시켰다. 19세기 들어 '서부 개척'과 함께 국경을 중서부로 확장하는 과정에서는 영국의 옛 식민지뿐 아니라 프랑스령과 스페인령이었던 영토가 차례로 편입되었다. 이 과정에서 해당 지역의 프랑스계·스페인계 주민들도 미국 시민이 되었다. 여기에 대서양을 건너온 독일계, 이탈리아계, 스칸디나비아계, 동유럽계 이민자들이 대거 유입되면서, 미국은 다양한 언어·문화·종교를 포괄하는 거대한 정치 공동체로 성장했다. 이런 확장과 포용의 궤적은 19~20세기판 로마 임페리움이라고 불러도 지나치지 않는다.

20세기 전반 제국주의의 전성기, 프랑스는 영국과는 다른 방식의 제국을 구축했다. 영국이 식민지의 전통적인 지배 체제를 존중하며 경제적 이익을 추구했다면, 프랑스는 식민지를 자국의 공화주의적 질서 안으로 포괄하려는 노력을 기울였다. 더 깊은 연구가 필요하지만, 고대 로마가 시민권 확산을 통해 제국의 결속력을 강화했던 것처럼, 프랑스 역시 공화주의 전통을 제국 차원으로 확장하려는 경향을 보였다고 분석할 수 있다. "프랑스는 동화同化의 꿈을 가장 강력하게 추진한 네이션이라고 할 수 있다."[72]

알제리나 사하라 이남의 아프리카 식민지 주민들은 현실적으로 프랑스 본토 시민과 다른 차별을 겪었지만, 적어도 이념적으로는 프랑스 공화국의 일원으로 간주되었고, 장기적으로 권리를 확대한다는 명분이 존재했다. 1960년대 아프리카 독립 이후 지도층으로 떠오른 인물들 가운데는 식민 시기 프랑스 의회에서 의원으로 활동했던 이들이 적지 않았다. 세네갈의 초대 대통령 레오폴 상고르와 코트디

부아르의 초대 대통령 펠릭스 우푸에 부아니가 대표적인 사례다. 이들은 식민 체제에서 공화주의적 동화 과정을 거쳐 성장한 지식인이자 정치인이었으며, 독립 후에도 국가 지도자로 활약했다. 이런 점에서, 프랑스 제국주의 속에서도 로마의 레스 푸블리카/임페리움 전통을 연상시키는 공화주의적 요소를 읽어낼 수 있다.

네이션과 크리스천돔

크리스처니티와 네이션의 관계는 두 가지 측면에서 접근 가능하다. 하나는 크리스처니티가 갖는 네이션의 근본적 토대로서의 역할이다. 유일신을 믿는 종교는 기독교 이전에 이미 유대교 시기부터 하나의 종교·정치 공동체를 만드는 핵심 요소였다.[73] 로마 제국에서 기독교를 국교로 삼은 중요한 이유도 유일신 신앙을 정치적으로 활용하려는 의도가 어느 정도 있었다.

다른 하나는 크리스처니티가 서로 다른 정치 공동체를 하나로 묶는 역할도 담당했다는 사실이다. 중세 유럽은 크리스천돔이라는 초국적 종교 공동체와 킹덤이라는 지역적 정치 공동체가 공존하는 시스템이었다. 달리 말해 크리스처니티는 네이션을 규정하는 정체성의 핵심일 수도 있고, 다양한 네이션을 하나로 묶는 초월적 역할을 담당하기도 한다.

고대 유대교에서 종교는 문화와 정치를 포괄하는 공동체의 기반이었다. 유대교는 세상을 지배하는 하나의 신이 존재하며, 그 신이 아브라함과 이삭의 자손으로 이루어진 유대 집단을 선택해 보호하고 번영케 한다는 독특한 신념을 확립했다. 이는 다른 집단의 신 존재를 인정하면서도, 오직 자신들의 신만이 참되다고 보는 배타적 전통이었다.

유일신이 선택한 집단이라는 관념은 근대 내셔널리즘에도 깊이 스며든 기독교적 요소다. 앤서니 스미스는 고대 유대 민족을 네이션의 한 원형으로 보았다.[74] 특히 기원전 6세기 바빌로니아 유수幽囚는 유대 집단이 종교를 매개로 강력한 정체성을 유지·강화하는 계기가 되었다고 분석한다. 폴리스가 시민적 네이션의 뿌리였다면, 유대 집단은 혈통과 신앙에 기초한 종족적 네이션의 모델이었다. 남녀노소, 신분을 막론하고 하나님의 선택을 받은 공동체라는 인식은, 이들이 이집트나 바빌로니아에서 집단으로 노예생활을 했던 경험과 결합돼 강한 결속과 해방의 의미를 부여했다.

근대 네이션과 유대 집단의 역사적 유사성은 여러 징후에서 드러난다. 특히 '신과 집단의 계약'이라는 발상은 근대 네이션의 문법에서 핵심적인 사회계약론 및 헌정론과 맞닿아 있다. 유대 공동체에서 계약Covenant은 유일신이 아브라함과 맺은 약속으로, 공동체는 신에게 복종과 찬양을 하고 신은 그들에게 축복을 내린다는 교환관계였다. 이는 사회계약을 통해 국가를 세우는 근대 정치 이론과 구조적으로 유사하다. 또한 헌정론Constitutional theory, 즉 헌법으로 공동체의 기본 규칙을 정하고 이를 근거로 운영한다는 발상은 하나님이 모세에게 율법을 내린 사건과 비슷하다. 헌법이 공동체를 '구성constitute'하는 약속이라는 점에서 네이션의 종교적 기원을 읽어낼 수 있다.

네이션을 구성하는 자유와 평등이 얼마나 기독교적 기원에 의존하는지는 프랑스 역사학자 피에르 로장발롱이 자명하게 소개한 바 있다.[75]

> 자유주의는 상당 부분 기독교 세계에서 유래한다. 홉스나 로크, 그리고 이전의 왕정 이론가들이 근대적 자유를 구상하고 제도화하기 위해 수행한 신학적·지적 작업을 분석하지 않고서는 그들을 온전히 이해할 수 없다. 근대가 시작되던 시기에 형성된 시민의 평등은, 모든 인간이 신 앞에서 동등한 존엄성을 가진다고 인정하고, 개인의 구원이라는 문제는 신의 시선에서 볼 때 지극히 개별적이라는 사실에 기반한다. (…) 모든 인간은 각각이 놓인 상황의 다양성에도 불구하고 한 신체corps〔공동체/사회〕의 일부라는 가정이 성립됐고, 그 결과 경제적 평등의 전제 조건인 연대의 의무가 도출되었다. (…) 정치적 평등으로 우리는 완전히 개인의 세계로 들어간다. 정치적 평등은 일종의 다시 돌아올 수 없는 강이다. 정치적 평등은 인간 사이에 존재하는 가장 자연스럽다고 할 수 있는 지식과 권력의 차이마저 축소하고 없앤다.

물론 기독교와 유대교의 가장 큰 차이는 유대 전통의 특수성을 넘어 전 인류로 확산된 보편성이다. 기독교의 신은 원칙적으로 민족이나 집단에 따라 차별하지 않으며, 모든 인간을 하나님의 자녀로 대등하게 인정한다. 로마 제국이 세계를 대표하고 인류를 포괄하는 사명을 자임했던 만큼, 기독교는 로마에서 새로운 종교적 상징으로 받아들여졌다. '가톨릭'이라는 이름 자체가 보편성·전체성·포괄성을 뜻하며, 유대교가 네이션의 모델이 되었듯 기독교는 임페리움의 기반으로 채택되었다.

기독교 세계는 하나의 종교로 통일되었지만, 정치적으로는 수많은 세력으로 분열된 불균형 구조였다. 이 불일치는 빈번한 갈등을 낳았고, 유럽의 긴 중세는 이러한 충돌의 연속이었다. 각 지역 교회는 저마다 종교적 우위를 주장했다. 프랑스 교회는 '가톨릭의 맏딸'을 자처했고, 스페인 교회는 가장 신앙심 깊은 가톨릭이라고 강조했다. 보헤미아의 후스 운동처럼 종교적 개혁과 지역 공동체의 정체성을 결합한 사례도 나타났다. 종교개혁은 이러한 전통을 이어받아 근대적 네이션과 기독교를 밀접하게 연결시키는 결정적 계기가 되었다.

종교개혁이 만든 신앙·문화·정치의 삼각관계는 근대 네이션의 강력한 접착제였다. 잉글랜드를 중심으로 성장한 영국이 16~18세기 근대적 네이션으로 발전한 핵심 메커니즘은 프로테스탄트 정체성을 기반으로 다양한 지역과 사람을 하나로 묶을 수 있었다는 점이다.[76] 영국은 스스로를 '제2의 이스라엘'로 인식했고, 국가國歌 제목 '신이여, 왕을 구하소서 God Save the King'는 이를 잘 보여준다. 이런 종교적 결속은 영국이 스코틀랜드와 웨일스를 비교적 원활하게 통합하는 데 기여했으나, 가톨릭을 지킨 아일랜드에서는 통합에 끝까지 저항하는 배경이 되었다.

비슷한 시기 네덜란드도 스페인으로부터 독립을 쟁취하는 과정에서 프로테스탄트 정체성이 핵심적인 공동체 기반이 되었다. 개신교가 다수를 차지한 북부 네덜란드는 스페인에 반기를 들고 독립을 추진했지만, 가톨릭이 지배적인 남부 벨기에는 여전히 스페인의 지배를 수용했다. 스위스의 제네바 공화국이나 신대륙으로 건너간 미국의 청교도처럼, 종교적 믿음을 정치·운명 공동체로 확장한 사례들도 이와 같은 맥락에서 이해할 수 있다.

크리스처니티는 한편으로 특정 네이션의 근본이 되고, 다른 한편으로 다양한 네이션 간 관계의 바탕이 되었다. 가톨릭교회가 전 유럽을 지배했던 중세는 물론, 유럽이 세계로 진출·침략하던 16세기에도 유럽인을 하나로 묶어주는 이념과 세계관은 기독교였다. 중세 유럽에서 가톨릭이란 '보편성'을 뜻했지만, 그것은 유럽 내부의 보편성에 한정된 것이었다. 근세에 들어 기독교는 유럽 바깥의 다른 문명과 대비되면서 오히려 '유럽의 집단적 특수성'을 드러내는 정체성으로 부상했다. 유럽 내부에서는 개신교와 가톨릭이 갈등과 경쟁, 심지어 전쟁까지 치렀지만, 아시아나 아메리카에서는 같은 기독교라는 이름 아래 동질성을 확인했다.

프랑스의 역사학자 오리는 서구의 네이션이라는 새로운 아이디어가 세계로 확산되는 과정을 연구하면서 모든 혁명의 궁극적 구조는 목적론적 관점, 즉 신학적 관점에서 기독교적이라고 주장한다.[77]

정치적 근대성의 시대에 돌입한 이후 등장한 레닌주의, 마르크스주의, 사회민주주의 또는 자유주의는 공통적으로 세속적 메시아주의의 한 형태였다. 이들은 모두 인류 역사가 '인간을 심판하는 시간의 종결'을 향해 나아가며, 그 심판 속에서 정의로운 자들이 승리한다고 믿었다. 지난 2000년 동안 서구는 줄곧 진보를 강조해왔다. 다만 그 정의로운 자의 성격만 변해왔을 뿐이다. 신실한 유대인, 훌륭한 기독교인, 자유주의 휴머니스트, 조직화된 프롤레타리아가 그 자리를 차지했다. (…) 결국 진보주의란 (…) 정치 이데올로기가 아니라, 형태를 바꿔가며 이어져온 역사적 종교였다.

이상에서 살펴본 대로 크리스처니티는 특정 민족의 정체성을 강화하는 뿌리이자, 서로 다른 민족을 하나의 공동체로 묶는 초국적 결속의 토대였다. 유대교의 '선택된 민족'이라는 관념을 계승하면서도 보편성을 확대해, 네이션을 만드는 내부 결속과 네이션들 사이의 연대라는 이중 역할을 했다. 종교개혁 이후에는 개신교와 가톨릭이라는 내부 분열이 심화됐지만, 대외적으로는 여전히 기독교라는 이름 아래 공동의 정체성을 확인했다.

오리는 기독교의 종말론적 관점―역사가 궁극적으로 완성과 심판의 순간을 향해 나아간다는 믿음―이 세속화된 정치 이데올로기에도 깊이 스며들었다고 보았다. 자유주의, 사회민주주의, 마르크스주의, 심지어 레닌주의까지도 정의로운 집단이 최종적으로 승리한다는 서사를 계승했다. 이런 맥락에서 크리스처니티는 단순히 과거의 종교적 유산이 아니라, 근대 정치사 속에서 형태를 달리하며 계속 작동한 '세속화된 종교'가 되었다.

경쟁과 협력의 국제사회
: 킹덤과 네이션

킹덤은 고대 그리스와 로마의 정치 문법에서 가장 부정적으로 인식되었으나, 로마 제국 붕괴 후 유럽은 게르만, 바이킹, 마자르 등 외부 세력이 세운 킹덤을 받아들일 수밖에 없었다. 기존 질서는 기독교를 통해 이들을 교화·문명화·통제하려 했고, 새로운 킹덤 역시 교회가 부여하는 정당성과 정통성을 통해 지배의 기반을 다졌다. 기독교라는 문명적 외피를 두른 킹덤은 유럽 정치 문법 속에서 재기했고, 10~11세기에는 크리스천돔 자체가 구로마 제국의 경계를 넘어 북·중·동부 유럽까지 확산됐다.

크리스처니티가 킹덤의 문법에서 국제사회를 이루는 토대였듯, 네이션의 시대가 도래하면서 부상한 개념은 문명이다.[78] 킹덤에서 네이션으로 역사의 추가 옮겨가면서, 크리스천돔이 점차 인터내셔널 사회로 대체되었다는 뜻이다. 네이션이 킹덤을 어느 정도 계승하면서 혁명적으로 돌변시켰듯, 인터내셔널 사회도 기독교의 전통을 이어받으면서 동시에 획기적으로 변화시켰다.

전쟁은 킹덤 사회에서 국가 운영의 필수 요소였다. 왕실과 귀족 가문 사이의 분쟁은 종종 무력 충돌로 이어졌고, 영토와 권력을 두고 싸우는 일은 일상적이었다. 그러나 크리스천돔의 질서 안에서 이런 전쟁은 완전히 자유롭게 벌어질 수 없었다. 가톨릭교회는 전쟁을 도덕적으로 통제하고, 교황의 권위를 통해 왕권에 제동을 걸 수 있는 위치에 있었다. 교회가 인정한 왕을 폐위시키거나 살해하는 일은 극히 어려웠으며, 왕국 자체를 멸망시키고 흡수하는 일도 흔치 않았다. 오히려 교황은 분쟁 상황에서 중재자 역할을 하며 킹덤 간 균형을 유지하려 했다. 15세기 스페인과 포르투갈이 세계를 두고 치열하게 경쟁하던 시기, 교황이 개입해 지구를 반으로 나누어 각자 지배권을 인정한 토르데시야스 조약이 그 대표적인 사례다.[79] 이는 킹덤의 대립을 크리스천돔이 조율한 상징적인 장면이었다.

그러나 16세기 들어 유럽 질서에 변화가 찾아왔다. 종교개혁으로 가톨릭교회의 권위가 약해지고, 대륙은 가톨릭과 프로테스탄트로 분열되었다. 크리스천돔의 단일 질서 속에서 킹덤 간의 관계를 조정하기는 점점 더 어려워졌다. 이러한 환경에서 초국적인 원칙과 규칙, 즉 종교에 얽매이지 않는 정치질서를 세우려는 시도가 등장했다. 바로 국제법의 태동이었다. 초기 국제법은 네이션 간의 갈등을 완화하고 최소한의 규칙을 마련하려는 중요한 실험이었다. 결과적으로 16세기부터 19세기까지는 킹덤과 크리스천돔의 결합에서 점차 벗어나, 네이션과 국제사회·국제법이라는 새로운 문명질서로 넘어가는 과도기였다.

국제법은 근대에 들어 문명화된 국가들이 서로 관계를 맺고 조정하는 국제사회의 기초가 되었다. 이 새로운 법질서의 창시자로 널리 알려진 인물이 네덜란드의 휘호 흐로티위스(1583~1645)다. 그는 킹덤의 시대가 저물고, 첫 네이션으로 부상하던 네덜란드가 낳은 대표적 지식인이었다. 천재 소년이었던 흐로티위스는 열한 살에 라이덴대학에 입학해 열다섯에 법학 박사 학위를 받았으며, 마흔이 되기 전 향후 고전이 될『전쟁과 평화의 법』을 집필했다.[80] 1625년 그는 이렇게 썼다.

> 전쟁 자체건 전쟁을 수행하는 방식이건 간에, 나는 앞서 설명한 이유로 모든 민족Peuple에게 공통된 권리Droit가 존재한다고 믿는다. 그리고 이 믿음에 대해 확신할 만한 다양하고도 중대한 이유들을 제시할 수 있다. 나는 야만적 네이션조차 부끄러워할 만한 전쟁의 방종이 오히려 크리스천 세계에서 벌어지는 사실을 보았다. 국가들은 사소한 이유로, 아니 때로는 아무런 이유도 없이 무기를 들었고, 일단 전쟁이 시작되면 신의 법도, 인간의 법도 더 이상 존중받지 않았다. 마치 전쟁 상황에서는 모든 범죄 속에서 덕성이 사라지는 것이 하나의 법칙이라도 되는 듯했다.[81]

흐로티위스가 이 글을 집필하던 17세기 초, 유럽은 30년 전쟁(1618~1648)이라는 대륙적 참화 속에 있었다. 가톨릭과 프로테스탄트의 종교 대립, 킹덤과 네이션의 권력 다툼이 얽히면서 크리스천 세계라는 자부심은 잔혹한 현실 앞에서 무너지고 있었다. 흐로티위스는 이런 야만적 상황을 극복하기 위해 새로운 원칙, 즉 여러 민족에게 공통된 권리를 부여하는 '민족의 법lus gentium'을 제안했다. 이는 전쟁을 방지하고 완화하는 규칙을 마련하려는 시도였고, 18세기 들어 본격적으로 발전해 근대 국제법의 토대가 되었다.[82] 19세기에 이르면 네이션 중심의 국제법 체계가 확립된다.

킹덤의 문법에서 왕위의 정당성은 크리스천돔의 승인에 달려 있었듯, 네이션의 문법에서는 다른 네이션들의 승인이 결정적이었다. 절대 왕정에서 '왕의 절대 주권'이 발전했듯, 네이션의 시대에는 '국가의 절대 주권'이 자리 잡았다. 국제법이 확인해주는 국가의 기본권은 존속권, 주권 존중, 영토 보존, 무역과 평등의 권리 등이다.[83] 이는 개인이 국내에서 자기 결정권, 소유권, 사상의 자유를 갖는 것과 마찬가지로, 네이션도 국제사회에서 절대적 권리를 인정받는다는 의미다. 다시 말해, 국제사회는 국내사회의 원리를 확장한 구조였다.

킹덤/크리스천돔의 구조는 근대로 오면서 네이션/국제법의 구조로 재생·계승되지만, 두 문법이나 유형의 관계가 비슷한 것은 아니다. 크리스천돔은 강력하게 킹덤을 통제하는 기제였으나, 국제법은 네이션을 같은 수준으로 관리하지 못했다. 형식적으로 국제법은 네이션을 포괄하는 도덕적·법적 장치로 구상되었으나, 실질적으로 네이션은 국제사회보다 훨씬 더 강력한 힘을 기반으로 성장했다. 따라서 네이션은 국제사회의 질서나 원칙을 어느 정도 무시하거나 위반하곤 했다.

실제로 네이션이 갖는 결속력은 킹덤과는 비교할 수 없는 수준이다. 네이션은 킹덤의 규모와 영토, 인구를 자랑하면서 동시에 폴리스나 종교 공동체가 가졌던 강력한 결집력을 확보했다. 교육과 인쇄물을 통해 언어와 문화적 동질성을 강화하면서 네이션의 결속력은 인류 역사에서 보기 드물 정도로 강력한 수준에 도달했고, 이는 국가 능력의 획기적이고 폭발적인 발전을 가져왔다. 게다가 프랑스나 미국의 혁명을 통한 '민주족'의 등장은 시민의 참여의식을 고취함으로써 네이션의 힘을 더 키웠다.

19세기 초에 쓰인 클라우제비츠의 『전쟁론』은 네이션 시대에 왜 전면전이 불가피해졌는지를 이해할 이론적 틀을 제공한다. 그는 "전쟁이란 적이 우리 의지를 집행하도록 만들기 위해 폭력을 사용하는 행위"라고 정의했다.[84] 여기서 자연스럽게 도출되는 명제가 "전쟁은 정치의 연속"이라는 생각이다. 국가가 목적을 세우고 이를 달성하려는 일련의 과정이 정치라면, 전쟁은 그 정치적 목적을 실현하기 위한 수단의 하나라는 것이다.

킹덤과 비교할 때 네이션은 훨씬 더 강력한 '의지'를 가질 수밖에 없다. 대의제를 기반으로 하는 국민 공동체는 '일반 의지'를 만들어내며, 이 의지는 전쟁의 방향과 지속력을 좌우한다. 클라우제비츠는 군대의 사기士氣—그가 '도덕적 힘'이라고 불렀던 요소—를 전쟁의 승패를 가르는 결정적인 변수로 꼽았다. 자발적으로 참전한 네이션의 시민군은 당연히 킹덤의 징병보다 높은 사기를 유지할 가능성이 크다. 더 오래, 더 힘든 조건에서도 버틸 수 있다. 여기에 네이션은 국민 전체를 대상으로 세금, 물자, 기술, 인력을 조직적으로 징발할 수 있어 전쟁 수행 능력에서도 킹덤보다 월등한 우위를 점했다.

정치 문법의 변천이라는 관점에서 보면, 전쟁은 의지와 수단이 제한되어 있던 킹덤의 문법에서, 의지와 수단의 제약이 거의 풀린 네이션의 시대로 진화했다. 클라우제비츠는 이러한 변화를 직접 목격한 인물이었다. 그는 1806년 예나 전투에 참전해 조국 프로이센 킹덤이 신생 프랑스 네이션의 나폴레옹 군대에 참패하는 것을 몸소 겪었다. 이후에도 그는 1812년 러시아 원정을 비롯한 나폴레옹 전쟁 전반을 관찰하며, 네이션의 문법이 전쟁을 절대전absoluter Krieg에 가까운 수준으로 끌어올리는 현실을 인식했다. 이런 경험을 토대로 그는 『전쟁론』을 집필했고, 정치가 전쟁의 논리를 통제해 유럽이 일종의 세력 균형 체제, 즉 '유럽 네이션의 레스 푸블리카'[85]를 형성하길 바랐다. 전쟁이 강력해진 만큼, 이를 억제할 평화의 필요성도 커졌다는 의미다.

나폴레옹 혁명군이 결국 보수적 킹덤들의 연합군에 패배한 뒤 유럽은 1815년부터 1914년까지 약 100년 동안 '긴 평화'를 누렸다. 이 시기 유럽 내부에서는 킹덤과 네이션이 공존하는 '유럽 협조 체제European Concert'가 비교적 안정적으로 유지되었다. 그러나 그 평화는 유럽 내부에 한정된 것이었다. 강력한 네이션들끼리 충돌하는 대신, 각국은 팽창의 방향을 해외로 돌렸다. 16~18세기의 제1차 제국주의가 유럽 킹덤들의 세계 확장이었다면, 19~20세기의 제2차 제국주의는 유럽 네이션들이 주도한 세계 진출이었다. 이 시기는 유럽 제국주의의 절정기였으며, 이는 결코 우연이 아니다. 킹덤 시대의 목조 범선이 아니라, 네이션이 보유한 강철 전함과 산업력을 기반으로 세계를 지배하려 했기 때문이다.

킹덤 시대에 유럽이 내비친 위선은 네이션의 시대에도 그대로 반복되었다. 킹덤 시기 유럽 세력은 크리스천돔 내부에서만 도덕과 규칙을 적용하고, 아메리카·아프리카·아시아와 같은 외부 세계에서는 이를 철저히 무시했다. 크리스천에게는 적용되는 기준이 이교도에게는 필요 없다는 이중 잣대였다. 이는 모든 인간이 하나님의 자식이라는 기독교의 보편성을 스스로 배반하는 태도였다. 네이션의 시대에도 사정은 달라지지 않았다. 유럽 중심의 국제법은 유럽 바깥에서 거의 효력을 발휘하지 못했고, 유럽의 강대국들은 인간과 인권의 보편성을 외면한 채 다른 대륙을 침략하고 약탈하는 데 주저함이 없었다.[86]

네이션의 문법이 품고 있는 치명적 모순—보편적 원칙과 차별적 실천—은 두 차례의 세계대전을 거치며 비극적으로 드러났다. 네이션은 스스로를 인류 보편의 원칙 위에 세운다고 주장했지만, 실제로는 각국의 특수성과 이기적 이해가 결합돼 국가 간 타협을 극도로 어렵게 만들었다. 더구나 네이션은 인간과 영토를 독점적으로 소유하고 이를 배타적으로 지키려는 경향이 강해, 충돌이 일어나면 곧바로 대규모 전쟁으로 비화됐다.

중세 킹덤 시대의 전쟁은 왕과 귀족이 농민을 강제로 징발하거나 용병을 고용해 치르곤 해 규모와 범위가 제한적이었다. 그러나 네이션의 시대에 들어서면서 전쟁은 전 국민을 동원하고, 전 국민이 직접 참여하는 총력전의 성격을 띠게 되었다. 이는 기존 인류가 경험했던 어떤 전쟁과도 차원이 달랐다. 클라우제비츠가 이상형으로 제시한 '절대전'에는 이르지 않았지만, 20세기 전쟁은 그에 근접한 전면전 혹은 '토털 워Total war'로 전개되었다. 이 과정에서 '군사산업복합체'와 '전쟁 국가État guerrier'라는, 평시와 전시의 경계가 모호해진 새로운 형태의 국가가 등장했다.[87]

겉으로 보면 킹덤과 네이션은 비슷하다. 잉글랜드 왕국이 그레이트브리튼으로, 프랑스 왕국이 근대 프랑스로 이어진 사례처럼 지리적 규모나 인구 면에서 연속성이 있기 때문이다. 그러나 두 체제는 표면적 유사성과 달리 정치 문법에서 근본적인 차이를 드러낸다. 여기서는 킹덤이 구성한 크리스천돔 사회와 네이션이 만들어낸 국제사회를 중심으로 비교하고, 특히 유럽에서 네이션이라는 정치 문법의 적절성에 의문을 던지게 한 전쟁의 문제를 집중적으로 살폈다.

네이션은 유럽의 긴 역사 속에서 서서히 모습을 드러냈다. 18세기 미국과 프랑스에서 출범한 이 새로운 정치 공동체는, 19~20세기에 이르러 세계로 퍼져나갔다. 어떤 곳에서는 시민의 의지와 정치적 연대가 하나의 줄기를 이뤘, 또 다른 곳에서는 언어와 혈통, 문화가 사람들을 하나로 묶었다. 학교와 신문, 산업과 전쟁은 그들을 서로 섞고 달구어 하나의 금속처럼 단단하게 만들었다. 이렇게 태어난 네이션은 옛 정치 문법을 밀어내기만 한 것이 아니라, 킹덤의 왕관과 손을 잡기도 했고, 크리스천돔의 계약 개념을 활용하기도 했다.

배타적이고 강력한 네이션 공동체는 국제관계에서 다른 네이션과 긴장을 키우고, 치명적인 전쟁으로까지 이어졌다. 제1차 세계대전은 여러 민족이 뒤섞여 있는 다민족 제국의 해체 과정에서 시작되었고, 전후에는 민족자결의 원칙이 새로운 국제질서의 토대가 되었다. 그러나 이 원칙은 제2차 세계대전에서 오히려 침략과 확장의 명분으로 뒤집혀 사용되었다. 이 두 차례의 잔혹한 전쟁을 거치며 유럽인들은 깨달았다. 네이션의 원칙은 한 공동체 내부에서는 강력한 결속과 연대를 낳지만, 다수의 네이션이 공존하는 국제질서 속에서는 분쟁과 전쟁의 불씨라는 사실을 말이다. 이런 반성 속에서 유럽은 네이션을 절대적인 가치로 두지 않는 새로운 정치질서를 모색하기 시작했다.[88] 그 실험이 바로 유럽연합이다.[89] 네이션이 가진 힘과 장점을 국제적 협력 구조 속에서 유지하되, 갈등과 충돌을 최소화하려는 시도다.

일반적으로 유럽 통합은 1950년대에 시작돼 이제 80여 년의 역사를 자랑한다. 그러나 거시 역사적 관점에서 보면, 유럽은 이미 네이션의 시대 이전에도 로마 제국과 크리스천돔을 통해 대륙적이고 문명적인 기반을 다져왔다. 유럽연합은 이러한 오랜 역사 위에 세워진, 네이션 이후 유럽이 써내려가는 새로운 장의 첫 페이지다.

7장
현대의 코스모폴리스, 유럽연합

 유럽은 자체가 여러 네이션의 집합이기 때문에 네이션이라고 볼 수는 없다. 그렇다고 유럽을 유엔과 같은 국제기구라고 부르기도 어렵다. 유럽은 유엔보다 훨씬 더 강력한 정책 권한을 지니고 있지만 미국과 같은 연방 국가라고 하기에도 무리가 있다. 연방 국가라면 헌법과 강력한 연방정부의 권한이 있어야 하고, 무엇보다 연방을 지탱할 탄탄한 재정 기반이 갖춰져야 하기 때문이다. 이 애매한 성격을 두고, 1980년대 유럽 공동체 집행위원장이었던 자크 들로르는 유럽연합을 '정체불명의 정치 단위OPNI, Objet politique non identifié'라고 불렀다. 이는 '정체불명의 비행체OVNI, Objet volant non identifié', 즉 영어의 UFOUnidentified Flying Object라는 표현에 빗댄 것이다.

유럽은 분명 1950년대 이후 70년 넘게 완전히 새로운 정치질서를 만들어왔다. 그렇다면 이 질서를 어떻게 정의할 것인가. 핵심은 무엇이고, 또 네이션처럼 다른 지역으로 확산될 가능성은 있는가. 수많은 정치인·정치학자·사회 세력이 이 질문에 답하려 시도했지만, 아직 하나의 비전으로 수렴되지는 않았다. 이 책에서 '정치 문법'이라고 부르는 질서와 언어가 여전히 형성 중인 셈이다. 현재의 유럽 질서를 이해하려면 시선의 각도를 바꿀 필요가 있다. 전후 유럽의 질서는 기존의 네이션을 초월하는 새로운 것이지만, 모든 요소가 처음부터 새롭게 만들어지진 않았다. 완전히 백지에서 출발한 창조물이 아니라, 유럽 정치 문법의 다양한 유전자가 새로운 방식으로 조합된 결과다. 과거의 폴리스, 레스 푸블리카/임페리움, 크리스천돔, 킹덤이 결합해 네이션이라는 문법을 만들었듯, 오늘날 유럽은 다수의 네이션을 묶는 또 하나의 문법을 형성하는 중이다.

이 새로운 질서의 가장 대표적인 특징은 다층multi-level 구조다. 기본 단위로서 회원국 네이션이 존재하고, 그 위에 유럽연합이 형성된다. 네이션의 층과 연합의 층이 공존하는 구조다. 정치학에서는 이를 '다층통치구조'[1]라고 부르는데, 지방자치단체까지 포함하면 유럽은 지방 – 네이션 – 연합이 맞물린 삼층 구조를 이룬다. 또 다른 접근법은 연방주의다. 18~19세기 미국과 스위스, 그리고 유럽연합과 비슷한 시기에 만들어진 독일 연방주의와 비교하면 현재 유럽의 질서를 이해하는 데 도움이 된다.[2] 다층통치구조론이 정치학·사회학적 시각이라면, 연방주의론은 전통적인 법학과 제도 분석에 가까운 시각이다. 두 접근 모두 네이션의 시대에 형성된 틀을 전제로 한다. 다층 통치구조는 기본적인 통치가 네이션의 영역에 있고, 유럽 차원의 통치는 부수적인 성격을 지닌다고 본다. 반대로 연방주의는 연방이라는 상위 구조가 중심이고, 그 아래 주State나 랜더Länder, 캉통Canton은 부속적 단위로 본다.

그러나 이 책은 유럽을 장기 역사 속에서 바라본다. 네이션의 시기를 넘어 킹덤과 크리스천돔, 임페리움과 레스 푸블리카, 폴리스의 시대로 거슬러 올라가면 다층 구조는 언제나 존재했다. 고대 그리스에서 사람들은 아테네 시민이면서 동시에 그리스 세계의 일원이었다. 로마 시대에는 출신 도시와 로마 시민이라는 이중적 소속감이 자연스러웠다. 중세에는 특정 킹덤의 신민이면서도 크리스천돔이라는 종교·문화 공동체에 속했다. 쾰른의 시민이자 신성로마 제국 황제의 신민이고, 동시에 교황의 권위를 인정하는 기독교인이라는 삼중적 소속감도 예사였다.

따라서 21세기 유럽연합의 다층 구조를 네이션의 시대만 보고 '혁신'이라 부르는 것은 절반의 진실일 뿐이다. 장기 역사로 보면, 다중 소속과 다층 질서는 유럽 정치의 자연스러운 유산이자 재구성된 전통이다. 이 장에서는 우선 네이션들이 모여 협력하는 '인터내셔널'의 차원을 살펴보고, 이어 네이션을 초월하는 새로운 단위로서 '수프라내셔널'을 분석한다. 마지막으로, 이 둘과 다른 차원에서 작동하는 '코스모폴리스'를 주목하며 새로운 정치질서와 문법의 태동을 짚어본다.

1

인터내셔널: 네이션의 협력

유럽이 출범부터 거창했던 것은 아니다. 1950년 5월 9일 프랑스와 독일의 석탄·철강 산업을 통합하자는 프랑스의 외무장관 로베르 슈만의 제안을 대개 유럽 통합의 출발점으로 삼는다. 유럽 사람들은 이날을 유럽 데이Europe Day라 부르며 유럽연합 공식 기관에서는 경축 행사를 벌이곤 한다.[3] 이 제안을 기반으로 유럽석탄철강공동체ECSC가 출범했다. 명칭이 잘 드러내듯 유럽의 시작은 석탄과 철강이라는 당시의 전략 산업을 여섯 개 나라가 모여 공동으로 관리한다는 계획에서 출발했다. 요즘이라면 생명기술BioTech·인공지능AI 공동체 정도가 될 수 있다. 당시 여섯 개 나라는 프랑스, 독일, 이탈리아라는 규모가 상당한 3개국과, 베네룩스라 불리는 작은 규모의 세 나라(벨기에,

네덜란드, 룩셈부르크)였다.

2025년 현재 유럽은 그 당시와 비교하면 거대한 공룡처럼 성장했다. 서유럽의 여섯 개 나라로 시작한 모험은 이제 유럽 대륙 전체의 27개국을 포함하는 기구가 되었다. 북해의 스코틀랜드부터 지중해의 키프로스까지, 그리고 대서양을 바라보는 포르투갈부터 발틱해의 에스토니아까지, 로마 제국을 초월하는 거대한 영역이 유럽연합을 형성하고 있다. 또 석탄이나 철강 등 당시 중요하기는 했으나 여전히 부분적인 산업 협력체에서, 이제 연합이라 불리는 포괄적인 정치 단위로 탈바꿈했다.

유럽을 바라보는 인터내셔널의 관점은 기본적으로 네이션이 모여 유럽을 형성한다는 시각이다. 6개의 네이션이 27개로 불어났으니 성공적이었음이 틀림없다. 특정 산업 부문에 한정된 협력으로부터 포괄적인 정치 연합으로 발전했으니, 이 또한 놀라운 변신이라 하지 않을 수 없다. 국익이란 서로 경쟁하고 충돌하기 마련인데, 유럽은 도대체 어떤 비법으로 이렇게 성공적인 통합을 이룰 수 있었을까.

유럽연합을 바라보는 인터내셔널의 관점은 세 가지 특징이 있다.[4] 첫째, 시기상 유럽 통합의 초기에 이런 시각이 지배적이었다. 존재하지 않던 유럽이라는 기구를 처음 만든 주체가 국가였기에 창립 당시에는 당연한 시각이었고, 일단 기구가 출범한 후에도 회원국의 목소리가 초기에는 자연스럽게 크게 작동했기 때문이다.

둘째, 국내 정치를 연구하는 비교정치보다는 국제정치 분야에서 인터내셔널의 관점이 우세했다. 국제정치학이라는 학문 자체가 네이션 국가를 중시하면서 이들의 상호 관계를 연구하는 패러다임을 갖기 때문이다. 국가의 절대성을 기본 전제로 삼고 있는 현실주의는 물론, 자유주의 국제정치학도 국제무대의 기본 행위자는 국가라는 사고를 공유한다. 반면 국내 정치를 주로 연구하는 비교정치학이나 정치사회학에서는 유럽을 하나의 정치 체제로 보는 시각이 더 쉽게 드러나곤 했다. 예를 들어 '유럽의 정부'라는 개념으로 유럽연합을 바라보는 시각은 인터내셔널 접근법과는 거리가 멀다.[5] 정부Government라는 표현은 거버넌스Governance보다 집단 행위자의 직접적인 행동과 정책의 의미가 있다.

셋째, 유럽보다는 미국 학계에서 유럽을 인터내셔널로 보는 경향이 강했다. 여기에는 유럽 통합을 현장에서 관찰하는 유럽 학계와, 멀리서 바라보는 미국 학계의 차이가 드러났다. 또 통합을 은연중에 지지하는 유럽 지식인들과 반대하거나 비판적으로 보는 미국 학계의 태도도 반영된 듯하다. 희망과 분석이 하나의 시각으로 융합된 사례로는 『유럽의 연방주의적 미래』라는 스위스 정치학자 시잔스키의 저작을 들 수 있다.[6] 과거와 현재를 분석하는 학술 서적에서 '미래'를 제목으로 삼는다는 행위는 생소해 보일 수 있다. 그러나 유럽을 만드는 사회와 정치의 노력이 미래를 향한 행동의 결과라는 사실을 떠올리면 그리 이상한 현상은 아니다.

이상의 특징을 종합하면 인터내셔널의 시각은 1950년대와 1960년대 통합의 초창기부터 미국의 국제정치학을 중심으로 일반화되었다. 물론 통합의 초창기에 수프라내셔널 성향의 신기능주의도 있었다. 신기능주의는 빠른 속도로 유럽 통합이 진행될 것으로 예상했다는 점에서 초기에도 반드시 인터내셔널만이 지배하지는 않았다. 또 유럽 안에서도 학계가 아닌 언론이나 정계에서는 수프라내셔널보다 인터내셔널의 시각이 여전히 우세한 것도 사실이다. 네이션을 중심으로 언론 공간이 형성되었고, 네이션 차원의 정쟁이 여전히 국민의 관심을 집중시키기 때문이다.

따라서 우리가 지적한 세 가지 특징은 상대적인 측면에서 이해해야 한다. 인터내셔널의 국가 중심적 시각이 오늘날에도 강한 영향력을 발휘한다는 기본 전제를 두고, 상대적으로 통합이 시작되던 시기에, 비교정치학이나 사회학보다는 국제정치학에서, 그리고 유럽보다는 미국에서 더 지배적인 위상을 차지했다는 의미다.

협력의 제도화

지역 통합을 연구하는 학자들은 유럽의 사례를 무척 특수하다고 평가한다. 왜냐하면 유럽을 '공식적 조약'을 통해 '강력한 제도'를 형성하여 통합을 추진하는 모델로 보기 때문이다. 국제정치학의 기반을 다진 레몽 아롱은 영구 평화를 실현하는 방법은 크게 두 가지밖에 없다고 설명했다. 하나는 법을 통해 실현하는 것이고, 다른 하나는 권력을 통해 이루는 길이다.[7] 유럽은 나치의 전쟁, 곧 권력을 통한 통합에 실패하고 시작된 법의 통합이었다.

실제로 유럽 통합의 역사는 파리 조약(1951), 로마 조약(1957), 마스트리흐트 조약(1992), 리스본 조약(2009) 등 국가 간 조약을 통해 이뤄져왔다. 유럽과 비교해서 동아시아는 제도적 협력보다 실질적인 경제 교류를 통해 통합이 진전된 것으로 평가된다. 동아시아는 경제적 관점에서 유럽과 비슷한 역내 의존도나 결속력을 보여주지만, 유럽은 강한 제도를 발전시켰고 동아시아는 제도 발전 없이 경제 통합만 진행되었다. 실패하기는 했지만 1950년대 유럽방위공동체 계획이나 2000년대 유럽 헌법 수립의 시도는 강력한 제도에 대한 유럽의 열망을 드러낸다.

이런 유럽 통합의 특수성은 적어도 세 가지 요인으로 설명할 수 있다. 하나는 유럽에서 통합 운동의 뿌리가 깊고 정치·사회적 기반도 탄탄하다는 점이다. 평화에 대한 열망은 18세기에 이미 아베 드 생피에르의 『유럽의 영구 평화를 위한 계획』을 낳았다.[8] 베스트팔렌 조약 이후에도 계속되는 전쟁의 폐해를 경험한 생피에르는 유럽의 세나투스를 만들어 협력 기구를 출범시키고 법적인 서약을 통해 평화를 만들어야 한다고 주장했다. 이후 독일 철학의 대가 칸트 역시 『영구 평화론』이라는 저서에서 코스모폴리스의 철학적 기반을 제공했고, 19세기에는 프랑스의 문호 빅토르 위고가 유럽의 미래를 예견했다. 이어 이들 사상은 20세기 쿠덴호페 칼레르기의 범유럽 주장으로 연결되었다.[9]

무엇보다 전후 유럽의 통합 운동은 네이션의 경쟁과 충돌이 가져온 전쟁에 대한 반성의 의미가 깊다.[10]

전쟁은 국경을 마구 무너뜨리고 도시를 파괴했다. 동시에 전쟁은 사회를 그 근본부터 엎어버렸다. 그러나 역설적으로 전쟁이야말로 유럽이라는 아이디어가 태어난 요람이기도 했다. 매우 야만적인 분쟁의 거대한 혼란 속에서, 폭격 속에서, 수용소 안에서, 망명지에서, 혹은 저항운동의 현장에서 사람들은 한목소리로 외쳤다. "다시는 이런 일을 반복해서는 안 된다." 가족이나 친구와 헤어진 채 진정한 용기의 고독을 경험하며, 생명의 위협을 무릅쓰고—일부는 죽음을 맞기도 했다—사람들은 결심했다. "유럽은 하나로 뭉쳐야 한다."

제1차, 제2차 세계대전을 통해 1910년대부터 1940년대까지 불과 30여 년 동안 유럽은 두 차례에 걸쳐 거대한 전쟁의 화마火魔에 시달렸다. 강력한 민족주의의 대립은 전쟁으로 치달을 수밖에 없다는 현실을 유럽은 반복적으로 체험한 셈이다. 따라서 이제 네이션의 확장이나 서로 우위를 점하기 위한 경쟁보다 공존을 추구하고 협력을 앞세워야 한다는 인식이 유럽 주요 국가의 엘리트들 사이에서 공감대를 이루게 되었다.

예를 들어 1948년 윈스턴 처칠이 명예 회장으로 주관하는 헤이그 회의에는 26개국에서 750여 명의 공식 대표가 참여해 유럽을 향한 열망을 실감하게 했다. 같은 해 독일의 콘라트 아데나워나 프랑스의 장 모네, 로베르 슈만 등이 참여하는 유럽운동European Movement이 출범했고, 이듬해에는 유럽평의회Council of Europe가 창립되었다.

「게르니카」, 파블로 피카소, 1937, 전쟁의 참상을 표현한 피카소의 대표작이다.

네이션의 확장이나 서로 우위를 점하기 위한 경쟁보다 공존을 추구하고 협력을 앞세워야 한다는 인식이 유럽 주요 국가의 엘리트들 사이에서 공감대를 이루게 되었다.

1951년 유럽 통합이 석탄과 철강이라는 분야에서 부분적으로 시작된 뒤 곧바로 다른 영역으로 확산되는 현상에서도 유럽 엘리트들의 강한 의지를 확인할 수 있다. 1950년대 유럽은 석탄·철강 산업 분야에서 군사적 통합으로 내달렸고, 군사적 통합이 실패하자 곧이어 경제 통합과 핵에너지 통합으로 우회하는 전략을 택했다. 달리 말해 위에서 지적한 여섯 나라 엘리트들 사이에 통합이 필요하다는 공감대가 없었다면, 이렇게 다양한 분야의 통합을 동시다발적으로 추진했을 이유가 없다. 유럽주의 지도자들은 앞서 언급한 유럽운동이나 다양한 회의에서 논의한 내용을 자연스럽게 정부의 계획으로 전환하여 추진했다. 예를 들어 아데나워는 1948년 헤이그 회의에 참여했고 유럽운동의 창립 멤버였다. 그는 1949년 서독의 초대 총리가 되어 1963년까지 집권하면서 유럽 통합의 든든한 지지자로 활동했다.

통합의 성공을 설명하는 다른 특징이자 요인은 실용주의. 결과만 놓고 본다면 유럽은 EU라는 포괄적 통합체를 완성했으나 시작은 산업의 한 부분이었고, 과정은 일률적 경로를 따르지 않은 채 지그재그를 그리며 이어져왔다. 유럽은 거대하고 세밀한 계획에 의해 추진한 운동이 아니라, 그때그때 일시적인 조건을 충족하는 방식으로 다소간의 임기응변에 기초해 차근차근 조립되어왔다.

유럽 통합의 아버지로 불리는 프랑스의 장 모네는 이런 실용주의 접근법을 다음과 같이 표현했다. "나는 항상 유럽이 위기 속에서 만들어질 것이고, 유럽이란 위기에 대한 해결책의 집합일 것이라고 생각했다."[11] 위기는 기본적으로 예측 불가능한 사태다. 위기의 특수한 상황에 맞게 유럽 국가들이 협력해서 대처하는 일이 우선이다. 그런데 시간이 지나 이런 대응이 누적되고 합쳐지면, 유럽이라는 통합체의 골격을 형성할 것이라는 실용주의 선언인 셈이다. 실제로 유럽 통합의 역사는 모네가 구상한 대로 유럽에 공동으로 가해지는 위기를 극복하는 작업이 축적되는 과정이었다.

유럽의 확산만 보더라도 그렇다. 1980년대 남유럽 국가들이 민주화를 이루자 유럽은 그리스·스페인·포르투갈을 회원국으로 흡수해 소화했다. 1990년대 동유럽 국가들이 공산화에서 벗어나자, 2000년대에 무려 10개국을 새롭게 회원으로 받아들였다. 2016년 영국이 유럽에서 탈퇴하겠다는 놀라운 결정을 내려도, 유럽은 이를 수용하여 2020년 탈퇴가 실현되었다. 노르웨이나 스위스는 유럽에 들어오겠다며 협상을 마쳤으나, 국내정치적으로 비준이 불가능하자 유럽 밖에 계속 남아 있는 사례다. 이처럼 회원국의 가입이나 탈퇴, 또 회원국이 아니라도 유럽과 관계를 맺는 데 있어 상당한 유연성과 실용주의를 보여준다. 물론 모든 회원국은 민주주의와 시장경제여야 하며, 유럽 통합이 그동안 이룬 결과를 모두 받아들여야 한다는 기준은 확고하다.

내셔널리즘에 대한 반성과 실용주의적 접근법 못지않게 유럽 통합의 특징이자 성공 요인으로 작동한 원칙은 법치주의다. 국제정치의 특징으로 학자들은 아나키Anarchy 즉 무정부성을 꼽는다.[12] 국내 정치에서는 국가가 존재해 질서를 부여하고 강제력을 동원해 안보와 평화를 도출하나, 국제정치는 이런 역할을 담당하는 존재가 없기에

유럽 통합의 확산

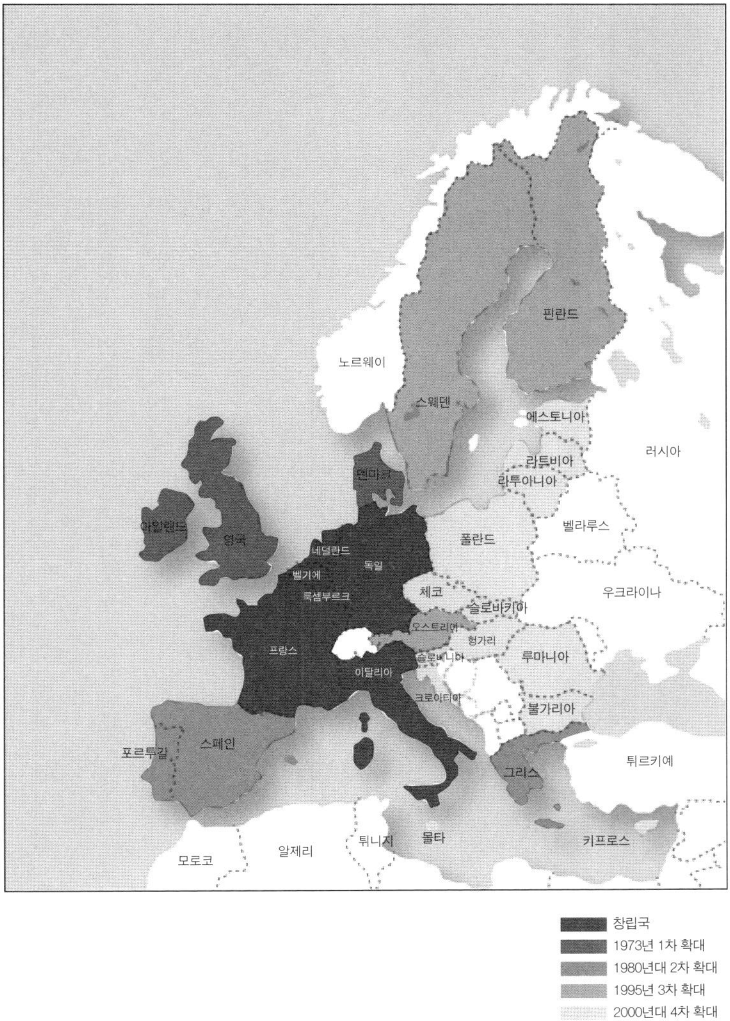

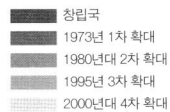

노르웨이
스웨덴
핀란드
에스토니아
라트비아
리투아니아
러시아
덴마크
아일랜드
영국
네덜란드
벨기에
룩셈부르크
독일
폴란드
벨라루스
체코
슬로바키아
우크라이나
오스트리아
헝가리
루마니아
슬로베니아
프랑스
이탈리아
크로아티아
불가리아
포르투갈
스페인
그리스
튀르키예
몰타
키프로스
튀니지
알제리
모로코
창립국
1973년 1차 확대
1980년대 2차 확대
1995년 3차 확대
2000년대 4차 확대

질서나 안보의 유지가 어렵다는 설명이다. 법치주의는 조약 체결이나 유로화 출범처럼 화려하게 빛나는 특징은 아니기에 눈에 잘 띄지 않는다. 그러나 유럽 통합이 성공적으로 진행된 이면에는 모든 회원국이 조약을 준수하고, 법적 결과를 수용하며, 실제로 적용한다는 법치주의 전통이 깔려 있다.

유럽이 출범할 무렵 유럽에는 정부가 없었다. 그래도 조약을 맺은 회원국은 조약의 정신과 내용을 충실하게 지키겠다는 의지가 있었다. 달리 말해 약속, 계약, 조약을 강제력으로 밀어붙일 만한 세력은 없었으나, 회원국들이 조약을 크게 벗어나거나 위반하여 파기하는 행동은 최대한 자제했다는 뜻이다. 이런 법치주의는 정부의 의지만으로 실현되는 것이 아니다. 행정부와 사법부의 구분이 뿌리 깊어야 하고, 단기적 국익에 민감한 행정부보다 법의 정신과 원칙 및 적용에 철저한 사법부의 권한이 사회적으로 인정되어야 한다. 무엇보다 행정부가 사법부의 결정을 충실히 잘 따라야 한다.

이런 점에서 유럽 통합에 동참하기 위해서는 법치주의를 포함한 민주화의 실현이 결정적인 기준이 되었다는 점을 강조할 필요가 있다.[13] 사법부의 독립성과 권한이 제대로 실천되지 않는 국가는 회원국이 될 수 없다는 뜻이다. 왜냐하면 유럽 통합은 정부의 결단으로 지어지는 정치적 건축물이지만, 동시에 사법부의 협력을 통해 유지되는 법적 구조이기 때문이다. 유럽에서 협력의 제도화를 논의할 때 잊지 말아야 할 부분이 바로 법치국가라는 전제 조건이다. 2020년대 폴란드나 헝가리에서 권위주의 성향의 정부가 사법부의 독립성을 침해하려는 움직임을 보이자, 유럽연합이 이들 국가에 대한 예산 집행까지 중단하며 민감하게 반응한 배경이다.

강대국 중심의 질서

유럽에서 만들어진 질서는 상당 부분 강대국이 주도적인 역할을 한다. 실제 전후 유럽 통합은 서유럽의 최강대국이라 할 수 있는 프랑스와 독일을 중심으로 진행되었다. 일단 유럽 통합의 출발점을 살펴보자. 앞서 유럽 통합이란 민족주의와 전쟁에 대한 깊은 반성에 사상적 뿌리를 두고 있다고 언급했다. 여기서 민족적 충돌과 전쟁이란 유럽 대륙을 놓고 프랑스와 독일이 벌인 경쟁에서 비롯되었다. 1870년의 프랑스와 프로이센 전쟁, 제1차 세계대전(1914~1919), 제2차 세계대전(1939~1945)은 모두 독일과 프랑스 두 세력이 전쟁의 주역이었고 점점 더 넓은 범위의 다른 국가들을 동원하여 확산시킨 전쟁이었다. 이런 배경을 고려할 때 유럽에서 평화를 추구하는 운동은 프랑스와 독일의 화해, 둘 간의 지속적인 평화가 가장 중요한 전제 조건이었다.

유럽 통합을 중심에서 이끈 프랑스와 독일은 둘 다 패전국이라는 특징을 갖는다. 프랑스는 1940년 독일군에 무참하게 패배했고, 독일은 연합군에 무자비하게 무너졌다. 물론 프랑스는 드골 장군의 외교적 노력과, 진정한 승전국인 미국·영국·소련의 양보로 승전국의 형식적 지위를 얻었다. 하지만 실제로는 빠른 속도로 패배하고 4년 동안 적군에 점령당한 나라였다. 게다가 독일은 유대인 대학살이라는 오점으로 네이션의 자부심이 여지없이 무너졌다. 그래서 프랑스와 독일은 둘 다 유럽이라는 새로운 정치 공동체가 필요했다고 프랑스 철학자 카르센티는 분석한다.[14]

유럽에서 정치를 경쟁하는 네이션 사이의 전쟁으로 이해하던 시대는 막을 내렸다. '전쟁은 이제 끝'이라는 선언, 그것이 곧 새로운 유럽이었다. 그러나 이와 동시에 더 중요한 자각이 있었다. 전쟁 과정에서 각자 참여의 정도가 다를 뿐, 각국은 범죄[대학살]를 저질렀거나 이를 방지하지 못했고, 무엇보다 [제2차 세계대전 당시] 범죄 방지는 그들에게 우선 해결해야 하는 과제가 아니었다는 점이다.

물론 프랑스와 독일만으로 유럽이 만들어지는 것은 아니다. 베네룩스와 같은 3국 연합이 동참하고 남유럽의 이탈리아까지 참여함으로써 비로소 유럽이라는 명칭에 적합한 단위가 형성되었다. 다만 프랑스와 독일은 필수 불가결한 강대국이다. 만일 독일이나 프랑스 가운데 한 나라만 참여했다면, 그것은 유럽이 아니라 독일 지배권, 프랑스 영향권의 영역이 될 뿐이다. 달리 말해 '비슷한 체급'의 강대국 프랑스와 독일은 유럽의 골격을 형성하는 중심이다. 따라서 프랑스와 독일이 합의한 통합의 방향과 계획은 강력한 힘을 얻기 마련이다. 프랑스가 추진하더라도 독일이 반대하면 계획은 지속되기 어렵다. 독일이 염두에 둔 통합도 프랑스가 반대하면 불가능하다. 두 나라를 두고 유럽에서 '쌍두마차'나 '기관차'라는 표현을 쓰는 이유다.

유럽을 넘어 세계사에서 영국은 프랑스나 독일만큼 강한 나라다. 유럽 국가들이 석탄철강공동체를 출범시켰을 때 영국 정부는 동참하지 않기로 했다. "영국의 거절은 커다란 의미를 지닌다. 왜냐하면 유럽 공동체는 6개국만으로 추진되는 것이었고, 따라서 프랑스가 가장 주도적인 역할을 담당하게 되었기 때문이다."[15] 강대국 중심의 질서가 중요하기에, 어떤 강대국이 참여하는가에 따라 공동체 전체의 성격이 변한다. 영국이 빠지면 프랑스가 주도 세력이 될 수밖에 없다. 1950년대 당시만 하더라도 독일은 제2차 세계대전 전범 국가의 굴레에서 완전히 벗어나지 못한 상태였다. 따라서 승전국 영국이나 프랑스만큼의 영향력을 갖진 못했다.

프랑스와 독일은 공동의 이익이 존재할 때뿐 아니라, 각자의 이익을 번갈아 교환하면서 통합을 추진해왔다. 가장 대표적인 사례가 1958년 출범한 유럽경제공동체다. 독일은 경제적으로 프랑스보다 큰 산업 경쟁력을 지녔다. 독일의 기계산업이나 화공업, 제약 등은 세계적 경쟁력을 자랑했다. 따라서 관세동맹이라는 경제 공동체를 추진하면 독일은 수출을 늘리면서 경제적 이익을 얻을 것이 명백했다.[16] 반면 프랑스는 독일보다 곡식 생산이나 축산, 포도주 등 농업 분야에서 훨씬 더 강점을 드러내는 세력이었다. 독일과 프랑스가 만들어낸 경제 공동체는 독일이 우세한 경제 통합과 프랑스가 이익을 얻을 수 있는 공동농업 정책을 합친 결과다. 유럽 통합 초기에 유럽 공동체는 높은 가격을 유지해주는 농업 정책에 예산의 3분의 2를 할당했다. 농업 대국 프랑스가 혜택을 누리는 정책이었다. 유럽의 문법에서 이런 협상의 타결 방식을 패키지 딜Package deal이라고 부른다. 협상하는 영역을 넓혀 서로 득실을 주고받음으로써 타협에 이르는 방식이다.

유럽 통합의 역사에서 프랑스는 여러차례에 걸쳐 강대국으로서 강한 영향력을 발휘하면서 통합의 진전에 제동을 걸었다. 1960년대 프랑스의 샤를 드골 대통령은 두 가지 사안에서 다른 통합 파트너에 프랑스의 주장을 강제했다. 하나는 처음 로마 조약에 동참하기를 거부했던 영국이 나중에 유럽의 성공을 보고 뒤늦게 참여하려 하자 이를 반대했다. 드골은 지정학적 관점에서 영국은 미국이 보내는 '트로이의 목마'가 될 것이라며 노골적으로 비판했고, 미국의 입김을 막고 유럽은 '유럽인 중심'으로 운영되어야 한다고 주장했다. 영국은 두 차례에 걸쳐 유럽 공동체에 동참하려 시도했으나 모두 실패했고, 드골이 사망한 다음인 1970년대가 돼서야 유럽에 가입할 수 있었다.

다른 하나는 1965년 일명 공석空席 정책Politique de la chaise vide의 위기다. 당시 유럽은 공동농업 정책을 운영하면서 회원국들이 다수결로 정책 결정을 내리려 했다. 드골은 유럽에서 다수결로 정책을 결정하게 되면 회원국의 주권이 침해받는다며 반대했고, 프랑스 정부가 유럽의 모든 회의에 불참함으로써 유럽 기구를 마비시켰다. 1966년 프랑스와 다른 회원국들은 결국 다수결 결정의 원칙은 유지하되, 프랑스처럼 한 회원국이 중요한 국익이 걸렸다고 판단하면 비토권을 행사할 수 있는 것으로 타협했다. 프랑스가 유럽 기구를 마비시키는 강력한 행동으로 비토권이라는 새로운 제도를 만든 셈이다.[17] 앞서 논의한 '패키지 딜'에 이어 '비토권'이 유럽연합 정치 문법의 중요한 요소로 등장한 계기다.

유럽 질서에서 프랑스와 독일이 주도 세력임은 분명하나 이 둘이 유사한 역할을 담당하는 것은 아니다. 프랑스의 역할은 더 역동적인 반면, 독일은 다소 수동적이라고 할 수 있다. 프랑스는 종종 통합의 새로운 아이디어를 제공하고, 유럽의 미래를 디자인하며 특정한 방향으로 이끌어왔다. 영국의 가입에 관한 '드골의 몽니'나 공석 정책을 통한 비토권 수립에서도 프랑스는 강한 거부권을 표명한 셈이다. 전진이나 반대에 있어 모두 적극적으로 외교적 리더십을 발휘한다는 점에서 역동성 있는 역할이다. 독일은 별다른 발전의 방향을 제시하지는 않으나, 독일이 동의하지 않는 발전은 이뤄지지 않는다는 점에서 수동적이지만 중요하다. 프랑스가 역동적인 말과 같다면 독일은 느리면서도 힘 있는 소에 견줄 수 있다.

프랑스의 역동성과 독일의 수동성이라는 대조적 패턴의 배경에는 두 가지 요인이 작동한 듯하다. 첫째, 프랑스는 제2차 세계대전에서 승전국으로 유엔 안전보장이사회 상임이사국이라는 외교적 지위를 갖고 있으며, 이에 더해 핵무기 보유국이다. 패전국으로 주권을 상실하고 국제무대에서 전범戰犯 국가라는 오명을 지닌 독일과는 대조적이다. 1970년대 독일의 빌리 브란트 수상은 자국을 가리켜 '경제적 거인이지만 정치적 난쟁이'라고 불렀을 정도다.[18] 당연히 프랑스는 국제적 리더십을 발휘하고 독일은 조용히 따라가는 역할을 맡을 수밖에 없다.

둘째, 유럽 통합이라는 쟁점이 국내정치적으로 다른 환경에 놓여 있다. 독일은 거의 모든 정치 세력이 유럽 통합에 찬성하기에, 정부가 국익에 부합한다는 판단을 내리면 국내정치적 지원을 얻어내는 데 큰 문제가 없다. 반면 프랑스는 유럽 통합을 두고 정치 세력이 크게 분열되어 있다. 좌우의 민족주의 성향의 정치 세력들은 유럽으로 주권이 넘어간다며 강력하게 반대하는 형국이다. 1950년대 프랑스 정부가 군대를 통합하는 유럽방위공동체 조약에 서명했으나 의회에서 비준에 실패한 게 대표적인 사례다.

국가의 규모나 세력이 프랑스, 독일과 견줄 만한 이탈리아와 영국도 분석해봐야 한다. 이탈리아는 독일과 마찬가지로 패전국에 속해 외교적 위상이 낮았고, 독일만큼 경제적 힘을 가진 것도 아니었다. 이탈리아는 소국 베네룩스와는 대비되는 덩치가 큰 국가였으나 프랑스나 독일 정도의 세력을 확보하지는 못했다.

영국은 초기에 스스로의 선택으로 유럽에 동참하지 않았고, 1960년대에는 프랑스의 반대로 동참할 수 없었다. 1970년대 드골 사후 간신히 유럽에 들어가는 데 성공했으나, 독일이나 프랑스와 대등한 영향력을 갖지는 못했다. 물론 영국은 프랑스처럼 제2차 세계대전 승전국이고 핵무기를 보유한 유엔 안보리 상임이사국이다. 원한다면 유럽 질서에서 프랑스와 비슷한 힘을 발휘할 수도 있었다. 그러나 영국은 결정적으로 유럽 통합을 주도할 만큼 의지가 강한 나라는 아니었고, 오히려 대륙에서 진행되는 통합에 사안별로 득실을 계산해 선택하려는 입장이었다. 유럽이라는 배에 온전히 올라타기보다는 한 발은 유럽에, 다른 한 발은 영연방이나 유럽 밖에 두고 있는 모습이었다.[19]

통합에 대한 이런 기본적인 차이점은 2016년 영국이 국민투표를 통해 브렉시트, 즉 유럽 탈퇴를 결정한 데서도 확인할 수 있다. 영국은 2020년 탈퇴를 완성함으로써 유럽 질서에 동참했다가 뛰어내린 유일무이한 회원국이 되었다.

이처럼 프랑스, 독일, 이탈리아, 영국 등 소위 유럽의 전통적인 빅4를 놓고 보면 유럽 질서가 강대국 중심으로 돌아가지만, 반드시 국력이 일률적으로 반영되지는 않는다는 사실을 알 수 있다. 국력이 기준이라면 독일이 유럽을 지배할 수 있어야 한다. 특히 1990년 통일 이후 독일은 유럽의 독보적인 세력 중심이 되었다. 그러나 유럽에서 역동적인 리더십을 발휘하는 세력은 여전히 프랑스다. 영국은 프랑스와 많은 점에서 질적으로 비슷한 나라지만 유럽 통합에 대해서는 계산적이고 단기적인 입장이라 스스로 역할에 한계를 두었고, 심지어 탈퇴까지 결정했다.

유럽에 초기부터 동참했던 베네룩스 3국은 국력에 비춰 월등하게 강한 영향력을 발휘하는 회원국들이다. 우선 베네룩스 3국의 연합은 1948년에 일찍이 형성되어 유럽 통합의 모델이 되었다. 프랑스와 독일 두 강대국의 균형을 맞추는 과정에서도 베네룩스는 유럽의 핵심으로 부상했다.[20] 지리적으로 베네룩스는 프랑스와 독일, 심지어 영국까지 포함한 삼각형의 중심에 있다. 유럽을 상징적으로 대표하는 수도는 파리나 베를린이 아니라 브뤼셀이다.[21] 유럽법원은 룩셈부르크에 있다. 또 의회는 프랑스에 있으나 파리가 아니라 스트라스부르에 자리하고, 중앙은행은 독일이지만 베를린이 아니라 프랑크푸르트라는 지방 도시에 있다. 스트라스부르와 프랑크푸르트는 베네룩스와 가깝다는 점에서 베네룩스는 명실공히 유럽의 지리적, 정치적 중심인 셈이다.

분산되어 있는 유럽의 주요 기관

게다가 베네룩스는 유럽 정치질서에서 '고참'으로서 일종의 시니어리티Seniority를 인정받는다. 예를 들어 유럽연합의 창립 멤버인 네덜란드에서 2005년 유럽헌법안이 61.5퍼센트의 반대로 부결되었을 때 유럽연합에서는 이를 치명적인 문제로 인정하고, 유럽헌법안은 중단·포기되었다. 하지만 아일랜드에서 특정 조약안이 비준에 실패했을 때 그 정치적 파급 효과는 네덜란드와 비교하기 어려울 정도로 약했다. 2008년 리스본 조약안에 대한 국민투표에서 아일랜드는 53.4퍼센트의 반대로 부결시켰다. 하지만 유럽은 조약 전체를 문제 삼기보다는 일부를 수정해 다시 비준을 요청했고 2009년 67.1퍼센트로 비준되었다. 아일랜드는 유럽의 지리적 변방이자 통합에도 1970년대에 뒤늦게 동참한 나라이기 때문이다.[22]

요약하자면 유럽 질서는 다른 인터내셔널 질서와 마찬가지로 강대국이 핵심적인 역할을 맡는다. 프랑스와 독일의 리더십에서 이를 확인할 수 있다. 그러나 통합에 대한 국가 전략, 통합을 둘러싼 국내 정치의 구도, 통합 역사에 참여한 경력, 유럽에서의 지리적 위치 등 다양한 질적 요소가 커다란 영향력을 발휘하면서 국력의 차이를 완충시키는 요인으로 작동하고 있다.

주권의 풀

처음 석탄 및 철강 분야에서 부분적 통합을 시작했을 때 유럽은 하나의 국제기구라는 시각이 일반적이었다. 유럽에서 뜻이 맞는 나라들끼리 모여 산업 분야를 통합적으로 관리하겠다는 약속이었고, 국제기구의 사무국처럼 공동의 관리청Haute Autorité이 다양한 권한으로 6개국의 석탄 철강 문제를 취급했기 때문이다. 물론 유럽석탄철강공동체는 출범부터 보통의 국제기구의 권한을 능가하는 강력한 힘을 집중시켰으나, 이런 사실은 전문가들만 알고 있었다. 유럽이 경제공동체EEC란 이름으로 관여하는 영역을 큰 폭으로 넓힌 다음에도 경제 분야의 제한적인 국제기구라는 시각이 지배적이었다. 관세나 무역 문제, 농업 등에 관여하는 국가 간 정책 조율의 기구라는 관점이다.

유럽 통합 과정에서 본격적으로 주권의 쟁점이 부상한 것은 1990년대 유럽연합이라는 총괄적인 정치 단위가 탄생했을 때다. 1992년 유럽은 마스트리흐트 조약을 통해 유럽경제공동체를 유럽연합이라는 기구로 확대·개편했다. 이전까지만 하더라도 회원국 정부가 자발적으로 결정하여 일부 국가 권한을 유럽 차원으로 빌려준다는 인식이 강했다.

그러나 마스트리흐트 조약이 구상하는 유럽연합은 이보다 훨씬 더 일반적이고 보편적인 정치 체제였다. 석탄·철강이나 핵에너지, 경제 등 특정 분야가 아니라 정치, 즉 어느 분야도 포괄할 수 있는 지역 연합체를 구상했다. 따라서 유럽 통합에 반대하는 정치 세력들은 네이션의 주권을 유럽이라는 인위적 단위에 넘길 수 없다며 나섰다. 그때까지 통합은 주권의 부분적 위임이라는 형식이었으나, 유럽연합의 출범은 주권을 포괄적으로 양도하는 셈이었다.

당시 미국의 국제정치학자들은 유럽 통합을 가리켜 주권의 풀Pool을 형성했다고 분석했다. 수영장에 물을 부어넣듯 유럽 회원국들은 자신의 주권을 유럽연합이라는 못에 부어넣어 하나의 정치 단위를 형성했다고 본 것이다. 유럽은 네이션의 주권이 여전히 존재하나 이를 하나로 묶어 공유한다는 말이다. 앞서 네이션의 장에서 보았듯 주권이란 하나이고 불가분의 성격을 갖는다. 유럽 통합은 하나이자 불가분의 주권을 묶어서 공유하려는 시도이고 실험이다.[23]

달리 말해 유럽 공동체는 점진적 변화를 거치며 '주권 공유pooling of sovereignty'의 방식을 계속 확대·가속해왔다. 이는 특정 다수결 제도를 통해 유럽의 정부들이 정책 결정의 권한을 공유해왔다는 의미다. 주권을 공유한 분야에 대해서는 개별 회원국이 정책 결정권을 일부 포기한다는 말이다. 이렇게 내려진 공동의 결정은 공동체 법으로 인정되며, 유럽법원의 해석을 따른다. 물론 그렇다고 정책 권한이 전적으로 수프라내셔널로 넘어간 것은 아니다. 중요한 정책 결정은 여전히 각료 이사회와 같은 정부 간 기관을 통해 이뤄지기 때문이다. 또 이들 결정을 집행하는 것은 회원국 정부이며, 만약 집행에 실패하면 회원국 법원이 공동체 법을 해석하고 강제하는 역할을 한다.

이런 학술적·사상적 논쟁을 넘어 구체적으로 살펴보더라도 유럽연합의 기구들은 이런 주권의 풀이라는 개념을 나름대로 실현하고 있다. 유럽연합에서 인터내셔널의 관점을 가장 대표적으로 표현하는 기구는 유럽이사회다. 유럽연합 정치의 문법에서 '이사회'란 기본적으로 회원국 대표가 자국을 대표하여 참여하는 모든 모임을 가리킨다고 보면 정확하다. 가장 높은 수준에서 국가 원수나 정부 수반의 모임을 처음에는 유럽정상회의라 불렀고, 이후 '유럽이사회'라는 이름으로 공식 기구화했다. 장관들의 모임은 '각료이사회'라 부르고 해당 분야를 앞에 붙여 경제재정이사회, 산업이사회, 환경이사회라 일컫는다. 외무장관 모임은 그냥 각료이사회로 거의 모든 분야를 다루는 일반적인 이사회에 가깝다. 브뤼셀에 각 회원국 정부가 파견한 대사들의 모임도 '상임대표위원회COREPER'라는 이름으로 진행되고, 세밀한 정책 분야마다 각국 대표나 전문가가 참여하는 각종 위원회가 넘쳐난다. 유럽을 '위원회의 정치Comitology'라고 부르는 배경이다.

유럽연합 정치의 문법에서 제도적 삼각형이라 부르는 기구가 이사회, 집행위원회, 의회다.[24] 기존 네이션의 정치 문법에 비춰보면 이사회는 연방 국가의 상원에 해당된다. 미국의 상원Senate이 각 주를 대표하는 의원 2인씩 모인 기구이고, 독일의 상원Bundesrat도 랜더를 대표하는 의원의 모임이듯 말이다. 미국도 국가를 형성하는 초기에 현재의 유럽과 비슷하게 '네이션의 논리'와 '연방의 논리'를 두고 많은 고민을 했다. 예를 들어 모든 주가 동의해야 헌법을 비준할 수 있고 상원이 주를 대표한다는 점에서 '연방의 논리'를 따르지만, 하원은 미국의 인민을 대표하기에 '네이션의 논리'에 충실하다. 정부는 연방과 네이션의 논리가 뒤섞인 혼합 형태라고 할 수 있다.[25]

미국과 유럽을 비교하자면 유럽 집행위원회는 미국 행정부에 해당되고, 유럽의회는 미국 하원과 유사하다. 집행위와 의회는 일반적으로 수프라내셔널, 즉 초국적 기구라고 본다. 집행위와 의회가 모두 회원국 대표의 모임이라는 성격보다는 유럽연합 전체를 이끌고 관리하는 총체적 모임으로서의 성격이 강하기 때문이다.

그러나 이런 초국적 기구도 인터내셔널의 성격이 완전히 사라진 것은 아니다.[26] 예를 들어 집행위원회를 구성할 때 각 회원국 간에 합의된 규칙이 적용된다. 예전에 회원국 수가 적었을 때는 대국 2인, 소국 1인의 집행위원 임명 원칙이 적용되었다. 최근 회원국 수가 폭발적으로 증가하면서 대·소국을 막론하고 1명씩 집행위원을 제안하게 되었다. 프랑스나 독일과 같은 대국은 대신 중요한 담당 영역을 맡는 형식으로 보상을 받는다.

유럽의회도 일단 당선되면 특정 회원국 대표가 아니라 유럽의 이익을 대표하는 의원이다. 그러나 의회 선거에서 선거구와 제도는 회원국별로 운영된다. 소·중·대 선거구의 선택과 다수제·비례대표제의 선택은 모두 회원국 고유의 권한이다. 이처럼 가장 초국적 기구라고 하는 집행위원회와 의회도 구성 단계에서는 인터내셔널의 원칙을 따르는 셈이다. 일단 구성된 다음에 집행위원이나 의원은 유럽연합 전체를 대표하면서 업무에 임해야 하나, 비공식적으로 또는 은밀하게 자국에 이로운 방향으로 행동하는 일은 빈번하다.

이들 기구가 작동하는 절차에 있어서 결정 방식은 관심의 대상이다. 인터내셔널의 원칙이 가장 강력하게 발휘되는 방식은 만장일치제Unanimity다. 다수결은 가장 간단하고 손쉬운 결정 방식이다. 유럽은 사실 초기에 만장일치제를 많이 활용했으나, 유럽연합 출범 이후 점차 다수결이 확산·강화되는 중이다. 그러나 단순 다수결이 아니라 특정 다수결Qualified majority로 강대국의 횡포를 저지하면서 동시에 약소국의 이익을 보호하는 정신을 따른다. 이 부분은 유럽 문법의 코즈모폴리턴 정신에서 다시 분석할 것이다.

유럽은 주권의 풀이라는 표현에서 볼 수 있듯 인터내셔널과 수프라내셔널이 혼재한 질서다. 거시 역사적 흐름은 인터내셔널의 영역을 강화하면서도, 수프라내셔널의 차원이 불어나는 양상이다.

오늘날 유럽에서 인기를 끌면서 회자되는 '내셔널 포퓰리즘'이란 유럽 통합을 국가 주권 상실이라고 비판하면서 성장한 세력이다.[27] 섬나라 영국은 킹덤과 네이션의 문법을 조합한 매우 특수한 정치 체제로 유럽과는 결이 다른 나라이고 독립성을 강조하는 정치 문화다. 영국은 또 네이션의 정신과 주권은 웨스트민스터 의회에 있다고 굳건히 믿기에, 유럽에서 내려진 각종 결정과 규제가 영국에 강요된다고 보는 시각이 강하다. 브렉시트를 주장한 정치 세력과 국민에게 제일 중요한 쟁점은 '영국의 자율성 회복'이었다.

한편 프랑스, 독일, 이탈리아 등 유럽연합의 중심 국가에서도 '내셔널 포퓰리즘'은 강한 정치 세력으로 부상했다. 이탈리아의 조르자 멜로니는 이미 수상이 되었고, 프랑스의 마린 르펜은 2017년과 2022년 두 번이나 대선 결선투표에 진출했다. 독일을 위한 대안AfD도 통일 독일에서 중요한 세력으로 부상 중이다. 이들의 공통점은 유럽 통합을 비판하고 반대하면서, 네이션의 주권을 되찾아와야 한다고 주장하는 데 있다. 다만 이런 주장이 어느 정도 정치적 수사修辭이고 또 어느 정도 진정성을 갖는지는 확실하지 않다. 포퓰리즘이라고 부르기는 무리지만 프랑스의 전통적 내셔널리즘을 대표하는 드골 정파도 반反유럽 담론을 즐겨 사용하다가 집권한 뒤 현실적 정책에서는 유럽을 인정하고 활용하는 태도를 보였다. 최근 이탈리아의 멜로니 정부도 담론의 극단성에 비해 비교적 온순한 현실적 유럽 정책을 펴고 있다.

'네이션의 유럽Europe of Nations'이라는 표현은 유럽이 통합이 아니라 협력의 차원으로 유지되어야 한다는 주장을 상징한다.[28] 1960년대에 드골은 네이션의 유럽을 '대서양에서 우랄까지', 즉 소련이 주도하는 공산 유럽까지 포함해야 한다고 주장했다. 영국도 이런 네이션의 유럽 기치를 내세운 대표적인 세력이었고, 오늘날 유럽 각지의 내셔널 포퓰리즘도 비슷한 주장이다. 유럽이라는 새로운 질서와 문법을 부정하면서 여전히 네이션의 표준을 지키려는 시도다.

2

수프라내셔널: 네이션의 초월

수프라는 '위'라는 의미(인프라는 아래를 뜻한다)로 수프라내셔널은 네이션 위의 단계를 뜻한다. 네이션이 기초 단계의 단위를 지칭한다면 수프라내셔널은 네이션이 모여 만들어낸 상위를 형성한다. 네이션–수프라내셔널의 이미지를 가장 잘 구현하는 정치 문법은 연방주의라고 할 수 있다.[29] 다만 연방주의와 유럽연합은 각각 방점이 다르게 찍혀 있다.

연방주의에서는 다양한 기초 단위가 모여 연방 국가를 형성한다. 따라서 주 또는 랜더, 캉통 등으로 불리는 기초 단위가 중요하나, 이들이 모여 이룩한 연방이 네이션에 해당된다. 달리 말해 주권이 우선 적용되는 단위는 연방적 네이션이다. 반면 유럽연합에서 회원국은 이미 주권을 독점한 네이션들이다. 따라서 수프라내셔널의 단위는 주권을 보유한 연방 국가보다 정통성이나 실질적 권력이 훨씬 더 약할 수밖에 없다. 다만 시간이 지날수록, 그리고 유럽 통합이 점차 강화될수록 수프라내셔널의 성격이 연방주의적으로 전이되는 경향을 보인다.

이탈리아 학자 바르톨리니는 유럽 통합을 새로운 정치 중심을 만드는 과정으로 파악했다.[30] 책 제목부터 『유럽의 재조정: 중심 형성, 시스템 건설, 그리고 네이션 스테이트와 유럽연합 간의 정치 구조화』다. 바르톨리니의 유럽관이 우리의 접근과 통하는 부분은 거시 역사적으로 정치의 중심이 새롭게 형성된다는 시각이다. 그는 특히 과거 유럽이 네이션이라는 정치 중심을 수 세기에 걸쳐 형성했듯, 현재 유럽도 유럽연합이라는 새로운 정치 중심을 만드는 과정이라고 설명한다. 수 세기 또는 1000년도 걸릴 수 있는 정치 구조화 과정을 불과 몇십 년을 놓고 단정적으로 평가하고 섣불리 판단하는 일은 무리다.

정책적 통합, 무역에서 과학기술까지

수프라내셔널의 원칙이 처음 적용된 것은 석탄 및 철강 산업 분야부터다. 제한된 산업 영역이었으나 유럽 6개국은 고위 관리청이 초국적으로 산업을 관리하고 운영하는 데 합의했다. 따라서 국가를 넘어 유럽 단위가 행정적 권한을 독점하는 형식이 처음 등장했다. 달리 말해 유럽석탄철강공동체는 석탄과 철강 분야에서 회원국이 모여 문제를 논의하는 인터내셔널의 단계보다 훨씬 더 강한 정책 통합을 완성했다. 유럽의 고위 관리청은 석탄과 철강의 가격부터 교역, 구조조정, 규제 등 포괄적이고도 일반적인 권한을 독점하는 기관으로 구상되었다. 영국이 석탄철강공동체에 참여하길 거부한 가장 큰 이유는 바로 고위 관리청이 수프라내셔널의 권한을 가졌기 때문이다.[31]

1958년 유럽경제공동체가 출범하면서 수프라내셔널의 부분적 적용은 크게 확대되었다. 대표적인 정책 영역은 유럽이 관세동맹을 형성하면서 자연스럽게 부상한 대외 무역 정책이다. 유럽에서 공동 무역 정책CCP, Common Commercial Policy이라 불리는 분야로서 수프라내셔널의 권한이 뿌리를 내린 영역이다. 유럽은 1960년대부터 세계적 차원에서 진행되는 다양한 다자간 협상에 하나의 대표단이 하나의 목소리를 내면서 참여했다.[32] 1960년대 딜론 라운드와 케네디 라운드, 1970년대 도쿄 라운드, 1980~1990년대 우루과이 라운드는 모두 EEC 대표가 유럽을 대신해 협상에 참여했다. 유럽은 제3국과 무역할 때 대외 정책을 하나로 통합하기로 합의했기 때문이다.

앞서 살펴보았듯이 무역 정책과 함께 등장한 유럽 차원의 대표적인 정책은 농업 분야의 공동농업 정책CAP 이다.[33] 유럽의 농업만 놓고 본다면 프랑스가 독일이나 다른 회원국보다 더 경쟁력이 있었다. 다만 유럽 외의 지역과 비교한다면 프랑스 농업도 경쟁력이 떨어졌다. 따라서 농업에 있어서 유럽은 프랑스의 주장에 따라 보호주의적 정책을 채택했다. 외부로부터 농산품 수입을 억제하고 역내 생산 농산품은 높은 가격에 구입해주는 정책을 추진한 것이다. 예를 들어 미국이나 캐나다, 호주 등의 값싼 농산품의 수입을 막으며 역내 프랑스 농산품을 유통하는 형식이다. 이에 덧붙여 유럽 농산품이 남아돌 때는 이를 수출하는 데 유럽이 보조금을 대주기도 했다. 1980년대까지 유럽 예산의 3분의 2 정도를 공동농업 정책에 사용한 이유다. 무역 정책이 단순히 유럽 차원의 통합 관세를 결정하고 협의하는 수준이었다면, 농업 정책은 유럽 차원의 예산이 투입되는 좀더 전통적인 의미의 정책이었다. 미국이나 농산품 수출국들이 우루과이 라운드에서 유럽의 농업 정책을 부당한 '국가 보조금'이라며 신랄하게 비난한 배경이다.

무역 정책CCP과 농업 정책CAP은 유럽경제공동체 출범과 함께 공식적으로 통합이 결정된 분야였다. 그러나 이 과정에서 다른 영역의 협력도 파생적으로 등장했다. 대표적인 사례가 통화 정책 협력이었다.

무역 정책에서는 특정 수입품에 대해 회원국이 동일한 관세를 부과해야 한다. 문제는 당시 각국이 서로 다른 화폐를 사용했다는 점이다. 예를 들어 일본산 자동차 한 대의 가격이 독일에서는 마르크, 프랑스에서는 프랑으로 표시되고, 이에 따라 관세도 각국의 화폐로 계산됐다. 농업 정책도 마찬가지였다. 유럽은 농산물에 표준 가격을 정해 기구가 직접 구매했는데, 똑같은 버터나 포도주를 사더라도 이탈리아에서는 리라, 프랑스에서는 프랑으로 계산해야 했다.

이처럼 통합 정책을 운영하려면 회원국 간의 화폐 차이를 조정할 기술적 장치가 필요했다. 1960년대까지만 해도 브레튼우즈 체제 덕분에 환율 변동 폭이 작아 문제가 덜했지만, 1971년 체제가 붕괴되면서 환율이 자유롭게 변동하는 시대가 열렸다. 이에 따라 유럽은 1970년대에 좀더 포괄적인 통화 협력의 필요성을 절감했고, 1979년 '유럽통화시스템EMS, European Monetary System'을 출범시켰다.

EMS의 원칙은 단순했다. 회원국 간 환율 변동 폭을 하루 ± 2.25퍼센트로 제한하고, 이를 지키기 위해 각국의 통화 당국이 시장에 적극 개입하는 것이다. 자국의 통화가 과도하게 오르면 팔고, 과도하게 떨어지면 사들이며, 이에 필요한 외화를 회원국끼리 상호 대여할 수 있도록 했다. 유럽 통합의 관점에서 보면, 무역·농업 정책 통합이 통화 협력으로 확산된 사례다. 이처럼 '한 정책에서 다른 정책으로의 확산'을 통합 이론에서는 '스필오버Spillover'라고 부른다.[34]

스필오버가 일어난 또 다른 분야는 과학기술이다. 1960년대까지 유럽은 미국과 함께 세계 경제를 주도하는 선진국으로서의 위상이 탄탄했다. 유럽은 1950년대와 1960년대 제2차 세계대전의 피해를 극복하면서 고속성장을 통해 미국을 따라잡는 적극적인 모습을 보였다. 독일의 경제성장은 '라인강의 기적'으로 일컬어졌고, 프랑스의 경제발전은 '영광의 30년'이라는 표현으로 회자되었다. 그러던 중 1970년대에 오일쇼크로 상징되는 심각한 경제 위기가 세계를 강타했다. 특히 에너지 분야에서 대외 의존성이 높은 유럽은 큰 타격을 받았다. 오일쇼크에도 불구하고 일본과 동아시아 신흥 경제의 부상은 유럽에 커다란 위협으로 다가왔다.

유럽은 국제적 경쟁에서 승리하려면 과학기술 분야의 적극적인 정책이 필요하다고 판단했고, 이에 따라 1970년대와 1980년대에 본격적으로 수프라내셔널 차원의 협력과 정책을 추진했다.[35] 1970년대에 시작한 가장 성공적인 정책은 회원국 여럿이 협력하여 에어버스Airbus라는 민간 항공 산업을 구축해낸 일이다. 에어버스는 유럽경제공동체라는 기구가 만들어낸 결과는 아니다. 다만 공식적 통합의 협력이라는 틀이 자연스럽게 항공 산업의 융합을 도출해낸 사례다. 에어버스는 지난 50여 년의 역사를 통해 유럽의 가장 성공적인 '산업 챔피언 만들기'였고, 2020년대 대폭 성장한 세계 항공기 시장은 미국의 보잉과 유럽의 에어버스가 양분하고 있다. 일례로 2024년 보잉은 350대, 에어버스는 770대의 항공기를 생산해 시장에 투입했다.[36]

1980년대가 되면 일본의 부상에 대한 유럽의 정책적 대응으로 과학기술 정책이 태동한다. 일명 '유럽정보기술연구의 전략적 프로그램ESPRIT'[37]이라는 정책이 1983년 처음 만들어졌고 1990년대까지 지속됐다. 이 정책에도 불구하고 유럽은 정보산업IT 분야에서 미국이나 일본을 따라잡는 데 성공하지 못했다. 다만 무역 정책에서 가시적으로 드러난 첨단 산업 분야의 무역 불균형 문제를 해결하기 위해 유럽이 과학기술 분야까지 수프라내셔널의 접근을 시도했다는 점에서는 상징적인 정책이다.

수프라내셔널의 부상은 이처럼 1951년 석탄 철강 분야의 파리 조약부터 1983년 정보기술 분야의 ESPRIT 정책까지 30년 넘게 스필오버가 일어난 결과다. 이미 말한 대로 인터내셔널과 수프라내셔널은 뒤섞여 있다. 그러나 시간이 지날수록 인터가 수프라로 성격이 심화되는 경향을 드러냈다. 시간이 지나고 경험이 누적되면서 양적 변화가 질적 변화로 연결된다는 뜻이다.

국제 환경은 인터내셔널을 수프라내셔널로 강화하는 중대한 요인이었다. 우선 제2차 세계대전까지 유럽은 세계 정치 경제의 중심으로 역내의 강대국이 경쟁하는 모습이었으나, 전쟁 후에는 미국과 소련에 의해 유럽이 양분되는 치욕을 겪었다. 게다가 프랑스와 영국은 식민지들이 독립함으로써 제국이 무너졌다. 시작은 인터내셔널로 힘을 합치자는 노력이었고, 시간이 지나면서 수프라내셔널로 결속력을 다지지 않는다면 경쟁에서 밀릴 수밖에 없다는 현실을 받아들여야 했다. 1980년대 유럽 단일 시장 계획과 1990년대 유럽연합의 출범은 이러한 지정학적 변화, 그리고 수프라내셔널의 스필오버가 결합해서 만들어낸 결과다.

정책 간의 연쇄적 확산, 즉 스필오버 현상은 유럽 통합의 중요한 추진력 가운데 하나였다. 그러나 제도와 정책의 연결만으로는 유럽 통합의 동력을 온전히 설명하기 어렵다. 근본적인 이유는 어쩌면 시민들의 자유관 변화와 맞닿아 있다. 이미 19세기 초, 프랑스의 자유주의 사상가 뱅자맹 콩스탕은 '고대인의 자유'와 '근대인의 자유'를 구분했다.[38] 고대 그리스와 로마에서의 자유가 공동체의 정치에 참여하고 발언할 권리였다면, 근대인의 자유는 정치보다는 개인의 삶과 선택을 중시하는 사적인 자유였다. 19세기 자본주의가 부상하던 시점에 콩스탕은 사람들이 정치적 자유보다 개인적 자유에 더 큰 관심을 두게 될 것이라고 진단했는데, 20세기와 21세기에는 그 경향이 한층 더 강화되었다. 이런 관점에서 보면, 유럽의 시민들이 주권 일부를 연합 차원에 이양하면서도 통합의 혜택―자유로운 이동, 단일시장, 공동의 규칙이 보장하는 편익―을 선택한 것은, 정치적 권한보다 생활의 안정과 기회를 우선시한 결과로 해석할 수 있다.

새로운 단위의 탄생

유럽 통합의 역사를 시기로 나누어보면, 1950년대는 '창립기'에 해당되고, 1980~1990년대는 '제2의 도약기'라 부를 수 있다. 1950년대부터 1980년대까지는 주로 무역, 농업 등 개별 정책 분야에서 회원국 간 협력이 강화되며, 그 과정에서 '수프라내셔널' 성격이 서서히 싹텄다. 그러나 1980~1990년대에 들어서면서 흐름이 달라졌다. 개별 정책을 묶는 수준을 넘어, 유럽 전체를 하나의 포괄적 틀로 재구성하고 그 틀 속에서 수프라내셔널을 기본으로 삼는 방식이 본격화되었다. 이 시기의 상징적인 전환점이 1986년 체결된 '유럽단일의정서SEA, Single European Act'였다. 이 의정서는 '유럽 단일 시장'이라는 새로운 목표를 공식화했다.

명칭만 놓고 보면 '유럽경제공동체EEC'가 '시장'보다 더 단단한 연대처럼 보인다. 하지만 실제로 1950~1980년대의 EEC는 무역과 농업을 중심으로 한 관세동맹의 성격이 강했다. 단일 시장은 그보다 훨씬 더 구체적이고 실행 가능한 목표로, 상품, 서비스, 자본, 노동이 국경의 장벽 없이 자유롭게 이동하는 완전한 경제 공간을 만드는 것이었다. 다시 말해, 경제 공동체가 다소 상징적이고 선언적인 목표를 내걸었다면, 단일 시장은 그 목표를 실현하려는 구체적인 계획이자 실행 단계였다.

유럽 단일 시장 계획을 추진한 배경을 이해하는 것도 중요하다.[39] 국제정치적으로 1980년대는 냉전의 마지막 시기에 해당된다. 미국과 소련의 대결에서 소련이 더는 경쟁 상대가 되지 않는다는 사실이 점차 명백해지면서, 안보 이슈보다는 경제가 국제사회의 중심 이슈로 떠올랐다. 소련과 공산권의 지정학적 위협이 감소하면서, 자유 진영 내부의 경제적 경쟁이 더 중요한 위상을 차지하게 되었다. 이 와중에 일본이 부상했고, 유럽은 미국이나 일본에 뒤처지는 상황이 펼쳐졌다. 따라서 ESPRIT와 같은 시도는 유럽이 경제 분야에서 새로운 계획으로 대처해야 한다는 대표적인 움직임이었다.

유럽 정치 차원에서는 영국과 프랑스의 정치적 변화를 파악해야 유럽 단일 시장의 부상을 설명할 수 있다.[40] 우선 영국은 1979년 마거릿 대처 보수당 수상이 집권하면서, 일명 신자유주의의 바람을 국제적으로 일으켰다. 시장이 사회의 모든 문제를 해결할 수 있다는 사고가 영국에서 시작돼 유행을 탔고, 로널드 레이건 대통령이 이듬해 미국에서 집권하면서 대처 - 레이건의 신자유주의는 막강한 국제적 정책 패러다임으로 등장했다.[41] 유럽 단일 시장은 신자유주의가 출범한 1980년대의 대표적인 변화 가운데 하나다.

다음으로 프랑스는 1981년 사회당 - 공산당 좌파 연합이 집권하면서 국가가 강하게 경제를 계획하고 주도하는 케인스주의 정책을 추진했으나 참담하게 실패하고 말았다. 프랑스에서 좌파 정책이 실패한 원인은 유럽경제공동체나 유럽통화체제EMS 등으로 유럽 경제가 긴밀하게 연결되어 상호 의존적이었기 때문이다. 프랑스에서 경기 활성화 정책을 펴도 프랑스 경제와 산업이 아니라 다른 유럽 국가, 예를 들면 독일이 수혜국이 되었기 때문이다. 프랑스의 좌파 정책에 놀란 자본이 다른 나라로 급격하게 이동하면서 프랑의 가치가 폭락하기도 했다. 따라서 프랑스 좌파는 유럽 차원에서 통합적으로 움직이지 않으면 일국에서의 개혁과 변화는 성공할 수 없다는 교훈을 얻었다.

영국에서 시장 중심의 패러다임이 부상하고, 프랑스에서 국가 중심의 패러다임이 실패하면서, 유럽 차원에서 자연스럽게 시장을 통해 경쟁력을 높이자는 단일 시장 계획의 정책·정치적 기반이 다져졌던 셈이다. 이에 더해 독일의 사회적 시장경제란 사회복지를 중시하나 프랑스처럼 국가의 역할을 강조하기보다는 시장 메커니즘을 더 중시하는 체제다. 영국, 프랑스, 독일은 따라서 1980년대 초·중반 단일 시장을 통해 유럽의 경쟁력을 강화한다는 정책 패러다임의 공통분모를 찾을 수 있었다. 베네룩스는 이미 내부적으로 단일 시장을 형성하고 있었던 만큼, 이를 유럽 차원으로 확대하는 데도 찬성했다.

유럽단일의정서는 대단히 야심 찬 계획이다. 유럽을 하나의 시장으로 묶어 미국과 유사한 대륙적 경제 단위를 만들겠다는 목표다. 1980년대만 하더라도 유럽은 서로 긴밀하게 교역하는 내셔널 경제 단위들의 집합이었다. 단일 시장의 계획은 경제적 국경을 완전히 없애버리겠다는 강력한 의지를 공식화하는 장기적 약속이었다. 경제 단위를 회원국 정부의 차원에서 유럽으로 단계를 올림으로써 경쟁력을 확보한다는 전략이었다.[42] 영어에서 단일 시장은 Single Market으로 하나, 유일 등의 의미를 은밀하게 드러낸다. 프랑스어에서는 Marché Unique라는 표현을 사용하는데 여기서 유니크는 유일무이라는 강조점을 노골적으로 표현한다. 그만큼 아무런 장애가 없는 시장의 건설을 뚜렷하게 지향한다는 뜻이다.

유럽 단일 시장은 자본과 노동, 상품과 서비스라는 4대 분야에서 자유로운 이동을 보장한다는 계획을 구체적인 목표로 삼았다. 과거 경제공동체EC의 관세동맹은 기껏해야 상품의 교역과 유통이 주로 해당되는 정책 분야였다. 반면 단일 시장은 상품뿐 아니라 서비스라는 거대한 분야까지 통합하는 야심 찬 계획이었으며, 이에 덧붙여 상품과 서비스 생산에 투입되는 생산 요소인 자본과 노동조차 자유롭게 이동하게 만든다는 혁명적 구상이었다. 유럽 지도자들이 단일 시장을 구상하고 여기에 합의했을 때, 과연 계획의 방대함과 혁명성을 모두 인식했는지는 확실치 않다. 사후적으로 봤을 때 분명한 사실은, 단일 시장이 정치인이나 관료들이 상상한 수준보다 훨씬 더 혁명적인 계획이었으며, 일반 시민들이 막연하게 생각하는 시장 개념보다 월등하게 강력한 통합이었다는 점이다.

단일 시장을 추진하면서 유럽연합 정치 문법에서 서서히 등장한 요소들이 확실하게 부각되었다. 예를 들어 정책적 목표를 달성하는 일정을 미래에 명확하게 못 박아둠으로써 추진 동력을 확보하는 방법이다. 유럽단일의정서는 1986년 제정되었으나 1993년까지 단일 시장을 완성한다는 식이다. 이런 정책 추진 방법은 이미 유럽경제공동체에서도 사용한 바 있다. 1957년 로마 조약에서 1958년 경제 공동체를 출범시키되 1970년까지 관세동맹을 실질적으로 완성하겠다고 못 박았다. 당시 유럽 6개국은 예정보다 빨리 관세동맹의 단계를 실현했고, 목표 일정을 앞당겨 1968년에 이를 완성했다. 단일 시장에 관해서는 일정과 계획을 유럽은 물론 국제적으로 공표해 더 커다란 동력을 마련한 셈이다. 실제로 유럽의 단일 시장 계획은 북미자유무역협정NAFTA의 모방적 출범을 초래하면서 세계 경제의 블록화 경향을 초래했다.

유럽 단일 시장은 조율調律, Harmonization과 상호 인정相互認定, Mutual Recognition이라는 통합의 문법도 가시화했다.[43] 단일 시장에서 분야마다 통일된 규제가 필요하다는 관점이 초기에는 지배적이었다. 예를 들어 자동차 배기가스를 규제하는 데 유럽 전역에 적용하는 하나의 통일된 기준을 만드는 식이다. 하지만 조율 정책은 모든 회원국의 동의를 얻어내야 하는 어려움이 있었다. 특히 유럽이 최초 6개국에서 1980년대 12개국으로 불어나면서 합의 도출 과정은 더 힘들어졌다. 따라서 조율보다는 점차 상호 인정의 방법이 우세해졌다. 예를 들어 유럽 차원에서 의사醫師를 규정하는 통일된 의대 교육과 면허 제도를 만들기는 어렵기에, 한 회원국의 의사라면 다른 모든 회원국에서도 의사로 인정하는 방식이다.

유럽은 1986년부터 1993년까지 적극적으로 시장 통합 정책을 추진했고, 수십 년 또는 수백 년간 유지된 다양한 분야의 경계를 무너뜨리는 작업을 본격적으로 시작했다. 몇 년 사이에 이런 작업을 완성하는 것은 당연히 불가능했으나, 1993년이라는 목표 설정은 정책을 가속하는 동력이 되었다. 단일 시장 형성을 위한 작업은 어떤 의미에서 2020년대에도 완성되었다고 보기는 어려우며, 현재 진행형이고 앞으로도 계속될 전망이다. 예를 들어 인공지능과 같은 새로운 영역이 등장하면 유럽은 종합적인 규제와 기준을 만들어야 하기 때문이다.

무엇보다 흥미로운 현상은 정부가 조약을 통해 합의한 단일 시장의 원칙이 앞서 살펴본 사법 제도의 네트워크를 통해 파생되고 확대되면서 사회를 지배한다는 사실이다. 일례로 단일 시장을 추구하는 과정에서 축구의 통합은 정책 결정자들의 염두에 없었다. 그런데 보스만이라는 한 축구 선수가 이의를 제기했다. 각국 프로 축구 리그에서 외국 선수의 숫자나 활동을 제한하는 규정이 단일 시장의 원칙에서 벗어난다며 유럽법원에 제소한 것이다. 그러자 유럽법원은 축구 시장에도 단일 시장의 자유로운 노동 이동의 원칙을 적용해야 한다는 판결을 내려 축구 시장마저 혁명적 변화를 맞았다. 유럽법원의 1995년 보스만 판결로 유럽 국적 선수의 국가 간 자유로운 이동에는

아무도 제약을 가할 수 없게 되었다.[44]

앞서 무역과 농업 정책의 통합이 자연스럽게, 그리고 기능적으로 환율의 안정과 통화의 협력을 초래했음을 보았다. 정책의 스필오버라고 부른 현상이다. 이번에는 단일 시장이라는 강력한 실험이 단일 화폐라는 초유의 통합으로 연결되는 스필오버를 유럽이 경험하게 되었다. 하나의 시장에는 하나의 화폐가 존재해야 한다는 등식은 너무나 자연스럽게 대중에게도 확산될 수 있었다. 통화 분야에서 EMS를 통해 단순히 협력하는 단계는 상호 무역이나 보조금을 관리하는 데 충분했다. 그러나 정말 노동·자본·상품·서비스가 자유롭게 이동하는 시장이라면 하나의 화폐를 통해 하나의 가격을 형성하는 것이 시장의 기능을 제대로 살릴 길이라는 사실은 당연해 보였다.

유럽의 화폐와 데모스

1992년 마스트리흐트 조약은 유럽 통합이 '인터내셔널' 단계에서 공식적으로 '수프라내셔널' 단계로 넘어가는 분기점이었다. 석탄·철강, 방위, 핵에너지, 경제 등 부문별 기능 통합을 넘어 이제는 유럽 전체를 아우르는 정치 체제를 만들겠다는 의지를 분명히 한 것이다. 이 과정에서 유럽경제공동체EEC는 '유럽연합EU'이라는 새 이름을 얻었다. 사회과학적으로는 '공동체Community'가 '연합Union'보다 결속력이 더 강한 개념이지만, 정치·법적 맥락에서 Union은 국가연합이나 연방 국가를 연상시키며, 미국의 United States처럼 국가를 지칭하는 표현으로 쓰인다.

통합의 역사에서 1950년대 창립기와 1980년대 도약기를 비교해 볼 수 있다. 유럽은 초창기 석탄·철강이라는 경제 부문에서 통합을 시작한 뒤 곧바로 유럽방위공동체라는 정치·군사적 통합을 추진했다. 그러나 잘 알려진 대로 방위공동체 안은 프랑스 의회에서 부결되어 좌절될 수밖에 없었다. 흥미로운 점은 1980년대에도 경제 통합에 이어 정치 통합을 강하게 추진했다는 사실이다. 유럽은 1986년 단일시장을 경제적 목표로 채택해 실행에 나서면서 곧바로 유럽연합이라는 정치 통합에도 속도를 높였다. 하지만 역사는 그대로 반복되지 않았다. 1950년대에 방위공동체는 실패했지만, 1990년대에 유럽연합은 성공적으로 출범했기 때문이다. 물론 이 또한 순조롭게 비준된 것은 아니고, 프랑스 국민투표에서 간신히 통과되는 과정을 거쳤다. 다시 말해 창립기와 도약기는 매우 유사한 경로를 밟았으나, 방위공동체의 실패와 유럽연합의 성공이라는 결말은 작은 차이가 큰 결과를 만든 사례였다.

도약기의 단일 시장이 유럽연합으로 이어질 수 있었던 배경에는 국제정치의 지정학적 변화가 크게 작용했다. 1989년 유럽 냉전의 상징이던 베를린 장벽이 무너지고, 1990년 독일이 전격적으로 통일을 추진하면서 제2차 세계대전 이후 40년 넘게 유지된 질서가 무너지고 혼란이 찾아왔다. 역사학자 토니 주트가 이를 '구질서의 종말'[45]이라 부른 것은 이 때문이다. 독일 통일은 유럽 정치 문법상 네이션으로의 회귀, 더 나아가 네이션 강화를 뜻했다. 이는 곧 프랑스·프로이센 전쟁, 제1차 세계대전, 제2차 세계대전을 촉발한 정치 문법으로의 퇴보를 의미하는 셈이었다. 물론 미국·소련·영국·프랑스 4대 승전국이자 독일에 주둔군을 둔 국가들은 통일을 반대할 수 있는 위치에 있었다. 독일은 네이션의 재결합을 강력히 원했던 반면, 영국과 프랑스는 강력한 독일 네이션의 부활을 우려하며 통일에 비토권을 행사할 수 있는 세력이었다.

'유럽연합'은 막다른 골목에 다다른 지정학적 난제를 풀어낸, 말 그대로 '신의 한 수'였다. 독일은 통일을 강하게 원했고, 프랑스와 영국은 강력한 독일이 다시 부상하는 것을 우려하며 이에 반대했다. 그러나 통일 독일의 주권과 역할을 유럽연합이라는 '공동의 집'—강한 제약이 작동하는 연합—안에 묶어둔다면 어느 정도 안심할 수 있었다. 다시 말해, '수프라내셔널EU'이라는 틀 속에 '네이션(통일 독일)'을 가두는 발상이었다. 미국과 소련의 관점에서도 독일이 유럽에서 독립적인 세력으로 떠오르는 것보다는, 독일·프랑스·영국이 하나의 틀 속에서 평화로운 질서를 유지하는 편이 훨씬 더 유리했다. 다만 이러한 지정학적 구상을 다수의 회원국이 공감할 수 있는 구체적인 제안으로 만들고, 이를 통해 타협을 이끌어내는 과정은 쉽지 않았다.

독일을 유럽 속에 단단히 묶어두기 위해 고안된 장치는 크게 두 가지였다. 하나는 경제 분야에서 단일 시장을 돌이킬 수 없는 제도로 확정하는 단일 화폐였고, 다른 하나는 강력한 정치적 연합을 출범시키는 일이었다.[46] 독일은 특히 단일 화폐 도입에 가장 신중하거나 반

「창문으로 본 파리」, 마르크 샤갈, 1913. 유럽 통합은 프랑스식 네이션의 유럽적 확장이라고 볼 수도 있다. '유럽연합'은 막다른 골목에 다다른 지정학적 난제를 풀어낸, 말 그대로 '신의 한수'였다. '수프라내셔널EU'라는 틀 속에 '네이션(통일 독일)'을 가두는 발상이었다.

대하는 쪽이었다. 제2차 세계대전 이후 독일은 탄탄한 재정과 건전한 정책을 바탕으로 강력한 도이치마르크DM를 만들어냈다. 전후 국제통화 질서는 기본적으로 고정환율제였지만, 필요에 따라 환율 조정이 이루어졌다. 이때 도이치마르크는 항상 평가절상되는 반면, 프랑스의 프랑이나 이탈리아의 리라는 자주 평가절하되었다. 특히 프랑스가 1981년 좌파 집권 후 경제 정책에 실패한 원인 가운데 하나도 프랑의 약세였다. 이런 배경에서 프랑스·이탈리아 등은 독일과의 화폐 통합을 통해 경제적 안정성을 확보하려는 의도가 있었다.

독일은 마스트리흐트 조약에서 단일 화폐의 출범을 받아들임으로써 경제 기적의 상징인 도이치마르크를 포기하고 다른 유럽 회원국들과 공동의 화폐를 운영한다는 희생을 받아들였다.[47] 구체적인 방법론은 단일 시장에서 보았듯 목표 일정을 정하고 점진적으로 추진하는 것이었다. 3단계를 거쳐 유럽은 1999~2002년 화폐의 완전한 통합을 이루기로 했다. 화폐는 국가의 가장 본질적이고 상징적인 정책 영역이다. 심지어 네이션의 문법에서 화폐란 국기國旗나 국가國歌 못지않게 정체성을 담고 있는 일상의 표식이다. 화폐의 단위에서 네이션의 문화적 서명을 확인할 수 있으며, 화폐에 등장하는 인물이나 상징은 네이션을 대표하기 때문이다. 따라서 화폐 통합은 관세동맹이나 단일 시장보다 실질적 중요성은 물론 상징성 또한 훨씬 더 강한 통합이라고 할 수 있다.

단일 화폐와 함께 추진된 또 하나의 축은 강력한 정치적 단위를 세우는 일이었다. 유럽경제공동체는 이미 유럽단일의정서를 거쳐 단일 시장으로 발전했으며, 이를 추진하는 과정에서 유럽의 정책 범위는 크게 확대되었다. 자본·노동·상품·서비스라는 '네 가지 자유'를 실현하려면 단순히 관세를 철폐하는 수준을 넘어 다양한 정책의 조율과 상호 인정이 필수적이었다. 환경, 소비자 보호, 직업 자격, 경쟁 규제 등 광범위한 분야에서 회원국 간의 규칙을 맞추고 집행을 조율해야 했다. 이렇게 단일 시장이 실질적으로 작동하려면 시장 규칙을 넘어선 정치적·제도적 기반이 필요했고, 이는 자연스럽게 '포괄적 정치 연합'의 구상으로 이어졌다.

유럽연합은 이러한 정치 연합을 설계하면서 보조성의 원칙Subsidiarity을 헌법적 철학으로 삼았다. 이는 정책을 가장 효율적으로 집행할 수 있는 수준—지방, 네이션, 수프라네이션—에서 권한을 행사한다는 원칙이다. 겉으로는 중앙집권을 막고 각 단계의 자율성을 보장하는 장치처럼 보인다. 그러나 역으로 해석하면, 회원국이 맡는 정책도 필요에 따라 언제든 수프라내셔널(유럽연합) 차원으로 끌어올릴 수 있다는 뜻이기도 했다.

정치적 단위로서 유럽연합을 바라볼 때, 가장 주목할 변화 중 하나는 '유럽 시민'이라는 개념이 명확히 제시되었다는 점이다.[48] 이 개념은 유럽 정치 문법의 역사를 집약적으로 담고 있다. 시민이라는 존재는 고대 폴리스에서 시작된 정치 문법의 핵심이며, 동시에 공동의 이익을 추구하고 공공의 장에서 토론을 통해 결정을 내리는 레스 푸블리카의 전통을 반영한다. 각 시민이 자국의 시민이면서 동시에 유럽의 시민이라는 점은 임페리움의 다중 소속 원리를 떠올리게 하며,

중세 크리스천돔의 문법은 모든 시민이 인권과 법치주의라는 공통의 가치를 공유한다는 모습으로 되살아난다. 여기에 유럽연합은 정부를 구성하고, 상징적 대표를 통해 국제무대에서 공동체를 대변한다는 점에서 킹덤의 문법도 품고 있다. 마지막으로, 주권이 시민 공동체에 속한다는 네이션의 문법 역시 미약하지만 유럽 차원에서 구현되고 있는 셈이다.

유럽연합 이전의 유럽은 원칙이 인터내셔널이었고 현실은 인터와 수프라내셔널의 공존이었다. 유럽연합 이후의 유럽은 원칙이 수프라내셔널이고 현실은 인터와 수프라내셔널의 혼재라는 상황으로 이행한다. 레몽 아롱은 일찍이 수프라내셔널의 원칙이란 세 가지 기준으로 볼 수 있다고 설명했다.[49] 정책 결정 과정에서 만장일치제를 포기하고 다수제를 채택하는 현실, 유럽의 기구와 유럽의 시민·기업이 직접적인 관계를 맺는 현상, 그리고 유럽 기구가 유럽을 대표해 대외적으로 활동하는 형식으로 나타난다고 설명했다. 이 세 가지 특징은 유럽연합 출범 이후 모두 점진적으로 강화되고 있다.

EU에서 유럽 시민이라는 개념이 공식 인정됨으로써 유럽 시민 공동체는 유럽의 데모스, 즉 유럽이라는 정치 단위의 바탕이자 근본이며 주권의 담지자가 될 잠재력 및 가능성을 어느 정도 보유하게 된 셈이다. 물론 네이션의 시대가 완전히 종말을 고했다고 선언할 수는 없다. 포퓰리즘을 통해 네이션은 여전히 강한 존재감을 드러내며 유럽의 문법에 저항하고 있기 때문이다. 특히 유럽을 실감하게 할 수 있는 상징적 부문에서 헌법이나 조약, 담론과 커뮤니케이션, 유럽기

나 유로화 등의 발전이 있었지만 이들이 시민들의 완전한 문화적 동질감을 창출하지는 못했다.[50]

대부분 잘 알려져 있고 대중적 인기를 끌 만한 정치적 상징을 통해 유럽의 객관화가 진행된다. 그러나 이러한 정치적 상징은 대체로 외부적 성격을 지니기에 대다수 유럽인이 이를 완전히 내면화하지 못한다. 따라서 과거에 만들어진 [민족 국가의] 상징과 경쟁하며 새로운 충성 체계의 핵심으로 자리 잡는 데에는 한계가 있다. (…) 유럽의 [권력] 중심은 자신이 통치하는 사회의 경제적·법적 통합에는 성공했으나 그에 상응하는 포괄적 문화 체계를 만들어내는 데에는 실패했다. 공동의 의미와 상징을 포함하는 문화 체계는 여전히 국경을 기반으로 한 영토적 성격을 띠기 때문이다. 물론 유럽 차원에서 다양한 권리가 확산되면서 국경이나 영토성의 의미는 상대적으로 줄었지만, 그것들이 완전히 사라진 것은 아니다.

대표적으로 영국의 유럽 탈퇴는 유럽의 정치 문법을 받아들이기 어렵다는 저항심의 표현이다. 영국이 제시했던 가장 큰 불만 가운데 두 가지가 눈에 띈다. 하나는 유럽에서 영국으로 넘어오는 이민자에 대한 불만이다. 이는 유럽 단일 시장 원칙의 당연한 적용 사례인데, 영국은 자국의 노동시장에 대한 통제력을 잃었다는 불만이 컸다. 다른 하나는 유럽에서 결정된 정책이 영국에 강요된다는 불평이었다.

네이션의 주권을 수프라내셔널이 빼앗아갔다는 불만인 셈이다. 영국의 선택이 네이션으로의 복귀라면, 남은 유럽 회원국의 선택은 수프라내셔널을 어느 정도 수용하는 표현이라고 역으로 해석할 수도 있다.

물론 유럽 안에도 데모스가 출현했다고 진단할 정도의 동질성이 확보된 상황은 아니다. 크게 두 가지 문제를 지적할 수 있다.[51] 하나는 서유럽과 동유럽의 균열이다. 경제적 수준의 차이나 사회적 배경도 차이가 있으나, 정치적 관점이 다르다는 사실은 무척 중요하다. 서유럽은 개인의 합으로 공동체를 규정하는 네이션의 경험이 있었기에, 유럽이라는 새로운 단위나 정치 공동체도 쉽게 상상할 수 있다. 다만 동유럽에서는 여전히 종족적 네이션의 인식이 강하게 남아 있다. 헝가리, 폴란드, 체코 등 동유럽 회원국들이 유럽연합의 문법에서 종종 돌출적인 방향으로 나가는 이유다.

다른 하나는 유럽이 이민사회로 진화하면서 중세 기독교 시대에 문제 삼았던 '종교·정치적 쟁점'이 다시 대두됐다는 사실이다. 서유럽은 종교를 사적 영역으로 몰아내는 데 성공하면서 정치의 자율성을 확보했다. 그런데 이민자들이 유럽에서 상당 규모의 소수 집단으로 자리 잡으면서 이슬람이라는 새로운 종교 문제를 안게 되었다. 광신도들의 테러리즘부터 히잡의 문제까지, 알라에 대한 만평 논쟁부터 공화주의적 이슬람의 가능성까지 다양한 '종교·정치적 쟁점'이 다시 유럽에 부활했다.

3

코스모폴리스: 새로운 질서와 문법

유럽연합이 통합 과정에서 만들어낸 새로운 정치 문법은, 네이션이 협력을 강화한다는 인터내셔널 차원과 네이션을 넘어선 새로운 정치 단위를 만들겠다는 수프라내셔널 차원에서 살펴볼 수 있다. 코스모폴리스 질서란 이러한 네이션의 문법과는 성격을 전혀 달리하는, 새로운 문법과 질서가 형성되었다는 시각이다.

유럽의 건설이 인터내셔널과 수프라내셔널을 혼합한 실험이라는 평가는 오래전부터 있었으며, 이는 유럽 통합을 다소 소극적으로 해석하는 관점이다. 여기서 한 걸음 더 나아가, 유럽 통합이 결국은 중세에 존재했던 임페리움(제국)과 유사하다는 시각도 대두되었다. 엠파이어 혹은 임페리움이란 다양한 민족과 지역을 하나로 묶어 관리하는 정치 체제다.52 코스모폴리스 질서는 이러한 임페리움을 더 적극적으로 해석하며, 새로운 유럽 질서의 탄생을 강조한다. 독일의 사회학자 울리히 베크는 '코스모폴리스'라는 개념을 통해 유럽 통합을 분석했다. 그는 코스모폴리스야말로 네이션 중심 사고의 이전과 이후를 모두 포괄하며 연결하는 개념이라고 보면서, 다음과 같이 설명한다.53

> 이상형으로서의 코스모폴리스 개념은 차이를 다루는 여러 사회적 방식과 구별된다. 그것은 특히 위계적 종속 질서, 민족주의와 보편주의가 강조하는 동질성, 그리고 포스트모던 특수주의와도 다르다. (…) 코스모폴리스로서의 유럽은 차이이자 동시에 통합을 의미한다. 이는 유럽을 네이션 국가 위에 두고 통합을 통해 각 네이션의 특수성을 없애버린다는 시각과도 구별된다. 또한 유럽을 네이션 국가와 국익에 종속시키며 유럽 통합의 단계마다 비판적으로만 바라보는 시각과도 다르다. 코스모폴리스의 관점은 이런 시각들에 대한 하나의 대안이다.

우리는 베크의 코스모폴리스 개념을 받아들여, 이를 유럽연합 정치 문법의 주요 질서를 표현하는 용어로 이해할 수 있다. 코스모폴리스가 임페리움보다 현재 유럽의 문법을 설명하는 데 더 적합한 이유는, 과거 임페리움과 비교해 질적으로 다른 새로운 질서라는 인식을 강하게 전달하기 때문이다. 또한 코스모폴리스는 사상적으로 칸트의 『영구 평화론』과도 연결된다. 칸트는 프랑스 대혁명이 한창 진행되던 1795년, 『영구 평화론』에서 코스모폴리스의 법적·문화적 이상형을 제시했다. 그는 시민의 권리는 인간의 권리와 분리될 수 없으며, 따라서 네이션을 넘어선 코스모폴리스 수준에서 정의되어야 한다고 설명했다. 또 인간이 세계시민Weltbürger으로 발전하기 위해서는 교육과 문화의 과정이 필요하다고 역설했다.[54] 이는 개개인을 인류와 연결하고, 인류의 권리라는 인식으로 발전시켜야 한다는 뜻이었다. 유럽이 곧 인류는 아니지만, 네이션을 초월한 세계시민의 의식은 유럽 건설에 적용할 수 있는 중요한 철학적 기반이 된다.

19세기 프랑스를 대표하는 문인 빅토르 위고도 '유럽합중국États-Unis d'Europe'이라는 표현을 사용하며, 유럽의 평화와 협력이 제도적으로 정착하기를 희망했다. 칸트가 1789년 프랑스 혁명 직후 철학적 코스모폴리스의 기초를 제시했다면, 위고는 1848년 '민족의 봄'이라 불리는 혁명의 소용돌이 속에서 정치적 유럽을 제안했다. 그는 이렇게 말했다. "민중의 형제애에서 탄생한 자유의 연합은 영혼의 화합을 이룰 것이다. 이 화합이야말로 유럽의 평화, 곧 보편적 인류의 삶을 펼칠 거대한 미래의 씨앗이다."[55] 네이션의 시대에 이를 초월하는 유럽을 제안했다는 점에서 위고의 발언은 돋보인다. 그가 칸트처럼 철학적·이론적 체계를 정교하게 세운 것은 아니지만, 문인답게 정서와 상상력을 자극하며 유럽을 건설해야 한다고 호소했다.

과거 임페리움은 다양성을 혼합해 관리한다는 점에서는 현대 유럽의 특징과 일정 부분 닮았지만, 네이션이라는 문법이 등장하기 이전의 질서라는 점에서 한계가 있다. 당시의 임페리움은 네이션이 아니라 기껏해야 여러 킹덤을 묶어 관리하는 정도였다. 반면 20~21세기에 등장한 유럽연합의 문법은 네이션의 질서를 계승하면서도 이를 넘어서는 새로운 질서를 창조했다. 따라서 오늘의 유럽을 가리키기 위해서는 임페리움을 넘어선 새로운 이름과 인식, 곧 코스모폴리스라는 개념이 필요하다.

새로운 제국, 중심에서 주변으로

코스모폴리스는 제국이긴 하지만, 과거의 제국과는 기본적으로 다른 '새로운 제국'이다. 첫 번째 차이는, 임페리움이 다양성을 중앙에서 통제하고 관리하는 체제였다면, 코스모폴리스는 다양성을 단순히 허용하는 수준을 넘어, 그것을 고유한 특성이자 장점으로 적극 장려한다. 유럽에서 임페리움의 대표 모델은 로마 제국이었다. 로마 제국에 속한다는 것은, 각자의 전통과 역사가 달라도 로마라는 도시를 중심에 둔 질서에 참여한다는 뜻이었으며, '로마 시민권'은 제국 안에서 특권과 지위를 상징했다.

그러나 코스모폴리스에는 단일한 중심이 없다. 앞서 인터내셔널의 맥락에서 보았듯, '중심'을 찾으려는 습관 자체가 네이션의 문법에서 비롯된 자동적 반사다. 대영제국의 중심은 런던, 프랑스 제국의 중심은 파리, 러시아 제국의 중심은 상트페테르부르크였다. 그러

「무제」, 바실리 칸딘스키, 1910. 추상화의 개척자로 알려진 칸딘스키가 처음 그린 추상 수채화 작품이다. 정치 영역에서 코스모폴리스도 새로운 시도와 발명의 정치를 보여준다. 임페리움이 다양성을 중앙에서 통제하고 관리하는 체제였다면, 코스모폴리스는 다양성을 단순히 허용하는 수준을 넘어, 그것을 고유한 특성이자 장점으로 적극 장려한다.

나 유럽연합의 중심은 특정 도시가 아니라 브뤼셀(집행위원회), 스트라스부르(의회), 룩셈부르크(법원), 프랑크푸르트(중앙은행) 등으로 분산되어 있다. 프랑스의 파리나 독일의 본·베를린 같은 강대국의 수도는 아예 중심 후보에서 배제되었다. 이는 '강한 네이션이 중심을 차지하는 체제'가 아니라, 오히려 강하지 않은 네이션과 도시가 중심 역할을 나누어 맡는다는 코스모폴리스의 철학을 보여준다.

유럽연합의 핵심적인 제도와 기구 말고도 다양한 행정 기관은 유럽 전역에 분산되어 있다.[56] 유럽환경청은 덴마크의 코펜하겐, 유럽약품청은 네덜란드의 암스테르담, 유럽연합 지적재산권청은 스페인의 알리칸테, 유럽질병예방관리센터는 스웨덴의 스톡홀름, 유럽연합 우주프로그램청은 체코의 프라하, 유럽화학청은 핀란드의 헬싱키, 유럽노동위원회는 슬로바키아의 브라티스라바 등 프랑스와 독일과 같은 강대국보다는 중소 규모의 회원국이나 최근에 가입한 신회원국들도 유럽의 중심을 자부할 수 있도록 많은 기구를 유치하고 있다.

코스모폴리스의 중심은 여러 곳이라는 점에서 매우 특수하다. 권력의 집중과 중앙에서의 통제라는 정치 문법은 로마의 임페리움부터 근대의 네이션까지 상당히 공통된 특징이었다. 그리스의 폴리스는 도시 범위의 작은 공동체였다는 점에서 중앙집중 성향이 드러나지는 않았으나, 아테네 제국이나 스파르타를 중심으로 만들어진 동맹 등을 고려했을 때 여전히 한 정치 단위가 지배적으로 중심을 차지하는 모습이었다. 고대 그리스의 폴리스 문법에서 헤게모니라는 개념이 만들어진 것은 우연이 아니다. 크리스천돔에서도 예루살렘이나 가톨릭교회의 로마라는 상징적·조직적 중심이 뚜렷했다.

유럽연합 문법이 다양한 수도와 이동하는 중심의 전례를 찾는다면 킹덤의 문법이 유일한 역사적 뿌리다. 킹덤에서 정치적 정당성의 핵심을 차지하는 요소는 왕과 왕가였기에 지리적 중심은 유동적일 수 있었다.[57] 왕이 있는 장소가 킹덤의 중심이었지 대중이나 부르주아가 자리 잡은 도시가 수도는 아니었다는 뜻이다. 킹덤이 네이션으로 발전하는 과정에서 영국의 런던이나 프랑스의 파리가 부상하기는 했으나, 킹덤에서 수도란 왕이 물리적으로 존재하면서 명령을 내리고 사법권을 행사하는 곳이었다. 계절에 따라 왕이 이동하면 킹덤의 수도는 왕과 함께 이동하는 셈이었다. 프랑스의 왕은 랭스라는 도시에서 즉위했고, 왕이 거주하는 수도는 파리 근교의 베르사유였다.

유럽은 앞서 지적했듯 주요 기구가 유럽 전역에 골고루 퍼져 있다. 이에 덧붙여 유럽은 순회巡廻 수도제를 채택하고 있다고 해도 과언이 아니다. 제도 부분에서 살펴본 유럽이사회, 각료이사회, 그리고 고위 행정 위원회들은 특정 장소에서 진행되지 않고 회원국에서 돌아가면서 개최한다. 유럽 정상들이 모여 통합의 주요 방향을 결정하는 유럽이사회는 의장국이 대개 준비하고 개최한다. 유럽이사회 의장국은 국명의 알파벳 순서에 따라 각 회원국이 6개월씩 담당하는 제도다. 독일이나 프랑스와 같은 강대국이건, 아니면 몰타나 룩셈부르크처럼 도시 수준의 소규모 국가건, 누구나 6개월간 의장국의 권리를 가지며, 반년 동안 유럽연합의 정치를 주도하고 총괄하는 역할을 맡는다. 인구 50만 명의 몰타는 2017년 상반기 유럽연합 의장국으로 활동한 바 있다.

인구 1억에 가까운 독일과 인구 100만 명도 안 되는 룩셈부르크가 같은 의장국의 권리를 누린다는 사실은 임페리움에서는 상상하기 어렵다. 그것을 코스모폴리스의 원칙이라고 부른다. 중심보다는 주변을 더 배려하는 매우 특수한 제도라고 할 수 있다. 이런 약자에 대한 배려를 제도화한 코스모폴리스 질서는 기독교적 배경 없이 설명하기 어렵다. 부자가 가난한 자보다 천국 가기가 어려운 패러독스, 과부·고아·빈자·이방인에 대한 배려를 반복적으로 강조하는 문화적 바탕이 없이 코스모폴리스 질서가 만들어지기는 어려울 것이다. 권력 차원에서 이런 제도적 장치는 중심에서 주변으로 권력이 분산되는 메커니즘이라고 분석할 수 있다.

권력만 중심에서 주변으로 흐르고 분산되는 것이 아니라 재정 또한 중심에서 주변으로 분배된다. 막스 베버는 정치적 자본주의라고 부를 수 있는 세 종류의 이윤 창출 경향을 구분한 바 있다.[58] 하나는 약탈을 통한 정치적 이윤의 창출, 다음은 시장에서 강제력과 지배를 활용한 이윤 창출, 그리고 정치 당국과 거래를 통한 이윤 창출이다. 그리스의 아테네 해양 제국이나 로마 제국은 이런 정치적 자본주의의 유형이었던 셈이다. 아테네의 막강한 함대가 지배하는 해양 제국의 식민 도시들, 그리고 로마가 군사적으로 재패한 지중해의 영토는 모두 군사력에 굴복해 아테네와 로마에 경제적 자원을 바치고 부담해야 했다. 레닌은 제국주의야말로 자본주의의 마지막 단계라며

자본주의의 내부적 모순을 극복하기 위해 중심부가 주변부 식민지를 착취하게 된다고 역설했다.[59]

재정의 흐름을 놓고 본다면 유럽연합은 자금이 중심에서 주변으로 이동하는 특별한 임페리움이다. 유럽연합의 재정은 유럽 국내총생산의 1퍼센트 수준에 머물러 매우 제한적이다. 2024년 유럽연합의 예산은 1893억 유로 수준이다.[60] 유럽 재정의 가장 많은 부분을 부담하는 국가는 독일이다. 그리고 주요 부자 나라에서 갹출한 재정은 주변부의 가난한 나라들로 이동된다. 처음에는 공동농업 정책을 통해, 이후에는 다양한 경제발전 지원 정책을 통해 재정 분배가 이뤄진다. 물론 네이션의 문법에서 중앙정부가 재원을 모아 주변으로 나눠주는 형식은 빈번했다. 코스모폴리스 질서의 특징은 네이션의 문법을 인터내셔널, 혹은 임페리움에 적용한 데서 찾을 수 있다.

유럽을 여행해보면 남유럽이나 동유럽에서 쉽게 찾아볼 수 있는 건설 현장에는 유럽연합을 상징하는 푸른 바탕에 금색 별 12개의 사인이 자주 등장한다. 유럽연합 정책의 투자로 도로를 건설하고 건물을 세우는 등 인프라를 만든다는 뜻이다. 2020년대 코로나로 발생한 위기를 극복하기 위한 재정 정책에서도 이탈리아나 스페인이 가장 커다란 혜택을 본 국가들이었다.

중심에서 주변으로의 재정 재분배의 원칙은 중심의 주변 착취를 포장하는 허울에 불과하다고 지적할 수도 있다. 자본주의 시장경제의 자유 경쟁을 통해 강한 독일이 가령 취약한 그리스를 마구 착취하는 대신, 약간의 재정적 지원으로 유럽연합 안에 머물도록 회유한다는 논리다. 예를 들어 미국의 진보적 경제학자 폴 크루그먼은 2015년 그리스 경제위기가 한창일 때 "유로의 출범은 엄청난 실수"였다며 그리스가 유로권에 남는다면 "끝이 보이지 않는 영원한 긴축과 경기침체를 경험할 것"이라고 외쳤다.[61] 유럽이나 유럽 단일 화폐 제도를 강대국이 약소국을 약탈하는 제도로 보는 '진보적 시각'이었다. 하지만 그것은 현실에 대한 객관적 분석이라기보다는, 진보세력의 고정관념을 유럽에 기계적으로 적용한 실수에 불과했다. 10년이 지난 2025년 현재 그리스는 유럽에서 가장 잘나가는 경제로 부상했다.[62] 허리띠를 졸라매는 긴축과 경기침체라는 희생을 통해 새로운 출발의 바탕을 마련한 덕분이다.

독일과 그리스만 대비해 유럽을 살펴보면 착취나 약탈의 논리가 그럴듯해 보일 수 있다. 그러나 유럽 전체를 놓고 분석하면 이런 단순한 시각은 현실을 제대로 포착하지 못한다. 북유럽의 부자 동네 스칸디나비아의 덴마크나 스웨덴, 핀란드와 같은 소국은 그렇다면 중심인가, 주변인가. 이탈리아라는 나라는 상대적으로 대규모 회원국인데 경제 상황은 열악한 편이라 유럽으로부터 재원을 얻어다 쓰는 형편이다. 소국 덴마크는 재정적으로 유럽 예산에 공헌하지만, 대국 이탈리아는 오히려 유럽으로부터 지원을 받는다. 달리 말해 경제적 경쟁에서의 승패와 유럽연합 재정에서의 재분배를 연결해 경제적 착취를 위한 정치적 보상이라고 분석하는 것은 논리적으로 무리다. 그보다는 부유한 경제를 가진 나라는 빈곤한 경제를 돕고, 큰 면적을 가진 나라는 작은 면적의 나라에 영토를 개방하는 상부상조의 코스모폴리스로 봐야 할 것이다.

새로운 원칙, 다수보다 소수를

유럽의 코스모폴리스 질서는 엄밀하게 말하면 비민주적이다. 앞서 네이션이란 민주족이라고 번역하는 방식이 적절하다는 주장을 폈다. 네이션이란 공동체를 구성하는 국민 개개인은 평등하다는 이념을 반영하기 때문이다. 국민의 평등은 1인 1표라는 민주주의의 핵심적인 장치에 반영된다. 네이션도 초기에는 남성과 재산을 가진 자, 그리고 교육을 받은 사람만이 투표권을 가졌다. 시간이 지나면서 네이션은 평등의 원칙을 확대해 성별, 빈부, 교육의 차이를 지우고 일반 투표권을 시행했다.

유럽의 코스모폴리스 질서가 비민주적 성격을 내포하는 이유는 다수보다는 소수를 우대하는 성향이 강하기 때문이다. 네이션의 문법에서 강조하듯 국민 개개인의 비중이나 중요성이 평등해야 한다면 유럽은 이런 원칙에서 크게 벗어난다. 이미 다양한 사례를 통해 설명했듯, 몰타나 룩셈부르크와 같은 소국은 프랑스나 독일과 같은 강대국에 비해 상대적으로 더 커다란 영향력을 발휘하도록 처음부터 제도를 구상했다. 국민이나 시민의 차원까지 내려가보면 몰타의 시민은 프랑스 시민보다 훨씬 더 강력한 정치적 영향력을 행사하게 된다.

네이션의 문법에서도 이런 비민주성은 드러나고 이를 극복하기 위한 노력을 나라마다 기울인다. 한국에서도 도시의 주민은 농촌의 주민에 비해 낮은 대표성을 갖는다. 인구가 농촌에서 도시로 이동하는 현상으로 도시의 선거구는 유권자가 늘어나고, 농촌은 줄어들기 때문이다. 네이션에서는 이런 불평등이 헌법이라는 합의를 위배한다고 여겨 정기적으로 유권자 수에 따라 선거구를 조정한다.

연방 국가에서는 의도적으로 대표성의 불평등을 도입하기도 한다. 미국과 같은 연방 국가에서 모든 주는 2명의 상원의원을 선출한다. 인구가 적은 버몬트(64만 명)나 인구가 훨씬 더 많은 뉴욕(1986만 명), 캘리포니아(3940만 명), 텍사스(3129만 명) 등의 주는 같은 상원의원의 수를 갖는다. 아무리 인구수가 적더라도 연방을 구성하는 주체가 주라는 의미를 반영했기 때문이다.

유럽의 코스모폴리스 질서는 의도적으로 소수의 인구를 보유한 국가를 우대한다는 점에서 미국의 연방주의와 공통점을 갖는다. 단순한 1인 1표의 네이션의 문법과는 다소 다른 원칙을 내세우는 셈이고, 이에 덧붙여 작은 회원국의 이익을 보장하려는 추가 장치를 마련했다. 유럽과 미국이 유사한 측면이 존재하나 유럽은 소수 보호를 더 강조함으로써 질적으로 다른 정치질서의 장을 열었다. 테일러는 네덜란드나 스위스와 같은 유럽의 일부 소규모 국가들이 만들어낸 합의 민주주의consociationalism와 유럽연합의 유사성을 지적한다.[63]

소수 보호 및 우대의 원칙은 유럽경제공동체 시기부터 발견할 수 있다.[64] 유럽 기구의 이사회에서 결정을 내릴 때 로마 조약은 3대

강국 프랑스, 독일, 이탈리아에 4표, 벨기에와 네덜란드에 2표, 그리고 룩셈부르크에 1표를 배당했다. 여기서 표라는 표현은 실제로 표를 던지는 주체의 수가 아니라 각 국가가 보유하는 표의 비중을 의미한다. 당시 유럽에서 결정을 내리려면 총 17표 가운데 12표의 다수를 얻어야 했다. 유럽집행위원회가 제안한 정책이 아니고 회원국 정부가 제안했을 때는 12표 이상이라는 특정 다수를 채우고, 4개국 이상이라는 조건도 충족해야 했다. 강대국 세 나라가 합의해 약소국에 결정을 강제하는 일을 방지하기 위해서다. 예를 들어 4표를 가진 프랑스와 독일, 이탈리아가 연합하면 12표가 된다. 세 나라가 연합하면 벨기에, 네덜란드, 룩셈부르크의 작은 나머지 세 나라에 항상 결정을 강요할 수 있다는 뜻이다. 그래서 4국이라는 조건을 덧붙인 것이다.

 유럽 통합이 진행되고 회원국 수도 늘어나면서 유럽의 정책 결정 제도는 더 복잡해졌다.[65] 2000년대 유럽은 세 가지 조건을 충족해야 결정을 내릴 수 있는 복합적인 제도를 마련했다. 첫째는 회원국의 수가 과반이나 3분의 2 이상이어야 한다. 수프라내셔널 기관인 집행위의 제안은 과반이면 충분하지만, 인터내셔널의 원칙에 따라 회원국의 제안이라면 3분의 2가 되어야 한다는 뜻이다. 집행위라면 공평한 제안일 가능성이 크고, 회원국의 제안이라면 특수한 국익을 반영할 가능성이 크기 때문이다. 둘째, 국가의 비중을 반영한 표 계산에서 345분의 260을 넘어야 한다. 이는 75퍼센트 이상이라는 의미인데 국가별 비중이 중요하다. 독일, 프랑스, 영국, 이탈리아 등 소위 빅4는 똑같이 29표인데 몰타는 3표, 룩셈부르크는 4표다. 인구가 많은 나라일수록 상대적으로 손해 보고 적은 나라일수록 상대적으로 과대 대표되는 시스템이다. 셋째, 인구를 더했을 때 62퍼센트를 넘어야 한다. 달리 말해 다른 모든 중소국이 힘을 합치더라도 인구가 많은 빅4에 결정을 강요하기는 어렵다는 의미다.

계산이 너무 복잡해졌기에 유럽은 2014년 이후 간단한 새 규칙을 적용한다. 하나는 회원국 수의 55퍼센트(27분의 15 회원국)나 72퍼센트(집행위 제안이 아닌 회원국 제안이면 27분의 19 회원국)를 넘어야 한다. 다른 하나는 인구의 65퍼센트를 넘어야 한다. 대국과 중소국가의 균형을 찾기 위한 세밀한 노력을 엿볼 수 있다.

물론 이런 복잡한 국가별 투표의 계산법으로 유럽연합의 정치가 특별히 이해하기 어려운 미로迷路가 되는 것은 아니다. 매우 복잡한 제도적 장치는 다수와 소수의 균형을 맞추고 각자를 배려한다는 선언의 의미가 강하며, 실제 정책 논의와 결정에서 적용되는 일은 매우 드물다. 이런 제도적 장치는 유럽 회원국이 만장일치를 지향하도록 만드는 강력한 유인책이다. 실질적으로 유럽연합의 대부분 결정은 만장일치 또는 만장일치에 가까운 절대적 다수로 진행된다. 제도에서 고려한 특정 다수를 간신히 넘기거나 넘기지 못해 실패할 가능성이 있으면, 투표를 미루고 논의를 심층적으로 진행해 만장일치를 향해 나아가려는 노력을 계속하기 때문이다.

유럽의 코스모폴리스 문법은 역진 비례성Digressive proportionality을 제도화한 셈이다. 역진세逆進稅, digressive tax란 회계 분야에서 수량이나 금액이 많아질수록 세율은 낮아지는 것을 일컫는다. 대의 정치에 이를 적용한다면 역진 비례성은 인구가 많을수록, 또는 국력이 강할수록 대표율이 낮아지는 제도를 의미할 수 있다.

유럽의 질서가 코스모폴리스라 불릴 수 있는 이유는 회원국을 대표하는 이사회뿐 아니라 시민을 대표하는 유럽 의회조차 이런 역진 비례성을 적용하기 때문이다.[66] 예를 들어 2024년 선출된 유럽 의원은 총 720명인데 독일(96석), 프랑스(81석), 이탈리아(76석) 등이 가장 많은 의석을 자랑하고 키프로스, 룩셈부르크, 몰타는 각각 6석으로 제일 적은 회원국이다. 그러나 인구에 비례해 보았을 때 몰타의 시민(인구 7만마다 1석)은 독일(인구 80만에 1석)보다 10배 이상 높은 대표성을 갖게 된다.

미국은 연방 국가로 상원은 역진 비례성이 실질적으로 적용되나 하원은 인구 비례에 따른 대의제를 운영한다.[67] 미국은 10년마다 인구조사를 통해 주별 인구를 고려한 하원의 수를 배분한다는 점에서 유럽연합과는 다른 문법이다. 미국은 캘리포니아, 텍사스, 플로리다 등이 다수의 의석을 그리고 알래스카, 와이오밍, 몬태나, 노스다코타, 사우스다코타, 델라웨어나 버몬트는 단 1명의 하원을 선출한다. 모든 주가 적어도 1인의 하원 의석을 갖는다는 원칙을 제외한다면 인구 대표성이 원칙이지만, 유럽은 역진 비례성으로 다수 인구의 회원국이 손해를 본다는 의미다.

유럽연합의 정치 문법은 이런 점에서 매우 독특하다. 로마의 임페리움은 수도이자 중심인 로마 시민권을 점차 넓은 영역의 사람들에게 확산시켰다는 점에서 개방적인 제국이었다. 그러나 원래 로마의 시민은 대표성이나 권력, 부의 집중에서 특혜를 누리는 집단이었다. 네이션의 문법에서 국제연합이나 연방 국가는 어느 정도 소수를 우대하는 제도를 포함했다. '강대국·큰 주'나 '약소국·작은 주'가 모두 '주권국가·주 단위'로 존재를 인정받고, 형식적으로는 대등한 지위를 확보할 수 있었기 때문이다. 유럽연합의 새로운 문법은 소수나 작은 나라가 오히려 체계적인 특혜를 누리는 제도다. 말하자면 형식적인 평등을 넘어 실질적인 불평등을 감수하는 보상 체계를 만든 셈이다.

새로운 과정, 효율보다 설득을

유럽연합의 정치 문법을 살펴보면서 중심보다 주변에 상대적으로 더 많은 이익이 돌아가거나, 다수보다 소수를 우대하는 제도를 만들었다는 사실을 강조했다. 이는 기존에 역사적으로 존재했던 제국과의 차이를 드러내기 위한 핵심 요소들이다. 그러나 유럽연합 정치 문법의 핵심은 어쩌면 이런 특징을 넘어 지배와 통치 양식이 새로운 과정에 돌입했다는 점에 있을 것이다. 유럽연합은 기존에 존재했던 정치 체제와 비교해 무척 취약한 정치 단위를 만들어냈다. 네이션은 기본적으로 주권이라는 개념을 통해 국가로 연결되는 강력한 권력 기관이며, 베버가 절묘하게 표현했듯 정통성을 가진 폭력을 독점하는 기구다. 유럽연합은 네이션의 주권을 한군데 모은 결과일 뿐이며,

따라서 독점적 권위를 갖지는 못한다. 특히 물리적 폭력 독점의 상징이라고 할 수 있는 군대를 보유하지 못하기에 지도에는 크게 그려지지만 '종이 호랑이'에 불과한 존재라고 볼 수도 있다.

무척 흥미로운 사실은 유럽이 이런 취약성을 단점으로 여기지 않고 오히려 특징으로 받아들이며 제도화했다는 점이다. 정치나 정책의 효율성을 우선시한다면 주변보다 중심을 따르는 일이 더 수월하고 빠르다. 또 소수보다 다수의 의견을 중시하는 것은 신속한 일처리에 결정적이다. 주변을 돕고 소수를 배려하는 과정은 길고 지난할 수밖에 없다. 그래도 유럽의 코스모폴리스 질서는 효율을 버리고, 시간이 오래 걸리더라도 설득과 참여하는 단위의 자발적 동의를 중시하는 원칙 위에 세워졌다. 일사불란하게 움직이는 네이션의 군대 이미지보다, 다양한 상인과 손님이 흥정하면서 복합적인 질서를 만들어내는 시장의 이미지에 가깝다.

유럽 통합은 조금씩 차근차근 만들어가는 과정이기에 많은 시간이 소요된다.[68] 제도적으로 1950년대에 통합을 시작해 이제 70년이 넘었으나 여전히 군대도 없고, 화폐의 통합도 완성된 것이 아니다. 과거 독일이 제국이라는 이름을 내세우면서 네이션의 통일을 이룬 1870년대와 비교하면 거북이 같은 유럽의 느림이 부각된다. 여러 방면에서 한 번에 통일을 강력하게 추진하기보다 시간을 두고 분야별로 각 회원국의 의견을 통일하여 서서히 진전시키는 양식이다.

유럽은 다양한 쟁점과 정책, 영역에 따라 참여하는 회원국의 범위가 다르다. 유럽연합은 27개 회원국을 보유하고 있으나 유럽의 단일 시장은 스위스, 노르웨이, 영국 등에까지 영향을 미치고 있다. 국경에서 검문하지 않고 사람들이 자유롭게 이동하는 솅겐 지역은 유럽연합뿐 아니라 스위스, 노르웨이, 아이슬란드 등의 비회원국을 포함한다.[69] 반면 아일랜드는 회원국이지만 독자적인 비자 정책을 통해 여전히 국경을 통제하고 있다. 단일 화폐를 사용하는 유로권도 유럽연합 27개 회원국 가운데 20개국만이 참여한다. 불가리아는 2026년 1월부터 유로권에 동참한다. 스웨덴, 덴마크, 폴란드, 체코, 헝가리, 루마니아는 참여하기를 주저하거나 참여를 위한 조건을 충족하지 못했다. 반대로 역외의 몬테네그로와 코소보는 유럽 화폐 정책에 참여하지는 못하더라도 법정 화폐로 유로를 사용하는 나라다.

　유럽연합의 문법에서 이런 현상을 다속도의 유럽Multi-speed Europe 또는 가변적 유럽Europe à géométrie variable이라고 부른다.[70] 앞장서서 빨리 통합을 추진해가고 싶은 나라는 달려나가고, 상황을 봐가면서 서서히 통합에 참여할 나라는 숙고의 시간을 가질 수 있다는 철학이다. 모든 것을 한꺼번에 획일적으로 결정하는 원칙을 가진 네이션의 문법과는 상당히 다르다. 일부 학자들은 차별화된 통합Differentiated integration이라는 표현을 쓰기도 한다.[71]

　다속도의 유럽임에도 불구하고 영국이 탈퇴라는 선택을 한 사건은 유럽에 충격이었다. 영국은 이미 단일 화폐에도 동참하지 않고 솅겐 지역에도 참여하지 않는 나라였다. 많은 전문가는 영국이 일시적 여론에 의존하는 국민투표라는 예측 불허의 방식으로 탈퇴 여부를 결정했기에 의외의 결과를 얻었다고 분석했다. 게다가 국민투표의 성격상 반대 여론의 결집이 수월하다는 특징도 결과에 영향을 미쳤다.

실제로 영국의 탈퇴 결정 이후 유럽 내부의 반유럽적 정서를 가진 나라나 세력의 탈퇴 경향은 오히려 약화됐다. 우려했던 도미노 현상은 일어나지 않았고 오히려 따끔한 경고가 되었다. 유럽의 지배에 비판적 목소리를 내는 빅토르 오르반 수상의 헝가리는 전혀 탈퇴할 생각이 없으며, '유로에서 탈퇴'를 외치던 프랑스 극우 마린 르펜이나 이탈리아 극우 조르자 멜로니는 온건한 방향으로 정책적 태도를 바꿨다. 회원국에 자발적 선택을 주는 정치 문법이 어쩌면 더 탄탄한 통합을 추진하는 길이 될 수도 있다는 의미다.

효율보다 설득을 중시하는 유럽연합의 정치 문법은 다른 부분에서도 확인할 수 있다. 유럽은 2000년대 초반 유로화 도입에 성공한 뒤, 강력한 연합을 건설하기 위해서는 헌법이 필요하다는 인식을 공유했다. 헌법이란 네이션의 문법에서 가장 기본적인 국가의 요소이자 상징이다. 유럽도 이런 헌법을 채택함으로써 네이션에 버금가는 강력한 정치체로 탄생하겠다는 야심을 반영했다. 하지만 유럽의 네이션 '흉내 내기'는 네이션의 강한 반발로 인해 저지당했다. 모든 회원국이 유럽헌법안에 동의하고 서명했음에도 불구하고, 2005년 5월 프랑스(55퍼센트의 반대)와 6월 네덜란드(61퍼센트의 반대)에서 비준 국민투표에 실패함으로써 중단할 수밖에 없는 막다른 골목에 이르렀다.[72] 유럽연합은 헌법안에 대해서 일단 비준을 중단하고 숙고의 시간을 갖기로 했다.

2007년 새롭게 합의한 리스본 조약은 헌법이란 명칭을 제거하고 기존의 조약을 개혁하는 대체 안이었다. 유럽 전문가들은 이 "화장化粧을 새롭게 했다"는 표현을 쓸 정도로 내용은 그대로 두고 '헌법이라는 부담스러운 가발'만 벗었다고 할 수 있다. 네이션의 문법을 따르기보다는 코스모폴리스 질서의 문법으로 돌아온 셈이다. 하지만 앞서 보았듯 이번에도 문제가 일어났다. 비준 과정에서 아일랜드가 국민투표(반대 53퍼센트)를 통해 리스본 조약을 거부했기 때문이다. 이때 유럽연합은 새로운 조약을 추구하기보다 아일랜드가 요구하는 일부 조항을 수정하여 국민투표에 다시 부치는 타협안을 마련했다. 그 결과 2009년 아일랜드에서 국민투표를 다시 했고, 67퍼센트의 찬성으로 수정안은 비준되었다.

21세기에 적합한 유럽연합의 제도적 뼈대를 만드는 작업은 처음에 헌법이라는 아이디어부터 시작해 리스본 조약 수정안으로 확정될 때까지 10여 년이 걸렸다. 도중에 강력한 반대에 부딪히면 반대를 짓누르면서 극복하고 해결하기보다는 우회하는 전략을 택하고, 일시적이거나 약한 반대라고 판단되면 달래는 전략으로 접근했기 때문이다.[73] 누군가 강력한 권력을 가진 지도자가 결정을 내리는 네이션의 모습보다, 다수가 머리를 맞대고 회의와 토론을 통해 결정을 내리는 양식이 유럽연합의 문법이다.

유럽연합의 주요 회의는 그래서 며칠씩 계속되는 일이 잦으며, 밤새우며 회의를 하다가 새벽에 결정을 내리기도 한다. 앞서 언급했듯이 결정을 내릴 수 있는 다수가 채워졌다고 판단하는 순간이 아니라, 만장일치에 가까운 합의를 만들어내기 위해서는 타협과 조정, 설득이 중요하기 때문이다. 물론 반대하는 국가의 단순한 설득이라기보다는, 이들이 공식적으로 소수 세력으로 전락해버리는 두려움을 이용하는 셈이다. 특정 국가가 무리한 주장을 계속하면 고립될 수 있다는 사실, 그리고 이런 소식이 유럽 여론에 공개되는 일은 둘 다 부담스럽기 때문이다.

유럽연합의 정치 문법에서 자국의 여론뿐 아니라 유럽 다른 회원국들의 여론도 중요한 이유다. 원하는 결과로 유럽연합을 이끌기 위해서는 자국 여론의 적극적인 지원만으로는 부족하다. 유럽의 다른 주요 국가들의 여론을 설득해야만 한다.[74] 따라서 유럽의 지도자들은 다른 국가 언론을 통해 선언이나 입장 표명을 하는 일이 자주 있다. 예를 들어 프랑스의 에마뉘엘 마크롱 대통령과 독일의 올라프 숄츠 총리는 러시아의 우크라이나 침공 이후 유럽연합의 주권을 강화해야 한다는 선언문을 공동으로 작성해『프랑크푸르트 알게마이너』에 게재했다.[75] 이런 과정이 중요한 이유는 한 회원국의 시각이 아니라, 유럽 전체의 관점에서 사물을 바라보는 노력을 동반하기 때문이다. 자국의 이익을 효율적으로 증진하기 위해 타국의 여론까지 설득해야 하는 유럽 정치는 분명 보편성을 강화하는 문법이다.

코스모폴리스의 모델에 대해서는 많은 비판과 토론이 이뤄졌다. 유럽은 네이션처럼 데모스를 갖지 못했기에 민주주의도 불가능하다는 비판부터, 유럽연합은 국적이 없는 엘리트들이 이끄는 기술관료주의Technocracy라는 비난까지 종류도 다양하다. 프랑스의 정치철학자 클로드 르포르는 '인권에 기초한 민주주의'란 처음부터 새로운 방향

을 찾아 추구하는 '발명의 과정'이라고 설명한다.[76]

인간의 권리[인권]가 한번 선언되고 나면, 이른바 '미결未決의 인간l'homme sans détermination'이라는 개념이 등장한다고들 말한다. 마르크스주의에서 비롯된 비판이든, 보수주의 계열의 비판이든, 둘 다 인권이라는 취약한 성채城砦를 공격하여 부수려고 한다. 예를 들어 보수주의 사상가 조제프 드 메스트르는 이렇게 말한다. 나는 이탈리아 사람, 러시아 사람, 스페인 사람, 잉글랜드 사람, 프랑스 사람은 만나봤으나 '인간'을 만난 적은 없다. 마르크스 역시 계급의 조건 속에서 빚어진, 즉 역사·사회적으로 규정된 구체적인 인간만이 존재한다고 보았다. 이들보다 수준이 낮은 많은 현대인도 추상적 휴머니즘을 비웃는다. 그러나 미결의 인간이라는 발상은 '결정될 수 없는 것indéterminable'이라는 아이디어와 떼어놓을 수 없다. 인간의 권리라는 개념은 권리를 인간 내부, 얼굴 없는 기반으로 이끈다. 그리고 '권리'라는 이름에도 불구하고 인권은 모든 형태의 권력으로부터 달아난다. 종교적이든, 신화적이든, 제왕적monarchique이든, 민주적populaire이든 그 어떤 권력도 인권을 자기 소유로 삼으려 하지만, 인권은 그 안에 머물지 않는다.

르포르의 다소 난해한 구절을 길게 인용하는 이유는 그가 유럽에 대한 근본적인 비판에 심오하게 답하기 때문이다. 우파의 민족주의자나 좌파의 마르크스주의자는 똑같이 유럽이란 무국적자, 근본

없는 사람, 계급도 모르는 사람의 집합이라고 비판한다. 르포르는 이들에게 인권에 기초한 민주주의란 어차피 이데올로기나 권력이 마음대로 규정하지 못하는 '결정될 수 없는 것'의 성격이 있다고 설파한다. 그 누구도 "민주주의는 이런 것이다"라고 말할 권리가 없다는 것이 바로 인권과 민주주의의 성격이며, 인권과 민주주의는 끊임없는 발명의 과정이라고 본다. 이런 관점에서 코스모폴리스도 민주주의 종착역이 아니라 변천의 한 단계일 뿐이다.

세계여, 유럽을 따르라

유럽은 네이션의 모델을 전 세계에 정치 문법의 표준으로 제시하여 확산시키는 데 성공했다. 나아가 새로운 유럽연합의 코스모폴리스 질서도 같은 보편성의 원리에 따라 확산시키려는 의도가 있다. 유럽연합의 문법이 세계로 확산되는 방식은 크게 세 종류로 나눠 볼 수 있다. 첫째는 유럽의 규모와 주도력을 통해 유럽의 기준을 세계로 확산시키는 방식이다. 둘째는 새로운 회원국을 받아들이는 확산을 통해 유럽의 범위를 넓힘으로써 유럽의 표준을 탄탄하게 굳혀나가는 방식이다. 셋째는 유럽연합의 모델을 통해 지역 통합을 이상적인 정치 발전의 경로로 제시하는 방식이다.

유럽은 영국이 탈퇴하기 전에 세계에서 가장 큰 경제 단위를 형성하면서 인류 최대의 시장을 이루었다. 인구 면에서 중국이나 인도에 밀렸지만 미국을 앞섰고, 구매력을 고려하면 유럽은 한동안 제1의 시장이라는 위상을 차지했다. 게다가 유럽은 미국과 비교해 국가의 시장 개입을 당연하게 여기는 혼합경제, 혹은 조정시장경제 CME, Coordinated Market Economies의 유형이 다수다.[77] 유럽은 공공 기관이 많은 규제를 생산하는 체제인데, 유럽 시장의 규모가 워낙 크다보니 자연스럽게 유럽의 기준을 세계 시장의 기업이나 다른 국가가 모방하고 채택하는 경향이 생겼다. 일명 '브뤼셀 효과'라고 불리는 현상이다.[78]

> 경제 규모가 커야만 글로벌 표준의 근원이 될 수 있다. 그러나 시장의 크기만으로 특정 국가가 세계적 규제 권력을 갖게 되는 것은 아니다. 만약 그렇다면 '브뤼셀 효과'뿐 아니라 '워싱턴 효과'나 '베이징 효과'도 존재했을 것이다. 일방적 성격의 규제 권력을 행사하려면 거대한 경제 규모에 더해 정치적 선택이 필요하다. 유럽연합이 세계적 규제자로 부상한 것은 단순히 내부 시장의 규모 덕분이 아니라 시장의 규모를 구체적인 규제 부문의 영향력으로 전환할 수 있는 제도적 장치를 갖추었기 때문이다. 게다가 유럽연합의 주요 행위자들은 엄격한 규제야말로 더 나은 사회를 위한 열쇠라고 믿으며, 의욕적 규제 어젠다에 정치적 추진력을 실어주고 있다.

예를 들어 유럽은 환경 분야에서 강력한 규제를 생산하는 전통이 있으며, 따라서 유럽의 자동차 환경 기준 역시 세계에서 가장 강력한 편이다. 세계의 자동차 생산업체는 유럽의 표준에 맞춰 모든 자동차를 만드는 글로벌 생산에 나서는 것이 가장 경제적이고 합리적인 전략이다. 유럽 표준과 기타 표준을 구분하면 하나의 표준을 따르는 선택보다 비용이 더 들기 때문이다. 세계 시장이 브뤼셀에서 정한 자동차 환경 표준을 결국 따라간다는 의미다. 브렉시트 이후 유럽연합은 세계 제1 시장의 자리를 내주었으나 규제 분야에서는 여전히 강한 리더십을 발휘하고 있다.

유럽연합의 문법에서 중요한 부분은 유럽이 놀랍도록 빠른 확대 과정을 거쳤다는 사실이다. 1951년 6개국에서, 1973년 9개국으로, 1981년 10개국, 1986년 12개국, 1995년 15개국, 2004/7년 27개국, 2013년 28개국이다. 더 놀라운 사실은 유럽이 통합을 심화하면서도 이런 확대를 시행할 수 있었다는 점이다.[79] 앞서 유럽은 새롭게 회원국을 받아들일 때 민주주의와 시장경제라는 기준을 요구한다고 밝혔다. 쉽게 신입 회원국을 받아들이지 않았다는 뜻이다. 이에 덧붙여 모든 신입 회원국은 유럽이 이뤄놓은 통합의 업적을 수용해야 했다. 달리 말해 원하는 통합 분야만 골라서 가입하는 일은 불가능했다는 뜻이다. 1973년에 가입한 영국, 덴마크, 아일랜드는 유럽의 공동무역 정책과 공동농업 정책을 수용해야 했다. 1995년에 가입한 오스트리아, 스웨덴, 핀란드는 유럽 단일 시장과 유럽연합의 핵심인 단일 화폐를 받아들여야 했다. 이후 동유럽으로 회원국을 확대하는 21세기의 대규모 확장에서도 같은 원칙이 적용되었다. 이제 유럽 대륙은 하나의 시장이자 법적 건축물로 통합된 모습이다.

마지막으로 유럽은 자신의 지역 통합이 유럽에만 적합한 운동이 아니라 인류에게 모델로 내세울 수 있는 미래의 정치 문법이라 여긴다. 유럽은 1970년대부터 적극적으로 지역 대 지역, 즉 지역 간 통합과 협력의 대외 정책을 추진했다. 인터내셔널이 아니라 인터리저널Inter-regional 세계를 만들겠다는 야심이다. 유럽은 아세안이나 라틴아메리카 등과 지역 대 지역 외교를 시작했고, 1990년대에는 NAFTA라는 북미자유무역협정을 촉진했으며, 1996년에는 아시아유럽정상회의ASEM를 통해 아시아라는 지역 단위가 처음으로 구체적인 모습을 갖는 데 공헌했다.[80] 여기서 아시아는 주로 동아시아를 의미했고, 동아시아는 한·중·일과 아세안을 포괄했다. 아세안은 1960년대부터 존재해왔으나 한·중·일은 이 기회를 통해 동북아시아를 대표하는 3국이 되었다. 한·중·일 사무국이 출범하면서 동북아라는 지역 단위가 생겨난 계기를 유럽이 제공했다고 봐도 무리가 아닌 이유다.

이처럼 유럽으로부터 지구 반대편에 있는 한반도에까지 유럽연합 정치 문법은 영향을 미치는 중이다. 유럽 정치가 만들어낸 다양한 규제를 세계 시장에서 활동하는 우리 기업들이 추종하고 있으며, 유럽의 탄탄한 민주주의 시장경제 모델은 한국의 정책이나 외교에 무시할 수 없는 표준으로 영향력을 미친다. 게다가 유럽은 지역 협력의 제도화된 모델을 통해 네이션을 뛰어넘는 정치의 가능성을 제시하고 있다. 리더십과 확대와 모델이라는 세 가지 영향력 확산의 길이라고 할 수 있다.

이번 장에서는 유럽연합을 인터내셔널과 수프라내셔널이라는 두 층위에서 살펴본 뒤, 이를 넘어서는 코스모폴리스라는 새로운 정치 문법의 가능성을 조명했다. 코스모폴리스는 단순히 네이션들의 협력이나 초국가적 제도의 집합이 아니라, 다양성을 제도적 원리로 삼아 존중하고 장려하는 질서다. 중심과 주변, 다수와 소수, 심지어 인간과 비인간의 경계마저 재구성하는 이 질서는, 과거 임페리움의 유산을 비판적으로 계승하면서도 네이션 시대의 문법을 넘어선 새로운 '정치의 상상력'을 보여준다.

시선을 장기 역사로 확장해보면, 코스모폴리스는 유럽의 정치 유전자 속에 오래전부터 존재하던 다중 소속과 순환의 원리를 현대적으로 구현하고 있다. 폴리스에서 시작된 시민 개념, 레스 푸블리카의 공적 장, 크리스천돔의 문화적 공동체, 킹덤과 네이션의 주권 질서가 서로 다른 결을 유지한 채 하나의 무대에 공존한다. 이 다층적 구조와 순환적 권력 배분은 유럽연합이라는 실험 속에서 되살아나며, 다음 장에서 우리는 이러한 유럽 정치 문법이 오늘의 세계 질서 속에서 어떤 의미를 지니는지, 그리고 어떤 미래를 열어갈 수 있을지를 결론적으로 살펴볼 것이다.

유럽 통합으로 만드는 코스모폴리스의 장을 마치면서, 우리의 여정을 시작했던 고대 그리스의 생각을 떠올려본다. 아리스토텔레스는 민주적 자유를 "돌아가면서 통치를 받고 통치자가 되는 일"이라고 규정했다(『정치학』 VI, 2, 1). 직접 민주주의를 실천했던 폴리스에서 제비뽑기를 통해 권력을 차례로 행사하던 습관은, 돌아가면서 지배자와 피지배자의 입장을 경험하는 방식이었다. 그리스인들은 남에게 잘 복종하는 사람만이 다른 사람을 잘 지배할 수 있다고 믿었다.

　코스모폴리스 유럽을 설명하는 세 가지 원칙은 개인이 아니라 집단적 수준에서 아리스토텔레스의 순환 통치를 실현하는 모습과 닮았다. 유럽의 중심과 주변은 고정된 개념이 아니라, 돌아가면서 중심이 되어보는 제도다. 주변의 키프로스도 권력의 중심을 경험할 수 있다. 다수와 소수 역시 항상 다수가 지배하는 구조가 아니라, 소수가 때로는 대접받으며 다수의 자리에 서보는 장치가 마련되어 있다. 유럽에서는 동물과 자연도 서서히 권리를 획득해가고 있다. 정치의 속도는 더디더라도, 효율보다 설득을 중시하는 방식이 주변과 소수의 입장을 최대한 배려한다. 네덜란드나 아일랜드 같은 작은 나라도 나머지 수십 개 국가의 행보를 잠시 멈추게 할 권리를 인정받는다. 이처럼 수천 년 전 폴리스에서 태어난 민주적 자유의 문법이, 오늘날 코스모폴리스라는 더 큰 무대에서 실험되고 있다.

8장

결론
: 다양한 문법과 발명의 정치

오늘날 유럽을 지배하는 문법은 코스모폴리스 질서다. 이 책은 바로 이 문법을 이해하기 위해 고대 그리스의 폴리스에서 현대의 유럽연합까지 2500년의 여정을 거슬러 내려왔다. 여기서 역사는 단순한 연대기가 아니라 현재를 조망하는 재료다. 고대·중세·근대를 가로지르며 쌓인 다양한 정치 문법이 어떻게 변형·결합되어 오늘의 유럽을 만들었는지, 그 과정을 따라오며 우리는 코스모폴리스라는 현재 정치 실험의 기원과 함의를 살펴보았다. 이제 결론에서, 이 접근법을 기존의 유럽 통합 설명들과 비교하고, 독창성을 강조하면서 미래의 가능성을 가늠해본다.

우선 국제정치의 관점에서는 유럽 통합을 냉전 구도 속 '파워 게임'의 산물로 본다. 크게 보면 미국과 소련의 대립이 유럽을 하나로 묶어 규모를 키우고 결속력을 강화했다는 해석이다. 그러나 이런 설명은 동아시아 사례에서 설득력을 잃는다. 비슷한 냉전 환경에서도 한국과 일본은 통합은커녕 기초적인 협력조차 이뤄내기 어려웠고, 이러한 경향은 오늘날까지 계속된다. 유럽 내부에서도 현실주의적 시각의 한계는 분명하다. 국가를 국제무대의 주된 행위자로 보는 관점에서, 국가들이 하나의 정치체로 결합하는 통합은 거의 '자살 행위'에 가깝다. 이를 보완해 일부 학자들은 국가의 중요성을 인정하면서도 정부 간 협상과 타협을 강조하는 '정부간주의Intergovernmentalism'를 제시했다.[1]

다음으로 정치경제의 동인에 주목하는 설명도 있다.[2] 자본주의는 속성상 더 큰 시장을 지향하며, 국가 경계를 넘어선 시장을 형성하도록 정치적 압력을 가한다. 자유주의나 기능주의,[3] 마르크스주의 모두 기본으로 경제적 필요가 정치적 통합을 촉진한다고 본다. 이 같은 시각은 유럽 사례에는 타당하지만, 동아시아나 아프리카·라틴아메리카·동남아에서는 적용하기 어렵다. 시장 확대에도 불구하고 정치 통합이 실현되지 않았기 때문이다. 다른 한편, 시장 확장은 기술적 협력만으로도 충족될 수 있으며, 굳이 정치체를 만들 필요는 없다는 점에서도 논리적 한계가 드러난다.

끝으로, 제도주의는 정치경제 논리를 정밀화했다. 통합이 가져올 경제적 이익이 커도 정치적 손실이 예상되면 통합은 좌절된다. 아제모글루와 로빈슨[4]은 권력 상실을 우려한 정치 엘리트들이 시장 개방이나 통합을 거부한 수많은 사례를 제시했다. 정치경제와 제도주의를 조합한 설명이 국제정치의 접근보다 설득력이 크지만, 여전히 핵심적인 질문은 남는다. 유럽은 어떻게 이런 정치적 반대를 돌파하여 통합을 추진할 수 있었는가? 여기서 역사·문화, 그리고 유럽만의 '정치 문법'이라는 관점이 필요하다.

국제정치, 정치경제, 제도주의 등 사회과학의 방법론이 보편성을 앞세운다면, 문법의 접근은 문화와 역사의 특수성을 강조한다. 특히 문화는 지역별 차이를 가장 뚜렷하게 드러내며, 역사와 결합하면 '문명'이라는 개념을 낳는다. 헌팅턴이 널리 유행시킨 『문명의 충돌』은 여러 오류와 잘못된 결론으로 비판받았지만, 그렇다고 문명의 개념 자체를 포기할 필요는 없다.[5] 문화지역Cultural area이나 문명적 접근은 여전히 유효하며, 유럽은 고유한 문명과 정치 문법을 결합해 통합을 추진할 수 있었다.

물론 문명이라는 개념은 제국주의와 결부되어 악용된 경험 때문에 악명이 높다. 유럽인들은 '문명의 짐'이라는 이름 아래, 자신들이 발전시킨 '선진 문명'을 '미개'한 지역과 사람들에게 전파·계몽해야 한다는 논리로 제국주의를 정당화했다. 그러나 제국주의의 '목욕물'과 함께 문명이라는 소중한 '아기'까지 버려서는 곤란하다.

문명의 개념을 살펴보면 두 가지 특징이 매력적이다. 우선 문명은 본질이 아니라 문화적 과정이다. '문명'을 뜻하는 시빌라이제이션Civilization은 라틴어 키비타스Civitas(도시·정치체), 즉 그리스어의 폴리스가 핵심이다. 이에 과정을 뜻하는 접미사 −ation이 붙었으니, 문자 그대로 문명은 '폴리스화', 곧 도시화이자 정치화다. 따라서 문명은 특정 민족의 고유 자산이 아니라, 누구나 배우고 익힐 수 있으며 참여의 문이 열려 있는 문화적 과정이다.

문명의 또 다른 매력은 문화의 과정으로서 갖는 유연성과 역동성이다. 변치 않는 '본질Essence' 같은 것은 문명에 없다. 민족주의 담론이 강조하는 '영원불멸의 민족 정신'이나 '문화적 유전자'는 문명의 언어가 아니다. 개방적인 문화 과정으로서의 문명은 후발주자가 선두를 따라잡거나 추월하는 일도 가능하다. 문명에 본질이 있다면, 그것은 언제나 변한다는 사실이다. 문명이 지니는 역동성이다.

문명이라는 개념의 개방성과 역동성을 살리되, 오해나 악용을 피하려면 문명을 형성하는 문법의 다양성을 강조할 필요가 있다. 브로델은 『문명의 문법』에서 다양한 기둥이 모여 문명을 구성한다고 설명했다.[6] 이 책에서 다룬 정치 문법은 여러 기둥 가운데 하나일 뿐이다. 경제나 사회 역시 문명의 다른 축을 이루며, 정치 문법과는 결이 다른 규칙과 구조를 지닌다. 물론 각 정치 문법은 해당 경제나 사회와 밀접한 관계를 맺었다. 예컨대 그리스 아테네 시민이 정치 공동체의 일원으로 활동했던 배경에는 호메로스의 『일리아스』와 『오디세이아』가 심어준 사회문화적 사고와 교육이 있었다.

문명이나 문법을 통한 역사·사회 연구에는 몇 가지 주의할 부분이 있다. 첫째, 모든 문명은 문법의 역사적 지속과 단절을 경험한다. 한 문법에서 다른 문법으로 이어지는 과정은 단순한 누적이 아니다. 역사는 강물의 퇴적층처럼 차곡차곡 쌓이는 것 같지만, 실제로는 선택과 변화를 거듭하며 새로운 형태를 빚어낸다. 어떤 유산은 의도치 않은 역사적 흐름 속에서 사라지고, 어떤 것은 살아남는다. 또한 인간은 과거의 요소 중 필요하다고 여기는 부분을 선별해 현재에 적용한다. 물론 인간의 선택과 판단이 항상 예상하는 결과를 낳지는 않는다. 이 '선택성'은 좋은 유산을 이어갈 수 있는 희망과 동시에, 잘못된 선택이 가져올 위험을 내포한다.

둘째, 문법은 지리적·문화적 확산과 변용 과정을 거친다. 유산은 시대를 연결하는 다리일 뿐만 아니라, 지리·문화·문명 차원에서도 서로 다른 공간을 이어준다. 유럽의 정치 문법은 유럽 대륙을 넘어 세계에 영향을 미쳤다.[7] 그것이 구조적 이해와 종합적 수용에 기반한 것인지, 아니면 제도와 용어만 빌린 형식적 차용인지에 대해서는 더 치밀한 검토가 필요하다. 개념은 다른 언어·문화 속에서 재해석·변형되며, 그 결과는 원래의 문법과 닮았으면서도 전혀 다른 정치 현실을 만들기도 한다.[8] 이러한 확산과 변용 과정 때문에 현대의 사회과학에는 '번역의 정치학'과 '변용의 사회학'이 필요하다.

셋째, 문법의 다양성에 대한 학술적 성찰이 필요하다. 문법이란 여러 시대, 혹은 여러 지역의 문법을 조립하여 새로운 조합의 발명으로 연결되기 때문에, 다양성에 대한 성찰은 과거 비교에서 그치지 않는다. 문법은 앞으로도 변할 수 있으며 새로운 문법의 가능성은 열려 있다. 향후의 문법 연구는 기존 문법과의 단절·연속을 분석함과 동시에, 이 새로운 문법이 과거의 어느 유형과 닿아 있는지, 혹은 완전히 새로운 유형을 만들어내는지 주목해야 한다. 이처럼 '문법의 다양성'에 대한 학술적 논의는 역사 비교, 그리고 미래 전망을 포괄하는 폭넓은 연구 과제로 남는다.

이 책은 유럽 정치에서 발견할 수 있는 여섯 가지 문법의 유형을 역사 속에서 추적해왔다. 고대에서 현대에 이르는 이 문법의 흐름은 단순한 시대 구분이 아니라, 현재의 코스모폴리스를 이해하기 위한 핵심 재료이고 열쇠였다.

고대 그리스의 폴리스는 '정치'를 낳았다. 시민들이 광장에 모여 공동의 사안을 평등하고 자유롭게 논의하며 결정하는 정치 공동체, 곧 폴리스는 폴리틱스(정치)의 출발점이었다. 오늘날 유럽연합의 시민권과 정치 제도에도 이러한 폴리스의 문법이 여전히 살아 있다. 아테네-그리스-유럽연합, 혹은 헬싱키-핀란드-유럽연합으로 이어지는 다층적 시민권 체계는 고대와 현대를 잇는 대표적인 예다. '공적 사안'을 의미하는 로마의 레스 푸블리카도, 권력의 균형과 안정, 그리고 시민권을 통한 영토 확장의 역동성을 유산으로 남겼다. 테베레 강변의 도시국가가 지중해 제국(임페리움)으로 성장했듯, 베네룩스 3국에서 출발한 유럽 통합은 현재 27개국의 연합으로 확장되었다.[9] 로마의 집정관·원로원·인민이 이룬 복합 균형 구조는 유럽연합의 제도적 설계와 닮았다.

중세의 크리스천돔은 정치와 종교의 분리를 가져왔다. 2000년에 걸친 대립과 타협 끝에 정치는 공적 영역, 종교는 사적 영역으로 자리 잡았다. 유럽연합의 특징인 '인간의 얼굴을 한' 자본주의도 이런 기독교적 전통의 연장선에 있다. 기독교 민주주의 세력의 여전한 지배력에서도 문명적 흔적을 발견할 수 있다. 킹덤은 유럽의 독특한 횡적 연대 구조를 만들었다. 왕족과 귀족은 서로의 가문을 엮어 대륙적 네트워크를 형성했고, 이는 다른 대륙에서는 드문 현상이었다.[10] 오늘날 유럽연합을 움직이는 다국적 정치인·관료·전문가 집단은 이 전통과 유사한 초국가적 엘리트 네트워크를 구성한다.

네이션은 유럽이 발명한 근대적 정치 공동체였다. 영국의 명예혁명(1688), 미국의 독립선언(1776), 프랑스의 대혁명(1789)을 계기로 네이션은 왕의 영토가 아니라, 시민들이 주권을 가진 정치 공동체로서 역사무대에 본격적으로 등장했다. 네이션은 자연 발생한 공동체가 아니라 인위적이고 혁명적으로 창조된 정치적 발명품이었다. 현대의 코스모폴리스는 다중심 구조와 다양성·포용성을 특징으로 한다. 유럽연합은 코스모폴리스 문법의 실험장이자,[11] 앞선 다섯 유형의 유산을 종합·재구성하는 틀이다.

유럽 정치 문법의 여섯 유형과 핵심

정치 유형	시기 중심	핵심 가치	사상	후속	발명의 정치
폴리스	고대 아테네	자유 정치	플라톤 아리스토텔레스	베네치아 피렌체	시민권 참여민주주의
레스 푸블리카 /임페리움	고대 로마	개방 견제와 균형	폴리비오스 키케로	신성로마제국	시민권 확대
크리스천돔	중세 로마	역사 방향성 혁명	아우구스티누스 토마스 아퀴나스	인류보편가치	정교 분리

킴덤	중세 잉글랜드 프랑스	절대 주권 횡적 연대	보댕 홉스	주권국가	초국적 엘리트 네트워크
네이션	근대·영국 미국·프랑스	사회계약 일반의지	로크 루소	UN 국민국가	국민통합체
코스모폴리스	현대 다중심	다양성 포용성	칸트 위고	유럽연합	초국적 다층 거버넌스

위의 표에서 보듯, 유럽의 정치 문법은 시대와 지역에 따라 여섯 가지 형태로 전개되었다. 그중 네이션에서 코스모폴리스로의 이행은 특히 복잡한 과정을 거쳤다. 독점적 성격의 정치 공동체인 네이션이 어떻게 자발적인 양보와 협상을 통해 초국적인 공동체를 형성할 수 있었을까. 네이션의 절대 주권은 가장 어려운 장애물이었다.

원래 킹덤의 문법이 만들어놓은 절대 주권은 네이션으로 상당 부분 연결되었다. 다만 왕의 절대 주권이 아니라 네이션이라는 공동체의 절대 주권으로 주체를 바꿨을 뿐이다. 프랑스나 영국은 킹덤의 영토 틀을 유지하면서, 주권자를 왕에서 시민으로 바꿨다는 의미다. 그러나 네이션에서 코스모폴리스로의 전환은 주권자만 바꾼다고 되는 일이 아니다. 절대 주권의 문법을 해체하거나 완화해야만 가능하다. 네이션 공동체의 절대 주권을 시민으로 분산한 뒤, 다시 더 큰 코스모폴리스 공동체로 결합하는 과정을 거친 셈이다. 현재의 유럽연합이 이런 전환에 완전히 성공했다고 보기는 어렵다. 그래도 코스모폴리스를 향한 네이션의 협력이 가능했던 이유는, 킹덤과 네이션 이

전에 폴리스·레스 푸블리카/임페리움·크리스천돔이라는 다양성을 포괄하는 문법이 존재했기 때문이다. 유럽의 긴 역사를 고려해야만, 유럽 통합의 문을 여는 열쇠를 얻을 수 있다.

이처럼 유럽 정치 문법의 역사는 단순한 계승이 아니라 선택과 변용, 재조합, 발명의 과정이었다. 폴리스에서 코스모폴리스에 이르기까지 각 유형은 이전의 유산 중 일부를 선택하고, 이를 다른 문법과 결합해 제도화했다. 따라서 유럽 정치사의 핵심은 전통을 단순히 보존하는 것이 아니라 새로운 유형을 '발명'해온 데 있다. '발명의 정치'는 단절과 혁신의 순간에만 등장하는 것이 아니다. 그것은 전통 속에서 새로운 요소를 발견하고, 이를 시대의 요구에 맞게 재편성하는 과정에서도 작동한다.

발명의 정치에서 결정적인 역할을 담당한 주인공은 정치사상가들이다. 이들이야말로 상상력을 발휘해 새로운 문법을 만드는 데 앞장섰다. 정치는 힘이 아니고 말이었던 그리스와 로마의 전통, 말로 세상을 만든 크리스처니티의 실천적 언어 개념은 모두 발명 과정의 문화적 기반이 되었다. 네이션이 킹덤의 영토 질서를 시민 공동체로 바꾼 것은 단순한 제도 개혁이 아니라, 사회계약이나 일반의지라는 개념을 개발해 정치 주체와 권력의 관계를 새롭게 설계한 발명이었다. 코스모폴리스는 앞선 다섯 문법의 유산을 결합하면서, 다양성과 포용성을 핵심 원리로 삼아 발명의 정치를 현재형으로 구현하고 있다.

문명을 통한 역사·문화적 접근법과 발명의 정치라는 문제의식은 유럽을 이해하는 데 유용할 뿐 아니라 현대세계를 파악하는 데도 생산적이다. 고대의 폴리스나 레스 푸블리카가 유럽에서 수천 년을 뛰어넘어 영향을 미쳤듯, 유럽의 정치 문법은 대륙과 대양을 넘어 세계 각지에 근대 정치의 틀을 제공했다. 그리스와 로마가 원래의 폴리스를 훌쩍 넘어 지중해로 이어졌듯, 유럽의 네이션은 현대세계로 확산됐다.

한반도는 남과 북이 서로 다른 문법을 수입·이식했고, 의식 또는 무의식적으로 기존 문법과 결합시켜 각각 새로운 정치를 발명해냈다. 발명의 정치라는 문제의식과 접근법은 한반도에서도 풍성한 결실을 기대할 수 있다. 남쪽은 대단히 다양한 문법을 재료로 삼아 새로운 정치 문법을 만들어냈다. 형식적으로 유럽 네이션의 문법을 확실하게 도입했지만, 전통적인 유교 문법이 여전히 강력한 영향력을 발휘하고 있다. 유럽과 비교해 폴리스의 직접 민주주의적 '참여 의식', 레스 푸블리카가 남겨준 제도적 '견제와 균형', 크리스천덤 특유의 '보편주의'는 언급되지만 취약한 모습이다. 반면 유교적 '명분'의 중요성이나 '권력의 1인 집중' '충성과 배신'의 프레임이 여전히 동아시아 킹덤적 문법으로 남아 영향을 미치는 듯하다. 이처럼 유럽의 정치 문법이 한국에서 어떻게 발현되거나 변용되는지는 앞으로 흥미로운 연구 주제다.

유럽과 한국을 대비할 때 가장 눈에 띄는 부분이 있다. 유럽 정치 문법을 관통해온 하나의 핵심 개념이 한국에서는 큰 힘을 발휘하지 못한다는 것이다. 유럽 정치 문법의 역사는 자유의 변주곡이라 해도 좋을 만큼 자유의 다양한 버전이 경쟁해왔다. 고대 그리스인들은 자유를 폴리스의 정체성으로 여겼고, 로마인에게도 자유(리베르타스Libertas)는 인간의 본질적 조건이었다. 유대교와 기독교가 공유하는 구약 「창세기」에서도 아담과 이브는 선악과 앞에서 자유의지의 시험을 받는다. 자유는 신이 인간에게 준 선물이었다. 놀랍게도 왕이 지배하는 킹덤의 담론에도 '인민의 자유'가 꾸준히 등장했다. 왕의 의무에는 인민의 자유를 지키는 일이 주요했다. 현대에 이르러 네이션과 코스모폴리스의 정치 문법에서도 자유는 여전히 핵심 가치다.

오늘날 한국에도 자유는 물론 존재한다. 여러 정당 가운데 하나를 선택하는 유권자의 자유이고, 가성비를 따져 상품을 고르는 소비자의 자유다. 그러나 이것이 진정한 자유일까. 해방 후 80여 년 동안 놀라운 생존력과 재생 능력을 발휘해온 한국의 보수와 진보 세력은 막상 정책적으로는 매한가지라고 할 만큼 비슷하다. 한국 정치에서 자유가 있다면, 주어진 메뉴에서 골라 먹는 제한적 자유일 뿐, 틀을 깨고 새로움을 추구하는 독립성과 자율성의 자유는 아니다. 마치 모범생이 사지선다형 문제를 풀듯 정치에 다가서는 소극적 자유일 수는 있지만, 새로운 문법과 세상을 만들려고 시도하는 적극적 자유와는 거리가 있다. 한마디로 발명의 정치가 부족하다.

한국은 네이션의 문법을 소화해 권위주의에서 자유민주주의로의 혁명적 전환에 성공했다. 유럽 네이션의 정치 문법이 자유민주주의의 버전으로 성공적으로 정착한 매우 드문 사례다. 우리는 이 업적이 자랑스럽고, 세계에 한국 민주주의 모델을 뽐내면서 인정받고 싶다. 그러나 네이션과 자유민주주의는 민주화의 종착역도 아니고, 각각이 심각한 문제들을 안고 있다. 여기에 만족하고 안주해 '공적 사안'을 방치하면서 사적 평온함에만 몰두한다면, 정치와 사회는 화석처럼 굳어질 테다. 자유민주주의라는 화려한 성과의 그림자 속에서 개인의 능력을 빙자해 소수가 다수를 대대로 지배하는 올리가키 체제가 뿌리내릴 것이다.

지금 필요한 것은 단순한 제도 개선이 아니라, 시대의 변화에 맞는 새로운 정치 문법의 발명이다. 발명의 정치는 과거를 지우는 일이 아니라, 유산 속에서 새로운 가능성을 찾아 현재와 결합하는 창조적 행위다. 창조의 뿌리에는 주어진 선택지를 소극적으로 고르는 자유가 아니라, 틀을 깨고 새로운 길을 만드는 적극적 자유가 있다.

주

1장 서론: 유럽의 정치 문법

1. 프랑스의 역사학자 페르낭 브로델은 1960년대에 문법이라는 개념을 문명 분석에 도입했고, 영국의 정치학자 해럴드 라스키도 전간기에 『정치의 문법』이라는 책을 출간한 바 있다. Fernand Braudel. *La grammaire des civilisations.* Paris: Flammarion, 2013; Harold J. Laski. *A Grammar of Politics.* 4th ed. London: George Allen & Unwin, 1938.
2. 박정재. 『한국인의 기원: 아프리카에서 한반도까지 기후가 만든 한국인의 역사』. 바다출판사, 2024.
3. Jared Diamond. *Guns, Germs, and Steel: The Fates of Human Societies.* New York: W. W. Norton, 1999.
4. 프랑스의 정치사회학자 바디는 『수입국가론』에서 서구 국가의 형태가 다른 문화권에 이식되는 과정 및 그 결과를 분석한 바 있다. Bertran Badie. *L'Etat importé. L'occidentalisation de l'ordre politique.* Paris: Fayard, 1992.
5. Max Weber. *Economy and Society.* Berkeley: University of California Press, 1978.
6. Pierre Manent. *Les métamorphoses de la cité. Essai sur la dynamique de l'Occident.* Paris: Flammarion, 2012.
7. Paul Veyne. *L'empire gréco–romain.* Paris: Seuil, 2005.
8. Mary Beard. *SPQR. A History of Ancient Rome.* London: Profile Books, 2016.
9. Tom Holland. *Dominion. The Making of the Western Mind.* London: Abacus, 2019.
10. Jérôme Baschet. *La civilisation féodale. De l'an mil à la colonisation de l'Amérique.* Paris: Flammarion, 2018.
11. Reinhard Bendix. *Kings or People: Power and the Mandate to Rule.* Berkeley: University of California Press, 1978.
12. Ernest Gellner. *Nations and Nationalism.* Ithaca: Cornell University Press, 1983.
13. 김인중. 『민족주의와 역사: 겔너와 스미스』. 아카넷, 2014.
14. Benedict Anderson. *Imagined Communities. Reflections on the Origin and Spread of Nationalism.* London: Verso, 1991; Alexander Wendt. *Social Theory of International Politics.* Cambridge: Cambridge University Press, 1999.
15. Jan Zielonka. *Europe as Empire: The Nature of the Enlarged European Union.* Oxford: Oxford University Press, 2006.
16. Ulrich Beck and Edgar Grande. *Cosmopolitan Europe.* Cambridge: Polity Press, 2007.

2장 고대 그리스의 폴리스

1. Anne Jacquemin. *La Grèce classique. 510–336 av. J.-C.* Paris: Ellipses, 2016.
2. Aristote. *Politique.* Paris: Gallimard, 2014. 1252b. 인간은 zôon politikon으로 불리는데 이

는 폴리스에서 사는 생명체라는 뜻이다.
3. John Ma. *Polis. A New History of the Ancient Greek City–State from the Early Iron Age to the End of Antiquity.* Princeton: Princeton University Press, 2024.
4. William N. Goetzmann. *Money Changes Everything. How Finance Made Civilization Possible.* Princeton: Princeton University Press, 2016. p.22.
5. 고대 그리스어에서 typos는 형태나 인상印象을 뜻한다.
6. Jacqueline de Romilly. Remi Brague. *Europe, la voie romaine.* ,Paris: Gallimard, 1999, pp.52–53. 99 – 100.
7. Thomas R. Martin.. *Ancient Greece: From Prehistoric to Hellenistic Times.* New Haven: Yale University Press, 2013. 『고대 그리스사』. 이종인 옮김. 책과함께, 2015. pp.199-224.
8. Herodotus. *History.* 8.144: 토머스 R. 마틴. 『고대 그리스사』. p.220에서 재인용.
9. François Lefèvre. *Histoire du monde grec antique.* Paris: Librairie Générale Française, 2007. p.39.
10. 토머스 R. 마틴. 『고대 그리스사』. p.95.
11. Carolina López – Ruiz. *Phoenicians and the Making of the Mediterranean.* Cambridge: Harvard University Press, 2024. pp.2 – 4.
12. Jacqueline de Romilly. *Pourquoi la Grèce?* pp.100 – 101.
13. John Ma. *Polis.* pp.216 – 217.
14. Jean – Louis Thireau. *Introduction historique au droit.* 3e ed. Paris: Flammarion, 2001. pp.26 – 27.
15. Jean – Louis Thireau. *Introduction historique au droit.* p.36.
16. Hannah Arendt. *Essai sur la révolution.* traduit par M. Chrestien. Paris: Gallimard, 1967. pp.39 – 40.
17. Louis Gernet. *Droit et institutions en Grèce antique.* Paris: Flammarion, 1982. p.298.
18. Marie Louise Hart. *The Art of Ancient Greek Theater.* Los Angeles: J. Paul Getty Museum, 2010.
19. 토머스 R. 마틴. 『고대 그리스사』, 이종인 옮김, 책과함께, 2015. p.279.
20. John Ma. *Polis.* pp.179 – 202.
21. 그리스어 Politeia를 유럽에서 Republic/République 등으로 번역하는 것과 달리 한국에서 국가로 번역하는 차이는 의미심장하다. 그리스의 도시국가와 로마의 공화정을 자연스럽게 연결하는 방식과 왕정이나 민주정을 구분하지 않고 그냥 국가로 번역하는 방식은 완전히 다른 의미 체계를 형성하기 때문이다. Platon. *La République.* Paris: Flammarion, 1966.
22. Jean – Louis Thireau. *Introduction historique au droit.* pp.40 – 41.
23. Aristote. *Politique.* 3.7.
24. Paul Veyne. *L'Empire gréco–romain.* p.108.
25. Anne Jacquemin. *La Grèce classique. 510–336 av. J.–C.* p.116.
26. Jessica Paga. *Building Democracy in Late Archaic Athens.* Oxford: Oxford University Press, 2021.
27. John Ma. *Polis.* pp.406 – 407.
28. Platon. *La République.* p.324.

29. Paul Veyne. *L'Empire gréco-romain*. pp.136 - 137.
30. Paul Veyne. *L'Empire gréco-romain*. p.109.
31. Anne Jacquemin. *La Grèce classique*. pp.19 - 20.
32. Aristote. *Politique*. 1267 b 30 - 36.
33. Victor Davis Hanson. *The Other Greeks. The Family Farm and the Agrarian Roots of Western Civilization*. Berkeley: University of California Press. 1999.
34. Anne Jacquemin. *La Grèce classique*. pp.27 - 30.
35. Graham Allison. *Destined for War. an America and China Escape Thucydides's Trap?* Boston: Mariner Books, 2018.
36. Pierre Manent. *Les métamorphoses de la cité*.
37. Pierre Manent. *Les métamorphoses de la cité*. pp.40 - 81.
38. Jacqueline de Romilly. *Pourquoi la Grèce?* pp.58 - 59.
39. Pierre Manent. *Les métamorphoses de la cité*. p.41.
40. Jacqueline de Romilly. *Pourquoi la Grèce?* p.38.
41. Homère. *Odyssée*. Paris: Gallimard, 1955.
42. Jacqueline de Romilly. *Pourquoi la Grèce?* p.107.
43. Jacqueline de Romilly. *Pourquoi la Grèce?* pp.110 - 112.
44. Marie Louise Hart. *The Art of Ancient Greek Theater*.
45. Cornelius Castoriadis. *Polis grecque et la création de la démocratie*. Paris: Seuil, 1990. pp.263 - 264.
46. Pierre Manent. *Histoire intellectuelle du libéralisme. Dix leçons*. Paris: Calmann Lévy, 1987. p.35.
47. François Jullien. *De l'universel. De l'uniforme, du commun et du dialogue entre les cultures*. p.51.
48. Jacqueline de Romilly. *Pourquoi la Grèce?* pp.249 - 252.
49. 조홍식, 『문명의 그물』, 책과함께, 2019. pp.249 - 252.
50. 그리스와 로마의 정체성을 둘러싼 관계는 다음을 참고할 것. Paul Veyne. *L'Empire gréco-romain*. pp.195 - 310.
51. François Lefèvre. *Histoire du monde grec antique*. pp.281 - 297.
52. Jordan Thomas Christopher. *The Pioneer Kingdoms of Macedon and Qin. A Triumph of the Periphery*. Cambridge: Cambridge University Press, 2025.
53. François Lefèvre. *Histoire du monde grec antique*. pp.319 - 332.
54. John Ma. *Polis*. pp.406 - 407.
55. Remi Brague. *Europe, la voie romaine*. Paris: Gallimard, 1999, pp.52–53. 1999
56. Paul Veyne. *L'Empire gréco-romain*. p.213.
57. François Lefèvre. *Histoire du monde grec antique*. pp.450 - 451.
58. Paul Veyne. *L'Empire gréco-romain*.
59. Rémi Brague. *Europe, la voie romaine*. p.60.
60. Marie - Françoise Baslez. "Paul et la première expansion chrétienne". Corbin, Alain. ed. *Histoire du christianisme*. Paris: Seuil, 2007. pp.31 - 40.
61. 예를 들어 유럽 법의 역사를 살펴보면 중세 시기 도시법이 왕국의 법보다 먼저 발전했음

을 알 수 있다. Harold J. Berman. *Law and Revolution. The Formation of the Western Legal Tradition.* Cambridge: Harvard University Press, 1983. pp.356–403.
62. Patrick Boucheron et Denis Manjot. *La ville médiévale.* Paris: Seuil, 2003. pp.297–305.
63. 시민과 정치 단위 사이의 관계에 대한 논의는 다음을 참고할 것. Pierre Manent. *Cours familier de philosophie politique.* Paris: Fayard, 2001. pp.327–341.
64. Montesquieu. *De l'esprit des lois.* Paris: Flammarion, 1997.
65. Platon. *La République.* pp.241–243.
66. Immanuel Kant. traduit par Jean–François Poirier et Françoise Proust. *Vers la paix perpétuelle.* Paris: Flammarion, 1993. p.109.
67. Wim Blockmans. *A History of Power in Europe: People, Markets, States.* Antwerp: Fonds Mercator, 1997.

3장 고대 로마의 레스 푸블리카와 임페리움

1. Jean–Michel David. *La République romaine. De la deuxième guerre punique à la bataille d'Actium (218–31 av. J.–C.).* Paris: Seuil, 2000.
2. 역사를 넘어 개념으로서 제국은 다음을 참고할 것. Michael Hardt and Antonio Negri. *Empire.* Cambridge: Harvard University Press, 2000. pp.xiv–xv.
3. 정확히 476년 게르만계 오도아케르에 의한 서로마 제국 마지막 황제 아우구스툴루스의 폐위를 역사학에서 로마의 끝으로 삼았다. 오도아케르가 서로마 황제를 폐위하고 동로마 황제에게 충성을 표명했다는 점에서 로마는 계속된 셈이다. 하지만 로마의 지배를 받는 기간에도 그리스인들은 고유의 문화적 특수성과 우월감을 계속 유지했고, 동로마 제국은 서로마가 멸망한 뒤 빠르게 라틴 문화를 포기하면서 그리스적 특성을 강조했다. Paul Veyne. *L'Empire gréco–romain.* pp.308–310.
4. Jean–Michel David. *La République romaine.* p.263.
5. 로마의 혼합 정치 체제에 관해서는 다음을 참고할 것. Mary Beard. *SPQR. A History of Ancient Rome.* p.188.
6. Polybe. traduit par Denis Roussel. *Histoire.* Paris: Gallimard, 2003.
7. Paul Veyne. *L'Empire gréco–romain.* p.13.
8. Paul Veyne. *L'Empire gréco–romain.* p.24.
9. Mary Beard. *SPQR. A History of Ancient Rome.* p.128.
10. Antoine Hatzenberger. *La liberté.* Paris: Flammarion, 1999.
11. Reinhard Bendix. *Kings or People.* pp.21–22.
12. Mary Beard. *SPQR. A History of Ancient Rome.* p.125.
13. Jean–Louis Thireau. *Introduction historique au droit.* p.30.
14. Paul Veyne. *Le pain et le cirque. Sociologie historique d'un pluralisme politique.* Paris: Seuil, 1976.
15. Mary Beard. *SPQR. A History of Ancient Rome.* p.245.
16. Thomas R. Martin. *Ancient Rome: From Romulus to Justinian.* New Haven: Yale University Press, 2012. 이종인 옮김. 『고대 로마사』. 책과함께, 2015. pp.90–93.

17. Jean‐Louis Thireau. *Introduction historique au droit*. p.31.
18. 파스케스란 여러 개의 막대를 단단히 묶고 그 안에 도끼를 꽂은 형태의 도구인데, 시민의 단결이 공화국의 힘이라는 의미를 지닌다. 이탈리아 파시즘은 '파스케스'에서 유래한 정치사상이다.
19. Jean‐Louis Thireau. *Introduction historique au droit*. p.33.
20. Pierre Manent. *Les métamorphoses de la cité*. p.141.
21. Mary Beard. *SPQR. A History of Ancient Rome*. p.147.
22. Thomas R. Martin. 『고대 로마사』. pp.100‐105.
23. Jean‐Michel David. *La République romaine*. pp.20‐24.
24. Thomas R. Martin. 『고대 로마사』. pp.102‐105.
25. Jean‐Louis Thireau. *Introduction historique au droit*. pp.42‐43.
26. Cicéron. traduit par Charles Appuhn. *De la République*. Paris: Flammarion, 1965.
27. Mary Beard. *SPQR. A History of Ancient Rome*. p.98.
28. Pierre Manent. *Les métamorphoses de la cité*. pp.173‐174.
29. Raphaël Doan, *Le rêve de l'assimilation. De la Grèce antique à nos jours*. Paris: Humensis, 2023.
30. Jean‐Michel David. *La République romaine*. p.242.
31. Thomas R. Martin. 『고대 로마사』. pp.76‐78.
32. Thomas R. Martin. 『고대 로마사』. pp.110‐111.
33. Mary Beard. *SPQR*. p.527.
34. Jean‐Louis Thireau. *Introduction historique au droit*. p.15.
35. Peter Stein. *Roman Law in European History*. Cambridge: Cambridge University Press, 1999. pp.3‐4.
36. Jean‐Louis Thireau. *Introduction historique au droit*. pp.60‐62.
37. Henri Mendras. *L'Europe des Européens*. Paris: Folio, 1997. p.16.
38. 후쿠야마 역시 유럽의 개인주의를 강조하면서 정치적 개인의 권리에 앞서 사회적 개인주의가 유럽에는 존재했다고 분석한다. 다만 망드라스보다는 늦은 시기인 1400~1650년에 사회적 개인주의의 발전이 이뤄졌다고 본다. Francis Fukuyama. *The Origins of Political Order. From Prehuman Times to the French Revolution*. New York: Farrar, Straus and Giroux, 2011. pp.230‐231.
39. Peter Stein. *Roman Law in European History*. p.35.
40. Francis Fukuyama. *The Origins of Political Order*. pp.268‐269.
41. Thomas R. Martin. 『고대 로마사』. p.13.
42. Pierre Manent. *Les métamorphoses de la cité*. pp.131‐191.
43. Rémi Brague. *Europe, la voie romaine*.
44. Alain Tranoy. "L'Europe romaine." Carpentier Jean et François Lebrun. eds. *Histoire de l'Europe*. Paris: Seuil, 1992. p.95.
45. Pierre Bourdieu et Jean‐Claude Passeron. *Les héritiers. Les étudiants et la culture*. Paris: Editions de Minuit, 1964.
46. Pierre Manent. *Les métamorphoses de la cité*. p.174.
47. Thomas R. Martin. 『고대 로마사』. p.32.

48. Mark Edward Lewis, "Public Spaces in Cities in the Roman and Han Empires", Walter Scheidel, *State Power in Ancient China and Rome*. Oxford: Oxford University Press, 2015. p.210.
49. Alain Tranoy, "L'Europe romaine." p.95.
50. Michael J. Sandel. *The Tyranny of Merit. What's Become of the Common Good?* New York: Farrar, Straus and Giroux, 2020.
51. Thomas R. Martin, 『고대 로마사』. pp.205 – 233.
52. Mary Beard. *SPQR*. pp.398 – 406.
53. Jane Burbank and Frederick Cooper. *Empires in World History. Power and the Politics of Difference*. Princeton: Princeton University Press, 2010.
54. 고대 로마 시기 가족관계에 대해서는 다음을 참고할 것. Paul Veyne. *La société romaine*. Paris: Seuil, 2001. pp.88 – 130.
55. Rémi Brague. *Europe, la voie romaine*. p.134.
56. Jane Burbank and Frederick Cooper. *Empires in World History*. p.117.
57. Henry Bogdan. *Histoire de l'Allemagne de la Germanie à nos jours*. Paris: Perrin, 2003. pp.54 – 56.
58. Béatrice Nicollier, *Le Saint Empire romain germanique au temps des confessions (1495–1648)*. Paris: Ellipses, 2022.
59. Charles Diehl. *La République de Venise*. Paris: Flammarion, 1985. pp.5 – 6.
60. 곽준혁. 『마키아벨리 다시 읽기. 비지배를 꿈꾸는 현실주의자』. 민음사, 2014. p.79.
61. Jean – Jacques Rousseau. *Du contrat social*. Paris: Flammarion, 1992. II. ix.
62. Gordon S. Wood. *The Radicalism of the American Revolution*. New York: Vintage Books, 1993. p.95.
63. Pierre Rosanvallon. *Le siècle du populisme. Histoire, théorie, critique*. Paris: Seuil, 2020. pp.10 – 11.
64. Rémi Brague. *Europe, la voie romaine*. pp.42 – 43.
65. René Rémond. *Les droites en France*. Paris: Aubier Montaigne, 1992.
66. Jean Gicquel et André Hauriou. *Droit constitutionnel et institutions politiques*. Paris: Montchrestien, 1985. p.627.
67. Pierre Rosanvallon. *Le siècle du populisme*. pp.106 – 107.
68. Olivier Le Cour Grandmaison. *La République impériale. Politique et racisme d'Etat*. Paris: Fayard, 2009.
69. Johann Chapoutot. *Le nazisme et l'Antiquité*. Paris: Presses Universitaires de France, 2012. p.7.
70. Mary Beard. *SPQR*. p.529.
71. *The Economist*. "Everyone is Charlie". Jan 11th 2015.

4장 중세 로마와 크리스천돔

1. Tom Holland. *Dominion*: Henri Mendras. *L'Europe des Européens*.

2. Pierre Manent. *Histoire intellectuelle du libéralisme*. pp.19-20.
3. 신약성경.「마태복음」. 22장 21절.
4. Bertrand Badie. *Les deux Etats. Pouvoir et société en Occident et en terre d'Islam*. Paris: Seuil, 1997.
5. Alain de Libera. *La philosophie médiévale*. 3e ed. Paris: PUF, 1993. pp.245-246.
6. Pierre Maraval. "Quand l'Empire romain devient chrétien". Alain Corbin. ed. *Histoire du christianisme*. Paris: Seuil, 2007. pp.57-61.
7. Henri Pirenne. *Mahomet et Charlemagne*. Paris: Perrin, 2016. pp.125-160.
8. Joseph Rovan. *Histoire de l'Allemagne, des origines à nos jours*. Paris: Seuil, 1999. p.113.
9. Mary Beard. *Emperor of Rome. Ruling the Ancient Roman World*. New York: Liveright, 2023. p.24.
10. Michel Bruneau. *Peuples-monde de la longue durée. Chinois, Indiens, Iraniens, Grecs, Juifs, Arméniens*. Paris: CNRS Editions, 2024. p.112.
11. Bottéro, Jean. *Naissance de Dieu. La Bible et l'historien*. Paris: Gallimard, 1992; Paul Veyne. *Quand notre monde est devenu chrétien (312–394)*. Paris: Livre de Poche, 2010.
12. Mario Liverani. traduit par Viviane Dutaut. *La bible et l'invention de l'histoire. Histoire ancienne d'Israël*. Paris: Gallimard, 2008. pp.278-282.
13. Marie-Françoise Baslez. "Paul et la première expansion chrétienne." Alain Corbin. ed. *Histoire du christianisme*. p.39.
14. Sylvain Gougenheim. *Le Moyen Age en questions*. Paris: Tallandier, 2019. pp.176-178.
15. Michel Bruneau. *Peuples-monde de la longue durée*. p.112.
16. Paul Veyne. *Quand notre monde est devenu chrétien (312–394)*. pp.99-119.
17. Paul Veyne. *Quand notre monde est devenu chrétien (312–394)*. pp.192-193.
18. Françoise Thelamon. "Penser l'Empire chrétien. Théologie politique et théologie de l'histoire." Alain Corbin. ed. *Histoire du christianisme*. pp.62-63.
19. Michel Yves Perrin. "Christianisation de l'espace et christianisation du temps." Alain Corbin. ed. *Histoire du christianisme*. Paris: Seuil, 2007. pp.97-98.
20. Paul Veyne. *Quand notre monde est devenu chrétien (312–394)*. pp.148-150.
21. Saint Augustin. traduit par L. Moreau. *La Cité de Dieu*. Paris: Seuil, 1994. p.167.
22. Marcel Mauss. *La nation*. Paris: PUF, 2013. p.208.
23. Daniel Marguerat. "Jésus de Nazareth. Prophète juif ou Fils de Dieu". Alain Corbin. ed. *Histoire du christianisme*. p.17.
24. Pierre Manent. *Les métamorphoses de la cité*. p.62.
25. Jérôme Baschet. *La civilisation féodale*. pp.223-224.
26. Bernadette Martin-Hisard. "Byzance/Constantinople et l'Occident. Communion et différenciation." Alain Corbin. ed. *Histoire du christianisme*. pp.176-180.
27. Francis Fukuyama. *The Origins of Political Order*. pp.276-289.
28. Bruno Dumézil. "Des Barbares chrétiens, dans et hors de l'Empire romain." Alain Corbin. ed. *Histoire du christianisme*. pp.144-148.
29. Joseph Rovan. *Histoire de l'Allemagne, des origines à nos jours*. pp.121-122.
30. Henry Bogdan. *Histoire de l'Allemagne de la Germanie à nos jours*. pp.87-92.

31. Bertrand Badie. *Les deux Etats*. p.20.
32. Bertrand Badie. *Les deux Etats*. p.28.
33. Frédéric Rouvillois. *Le droit*. Paris: Flammarion, 1999. pp.60–61.
34. Francis Fukuyama. *The Origins of Political Order*. p.262.
35. Harold J. Berman. *Law and Revolution*.
36. Michel Parisse. "Rome, tête de l'Eglise latine (à partir du XIe siècle)". Alain Corbin. ed. *Histoire du christianisme*. p.173.
37. Harold J. Berman. *Law and Revolution*. p.21.
38. Jean-Jacques Rousseau. *Du contrat social*. pp.164–165.
39. Jean Flori. *Guerre sainte, jihad, croisade. Violence et religion dans le christianisme et l'islam*. Paris: Seuil, 2002.
40. Emmanuelle Tourme-Jouannet. *Le droit international*. Paris: PUF, 2016. pp.16–17.
41. Tom Holland. *Dominion*. p.121.
42. Bernard Cottret. *Histoire de la Réforme protestante. Luther, Calvin, Wesley XVIe–XVIIIe siècle*. Paris: Perrin, 2001. p.103.
43. Pierpaolo Antonello et Joo Cezar de Castro Rocha. "Une longue argumentation du début à la fin." in René Girard. *Les origines de la culture*. Paris: Pluriel, 2004. p.20.
44. Jean-Michel Chaumont. *La concurrence des victimes. Génocide, identité, reconnaissance*. Paris: La Découverte, 2010.
45. 임지현. 『희생자의식 민족주의. 고통을 경쟁하는 지구적 기억 전쟁』. 휴머니스트, 2021.
46. Tom Holland. *Dominion*. p.121.
47. Jean-Louis Biget. "Les hérésies (XIIe siècle)." Alain Corbin. ed. *Histoire du christianisme*. pp.195–199.
48. Philippe Ariès. *Le temps de l'Histoire*. Paris: Seuil, p. 92.
49. Tom Holland. *Dominion*. pp.440–442.
50. Francis Fukuyama. *The Origins of Political Order*. p.263.
51. Benjamin Spector. *La société*. Paris: Flammarion, 2000.
52. Paul Veyne. "L'Empire romain". Philippe Ariès et Georges Duby. *Histoire de la vie privée. 1. De l'Empire romain à l'an mil*. Paris: Seuil, 1999. p.45
53. Michel Yves Perrin. "Christianisation de l'espace et christianisation du temps." pp.94–98.
54. Paul Veyne. *La société romaine*.
55. Jack Goody. *The Development of the Family and Marriage in Europe*. Cambridge: Cambridge University Press, 1983.
56. Jean Carpentier et François Lebrun. eds. *Histoire de l'Europe*. pp.153–163.
57. Philippe Nourry. *Histoire de l'Espagne. Des origines à nos jours*. Paris: Taillandier, 2015. pp.293–322.
58. Louis Dumont. *Essai sur l'individualisme*. Paris: Seuil, 1983.
59. Francis Fukuyama. *The Origins of Political Order*. p.140.
60. Gottfried Wilhelm Leibniz. *Essais de théodicée sur la bonté de Dieu, la liberté de l'homme et l'origine du mal*. Paris: Garnier-Flammarion, 1969.
61. Francis Fukuyama. *The Origins of Political Order*. p.229.

62. Henri Mendras. *L'Europe des Européens*. p.22.
63. Karl Polanyi. *The Great Transformation. The Political and Economic Origins of Our Time*. Boston: Beacon Press, 1957. p.127.
64. Michel Pastoureau et Gaston Duchet-Suchaux. *La Bible et les saints*. Paris: Flammarion, 2017. pp.250-252/pp.428-432.
65. Daniel Le Blévec. "L'explosion des oeuvres de charité (XIIe-XIIIe siècle)". Alain Corbin. ed. *Histoire du christianisme*. pp.245-249.
66. Christophe Charle et Jacques Verger. *Histoire des universités. XIIe–XXIe siècle*. Paris: PUF, 2012. pp.17-19.
67. Jérôme Baschet. *La civilisation féodale*. pp.352-356.
68. Joseph Rovan. *Histoire de l'Allemagne, des origines à nos jours*. pp.251-326.
69. Guy Hermet. *Histoire des nations et du nationalisme en Europe*. Paris: Seuil, 1996. pp.62-66.
70. Bernard Cottret. *Histoire de la Réforme protestante*. p.147.
71. Benedict Anderson. *Imagined Communities*. p.39.
72. Guy Hermet. *Histoire des nations et du nationalisme en Europe*. pp.73-74.
73. Daniel J. Boorstin. *The Americans: The Colonial Experience*. New York: Vintage, 1958.
74. Tom Holland. *Dominion*. pp.440-441.
75. Pierre-Yves Beaurepaire. *L'Europe des Lumières*. Paris: PUF, 2004. p.11.
76. Joel Mokyr. *A Culture of Growth. The Origins of the Modern Economy*. Princeton: Princeton University Press, 2016. p.17.
77. Raymond Boudon. *L'idéologie ou l'origine des idées reçues*. Paris: Seuil, 1986. pp.29-31.
78. Johann Chapoutot. *La loi du sang. Penser et agir en nazi*. Paris: Gallimard, 2014. pp.85-94.
79. Johann Chapoutot. *La révolution culturelle nazie*. Paris: Gallimard, 2017. pp.89-109.
80. Mona Ozouf. *L'Ecole, l'Eglise et la République (1871–1914)*. Paris: Cana, 1982.
81. Jean-Marie Mayeur. *Catholicisme social et démocratie chrétienne. Principes romains, expériences françaises*. Paris: Cerf, 1986. pp.54-65.
82. Jean-Dominique Durand. *L'Europe de la démocratie chrétienne*. Bruxelles: Editions Complexe, 1995. pp.271-315.
83. Francois Borella. *Les partis politiques en Europe*. Paris: Seuil, 1984. pp.82-85.
84. EPP Group. *A Europe without Christian values would be a Europe without soul*. 16.06.2023. (검색일 2025.7.5.: https://www.eppgroup.eu/newsroom/a-europe-without-christian-values-would-be-a-europe-without-a-soul)

5장 중세의 킹덤: 프랑스와 잉글랜드

1. *The Economist*. "The death of Elizabeth II marks the end of an era". Sep 8th 2022.
2. Joël Cornette. ed. *La Monarchie. Entre Renaissance et Révolution 1515–1792*. Paris: Seuil, pp.259-331.
3. Jean Béranger. *Histoire de l'empire des Habsbourg 1665–1918*. Paris: Tallandier, 2021.

pp.298-301.
4. Reinhard Bendix. *Kings or People*.
5. François Lefèvre. *Histoire du monde grec antique*. p.112.
6. Sylvain Gougenheim. *Le Moyen Age en questions*. p.140.
7. 크게 게르만 부족이라 불리는 집단은 그리스·로마 문명처럼 문자의 사용이 일상화되지 않았기에 많은 자료를 남기지 않았고 로마인의 외부 시각에 의해 주로 규정되어왔다. 소위 야만적 부족과 로마의 관계에 대해서는 다음을 참고할 것. Patrick Geary. *Before France and Germany: The Creation and Transformation of the Merovingian World*. Oxford: Oxford University Press, 1988.
8. Johann Chapoutot. *Le nazisme et l'Antiquité*.
9. Marc Bloch. *La société féodale*. Paris: Albin Michel, 1994. p.410.
10. Philippe Hamon et Laurent Bourquin. "Dieu, les hommes et le roi dans la France du XVIe siècle". Joël Cornette. *La Monarchie*. p.12.
11. Sylvain Gougenheim. *Le Moyen Age en questions*. pp.13-21.
12. David Bates. *The Normans and Empire*. Oxford: Oxford University Press, 2013.
13. Marc Bloch. *La société féodale*. pp.23-24.
14. Francis Fukuyama. *The Origins of Political Order*. p.378.
15. Jean-Louis Thireau. *Introduction historique au droit*. p.101.
16. Philippe Nourry. *Histoire de l'Espagne*. pp.98-100.
17. Luc Guéraud. "La structuration du système féodo-seigneurial." in Sylvain Soleil. ed. *Histoire des institutions publiques Xe-XIXe siècle*. Paris: Flammarion, 2024. pp.42-44.
18. Francis Fukuyama. *The Origins of Political Order*. p.323.
19. Jérôme Baschet. *La civilisation féodale*. pp.157-158.
20. Sylvain Gougenheim. *Le Moyen Age en questions*. pp.95-96.
21. 넷플릭스의 왕실 드라마 시리즈 「더 크라운」의 시즌 1 에피소드 5는 엘리자베스 여왕의 대관식을 보여준다. 축성의식을 통해 인간이 변화하게 만든다는 의미와 형식을 엿볼 수 있다.
22. Marc Bloch. *Les rois thaumaturges. Etude sur le caractère surnaturel attribué à la puissance royale particulièrement en France et en Angleterre*. Paris: Librairie Istra, 1924.
23. Ernst Kantorowicz. *The King's Two Bodies. A Study in Medieval Political Theology*. Princeton: Princeton University Press, 1957.
24. Paulin Ismard. *La démocratie contre les experts. Les esclaves publics en Grèce ancienne*. Paris: Seuil, 2015. p.216.
25. Jean Bodin. *Les Six Livres de la République*. Paris: Le Livre de Poche, 1993. pp.118-122.
26. Cécile Spector. *Le pouvoir*. Paris: Flammarion, 1997. p.160.
27. Pierre Manent. *Histoire intellectuelle du libéralisme*. pp.51-88.
28. Gordon S. Wood. *The Radicalism of the American Revolution*. p.12.
29. Sylvain Soleil. ed. *Histoire des institutions publiques Xe-XIXe siècle*. pp.357-360.
30. Philippe Chassaigne. *Histoire de l'Angleterre. Des origines à nos jours*. Paris: Flammarion, 2021. p.144.
31. Bernard Cottret. *La Glorieuse Révolution d'Angleterre 1688*. Paris: Gallimard, 2013. p.285.

32. Krzysztof Pomian. "Francs et Gaulois". Pierre Nora. *Les lieux de mémoire 2*. Paris: Gallimard, 1997. p.2290.
33. Bernard Cottret. *La révolution anglaise 1603–1660*. Paris: Perrin, 2018. p.628.
34. Hobbes. *Leviathan or The Matter, Forme and Power of a Common-Wealth Ecclesiastical and Civill*. II Chap: XXI.
35. Bernard Cottret. *La Glorieuse Révolution d'Angleterre 1688*.
36. Joël Cornette. *La Monarchie*. Oxford: Oxford University Press, 2012. p.32.
37. 영국의 명예혁명과 프랑스 대혁명의 역사적 유사성에 대해서는 다음을 참고할 것. Bernard Cottret. *La Glorieuse Révolution d'Angleterre 1688*. pp.9–32.
38. Charles Tilly. *Coercion, Capital, and European States, AD 990–1992*. Cambridge: Blackwell, 1992.
39. Béatrice Nicollier. *Le Saint Empire romain germanique au temps des confessions (1495–1648)*.
40. Sylvain Gougenheim. *Le Moyen Age en questions*. pp.148–149.
41. Jean Béranger. *Histoire de l'empire des Habsbourg 1273–1665*. Paris: Tallandier, 2021. pp.29–45.
42. Philippe Chassaigne. *Histoire de l'Angleterre*. p.128.
43. Michel Kerautret. *Histoire de la Prusse*. Paris: Seuil, 2005. pp.136–225.
44. Jean Béranger. *Histoire de l'empire des Habsbourg 1273–1665*. p.256.
45. Béatrice Nicollier. *Le Saint Empire romain germanique au temps des confessions (1495–1648)*. p.177.
46. Jane Burbank and Frederick Cooper. *Empires in World History*. p.195.
47. Michel Kerautret. *Histoire de la Prusse*. pp.430–432.
48. Aurélien Lignereux. *L'Empire des Français 1799–1815*. Paris: Seuil, 2012.
49. Jean Béranger. *Histoire de l'empire des Habsbourg 1273–1665*. p.18.
50. Jean-Marie Mayeur. *Les débuts de la IIIe République 1871–1898*. Paris: Seuil, 1973.
51. Linda Colley. *Britons. Forging the Nation 1707–1837*. New Haven: Yale University Press, 2014. pp.339–340.
52. Max Weber. *Economy and Society*. Vol.1. pp.1013–1015.
53. Pierre Bourdieu. *Sur l'Etat. Cours au Collège de France 1989–1992*. Paris: Seuil, 2012. pp.393–396.
54. Francis Fukuyama. *The Origins of Political Order*. p.322.
55. Francis Fukuyama. *The Origins of Political Order*. p.334.
56. Jean Béranger. *Histoire de l'empire des Habsbourg 1273–1665*. p.231.
57. Gérard Mairet. *Qu'est-ce que la souveraineté?* Paris: Gallimard, 2024.
58. Sylvain Soleil. "L'affermissement du système royal capétien (XIIe–XVe siècle). in Sylvain Soleil. ed. *Histoire des institutions publiques Xe–XIXe siècle*. p.74.
59. Thomas. Hobbes, *Leviathan, or The Matter, Forme and Power of a Common-Wealth Ecclesiastical and Civill*. II. Chap XXI:
60. Pierre Bourdieu. *Sur l'Etat*. pp.315–320.
61. Harold J. Berman. *Law and Revolution*. pp.445–457.
62. 그건 영어에서 숙박 시설을 의미하는 Hotel과 프랑스에서 숙박 시설을 포함해 큰 건물을

의미하는 Hôtel을 헷갈리는 실수와 비슷하다. 프랑스 도시에는 Hôtel de Ville이 있는데 이것은 도시 호텔이 아니라 시청이다.
63. Pierre Bourdieu. *Sur l'Etat*. pp.451-457.
64. Philippe Chassaigne. *Histoire de l'Angleterre*. p.162.
65. Sylvain Soleil. "L'affermissement du système royal capétien (XIIe-XVe siècle)". pp.71-72.
66. Francis Fukuyama. *The Origins of Political Order*. p.134.
67. Stephen Banks. *Duels and Duelling*. Oxford: Shire Publications, 2012.
68. Johan Huizinga. *Homo Ludens. A Study of the Play-Element in Culture*. Mansfield Centre: Martino, 2014. p.208.
69. Paul Dietschy. *Histoire du football*. Paris: Perrin, 2010. p.44.
70. Eric Hobsbawm and Terence Ranger. eds. *The Invention of Tradition*. Cambridge: Cambridge University Press, 1992.
71. Bruno Karsenti. *Nous autres Européens. Dialogue philosophique avec Bruno Latour*. Paris: PUF, 2024. p.104.
72. 유럽에서 중세적 질서와 베스트팔렌 질서의 두 유형을 비교하는 논의는 다음을 참고할 것. Jan Zielonka. *Europe as Empire*. 2006.
73. Johan Huizinga. *Homo Ludens*. p.209.
74. Arnaud Blin. *1648 La paix de Westphalie. Le nouvel ordre européen*. Paris: Taillandier, 2025. pp.31-32.
75. Lucien Bély. "Les temps moderne (1515-1789)". Françoise Autrand et al. eds. *Histoire de la diplomatie française. I. Du Moyen Age à l'Empire*. Paris: Perrin, 2007. pp.196-226; Max Gallo. *François Ier. Roi de France, Roi-Chevalier prince de la Renaissance française 1494-1547*. Paris: XO, 2014.
76. Emmanuelle Tourme-Jouannet. *Le droit international*. p.21.
77. Françoise Autrand et Philippe Contamine. "Naissance de la France : Naissance de sa diplomatie. Le Moyen Age". Françoise Autrand et al. eds. *Histoire de la diplomatie française. I. Du Moyen Age à l'Empire*. Paris: Perrin, 2007. p.47.
78. Ernst Kantorowicz. *The King's Two Bodies*.
79. Wim Blockmans. *A History of Power in Europe: People, Markets, States*. pp.115-123.
80. Hugo Beuvant. "Le bouleversement institutionnel des années révolutionnaires". in Sylvain Soleil. ed. *Histoire des institutions publiques Xe-XIXe siècle*. pp.176-227.
81. Jean-Marie Mayeur. *Les débuts de la IIIe République 1871-1898*. pp.26-27.
82. *The Economist*. "Europe's monarchies are a study in dignified inanity". Jan 18th 2024.
83. Maurice Duverger. *La monarchie républicaine. Ou comment les démocraties se donnent des rois*. Paris: Robert Laffont, 1974.
84. Joël Cornette. *Le Roi absolu. Une obsession française 1515-1715*. Paris: Tallandier, 2023. p.7.
85. 기존 정당의 지지가 없었음에도 순식간에 정당을 창당해 프랑스 역사상 가장 젊은 나이에 당선된 에마뉘엘 마크롱 대통령을 가리킨다.
86. Marc Bloch. *La société féodale*. pp.23-24.
87. Jérôme Baschet. *La civilisation féodale*. pp.65-93.

6장 근대의 네이션: 영국, 미국, 프랑스

1. 동아시아 일부 학자는 네이션보다 족류族類(김인중) 또는 국족國族(천광싱) 등의 개념을 제시하기도 했다: 김인중. 『민족주의와 역사: 겔너와 스미스』. 천광싱. 『제국의 눈』. 창비, 2003.
2. Dominique Schnapper. *La Communauté des citoyens. Sur l'idée moderne de la nation*. Paris: Gallimard, 1994.
3. Anthony D. Smith. *The Ethnic Origins of Nations*. London: Wiley–Blackwell, 1991.
4. Ernest Gellner. *Nations and Nationalism*.
5. Guy Hermet. *Histoire des nations et du nationalisme en Europe*. Eric Hobsbawm. *Nations and Nationalism since 1780. Programme, Myth, Reality*. 2nd ed. Cambridge: Cambridge University Press, 1990.
6. Pierre Bourdieu. *Sur l'Etat*. pp.275–276.
7. Charles Tilly. *Coercion, Capital, and European States, AD 990–1992*. pp.67–95.
8. William McNeil. *The Pursuit of Power. Technology, Armed Force, and Society since AD 1000*. Chicago: University of Chicago Press, 1982.
9. Christophe Charle et Jacques Verger. *Histoire des universités. XIIe–XXIe siècle*.
10. 왕관은 왕이 쓰는 관이라는 물질적 의미에서 출발했으나 점차 왕의 모든 권한을 상징하고 왕국의 통일성을 의미하는 추상적 개념으로 발전했다. 이런 점에서 왕관은 국가의 전단계라고 볼 수도 있다. Sylvain Soleil. "L'affermissement du système royal capétien (XIIe–XVe siècle). pp.70–71.
11. Françoise Autrand, et Philippe Contamine. "Naissance de la France : Naissance de sa diplomatie. Le Moyen Age." Françoise Autrand et al. eds. *Histoire de la diplomatie française. I. Du Moyen Age à l'Empire*. pp.44–69.
12. Fareed Zakaria. *Age of Revolutions: Progress and Backlash from 1600 to the Present*. New York: W. W. Norton & Company, 2024. pp.25–50.
13. Pascal Ory. *Qu'est-ce qu'une nation? Une histoire mondiale*. Paris: Gallimard, 2020. p.135.
14. Simon Schama. *The Embarrassment of Riches. An Interpretation of Dutch Culture in the Golden Age*. New York: Knopf, 1987.
15. Giovanni Arrighi. *The Long Twentieth Century. Money, Power, and the Origins of Our Time*. London: Verso, 1994. pp.46–47.
16. Christophe de Vogt. *Histoire des Pays-Bas*. Paris: Fayard, 2003. pp.82–104; Jonathan I. Israel. *The Dutch Republic: Its Rise, Greatness, and Fall 1477–1806*. Oxford: Clarendon Press, 1995.
17. Gordon S. Wood. *The Radicalism of the American Revolution*.
18. Hugo Beuvant. "Le bouleversement institutionnel des années révolutionnaires". p.178.
19. Liah Greenfeld. *Nationalism: Five Roads to Modernity*. Cambridge: Harvard University Press, 1992. p.10.
20. Benedict Anderson. *Imagined Communities*.
21. Liah Greenfeld. *Nationalism: Five Roads to Modernity*. p.422.

22. Jacques Godechot. *La Grande nation. L'expansion révolutionnaire de la France dans le monde de 1789 à 1799.* Paris: Aubier, 2004.
23. Pascal Ory. *Qu'est–ce qu'une nation?* p.403.
24. Liah Greenfeld. *Nationalism: Five Roads to Modernity.* p.358.
25. Henry Bogdan, *Histoire de l'Allemagne de la Germanie à nos jours.* p.407.
26. Michel Kerautret. *Histoire de la Prusse.* pp.430 – 432.
27. Johann Chapoutot. *Histoire de l'Allemagne de 1806 à nos jours.* Paris: PUF, 2017. p.12.
28. G. W. F. Hegel. traduit par K. Papaioannu. *La Raison dans l'histoire: introduction à la philosophie de l'histoire.* Paris: Plon, 1965. pp.83 – 85.
29. Johann Chapoutot. *La révolution culturelle nazie.* p.275.
30. Barbara Marshall. "German Migration Policies". Gordon Smith et al. eds. *Developments in German Politics.* London: MacMillan, 1992. p.251.
31. Guillaume Duval. *Made in Germany. Le modèle allemand au–delà des mythes.* Paris: Seuil, 2014. pp.26 – 29.
32. Ernest Gellner. *Nations and Nationalism.* p.6.
33. Jean – François Labourdette. *Histoire du Portugal.* Paris: Fayard, 2000.
34. Elena Musiani. *Faire une nation. Les Italiens et l'unité (XIXe–XXIe siècle).* Paris: Gallimard, 2018. p.87.
35. Didier Francfort. *Le Chant des Nations. Musiques et Cultures en Europe, 1870–1914.* Paris: Hachette, 2004. p.384.
36. Jean – François Bayart. *L'Etat en Afrique. La politique du ventre.* Paris: Fayard, 1989. p.65.
37. Bertrand Badie. *L'Etat importé.*
38. Ernest Renan. *Qu'est–ce qu'une nation?* Paris: Calmann – Lévy, 1882.
39. John Locke. *Traité du gouvernement civil.* Paris: Flammarion, 1992. p.143.
40. John Locke. *Traité du gouvernement civil.* pp.123 – 127.
41. Etienne Balibar. *Les frontières de la démocratie.* Paris: La Découverte, 1992. p.134.
42. Emmanuel Kant. traduit par A. Renaut. *Métaphysique des moeurs.* Paris: Flammarion, 1994. pp.128 – 130.
43. Pierre Rosanvallon. *Le sacre du citoyen. Histoire du suffrage universel en France.* Paris: Gallimard, 1992.
44. 정치 공동체를 형성하는 중요한 동기를 구성원의 죽음에 대한 공포가 아니라 재산의 보호라는 물질적 차원으로 전이시킨 로크는 이런 점에서 매우 중요한 역할을 담당했다. Pierre Manent. *Histoire intellectuelle du libéralisme.* pp.89 – 117.
45. Johann Chapoutot. *Histoire de l'Allemagne de 1806 à nos jours.* p.16.
46. Eugen Weber. *Peasants into Frenchmen. The Modernization of Rural France, 1870–1914.* Stanford: Stanford University Press, 1976.
47. Raymond Aron. *Paix et guerre entre les nations.* Paris: Calmann – Lévy, 2004. p.297.
48. Anne – Marie Thiesse. *La création des identités nationales. Europe XVIIIe–XIXe siècles.* Paris: Seuil, 2001. p.67.
49. Eugen Weber. *Peasants into Frenchmen.*
50. Pierre Milza. *Histoire d'Italie. Des origines à nos jours.* Paris: Fayard, 2005. p.715.

51. Pierre Boisard. *Camembert. Mythe national.* Paris: Calmann-Lévy, 1992.
52. Kolleen M. Guy. *When Champagne Became French: Wine and the Making of a National Identity.* Baltimore: Johns Hopkins University Press, 2003.
53. George Ritzer. *The McDonaldization of Society.* London: Sage, 2007.
54. Michael Billig. *Banal Nationalism.* London: Sage, 1995.
55. Ernest Gellner. *Nations and Nationalism.* p.9.
56. Michel Kerautret. *Histoire de la Prusse.* p.362.
57. Giovanni Arrighi. *The Long Twentieth Century. Money, Power, and the Origins of Our Time.*
58. Charles Tilly. *Coercion, Capital, and European States, AD 990–1992.* p.23.
59. Paul Kennedy. *The Rise and Fall of the Great Powers. Economic Change and Military Conflict from 1500 to 2000.* New York: Random House, 1988.
60. Charles Tilly. *Coercion, Capital, and European States, AD 990–1992.* p.30.
61. Karl Polanyi. *The Great Transformation.*
62. 21세기 초 상당한 인기를 끌었던 유러피언 드림의 논리를 들 수 있다. Jeremy Rifkin. *The European Dream: How Europe's Vision of the Future Is Quietly Eclipsing the American Dream.* London: Penguin Books, 2004.
63. Stephen D. Krasner. ed. *International Regimes.* Ithaca: Cornell University Press, 1983.
64. Pierre Rosanvallon. *La démocratie inachevée. Histoire de la souveraineté du peuple en France.* Paris: Gallimard, 2000. pp.59-74.
65. Immanuel Kant. *Métaphysique des moeurs.* pp.128-130.
66. David Epstein and Sharyn O'Halloran. *Delegating Powers.* New York: Cambridge University Press, 1999.
67. Bronislaw Baczko. "Le calendrier républicain. Décréter l'éternité". Pierre Nora. ed. *Les Lieux de mémoire. I.* Paris: Gallimard, 1997. p.69.
68. Gordon S. Wood, *The Creation of the American Republic 1776–1787.* Chapel Hill: The University of North Carolina Press, 1998. p.47.
69. Montesquieu. *De l'esprit des lois.* p.293.
70. Gordon S. Wood, *The Creation of the American Republic 1776–1787.* p.614.
71. Jacques Attali. *Les Juifs, le monde et l'argent. Histoire économique du peuple juif.* Paris: Fayard, 2002. pp.421-422.
72. Raphaël Doan. *Le rêve de l'assimilation.* p.171.
73. Anthony D. Smith. T*he Antiquity of Nations.* Cambridge: Polity Press, 2004.
74. Anthony D. Smith. T*he Antiquity of Nations.* p.142.
75. Pierre Rosanvallon. *Le sacre du citoyen.* pp.14-15.
76. Linda Colley. *Britons. Forging the Nation 1707–1837.* p.54.
77. Pascal Ory. *Qu'est-ce qu'une nation?* pp.22-23.
78. Hedley Bull. *The Anarchical Society. A Study of Order in World Politics.* 2nd ed. London: MacMillan, 1995. p.15.
79. Jean-François Labourdette. *Histoire du Portugal.* pp.151-152.
80. Frédéric Rouvillois. *Le droit.* p.67.
81. Hugo Grotius. *Le Droit de la guerre et de la paix.* Vol.1. Paris: Guillaumin, 1867. pp.30-

31.
82. Emmanuelle Tourme – Jouannet. *Le droit international*. p.21.
83. Emmanuelle Tourme – Jouannet. *Le droit international*. p.12.
84. Clausewitz. traduit par Jean – Baptiste Neuens. *De la guerre. Livre 1*. Paris: Flammarion, 2014. p.10
85. Raymond Aron. *Penser la guerre, Clausewitz. I L'âge européen*. Paris: Gallimard, 1976. p.109.
86. Emmanuelle Tourme – Jouannet. *Le droit international*. pp.21 – 23.
87. Richard Overy. "L'avènement de l'Etat guerrier". Bruno Cabanes. *Un histoire de la guerre. Du XIXe siècle à nos jours*. Paris: Seuil, 2018. p.131.
88. 예를 들어 1980년대 영국의 민족주의 전문가 홉스봄은 유럽에서 민족주의의 시대는 저물고 있음을 명확하게 진단했다. Eric Hobsbawm. *Nations and Nationalism since 1780*.
89. 레몽 아롱은 현실주의적 관점에서 네이션과 다른 정치 단위라고 해서 반드시 더 평화적이라고 말할 수 없다고 주장한다. 하지만 그 역시 네이션이 더 강력한 충돌의 요인을 지녔다는 사실은 인정한다. Aron, Raymond. *Paix et guerre entre les nations*. p.300.

7장 현대의 코스모폴리스, 유럽연합

1. Liesbet Hooghe and Gary Marks. *Multi–Level Governance and European Integration*. Oxford: Rowman and Littlefield, 2002.
2. Michael Burgess. *Comparative Federalism: Theory and Practice*. New York: Routledge, 2006.
3. Kathleen R. McNamara. *The Politics of Everyday Europe: Constructing Authority in the European Union*. Oxford: Oxford University Press, 2015.
4. Robert O. Keohane and Stanley Hoffmann. eds. *The New European Community: Decisionmaking and Institutional Change*. Boulder: Westview Press, 1991; Andrew Moravcsik. *The Choice for Europe: Social Purpose and State Power from Messina to Maastricht*. Ithaca: Cornell University Press, 1998.
5. Andy Smith. *Le gouvernement de l'Union européenne : une sociologie politique*. Paris: LGDJ, 2010.
6. Dusan Sidjanski. *L'avenir fédéraliste de l'Europe. La Communauté européenne des origines au traité de Maastricht*. Paris: PUF, 1992.
7. Raymond Aron. *Paix et guerre entre les nations*. pp.693 – 694.
8. Abbé de Saint Pierre. *Projet pour rendre la paix perpétuelle en Europe*. Paris: Fayard, 1986; Immanuel Kant. *Vers la paix perpétuelle*.
9. Richard N. Coudenhove – Kalergi. traduit par Volker Klostius et Jean Spiri. *Pan–Europa*. Paris: Cent Mille Milliards, 2019.
10. Jean A. Pirlot, *Symphonie Europa*. Paris: Robert Laffont, 1984.
11. Jean Monnet. *Mémoires*. Paris: Fayard, 1976. p.488.
12. Hedley Bull. *The Anarchical Society*.
13. Karen Alter. *Establishing the Supremacy of European Law*. Oxford: Oxford University Press, 2001.

14. Bruno Karsenti. *Nous autres Européens*. pp.54‒55.
15. Pierre Gerbet. *La Construction de l'Europe*. Paris: Imprimerie Nationale, 1983. p.136.
16. Andrew Moravcsik. *The Choice for Europe:* p.157.
17. Antonin Cohen. *Le régime politique de l'Union européenne*. Paris: La Découverte, 2025. p.56.
18. William E. Paterson. "Gulliver Unbound: The Changing Context of Foreign Policy". Gordon Smith et al. eds, D*evelopments in German Politics*. London: MacMillan, 1992. p.137.
19. Stephen George. *An Awkward Partner: Britain in the European Community*. New York: Oxford University Press, 1990.
20. Thierry Grobois. "Benelux". Pierre Gerbet. ed. *Dictionnaire historique de l'Europe unie*. Paris: André Versaille, 2009. pp.110‒119.
21. François de Teyssier et Gilles Baudier. *La construction de l'Europe. Culture, espace, puissance*. 8e ed. Paris: PUF, 2023. p.72.
22. Pierre Gerbet. *La Construction de l'Europe*. pp.364‒382.
23. Robert O. Keohane and Stanley Hoffmann. "Institutional Change in Europe in the 1980s". Keohane, Robert O. and Stanley Hoffmann. eds. *The New European Community*. pp.7‒8.
24. Jean‒Louis Quermonne. *Le système politique européen*. Paris: Montchrestien, 1993. p.34; Guy Peters. "Bureaucratic Politics and the Institutions of the European Community." in Alberta M. Sbragia. *Euro–Politics: Institutions and Policymaking in the "New" European Community*. Washington D.C.: The Brookings Institution, 1992. pp.75‒122.
25. James Madison. *The Federalist Papers*. No.39.
26. Jan Zielonka. *Europe as Empire*. pp.117‒139.
27. Jan‒Werner Müller. *Qu'est‒ce que le populisme?* Paris: Gallimard, 2016.
28. Maurice Vaïsse. *La grandeur. Politique étrangère du général de Gaulle, 1958–1969*. Paris: Fayard, 1998.
29. Dusan Sidjanski. *L'avenir fédéraliste de l'Europe*.
30. Stefano Bartolini. *Restructuring Europe: Centre formation, system building and political structuring between the nation‒state and the European Union*. Oxford: Oxford University Press, 2005.
31. François de Teyssier et Gilles Baudier. *La construction de l'Europe*. p.56.
32. Maxime Lefebvre. *La politique étrangère européenne*. 4e ed. Paris: PUF, 2024. pp.14‒17.
33. Hélène Delorme. ed. *La politique agricole commune, anatomie d'une transformation*. Paris: Presses de Sciences Po, 2004.
34. Ernest Haas. *Beyond the Nation–State: Functionalism and International Organization*. Stanford: Stanford University Press, 1964. p.111.
35. Wayne Sandholtz. *High–Tech Europe: The Politics of International Cooperation*. Berkeley: University of California Press, 1992.
36. *The Economist*. "Boeing's bruising year". Jan 27th 2025.
37. European Strategic Programme on Research in Information Technology.
38. Benjamin Constant. *De l'esprit de conquête et de l'usurpation*. Paris: Flammarion, 1986. pp.164‒168.

39. Nicolas Jabko. *Playing the Market: A Political Strategy for Uniting Europe, 1985–2005.* Ithaca: Cornell University Press, 2006.
40. Andrew Moravcsik. *The Choice for Europe:* pp.314–378.
41. Alain Supiot. *L'esprit de Philadelphie. La justice sociale face au Marché total.* Paris: Seuil, 2010. pp.30–31.
42. Christopher J. Bickerton. *European Integration: From Nation-States to Member States.* Oxford: Oxford University Press, 2012. p.125.
43. Giandomenico Majone. "CEE : Déréglementation ou re-réglementation? La conduite des politiques publiques depuis l'Acte Unique". Bruno Jobert. *Le tournant néo-libéral en Europe.* Paris: L'Harmattan, 1994. p.241.
44. Antoine Duval and Ben Van Rompuy. *The Legacy of Bosman. Revisiting the Relationship Between EU Law and Sport.* The Hague: Asser, 2016.
45. Tony Judt. *Postwar: A History of Europe since 1945.* London: Vintage, 2010. pp.627–633.
46. François de Teyssier et Gilles Baudier. *La construction de l'Europe.* pp.53–54.
47. Kathleen R. McNamara. *The Currency of Ideas: Monetary Politics in the European Union.* Ithaca: Cornell University Press, 1998.
48. Kathleen R. McNamara. *The Politics of Everyday Europe.*
49. Raymond Aron. *Paix et guerre entre les nations.* p.730.
50. François Foret. *Légitimer l'Europe. Pouvoir et symbolique à l'ère de la gouvernance.* Paris: Presses de Sciences Po, 2008. pp.264–266.
51. Bruno Karsenti. *Nous autres Européens.* p.25.
52. Jane Burbank and Frederick Cooper. *Empires in World History.*
53. Ulrich Beck and Edgar Grande. *Cosmopolitan Europe.* pp.12–15.
54. Marie Gaille. *Le citoyen.* Paris: Flammarion, 2018. p.212.
55. Victor Hugo. *Choses vues.* Paris: Gallimard, 2002.
56. Jan Zielonka. *Europe as Empire.* p.128.
57. Sylvain Gougenheim. *Le Moyen Age en questions.* p.123.
58. Max Weber. *Economy and Society.* pp.164–166.
59. Vladimir Ilich Lenin. *Imperialism, the Highest Stage of Capitalism.* Martino Fine Books, 2011.
60. Antonin Cohen. *Le régime politique de l'Union européenne.* p.54.
61. Paul Krugman. "Greece Over the Brink". *The New York Times.* June 29, 2015.
62. *The Economist.* "Which economy did best in 2024? Dec 10th 2024.
63. Paul Taylor. *The European Union in the 1990s.* Oxford: Oxford University Press, 1996. pp.82–97.
64. Antonin Cohen. *Le régime politique de l'Union européenne.* pp.17–22.
65. Jeffrey Lewis. "The Council of Ministers of the European Union". Finn Laursen., ed. *The Oxford Encyclopedia of European Union Politics.* Oxford: Oxford University Press, 2021. pp.488–522.
66. Ariadna Ripoll Servent and Christilla Roederer-Rynning. "The European Parliament in a Polity of a Different Kind." Finn Laursen. ed. *The Oxford Encyclopedia of European Union*

Politics.

67. Amie Kreppel. "Understanding the European Parliament from a Federalist Perspective: The Legislatures of the United States and European Union Compared." Anand Menon and Martin A. Schain. *Comparative Federalism: The European Union and the United States in Comparative Perspective.* Oxford: Oxford University Press, 2006.
68. Stefano Bartolini. *Restructuring Europe.*
69. Maxime Lefebvre. *La politique étrangère européenne.* pp.99 – 100.
70. Pierre Maillet et Dario Velo. *L'Europe à géométrie variable. Transition vers l'intégration.* Paris: L'Harmattan, 1994.
71. Frank Shimmelfennig. "Differentiated integration and European Union politics." Finn Laursen. ed. *The Oxford Encyclopedia of European Union Politics.* pp.652 – 666.
72. Derek Beach. "The constitutional treaty and European Union politics". Finn Laursen. ed. *The Oxford Encyclopedia of European Union Politics.* p.465.
73. 유럽연합의 민주화라는 주제에 대해서는 다음을 참고할 것. Nicolas Levrat. *La construction européenne est–elle démocratique?* Paris: La documentation française, 2012.
74. 유럽이 응급 상황에 해당되는 위기를 맞아 급속하게 정책 통합이 필요하다고 주장한다는 '최후 수단의 정치' 전략은 다음을 참고할 것. Jonathan White. *Politics of Last Resort. Governing by Emergency in the European Union.* Oxford: Oxford University Press, 2020.
75. Emmanuel Macron und Olaf Scholz. "Sieben strategische Ziele zur Stärkung Europas". *Frankfurter Allgemeine.* 20.01.2023.
76. Claude Lefort. *L'invention démocratique. Les limites de la domination totalitaire.* Paris: Fayard, 1983. pp.67 – 68.
77. Peter A. Hall and David Soskice. eds. *Varieties of Capitalism: The Institutional Foundations of Comparative Advantage.* Oxford: Oxford University Press, 2001.
78. Anu Bradford. *The Brussels Effect: How the European Union Rules the World.* Oxford: Oxford University Press, 2020. p.25.
79. R. Daniel Kelemen, Anand Menon and Jonathan Slapin. eds. *The European Union: Integration and Enlargement.* New York: Routledge, 2015.
80. Bart Gaens and G. Khandekar. eds. *Interregional relations and the Asia–Europe Meeting (ASEM).* Basingstoke: Macmillan, 2018.

8장 결론: 다양한 문법과 발명의 정치

1. Andrew Moravcsik. *The Choice for Europe.*
2. Ben Rosamond. *Theories of European Integration.* New York: St. Martin's Press, 2000.
3. Ernest Haas. *Beyond the Nation–State.*
4. Daron Acemoglu and James Robinson. *Why Nations Fail. The Origins of Power, Prosperity, and Poverty.* New York: Crown, 2012.
5. Samuel Huntington. *The Clash of Civilizations and the Remaking of World Order.* New York: Simon & Schuster, 1996.

6. Fernand Braudel. *La grammaire des civilisations.*
7. Bertrand Badie. *L'Etat importé.*
8. Reinhart Koselleck. *The Practice of Conceptual History: Timing History, Spacing Concepts.* Stanford: Stanford University Press, 2002.
9. Jan Zielonka. *Europe as Empire.*
10. Ernest Gellner. *Nations and Nationalism.*
11. Edgar Morin. *Penser l'Europe.* Paris: Gallimard, 1987.

참고문헌

곽준혁. 『마키아벨리 다시 읽기: 비지배를 꿈꾸는 현실주의자』. 민음사, 2014.
김인중. 『민족주의와 역사: 겔너와 스미스』. 아카넷, 2014.
박정재. 『한국인의 기원: 아프리카에서 한반도까지 기후가 만든 한국인의 역사』. 서울: 바다출판사, 2024.
임지현. 『희생자의식 민족주의: 고통을 경쟁하는 지구적 기억 전쟁』. 휴머니스트, 2021.
조홍식. 『문명의 그물: 유럽 문화의 파노라마』. 책과함께, 2019.
천광싱. 『제국의 눈』. 백지운 외 옮김. 창비, 2003.

Abbé de Saint Pierre. *Projet pour rendre la paix perpétuelle en Europe*. Paris: Fayard, 1986.
Acemoglu, Daron and James Robinson. *Why Nations Fail. The Origins of Power, Prosperity, and Poverty*. New York: Crown, 2012.
Allison, Graham. *Destined for War. Can America and China Escape Thucydides's Trap?* Boston: Mariner Books, 2018.
Alter, Karen. *Establishing the Supremacy of European Law*. Oxford: Oxford University Press, 2001.
Anderson, Benedict. *Imagined Communities. Reflections on the Origin and Spread of Nationalism*. London: Verso, 1991.
Arendt, Hannah. *Essai sur la révolution*. traduit par M. Chrestien. Paris: Gallimard, 1967.
Ariès, Philippe. *Le temps de l'Histoire*. Paris: Seuil, 1986.
Aristote. *Politique. in Oeuvres*. Paris: Gallimard, 2014.
Aron, Raymond. *Paix et guerre entre les nations*. Paris: Calmann–Lévy, 2004.
Aron, Raymond. *Penser la guerre, Clausewitz. I L'âge européen*. Paris: Gallimard, 1976.
Arrighi, Giovanni. *The Long Twentieth Century. Money, Power, and the Origins of Our Time*. London: Verso, 1994.
Attali, Jacques. *Les Juifs, le monde et l'argent. Histoire économique du peuple juif*. Paris:

Fayard, 2002.

Autrand, Françoise et Philippe Contamine. "Naissance de la France: Naissance de sa diplomatie. Le Moyen Age." Françoise Autrand et al. eds. *Histoire de la diplomatie française. I. Du Moyen Age à l'Empire*. Paris: Perrin, 2007.

Baczko, Bronislaw. "Le calendrier républicain. Décréter l'éternité". Pierre Nora. ed. *Les Lieux de mémoire. I*. Paris: Gallimard, 1997. pp.67–106.

Badie, Bertrand. *Les deux Etats. Pouvoir et société en Occident et en terre d'Islam*. Paris: Seuil, 1997.

Badie, Bertrand. *L'Etat importé. L'occidentalisation de l'ordre politique*. Paris: Fayard, 1992.

Balibar, Etienne. *Les frontières de la démocratie*. Paris: La Découverte, 1992.

Banks, Stephen. *Duels and Duelling*. Oxford: Shire Publications, 2012.

Bartolini, Stefano. *Restructuring Europe: Centre formation, system building and political structuring between the nation-state and the European Union*. Oxford: Oxford University Press, 2005.

Baschet, Jérôme. *La civilisation féodale. De l'an mil à la colonisation de l'Amérique*. Paris: Flammarion, 2018.

Bates, David. *The Normans and Empire*. Oxford: Oxford University Press, 2013.

Bayart, Jean-François. *L'Etat en Afrique. La politique du ventre*. Paris: Fayard, 1989.

Beard, Mary. *Emperor of Rome. Ruling the Ancient Roman World*. New York: Liveright, 2023.

Beard, Mary. *SPQR. A History of Ancient Rome*. London: Profile Books, 2016.

Beaurepaire, Pierre-Yves. *L'Europe des Lumières*. Paris: PUF, 2004.

Beck, Ulrich. translated by Ciaran Cronin. *Cosmopolitan Vision*. Cambridge: Polity Press, 2006.

Beck, Ulrich and Edgar Grande. *Cosmopolitan Europe*. Cambridge: Polity Press, 2007.

Bell, David A. and Yair Mintzker. eds. *Rethinking the Age of Revolutions: France and the Birth of the Modern World*. Oxford: Oxford University Press, 2018.

Bély, Lucien. "Les temps moderne (1515–1789)". Françoise Autrand et al. eds. *Histoire de la diplomatie française. I. Du Moyen Age à l'Empire*. Paris: Perrin, 2007.

Bendix, Reinhard. *Kings or People: Power and the Mandate to Rule*. Berkeley: University of California Press, 1978.

Béranger, Jean. *Histoire de l'empire des Habsbourg 1273–1665*. Paris: Tallandier, 2021.

Béranger, Jean. *Histoire de l'empire des Habsbourg 1665–1918*. Paris: Tallandier, 2021.

Berman, Harold J. *Law and Revolution. The Formation of the Western Legal Tradition*. Cambridge: Harvard University Press, 1983.

Berman, Harold J. *Law and Revolution II. The Impact of the Protestant Reformations on the Western Legal Tradition*. Cambridge: Harvard University Press, 2003.

Bernardi, Bruno. Textes choisis et présentés par. *La démocratie*. Paris: Flammarion, 1999.

Bickerton, Christopher J. *European Integration: From Nation–States to Member States*. Oxford: Oxford University Press, 2012.

Billig, Michael. *Banal Nationalism*. London: Sage, 1995.

Blin, Arnaud. *1648 La paix de Westphalie. Le nouvel ordre européen*. Paris: Taillandier, 2025.

Bloch, Marc. *Les rois thaumaturges. Etude sur le caractère surnaturel attribué à la puissance royale particulièrement en France et en Angleterre*. Paris: Librairie Istra, 1924.

Bloch, Marc. *La société féodale*. Paris: Albin Michel, 1994.

Blockmans, Wim. *A History of Power in Europe: People, Markets, States*. Antwerp: Fonds Mercator, 1997.

Bodin, Jean. *Les Six Livres de la République*. Paris: Le Livre de Poche, 1993.

Bogdan, Henry. *Histoire de l'Allemagne de la Germanie à nos jours*. Paris: Perrin, 2003.

Boisard, Pierre. *Camembert. Mythe national*. Paris: Calmann-Lévy, 1992.

Boorstin, Daniel J. *The Americans: The Colonial Experience*. New York: Vintage, 1958.

Borella, François. *Les partis politiques en Europe*. Paris: Seuil, 1984.

Bottéro, Jean. *Naissance de Dieu. La Bible et l'historien*. Paris: Gallimard, 1992.

Boucheron, Patrick et Denis Manjot. *La ville médiévale*. Paris: Seuil, 2003.

Boudon, Raymond. *L'idéologie ou l'origine des idées reçues*. Paris: Seuil, 1986.

Bourdieu, Pierre. *Sur l'Etat. Cours au Collège de France 1989–1992*. Paris: Seuil, 2012.

Bourdieu, Pierre et Jean-Claude Passeron. *Les héritiers. Les étudiants et la culture*. Paris: Editions de Minuit, 1964.

Bradford, Anu. *The Brussels Effect: How the European Union Rules the World*. Oxford: Oxford University Press, 2020.

Brague, Rémi. *Europe, la voie romaine*. Paris: Gallimard, 1999.

Braudel, Fernand. *La grammaire des civilisations*. Paris: Flammarion, 2013.

Breuilly, John. *Nationalism and the State*. Chicago: Chicago University Press, 1985.

Brubaker, Rogers. *Nationalism Reframed. Nationhood and the national question in the New Europe.* Cambridge: Cambridge University Press, 1996.

Bruneau, Michel. *Peuples–monde de la longue durée. Chinois, Indiens, Iraniens, Grecs, Juifs, Arméniens.* Paris: CNRS Editions, 2024.

Bull, Hedley. *The Anarchical Society. A Study of Order in World Politics.* 2nd ed. London: MacMillan, 1995.

Burbank, Jane and Frederick Cooper. *Empires in World History. Power and the Politics of Difference.* Princeton: Princeton University Press, 2010.

Burgess, Michael. *Comparative Federalism: Theory and Practice.* New York: Routledge, 2006.

Cabanes, Bruno. *Un histoire de la guerre. Du XIXe siècle à nos jours.* Paris: Seuil, 2018.

Carpentier, Jean et François Lebrun. eds. *Histoire de l'Europe.* Paris: Seuil, 1992.

Castoriadis, Cornelius. *Polis grecque et la création de la démocratie.* Paris: Seuil, 1990.

Chapoutot, Johann. *Histoire de l'Allemagne de 1806 à nos jours.* Paris: PUF, 2017.

Chapoutot, Johann. *La révolution culturelle nazie.* Paris: Gallimard, 2017.

Chapoutot, Johann. *La loi du sang. Penser et agir en nazi.* Paris: Gallimard, 2014.

Chapoutot, Johann. *Le nazisme et l'Antiquité.* Paris: Presses Universitaires de France, 2012.

Charle, Christophe et Jacques Verger. *Histoire des universités. XIIe–XXIe siècle.* Paris: PUF, 2012.

Chassaigne, Philippe. *Histoire de l'Angleterre. Des origines à nos jours.* Paris: Flammarion, 4e ed. 2021.

Chaumont, Jean-Michel. *La concurrence des victimes. Génocide, identité, reconnaissance.* Paris: La Découverte, 2010.

Christopher, Jordan Thomas. *The Pioneer Kingdoms of Macedon and Qin. A Triumph of the Periphery.* Cambridge: Cambridge University Press, 2025.

Cicéron. traduit par Charles Appunh. *De la République.* Paris: Flammarion, 1965.

Clausewitz. traduit par Jean-Baptiste Neuens. *De la guerre. Livre 1.* Paris: Flammarion, 2014.

Cohen, Antonin. *Le régime politique de l'Union européenne.* Paris: La Découverte, 2025.

Colley, Linda. *Britons. Forging the Nation 1707–1837.* New Haven: Yale University Press, 2014.

Constant, Benjamin. *De l'esprit de conquête et de l'usurpation.* Paris: Flammarion, 1986.

Corbin, Alain. ed. *Histoire du christianisme.* Paris: Seuil, 2007.

Cornette, Joël. *Le Roi absolu. Une obsession française 1515–1715.* Paris: Tallandier, 2023.

Cornette, Joël. ed. *La Monarchie. Entre Renaissance et Révolution 1515–1792.* Paris: Seuil.

Cottret, Bernard. *La révolution anglaise 1603–1660.* Paris: Perrin, 2018.

Cottret, Bernard. *La Glorieuse Révolution d'Angleterre 1688.* Paris: Gallimard, 2013.

Cottret, Bernard. *Histoire de la Réforme protestante. Luther, Calvin, Wesley XVIe–XVIIIe siècle.* Paris: Perrin, 2001.

Coudenhove-Kalergi, Richard N. traduit par Volker Klostius et Jean Spiri. *Pan-Europa.* Paris: Cent Mille Milliards, 2019.

David, Jean-Michel. *La République romaine. De la deuxième guerre punique à la bataille d'Actium (218–31 av. J.–C.).* Paris: Seuil, 2000.

de Libera, Alain. *La philosophie médiévale.* 3e ed. Paris: PUF, 1993.

de Romilly, Jacqueline. *Pourquoi la Grèce?* Paris: Editions de Fallois, 1992.

de Senarclens, Pierre. *Le nationalisme. Le passé d'une illusion.* Paris: Armand Colin, 2010.

de Teyssier, François et Gilles Baudier. *La construction de l'Europe. Culture, espace, puissance.* 8e ed. Paris: PUF, 2023.

de Vogt, Christophe. *Histoire des Pays-Bas.* Paris: Fayard, 2003.

Delorme, Hélène. ed. *La politique agricole commune, anatomie d'une transformation.* Paris: Presses de Sciences Po, 2004.

Diamond, Jared. *Guns, Germs, and Steel: The Fates of Human Societies.* New York: W. W. Norton, 1999.

Diehl, Charles. *La République de Venise.* Paris: Flammarion, 1985.

Dietschy, Paul. *Histoire du football.* Paris: Perrin, 2010.

Doan, Raphaël. *Le rêve de l'assimilation. De la Grèce antique à nos jours.* Paris: Humensis, 2023.

Dumont, Louis. *Essai sur l'individualisme.* Paris: Seuil, 1983.

Durand, Jean-Dominique. *L'Europe de la démocratie chrétienne.* Bruxelles: Editions Complexe, 1995.

Duval, Antoine and Ben Van Rompuy. *The Legacy of Bosman. Revisiting the Relationship Between EU Law and Sport.* The Hague: Asser, 2016.

Duval, Guillaume. *Made in Germany. Le modèle allemand au–delà des mythes.* Paris: Seuil, 2014.

Duverger, Maurice. *La monarchie républicaine – ou comment les démocraties se donnent des rois.* Paris: Robert Laffont, 1974.

EPP Group. *A Europe without Christian values would be a Europe without soul.* 16.06.2023. (검색일 2025.7.4.: https://www.eppgroup.eu/newsroom/a-europe-without-christian-values-would-be-a-europe-without-a-soul)

Epstein, David and Sharyn O'Halloran. *Delegating Powers.* New York: Cambridge University Press, 1999.

Flori, Jean. *Guerre sainte, jihad, croisade. Violence et religion dans le christianisme et l'islam.* Paris: Seuil, 2002.

Foret, François. *Légitimer l'Europe. Pouvoir et symbolique à l'ère de la gouvernance.* Paris: Presses de Sciences Po, 2008.

Francfort, Didier. *Le Chant des Nations. Musiques et Cultures en Europe, 1870–1914.* Paris: Hachette, 2004.

Fukuyama, Francis. *The Origins of Political Order. From Prehuman Times to the French Revolution.* New York: Farrar, Straus and Giroux, 2011.

Gaens, Bart and G. Khandekar. eds. *Interregional relations and the Asia–Europe Meeting (ASEM).* Basingstoke: Macmillan, 2018.

Gaille, Marie. *Le citoyen.* Paris: Flammarion, 2018.

Gallo, Max. *François Ier. Roi de France, Roi–Chevalier prince de la Renaissance française 1494–1547.* Paris: XO, 2014.

Geary, Patrick. *Before France and Germany: The Creation and Transformation of the Merovingian World.* Oxford: Oxford University Press, 1988.

Gellner, Ernest. *Nationalism.* New York: New York University Press, 1997.

Gellner, Ernest. *Nations and Nationalism.* Ithaca: Cornell University Press, 1983.

George, Stephen. *An Awkward Partner: Britain in the European Community.* New York: Oxford University Press, 1990.

Gerbet, Pierre. *La Construction de l'Europe.* Paris: Imprimerie Nationale, 1983.

Gernet, Louis. *Droit et institutions en Grèce antique.* Paris: Flammarion, 1982.

Gicquel, Jean et André Hauriou. *Droit constitutionnel et institutions politiques.* Paris: Montchrestien, 1985.

Girard, René. *Les origines de la culture.* Paris: Pluriel, 2004.

Godechot, Jacques. *La Grande nation. L'expansion révolutionnaire de la France dans le monde de 1789 à 1799*. Paris: Aubier, 2004.

Goetzmann, William N. *Money Changes Everything. How Finance Made Civilization Possible*. Princeton; Princeton University Press, 2016.

Goody, Jack. *The Development of the Family and Marriage in Europe*. Cambridge: Cambridge University Press, 1983.

Gougenheim, Sylvain. *Le Moyen Age en questions*. Paris: Tallandier, 2019.

Greenfeld, Liah. *Nationalism: Five Roads to Modernity.* Cambridge: Harvard University Press, 1992.

Grobois, Thierry. "Benelux". Pierre Gerbet. ed. *Dictionnaire historique de l'Europe unie*. Paris: André Versaille, 2009.

Grotius, Hugo. *Le Droit de la guerre et de la paix*. Vol.1. Paris: Guillaumin, 1867.

Guy, Kolleen M. *When Champagne Became French: Wine and the Making of a National Identity.* Baltimore: Johns Hopkins University Press, 2003.

Haas, Ernest. *Beyond the Nation-State: Functionalism and International Organization*. Stanford: Stanford University Press, 1964.

Hall, Peter A. and David Soskice. eds. *Varieties of Capitalism: The Institutional Foundations of Comparative Advantage*. Oxford: Oxford University Press, 2001.

Hanson, Victor Davis. *The Other Greeks. The Family Farm and the Agrarian Roots of Western Civilization*. Berkeley: University of California Press, 1999.

Hardt, Michael and Antonio Negri. *Empire*. Cambridge: Harvard University Press, 2000.

Hart, Marie Louise. *The Art of Ancient Greek Theater*. Los Angeles: J. Paul Getty Museum, 2010.

Hatzenberger, Antoine. *La liberté*. Paris: Flammarion, 1999.

Hegel, G. W. F. traduit par K. Papaioannu. *La Raison dans l'histoire: introduction à la philosophie de l'histoire*. Paris: Plon, 1965.

Hermet, Guy. *Histoire des nations et du nationalisme en Europe*. Paris: Seuil, 1996.

Hobbes, Thomas. *Leviathan, or The Matter, Forme and Power of a Common-Wealth Ecclesiastical and Civill*. Oxford: Oxford University Press, 2012.

Hobsbawm, Eric and Terence Ranger. eds. *The Invention of Tradition*. Cambridge: Cambridge University Press, 1992.

Hobsbawm, Eric. *Nations and Nationalism since 1780. Programme, Myth, Reality.* 2nd ed. Cambridge: Cambridge University Press, 1990.

Holland, Tom. *Dominion. The Making of the Western Mind.* London: Abacus, 2019.

Homère. *Odyssée.* Paris: Gallimard, 1955.

Hooghe, Liesbet and Gary Marks. *Multi–Level Governance and European Integration.* Oxford: Rowman and Littlefield, 2002.

Hugo, Victor. *Choses vues.* Paris: Gallimard, 2002.

Huizinga, Johan, *Homo Ludens. A Study of the Play–Element in Culture.* Mansfield Centre: Martino, 2014.

Huntington, Samuel. *The Clash of Civilizations and the Remaking of World Order.* New York: Simon & Schuster, 1996.

Ismard, Paulin. *La démocratie contre les experts. Les esclaves publics en Grèce ancienne.* Paris: Seuil, 2015.

Israel, Jonathan I. *The Dutch Republic: Its Rise, Greatness, and Fall 1477–1806.* Oxford: Clarendon Press, 1995.

Jabko, Nicolas. *Playing the Market: A Political Strategy for Uniting Europe, 1985–2005.* Ithaca: Cornell University Press, 2006.

Jacquemin, Anne. *La Grèce classique. 510–336 av. J.–C.* Paris: Ellipses, 2016.

Jobert, Bruno. *Le tournant néo–libéral en Europe.* Paris: L'Harmattan, 1994.

Judt, Tony. *Postwar: A History of Europe since 1945.* London: Vintage, 2010.

Jullien, François. *De l'universel. De l'uniforme, du commun et du dialogue entre les cultures.* Paris: Arthème Fayard, 2008.

Kant, Emmanuel. traduit par A. Renaut. *Métaphysique des moeurs.* Paris: Flammarion, 1994.

Kant, Emmanuel. traduit par Jean–François Poirier et Françoise Proust. *Vers la paix perpétuelle.* Paris: Flammarion, 2025.

Kantorowicz, Ernst. *The King's Two Bodies. A Study in Medieval Political Theology.* Princeton: Princeton University Press, 2016.

Karsenti, Bruno. *Nous autres Européens. Dialogue philosophique avec Bruno Latour.* Paris: PUF, 2024.

Kelemen, R. Daniel, Anand Menon and Jonathan Slapin. eds. *The European Union: Integration and Enlargement.* New York: Routledge, 2015.

Kennedy, Paul. *The Rise and Fall of the Great Powers. Economic Change and Military Conflict from 1500 to 2000.* New York: Random House. 1988.

Keohane, Robert O. and Stanley Hoffmann. eds. *The New European Community: Decisionmaking and Institutional Change*. Boulder: Westview Press, 1991.

Kerautret, Michel. *Histoire de la Prusse*. Paris: Seuil, 2005.

Koselleck, Reinhart. *The Practice of Conceptual History: Timing History, Spacing Concepts*. Stanford: Stanford University Press, 2002.

Krasner, Stephen D. ed. *International Regimes*. Ithaca: Cornell University Press, 1983.

Krugman, Paul. "Greece Over the Brink". *The New York Times*. June 29, 2015.

Labourdette, Jean‑François. *Histoire du Portugal*. Paris: Fayard, 2000.

Laski, Harold J. *A Grammar of Politics*. 4th ed. London: George Allen & Unwin, 1938.

Laursen, Finn. ed. *The Oxford Encyclopedia of European Union Politics*. Oxford: Oxford University Press, 2021.

Le Cour Grandmaison, Olivier. *La République impériale. Politique et racisme d'Etat*. Paris: Fayard, 2009.

Le Goff, Jacques. *L'Europe est‑elle née au Moyen Age?* Paris: Seuil, 2003.

Lefebvre, Maxime. *La politique étrangère européenne*. 4e ed. Paris: PUF, 2024.

Lefèvre, François. *Histoire du monde grec antique*. Paris: Librairie Générale Française, 2007.

Lefort, Claude. *L'invention démocratique. Les limites de la domination totalitaire*. Paris: Fayard, 1983.

Leibniz, Gottfried Wilhelm. *Essais de théodicée sur la bonté de Dieu, la liberté de l'homme et l'origine du mal*. Paris: Garnier‑Flammarion, 1969.

Lenin. Vladimir Ilich. *Imperialism, the Highest Stage of Capitalism*. Martino Fine Books, 2011.

Levrat, Nicolas. *La construction européenne est‑elle démocratique?* Paris: La documentation française, 2012.

Lignereux, Aurélien. *L'Empire des Français 1799–1815*. Paris: Seuil, 2012.

Liverani, Mario. traduit par Viviane Dutaut. *La bible et l'invention de l'histoire. Histoire ancienne d'Israël*. Paris: Gallimard, 2008.

Locke, John. *Traité du gouvernement civil*. Paris: Flammarion, 1992.

López‑Ruiz, Carolina. *Phoenicians and the Making of the Mediterranean*. Cambridge: Harvard University Press, 2024.

Ma, John. *Polis. A New History of the Ancient Greek City–State from the Early Iron Age to the End of Antiquity*. Princeton: Princeton University Press, 2024.

Macron, Emmanuel und Olaf Scholz. "Sieben strategische Ziele zur Stärkung Europas". *Frankfurter Allgemeine*. 20.01.2023.

Madison, James. *The Federalist Papers*. No.39.

Maillet, Pierre et Dario Velo. *L'Europe à géométrie variable. Transition vers l'intégration*. Paris: L'Harmattan, 1994.

Mairet, Gérard. *Qu'est–ce que la souveraineté?* Paris: Gallimard, 2024.

Majone, Giandomenico. "CEE : Déréglementation ou re-réglementation? La conduite des politiques publiques depuis l'Acte Unique". Bruno Jobert. *Le tournant néo-libéral en Europe*. Paris: L'Harmattan, 1994.

Manent, Pierre. *Les métamorphoses de la cité. Essai sur la dynamique de l'Occident*. Paris: Flammarion, 2012.

Manent, Pierre. *Cours familier de philosophie politique*. Paris: Fayard, 2001.

Manent, Pierre. *Histoire intellectuelle du libéralisme. Dix leçons*. Paris: Calmann Lévy, 1987.

Marshall, Barbara. "German Migration Policies". Gordon Smith et al. eds. *Developments in German Politics*. London: MacMillan, 1992. pp.247–263.

Martin, Thomas R. *Ancient Greece: From Prehistoric to Hellenistic Times*. New Haven: Yale University Press, 2013. 『고대 그리스사』. 이종인 옮김. 책과함께. 2015.

Martin, Thomas R. *Ancient Rome: From Romulus to Justinian*. New Haven: Yale University Press, 2012. 『고대 로마사』. 이종인 옮김. 책과함께. 2015.

Mauss, Marcel. *La nation*. Paris: PUF, 2013.

Mayeur, Jean–Marie. *Catholicisme social et démocratie chrétienne. Principes romains, expériences françaises*. Paris: Cerf, 1986.

Mayeur, Jean–Marie. *Les débuts de la IIIe République 1871–1898*. Paris: Seuil, 1973.

McNamara, Kathleen R. *The Politics of Everyday Europe: Constructing Authority in the European Union*. Oxford: Oxford University Press, 2015.

McNamara, Kathleen R. *The Currency of Ideas: Monetary Politics in the European Union*. Ithaca: Cornell University Press, 1998.

McNeil, William. *The Pursuit of Power. Technology, Armed Force, and Society since AD 1000*. Chicago: University of Chicago Press, 1982.

Mendras, Henri. *L'Europe des Européens*. Paris: Folio, 1997.

Menon, Anand and Martin A. Schain. *Comparative Federalism: The European Union and the United States in Comparative Perspective*. Oxford: Oxford University Press, 2006.

Milza, Pierre. *Histoire d'Italie. Des origines à nos jours.* Paris: Fayard, 2005.

Mokyr, Joel. *A Culture of Growth. The Origins of the Modern Economy.* Princeton: Princeton University Press, 2016.

Monnet, Jean. *Mémoires.* Paris: Fayard, 1976.

Montesquieu. *De l'esprit des lois.* Paris: Flammarion, 1997.

Moravcsik, Andrew. *The Choice for Europe: Social Purpose and State Power from Messina to Maastricht.* Ithaca: Cornell University Press, 1998.

Morin, Edgar. *Penser l'Europe.* Paris: Gallimard, 1987.

Müller, Jan-Werner. *Qu'est-ce que le populisme?* Paris: Gallimard, 2016.

Musiani, Elena. *Faire une nation. Les Italiens et l'unité (XIXe–XXIe siècle).* Paris: Gallimard, 2018.

Nicollier, Béatrice. *Le Saint Empire romain germanique au temps des confessions (1495–1648).* Paris: Ellipses, 2022.

Nourry, Philippe. *Histoire de l'Espagne. Des origines à nos jours.* Paris: Taillandier, 2015.

Ory, Pascal. *Qu'est-ce qu'une nation? Une histoire mondiale.* Paris: Gallimard, 2020.

Ozouf, Mona. *L'Ecole, l'Eglise et la République (1871–1914).* Paris: Cana, 1982.

Paga, Jessica. *Building Democracy in Late Archaic Athens.* Oxford: Oxford University Press, 2021.

Pastoureau, Michel et Gaston Duchet-Suchaux. *La Bible et les saints.* Paris: Flammarion, 2017.

Paterson, William E. "Gulliver Unbound: The Changing Context of Foreign Policy". Gordon Smith et al. eds, *Developments in German Politics.* London: MacMillan, 1992. pp.137-152.

Pirenne, Henri. *Mahomet et Charlemagne.* Paris: Perrin, 2016.

Pirlot, Jean A. *Symphonie Europa.* Paris: Robert Laffont, 1984.

Platon. traduit par R. Baccou. *La République.* Paris: Flammarion, 1966.

Polanyi, Karl. *The Great Transformation. The Political and Economic Origins of Our Time.* Boston: Beacon Press, 1957.

Polybe. traduit par Denis Roussel. *Histoire.* Paris: Gallimard, 2003.

Pomian, Krzysztof. "Francs et Gaulois". Pierre Nora. *Les lieux de mémoire 2.* Paris: Gallimard, 1997. pp.2245-2300.

Quermonne, Jean-Louis. *Le système politique européen.* Paris: Montchrestien, 1993.

Rémond, René. *Les droites en France.* Paris: Aubier Montaigne, 1992.

Renan, Ernest. *Qu'est–ce qu'une nation?* Paris: Calmann – Lévy, 1882.

Rifkin, Jeremy. *The European Dream: How Europe's Vision of the Future Is Quietly Eclipsing the American Dream.* London: Penguin Books, 2004.

Ritzer, George. *The McDonaldization of Society.* London: Sage, 2007.

Rosamond, Ben. *Theories of European Integration.* New York: St. Martin's Press, 2000.

Rosanvallon, Pierre. *Le siècle du populisme. Histoire, théorie, critique.* Paris: Seuil, 2020.

Rosanvallon, Pierre. *La démocratie inachevée. Histoire de la souveraineté du peuple en France.* Paris: Gallimard, 2000.

Rosanvallon, Pierre. *Le sacre du citoyen. Histoire du suffrage universel en France.* Paris: Gallimard, 1992.

Rousseau, Jean – Jacques. *Du contrat social.* Paris: Flammarion, 1992.

Rouvillois, Frédéric. *Le droit.* Paris: Flammarion, 1999.

Rovan, Joseph. *Histoire de l'Allemagne, des origines à nos jours.* Paris: Seuil, 1999.

Saint Augustin. traduit par L. Moreau. *La Cité de Dieu.* Paris: Seuil, 1994.

Sandel, Michael J. *The Tyranny of Merit. What's Become of the Common Good?* New York: Farrar, Straus and Giroux, 2020.

Sandholtz, Wayne. *High–Tech Europe: The Politics of International Cooperation.* Berkeley: University of California Press, 1992.

Sbragia, Alberta M. *Euro–Politics: Institutions and Policymaking in the "New" European Community.* Washington D.C.: The Brookings Institution, 1992.

Schama, Simon. *The Embarrassment of Riches. An Interpretation of Dutch Culture in the Golden Age.* New York: Knopf, 1987.

Scheidel, Walter. *State Power in Ancient China and Rome.* Oxford: Oxford University Press, 2015.

Schnapper, Dominique. *La Communauté des citoyens. Sur l'idée moderne de la nation.* Paris: Gallimard, 1994.

Sidjanski, Dusan. *L'avenir fédéraliste de l'Europe. La Communauté européenne des origines au traité de Maastricht.* Paris: PUF, 1992.

Smith, Andy. *Le gouvernement de l'Union européenne: une sociologie politique.* Paris: LGDJ, 2010.

Smith, Anthony D. *Nationalism.* 2nd ed. Cambridge: Polity Press, 2010.

Smith, Anthony D. *The Antiquity of Nations.* Cambridge: Polity Press, 2004.

Smith, Anthony D. *The Ethnic Origins of Nations.* London: Wiley – Blackwell, 1991.

Soleil, Sylvain. ed. H*istoire des institutions publiques Xe–XIXe siècle.* Paris: Flammarion, 2024.

Spector, Benjamin. *La société.* Paris: Flammarion, 2000.

Spector, Cécile. L*e pouvoir.* Paris: Flammarion, 1997.

Stein, Peter. R*oman Law in European History.* Cambridge: Cambridge University Press, 1999.

Supiot, Alain. *L'esprit de Philadelphie. La justice sociale face au Marché total.* Paris: Seuil, 2010.

The Economist. "Boeing's bruising year". Jan 27th 2025.

The Economist. "Which economy did best in 2024?" Dec 10th 2024.

The Economist. "Europe's monarchies are a study in dignified inanity". Jan 18th 2024.

The Economist. "The death of Elizabeth II marks the end of an era". Sep 8th 2022.

The Economist. "Everyone is Charlie". Jan 11th 2015.

Thireau, Jean‒Louis. *Introduction historique au droit.* 3e ed. Paris: Flammarion, 2001.

Taylor, Paul. T*he European Union in the 1990s.* Oxford: Oxford University Press, 1996.

Thiesse, Anne‒Marie. *La création des identités nationales. Europe XVIIIe–XIXe siècles.* Paris: Seuil, 2001.

Tilly, Charles. *Coercion, Capital, and European States, AD 990–1992.* Cambridge: Blackwell, 1992.

Tourme‒Jouannet, Emmanuelle. *Le droit international.* Paris: PUF, 2016.

Vaïsse, Maurice. *La grandeur. Politique étrangère du général de Gaulle, 1958–1969.* Paris: Fayard, 1998.

Veyne, Paul. *Quand notre monde est devenu chrétien (312–394).* Paris: Livre de Poche, 2010.

Veyne, Paul. *L'Empire gréco–romain.* Paris: Seuil, 2005.

Veyne, Paul. *La société romaine.* Paris: Seuil, 2001.

Veyne, Paul. "L'Empire romain". Philippe Ariès et Georges Duby. *Histoire de la vie privée. 1. De l'Empire romain à l'an mil.* Paris: Seuil, 1999. pp.11‒213.

Veyne, Paul. *Le pain et le cirque. Sociologie historique d'un pluralisme politique.* Paris: Seuil, 1976.

Weber, Eugen. *Peasants into Frenchmen. The Modernization of Rural France, 1870–1914.* Stanford: Stanford University Press, 1976.

Weber, Max. *Economy and Society.* Berkeley: University of California Press, 1978.

Wendt, Alexander. *Social Theory of International Politics.* Cambridge: Cambridge University Press, 1999.

White, Jonathan. *Politics of Last Resort. Governing by Emergency in the European Union.* Oxford: Oxford University Press, 2020.

Wood, Gordon S. *The Creation of the American Republic 1776–1787.* Chapel Hill: The University of North Carolina Press, 1998.

Wood, Gordon S. *The Radicalism of the American Revolution.* New York: Vintage Books, 1993.

Zakaria, Fareed. *Age of Revolutions: Progress and Backlash from 1600 to the Present.* New York: W. W. Norton & Company, 2024.

Zielonka, Jan. *Europe as Empire: The Nature of the Enlarged European Union.* Oxford: Oxford University Press, 2006.

찾아보기

『1648 베스트팔렌의 평화: 새로운 유럽 질서1648 La paix de Westphalie: Le nouvel ordre européen』 346

ㄱ

『거대한 전환The Great Transformation』 419

겔너, 어니스트Ernest Gellner 21, 365, 393, 415~416, 420

고르기아스Gorgias 73

『공화국에 관하여Les Six Livres de la République』 298

『공화주의 왕정La monarchie républicaine』 357

『국가Politeia』 47, 62, 425

『국가론De Republica』 126

『군주론Il Principe』 164

그레고리우스 7세Gregorius VII 207, 214

ㄴ

나폴레옹 1세Napoléon I 85, 161, 168, 303~304, 312~313, 315~316, 352, 383, 393, 396, 406, 446

나폴레옹 3세Napoléon III 168, 170

『네이션의 종족적 기원The Ethnic Origins of Nations』 365

『네이션이란 무엇인가Qu'est-ce qu'une nation?』 403

『농부에서 프랑스인으로Peasants into Frenchmen』 411

누마 폼필리우스Numa Pompilius 129

ㄷ

『도미니언Dominion』 180, 251

『독일 국민에게 고함Reden an die deutsche Nation』 387

뒤몽, 루이Dumont, Louis 235~237

뒤베르제, 모리스Duverger, Maurice 357

드 로미이, 자클린de Romilly, Jacqueline 70, 79

ㄹ

라이프니츠, 고트프리트 빌헬름 폰Leibniz, Gottfried Wilhelm von 237

레인저, 테런스Ranger, Terence 341

로물루스Romulus 106, 112, 128~129, 134, 138, 143, 145, 191

로장발롱, 피에르Rosanvallon, Pierre 171, 437

루돌프 1세Rudolf I 309

루소, 장자크Rouseau, Jean Jacques 126, 165, 216, 357, 542

루이 14세Louis XIV 268, 292, 336

루크레티아Lucretia 113, 131

루키우스 유니우스 브루투스Lucius Junius Brutus 114

루키우스 타르퀴니우스 수페르부스Lucius Tarquinius Superbus 113, 131

루키우스 타르퀴니우스 프리스쿠스Lucius Tarquinius Priscus 129, 131, 151

루터, 마르틴Luther, Martin 220, 246, 248~249

르낭, 에른스트Renan, Ernest 403

르펜, 마린Le Pen, Marine 480, 522

르포르, 클로드Lefort, Claude 524~526

『리바이어던Leviathan or The Matter, Forme and Power of a Common-Wealth Ecclesiastical and Civill』 292, 298, 300

ㅁ

마낭, 피에르Manent, Pierre 66, 69~70, 77, 180

마르크스, 카를Marx, Karl 19, 121, 225, 245, 251~252, 254~256, 525

마리아 테레지아Maria Theresia 234

마치니, 주세페Mazzini, Giuseppe 394

마크롱, 에마뉘엘Macron, Emmanuel 524

마키아벨리, 니콜로Machiavelli, Niccoló 76, 164~165, 173, 226

망드라스, 앙리Mendras, Henri 136, 155, 238

멜로니, 조르자Meloni, Giorgia 480~481, 522

모네, 장Monnet, Jean 461, 463~464

몽테스키외, 샤를 루이 드 세콩다Montesquieu, Charles Louis de Secondat 95~96, 429~430

『문명의 문법La grammaire des civilisations』 538

『문명의 충돌The Clash of Civilizations and the Remaking of World Order』 537

ㅂ

바르톨리니, 스테파노Bartolini, Stefano 483

배젓, 월터Bagehot, Walter 355

『백과전서』 254

버먼, 해럴드Berman, Harold J. 213~215

『법과 혁명Law and Revolution』 213

『베네치아 공화국La République de Venise』 163

베버, 막스Weber, Max 16, 293, 311, 324, 511, 519

벤, 폴Veyne, Paul 88, 90, 109, 127, 194, 230

벤딕스, 라인하르트Bendix, Reinhard 271, 274

『변신론辯神論, Essais de Theodicee』 237

보댕, 장Bodin, Jean 76, 126, 291~292, 298, 300, 330, 344, 542

『봉건사회La société féodale』 280

부르디외, 피에르Bourdieu, Pierre 324, 332

브라그, 레미Brague, Rémi 90, 141

브로델, 페르낭Braudel, Fernand 538

블랭, 아르노Blin, Arnaud 346

블로크, 마르크Bloch, Marc 280

비스마르크, 오토 에두아르트 레오폴트Bismarck, Otto Eduard Leopold 386

ㅅ

『상상의 공동체Imagined Communities』 371

『상식Common Sense』 382

생피에르, 아베 드Saint-Pierre, Abbé de 460

샤를마뉴Charlemagne 161~162, 205, 281, 305~306, 313, 326

섹스투스 타르퀴니우스Sextus Tarquinius 113, 131

상고르, 레오폴 세다르Senghor, Léopold Sédar 434

소小아그리피나Julia Agrippina 231

소크라테스Socrates 56~58, 71, 78, 83

소포클레스Sophocles 44, 79~80, 134

숄츠, 올라프Scholz, Olaf 524

슈만, 로베르Schuman, Robert 456, 461

스미스, 앤서니Smith, Anthony D. 365, 436

시잔스키, 뒤상Sidjanski, Dusan 458

실베스테르 2세Silvester II 281

ㅇ

아나카르시스 클루츠Anacharsis Cloots 433
아데나워, 콘라트Adenauer, Konrad 461, 463
아리스토텔레스Aristoteles 16, 30, 33, 46~49, 58, 60, 64, 75, 85, 98, 125~126, 191, 211, 290, 530~531, 541
아우구스투스Augustus 107, 118, 152, 168
아우구스티누스, 아우렐리우스Augustinus, Aurelius 126, 181, 197~198, 541
아퀴나스, 토마스Aquinas, Thomas 126, 210~211, 218, 541
안쿠스 마르키우스Ancus Marcius 129, 151
『안티고네Antigone』 80
알렉산드로스Alexandros 51~53, 84~87, 91, 99, 138, 140, 159, 189, 190~191, 198, 279
앙리 2세Henri II 277
앤더슨, 베니딕트Anderson, Benedict 371, 381, 414
엘리자베스 1세Elizabeth I 268, 355
엘리자베스 2세Elizabeth II 267~268, 270, 273
『역사Historiai』 33, 35, 62, 109
『영구 평화론Zum ewigen Frieden』 460, 506
『영웅전Bioi Paralleloi』 43
『오디세이아Odysseia』 33, 66, 70, 538
오르반, 빅토르Orbán, Viktor 310, 522
오리, 파스칼Ory, Pascal 439~440
『왕의 두 신체The King's Two Bodies』 289
『왕이냐 인민이냐Kings or People』 271
우르바노 2세Urbano II 218
우푸에 부아니, 펠릭스Houphouët-Boigny, Félix 435
웨버, 유진Weber, Eugen 411
위고, 빅토르Hugo, Victor 460, 506, 542
윌리엄 정복왕(윌리엄 1세)William I 21
『유럽의 연방주의적 미래L'avenir fédéraliste de l'Europe』 458
『유럽의 영구 평화를 위한 계획Projet pour rendre la paix perpétuelle en Europe』 460
『유럽의 재조정: 중심 형성, 시스템 건설, 그리고 네이션 스테이트와 유럽연합 간의 정치 구조화
Restructuring Europe: Centre formation, system building and political structuring between the nation-state

and the European Union』 483

『유럽인의 유럽L'Europe des Européens』 180

유스티니아누스 1세Justinianus I 137

이소크라테스Isocrates 73

이슈트반István I 281~282

『이탈리아인을 향한 호소문Faire une nation』 394

인노켄티우스 4세Innocentius IV 308

『일리아스Ilias』 33, 66~67, 69~70, 200, 238, 272, 538

ㅈ

『전쟁과 평화의 법Le Droit de la guerre et de la paix』 443

『전쟁론De la guerre』 445~446

『전통의 발명The Invention of Tradition』 341

『정치학Politics』 30, 530

제임스 1세James I 248, 311~312, 355

제임스 2세James II 301, 304, 377

조지 1세George I 302

조지 5세George V 318

쥘리앵, 프랑수아Jullien, François 77~79

지라르, 르네Girard, René 220, 222

지스카르 데스탱, 발레리Giscard d'Estaing, Valéry 167

ㅊ

찰스 1세Charles I 292, 296, 299~301, 304

찰스 2세Charles II 301, 304

찰스 3세Charles III 267~268

ㅋ

카라칼라Caracalla 133~134, 138

카르센티, 브루노Karsenti, Bruno 341, 468

카를로스 5세Carolus V 346~347

카스토리아디스, 코르넬리우스Castoriadis, Cornelius 74, 77

카이사르, 율리우스Caesar, Julius 107, 110, 114, 117~118, 152, 168, 191, 223, 227, 236, 242, 288, 312, 314

칸토로비치, 에른스트Kantorowicz, Ernst 289, 350

칸트, 이마누엘Kant, Immanuel 96, 424, 460, 506, 542

케네디, 존 F.Kennedy, John F. 173~174

코시치우슈코, 타데우시Kościuszko, Tadeusz 433

콘스탄티누스Constantinus 89, 92, 193~199

클라우제비츠, 카를 폰Clausewitz, Karl von 445~446, 448

키케로, 마르쿠스 툴리우스Cicero, Marcus Tullius 116, 125~126, 174, 197~198, 219, 541

ㅌ

태양왕(루이 14세)Louis XIV 302~303

테오도시우스Theodosius 196

투키디데스Thucydides 33, 63~64, 225

툴루스 호스틸리우스Tullus Hostillius 129, 151

ㅍ

페리클레스Perikles 73

페인, 토머스Paine, Thomas 382, 432

『펠로폰네소스 전쟁사The Peloponnesian War』 33

펠리페 2세Felipe II 375

폴라니, 칼Polanyi, Karl 239, 419~420

폴리비오스Polybios 109, 125~126, 197, 541

『폴리스의 변신Les metamorphoses de la cité』 66

프란츠 2세Franz II 313

프란츠 요제프Franz Joseph I 268

프랑수아 1세François I 347

프리드리히 2세Friedrich II 308

프리드리히 3세Friedrich III 309, 312, 329

플라톤Platon 33, 46~47, 56~58, 62, 64, 75, 79, 83, 96, 98, 125~126, 134, 191, 425, 541

플루타르코스Ploutarchos 43, 191

『피해자의 경쟁La concurrence des victimes』 222

피히테, 요한 고틀리프Fichte, Johann Gottlieb 387

ㅎ

하위징아, 요한Huizinga, Johan 340, 345, 348

하인리히 4세Heinrich IV 207~208

핸슨, 빅터 데이비스Hanson, Victor Davis 60

헌팅턴, 새뮤얼Huntington, Samuel 537

헤겔, 게오르크 빌헬름 프리드리히Hegel, Georg Wilhelm Friedrich 19, 388

헤라클레이토스Heracleitos 61, 78

헤로도토스Herodotos 33~35, 47, 62, 64, 225

헨리 8세Henry VIII 246~247

호메로스Homeros 33, 65~66, 68~70, 77~79, 538

홀랜드, 톰Holland, Tom 251

홉스, 토머스Hobbes, Thomas 76, 126, 292, 298~300, 330~331, 344, 404, 437, 542

홉스봄, 에릭Hobsbawm, Eric 341

후쿠야마, 프랜시스Fukuyama, Francis 204, 212, 236~237, 326~327, 337

흄, 데이비드Hume, David 367

흐로티위스, 휘호Grotius, Hugo 443~444

『희생자 의식 민족주의』 222

정치의 발명
아테네 폴리스에서 EU까지 유럽의 정치 문법

초판인쇄 2025년 11월 14일
초판발행 2025년 11월 21일

지은이 조홍식
펴낸이 강성민 이은혜
마케팅 정민호 박치우 한민아 이민경 박진희 황승현 김경언
브랜딩 함유지 박민재 이송이 박다솔 조다현 김하연 이준희
제작 강신은 김동욱 이순호

펴낸곳 (주)글항아리 | 출판등록 2009년 1월 19일 제406-2009-000002호

주소 경기도 파주시 문발로 214-12, 4층
전자우편 bookpot@hanmail.net
전화번호 031-955-2689(마케팅) 031-941-5161(편집부)

ISBN 979-11-6909-442-9 93340

이 책의 판권은 지은이와 글항아리에 있습니다.
이 책 내용의 전부 또는 일부를 재사용하려면 반드시 양측의 서면 동의를 받아야 합니다.

잘못된 책은 구입하신 서점에서 교환해드립니다.
기타 교환 문의 031-955-2661, 3580

www.geulhangari.com